GAODENG YUANXIAO JINGJI YU GUANLI HEXINKE JINGDIAN XILIE JIAOCAI

高等院校经济与管理核心课经典系列教材

GAODENG YUANXIAO
JINGJI YU GUANLI HEXINKE
JINGDIAN XILIE JIAOCAI

# 国际物流

# INTERNATIONAL LOGISTICS

（第七版）

杨长春　顾永才 / 主　编
王斌义　高倩倩 / 副主编

首都经济贸易大学出版社
Capital University of Economics and Business Press
·北　京·

**图书在版编目(CIP)数据**

国际物流/杨长春，顾永才主编. --7版. --北京：首都经济贸易大学出版社，2020.1

ISBN 978-7-5638-3047-3

Ⅰ.①国… Ⅱ.①杨… ②顾… Ⅲ.①国际物流 Ⅳ.①F259.1

中国版本图书馆CIP数据核字(2020)第000509号

**国际物流(第七版)**

**杨长春　顾永才　主编**

**王斌义　高倩倩　副主编**

**GUOJI WULIU**

---

**责任编辑**　陈雪莲

**封面设计**　小　尘

**出版发行**　首都经济贸易大学出版社

**地　　址**　北京市朝阳区红庙（邮编 100026）

**电　　话**　(010)65976483　65065761　65071505(传真)

**网　　址**　http://www.sjmcb.com

**E-mail**　publish@cueb.edu.cn

**经　　销**　全国新华书店

**照　　排**　北京砚祥志远激光照排技术有限公司

**印　　刷**　北京市泰锐印刷有限责任公司

**开　　本**　787毫米×1092毫米　1/16

**字　　数**　608千字

**印　　张**　23.75

**版　　次**　2003年8月第1版　**2020年1月第7版**

2022年1月总第17次印刷

**书　　号**　ISBN 978-7-5638-3047-3

**定　　价**　49.00元

---

# 第七版前言

国际物流(international logistics)课程是研究国际物流运作规律的物流专业课程。本书就是为高等院校国际物流课程编写的一本教材。

本书第一版于2003年8月在首都经济贸易大学出版社出版,2006年7月出版了第二版,2009年5月出版了第三版,2012年8月出版了第四版,2015年1月出版了第五版,2018年出版了第六版。本书曾获得全国高校出版社优秀畅销书奖。现在我们根据诸多教师与读者的反馈意见以及近来的教学、研究成果和国际物流发展的新特点与新做法,推出第七版。

为了保证本书作为教材的稳定性与特色,第七版基本保留了第六版的体系与特色,仍然将教材的整体框架分为国际物流概述、国际物流业务运作和国际物流服务与管理三大模块,其中,国际物流业务运作模块分别按两条主线进行阐述:一条是按照国际物流相关的功能展开,如阐述采购、包装、储存保管(仓储)、流通加工、装卸搬运、货物的通关、货物运输与保险安排;另一条是从物资输送方式角度阐述了国际货物铁路物流、海运物流、空运物流、集装箱和多式联运物流、保税物流等主要的国际物流形式的业务运作。全书的体系与主要内容如下表所示。

| 模块 | 主要内容 | 主要章节 |
| --- | --- | --- |
| 国际物流概述模块 | 国际物流概述 | 第一章　国际物流概述 |
| | 国际物流系统与国际物流网络 | 第二章　国际物流系统与国际物流网络 |
| | 国际物流与国际贸易的关系 | 第三章　国际物流与国际贸易 |
| 国际物流业务运作模块 | 国际物流相关的功能业务运作 | 第四章　国际物流业务运作(一):货物的采购、包装、仓储、加工、装卸搬运<br>第五章　国际物流业务运作(二):国际货物的通关<br>第六章　国际物流业务运作(三):国际货物运输的组织与投保 |
| | 国际物流主要物流形式业务运作 | 第七章　国际海运物流<br>第八章　国际空运物流<br>第九章　国际铁路物流<br>第十章　集装箱与国际多式联运物流<br>第十一章　保税物流、跨境电商物流 |
| 国际物流服务与管理模块 | 国际物流服务 | 第十二章　国际物流服务 |
| | 国际物流管理 | 第十三章　国际物流管理 |

第六版出版后，我国坚持新发展理念，坚持高质量发展，解放思想，创新发展，相继推出了许多促进贸易和国际物流便利化的改革与新的监管措施，国际商会在修订 2010 年《国际贸易术语通则》的基础上推出了 2020 年《国际贸易术语通则》。为此我们在各章具体内容上对第六版进行了改写和适当增删，重点修订了国际货物的通关、国际贸易术语的解释、保税物流的货物监管等章节，使本教材理论阐述更科学、更先进，实务阐述更反映新做法。此外，在推出第七版之际，我们编写了《国际物流》教学大纲以及练习题库，并完善了教学课件(PPT)。本书配套的教学大纲以及练习题库、教学课件(PPT)请与首都经济贸易大学出版社联系获得。

本书旨在使学生了解和掌握从国际物流实践中总结出来的日趋成熟的理论及基础知识，包括国际物流的发展及与国际贸易的关系、国际物流系统与网络、国际物流服务与管理等，同时特别强调学生对国际物流主要功能的业务运作(采购、包装、仓储、流通加工、装卸搬运、货物的通关、运输与保险安排)、国际物流主要形式(铁路联运物流、海运物流、空运物流、集装箱和多式联运物流、保税物流、跨境电商物流)的业务流程和作业技能掌握，并注重理论联系实际。要求学生熟悉国际物流的基本概念，把握国际物流的特点与发展趋势，全面掌握国际物流的基础知识与基本技能，融会贯通，学以致用，学会运用国际物流的理论和方法分析解决实际问题，为今后从事国际物流工作打下坚实的基础，能够在国际物流中，通过适当控制和科学组织，促进物资或商品的合理流动，使国际物资或商品的流动路线最佳、流通成本最低、服务最优、效益最大。

为达到上述目标，建议教学中注重文献阅读、课堂讲解、案例分析与讨论的有机结合，注重对国际物流企业的参观、调研与实习。

本书可作为高校本科教材(高职高专院校也可选用)，也可作为国际物流的培训用书。由于本书注重理论联系实际，侧重于国际物流实务，因而也适合企业管理人员尤其是物流专业人员学习与参考。

本书由对外经济贸易大学、厦门大学、厦门理工学院、浙江工业大学等高校的教授、副教授和一些国际物流公司的高级物流师联合编写，由杨长春、顾永才任主编，王斌义、高倩倩任副主编。参加编写与资料收集工作的还有陈幼端、胡远华、陈加强、徐凯、苏倩倩、徐培中、段凡秀、熊利蓉、周诗鸿、林玉枝、侯玉翠等。在写作过程中，我们参考了许多著述和资料，特向这些作者表示由衷的感谢。感谢首都经济贸易大学出版社的杨玲社长兼总编辑，她为本书的策划与编写安排提出了许多有益的建议。由于我们水平有限，书中如有不当与遗漏之处，敬请读者批评指正。

作者

# 目　录

# 第一章

# 国际物流概述

## 学习目标

- 理解物流与国际物流的含义
- 了解物流国际化的背景及国际物流的形式与特点
- 掌握国际物流的发展过程与趋势以及发展中存在的壁垒
- 了解国际物流学的学科性质与研究内容

本章主要阐述物流与国际物流的含义、国际物流的特点与基本形式、国际物流的发展过程及发展趋势，并阐述国际物流学的学科性质及研究内容。

## 第一节　国际物流的含义及研究的主要内容

国际物流是现代物流国际化发展的结果，国际物流的兴起和发展直接促成了人们对国际物流的关注与研究。国际物流学是一门新兴的理论与实践相结合的交叉科学，国际物流课程是研究国际物流运作规律的物流专业课程。

### 一、国际物流的含义

自从人类出现生产与交换，物流活动也就伴随着产生了。经济运行由生产、流通和消费组成，在生产和消费之间存在着所有权阻隔（生产者和消费者不同）、空间阻隔（生产地和消费地不同）、时间阻隔（生产时间和消费时间不同），但流通将生产和消费之间的这些阻隔消除，并将它们联系起来。解决前一方面的问题便形成了“商流”，解决后两方面的问题形成了“物流”（如图 1-1 所示）。人们对物流的最早认识是从流通领域开始的。

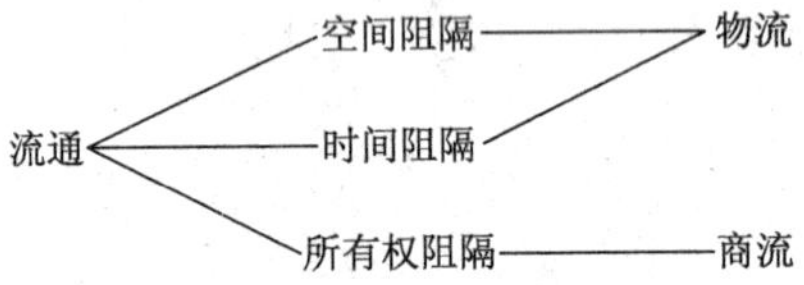


**图 1-1　流通、物流与商流的关系**

随着社会的发展，生产方式的多样化、分工的专业化，人们因为要实现“物”的交换，于是有了“物”的流通；在“物”的流通过程中，人们因为要实现“物”的所有权交换，就有了“商流”；而为了实现“物”的使用价值，就有了“物”由生产地向消费地的转移，从而就产生了“物流”的过程。第二次世界大战后国际的经济交往越来越活跃，国际贸易量剧增以及跨国公司的全球化经营战略对传统的货物运输提出了新的要求，物流进入到国际化发展的轨道。

（一）物流的含义

不同时期人们对于物流有不同的定义，物流概念和理论的研究是一个螺旋上升、不断深入的过程。物流管理从最初孤立地看待配送、运输、仓储等各个环节，发展到从总成本角度综合考虑实物分配中的储运等各项活动，到整合企业原材料、半成品、产成品的储运等各环节的管理，提出一体化物流管理的概念，进而发展到 20 世纪 90 年代把物流管理与供应链管理思想相结合，把服务、信息处理加入物流管理的范围中。

在物流管理发展的早期阶段，物流的英文用词为 physical distribution（简称 PD），译成汉语是“实物分配”或“实物分拨”、“货物配送”。1935 年，美国市场营销协会（American Marketing Association，AMA）对 PD 进行了最早的定义：“物流是包含于销售之中的物质资料从生产地到消费地流动过程中所伴随的种种经济活动。”1948 年,该协会又将它定义为:“产品从产地到消费地或使用地之间的移动和处理。”1968 年,美国实物分配管理协会(National Council of Physical Distribution Management, NCPDM)对 PD 的定义是:“实物分配是工商业使用的一个术语,用以描述一系列与产品由生产线到消费者的高效转移相关的广泛活动,有时还包括原材料从供应点到生产线起点的移动。这些活动包括货物运输、仓储、物料搬运、保护性包装、库存控制、工厂和仓库选址、订单处理、市场预测和客户服务。”

20 世纪 80 年代以来,物流实践活动出现飞跃性的发展。传统的分销物流理论不能适应新的物流活动发展的需要,物流实践发展的需求推动了物流理论的革命性变化。

首先,1986 年美国物流管理协会(Council of Logistics Management, CLM)重新定义了物流的概念,用“logistics”①代替“physical distribution”。logistics 与 physical distribution的不同之处在于:logistics 已突破了商品流通的范围,并把物流活动扩大到了生产领域。物流已不是简单地从产品出厂开始的运输过程,而是包括了从原材料采购、生产加工到产品销售、售后服务,直到废旧物品回收等整个物理性的流通过程。这一新的物流定义反映了企业物流活动中的集成化和一体化的时代特征。

其次,提出了供应链管理概念,并开始了对供应链管理的理论研究。美国物流管理协会 1998 年更新了对 logistics(物流)的定义:“物流是供应链活动的一部分,是为满足顾客需要对商品、服务及相关信息从产地到消费地高效、低成本流动和储存而进行的规划、实施、控制过程。”(Logistics is that part of the supply chain process that plans, implements, and controls the efficient, effective flow and storage of goods, services, and related information from the point of origin to the point of consumption in order to meet customers' requirements.)

再次,随着企业物流业务的外包,产生了第三方物流的业态,推动了关于“第三方物流”以及“第四方物流”理论的研究。

最后,物流活动支撑技术发展迅速,在 20 世纪 70 年代开发的物料需求计划(MRP)技术基础上发展了企业资源规划(ERP)、电子数据交换(EDI)等新技术,并在物流活动中得以广泛应用。尤其是 20 世纪 90 年代中期以来,互联网技术使远程电子信息交换技术平民化,催生了电子商务业,也推动电子商务物流的产生和发展,带来了“鼠标加车轮”的流通革命,同时也使供应链管理不断创新。

《中华人民共和国国家标准物流术语》对物流的定义为:“物品从供应地向接受地的实体流动过程。根据实际需要,将运输、储存、装卸、搬运、包装、流通加工、配送、信息处理等基本功能实施有机结合。”这一物流定义与美国物流管理协会 1998 年对物流的新定义的主要内容是基本一致的。

---

① 英文中的 logistics 一词来源于法语中的 logistique,原意是指拿破仑军队中负责安置部队、为战马搜寻粮草的军官。从中可以看出物流实际上是从军事后勤学发展起来的。1927 年,R.Borsodi 在《流通时代》一文中首次使用“logistics”一词来表述物流,为后来物流概念的形成埋下了伏笔。

结合物流管理思想发展，我们给物流下的定义是：物流是供应链[①](supply chain)活动的一部分，是将信息、采购、运输、仓储、保管、装卸搬运以及包装等物流活动综合起来的一种新型的集成式管理，其任务是尽可能降低物流的总成本，为顾客提供最好的服务。尽管从表面上看，物流是采购、检验、仓储、保管、流通加工、分类、盘点、装卸搬运、输送、客户服务、订单处理、成本管理等涉及物从原材料地到最终消费者的一系列活动，但从根本上讲这是企业利润的流动。它可能是创造企业利润的源泉，也可能是吞噬企业利润的“无底黑洞”。如今，物流管理已逐步成为企业在市场中获取和保持竞争优势的有力手段。它构成了企业价值链的基础活动，是生产流通企业的第三利润源泉，是企业取得竞争优势的关键。

(二)物流的国际化及其背景

第二次世界大战后国际的经济交往越来越活跃，国际贸易量剧增以及跨国公司的全球化经营战略对传统的货物运输提出了新的要求，物流进入国际化发展的轨道。由于国际分工的日益细化和专业化，任何国家都不能包揽一切专业分工，因而必须要有国际的合作与交流。随之而来的国际的商品、物资的流动便形成了国际物流。

物流的国际化至少表现为两个方面的内容：一方面，生产经营的国际化产生了国际物流需求，要求国际化的物流；另一方面，物流领域本身的国际化。随着经济全球化的发展，越来越多的跨国物流企业开展综合物流业务，从而实现国内物流和国际物流的一体化，或者进口物流和出口物流的一体化。

物流的国际化或者说国际物流的兴起具有深刻的经济社会背景。经济全球化带来的世界经济增长、世界经济区域化发展、供应链管理的发展、技术的进步与创新以及贸易管制的解除等是国际物流形成的主要影响因素(如图1-2所示)。

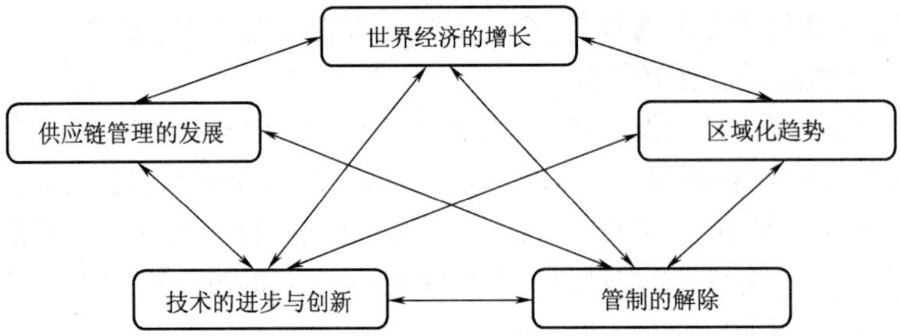


**图1-2 国际物流形成的主要影响因素**

从宏观上说，经济全球化的发展是国际物流兴起与发展的有力推动因素；从微观上说，企业的国际化经营和跨国公司的发展带来的生产经营全球化、专业分工的深化、供应链模式的改变以及以互联网为基础的国际电子商务均促进了国际物流的兴起与发展。

---

① 供应链包含“供”与“需”两方面，亦可理解为“供需链”。“需方”与“供方”的对应关系称为供应链。物流连接供应链的各个企业，是企业间合作的纽带，它从供方开始，沿着各个环节向需方移动。因此，人们把供应链理解为一条从供应商的供应商到用户的用户的物流链。

上述宏观和微观两个因素促使物流需求和质量发生变化,导致了国际物流的兴起与发展。

经济全球化的最大特点就是越来越多的生产经营活动和资源配置过程开始在整个世界范围内进行,这就构成了物流国际化的重要基础。全球化的商品生产和流动带来了越来越大的国际物流需求;全球化的信息网络和金融资本市场为国际物流提供了良好的基础,把当代国际物流带入了一个高效率、低成本、便利化的新时代。

**链　接**

企业在全球化范围内组织生产具有的优势

企业在全球化范围内组织生产具有如下优势:①可以更好地接近目标市场,满足当地消费者的需求;②可以获取资源优势,降低生产成本;③可以避开东道国的贸易壁垒限制,更顺利地进入国际市场;④可以降低物流费用,降低成本,提升产品的国际竞争力;⑤可以获取先进的技术和管理经验;⑥可以获得东道国的优惠政策。

随着经济的全球化和竞争的国际化,全球性的跨国企业应运而生。跨国公司的生产活动主要在母公司所在国与子公司所在地的东道国之间进行。由于对原材料、半成品的需要和产品销售的需要,其经营活动通过国际贸易扩大到了第三国。国际物流即在国际使跨国公司的生产、经营和贸易活动得以最终实现。

**链　接**

跨国公司促进国际物流的兴起与发展的主要表现

跨国公司促进国际物流的兴起与发展主要表现在几个方面:①跨国公司的直接投资和内部贸易促进了大量的货运需求。②跨国公司的发展对国际物流提出了更高的质量要求,即交货时间、运送速度、运送质量、运输费用及服务。③跨国公司不同的购销渠道和货源影响着运输货流的走向、航线的配置以及设施的规模和规格。④跨国公司对国际运输的直接需求使其直接进入和经营国际物流业。为适应跨国公司全球战略对国际运输的需要,跨国运输集团将成为未来国际运输业发展的主要模式之一。

### (三)国际物流的含义

广义的国际物流的研究范围包括国际贸易物流、非贸易国际物流、国际物流合作、国际物流投资、国际物流交流等领域。其中,国际贸易物流主要是指组织货物在国际的合理流动;非贸易国际物流典型的有国际展览与展品物流、国际邮政物流等;国际物流合作是指不同国别的企业共同完成重大的国际经济技术项目的国际物流；国际物流投资是指不同国别的物流企业共同投资组建国际物流企业；国际物流交流则主要是指在物流科学、技术、教育、培训和管理方面的国际交流。

狭义的国际物流(international logistics,IL)主要是指国际贸易物流，即组织货物在国际的合理流动，也就是指发生在不同国家之间的物流。

本书所阐述的国际物流不涉及国际物流投资、国际物流合作等方面，因此，本书所阐述的国际物流主要是指国际贸易方面的物流，即狭义的国际物流。其定义为：国际物流是指原材料、在制品、半成品和制成品在国与国之间的流动和转移，是国内物流的延伸和进一步扩展，是跨国界的、流通范围扩大的物的流通。例如，德国有一家专门经营服装的公司，它有4 000家专卖店，分布在 50 个国家，每年销售的服装约 5 000 万件。其总部在德国，所有的工作都是通过 60 家代理商进行。若韩国某一专卖店发现某一款式的服装需要补货，立即通知所指定的某一代理商，该代理商立即将此信息通知德国总部，德国总部再把这一信息反馈给配送中心，配送中心便根据专卖店的需求在一定的时间内进行打包、组配、送货，整个国际物流过程可在 10 天内完成。

这种狭义的国际物流的常规流程结构可简化为图 1-3①。

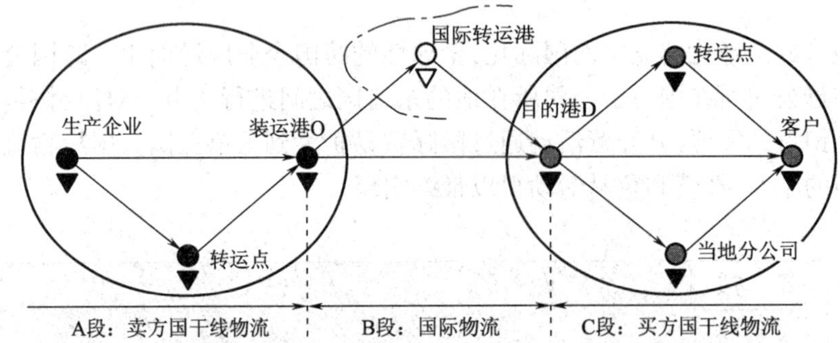


**图 1-3　国际物流常规流程结构**

从图 1-3 来看，一般情况下，一个具体的国际物流常规流程分为 A,B,C 三段，分别为卖方国干线物流、国际物流和买方国干线物流。在 A 段(卖方国干线物流段)，生产企业可通过多种途径将出口货物运抵装运港 O，如直达运输或集结后再转运。在 B 段(国际物流段)，可以从装运港 O 直接运抵目的港 D，也可能通过国际转运港进行中转。在 C 段(买方国干线物流段)，为了把货物交到最终客户手里，也会有多种方式，比如：直接拨交；通过自有或第三方仓库暂时集结后再转运给客户；通过生产企业在买方国的本地工厂进行拆分或加工后再送给客户。

这种狭义的国际物流活动主要由以下四部分组成。

其一是商品的全球采购，如商品进口和出口。

其二是与国际物流相关的国内物流，如国内运输、仓储、货运保险、包装。

---

① 周道平，李刚.国际物流成本模型及优化对策研究[J].交通运输系统工程与信息，2009(1).

其三是口岸物流，如海关仓库、集装箱场站作业、集装箱货物装卸、组配、加工等。

其四是国际运输、货运保险、转运货物、过境货物的报检与报关等。

上述国际物流活动的主要参与者如图 1-4 所示。

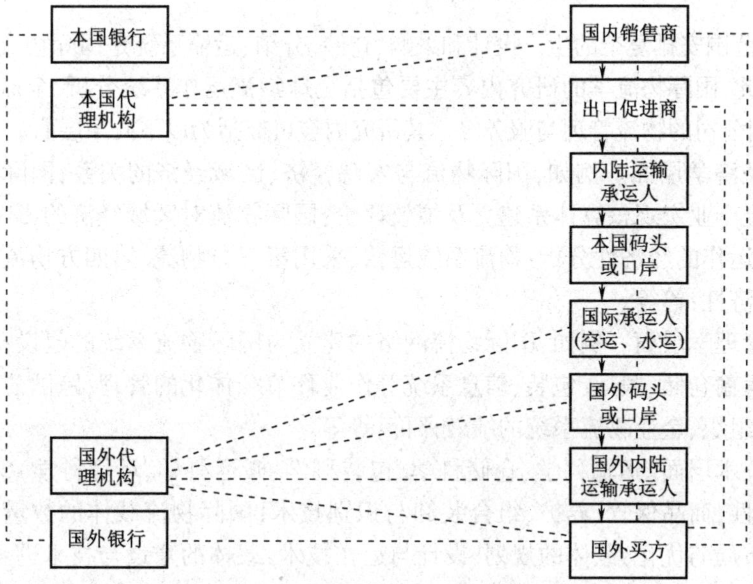


**图 1-4　国际物流活动的主要参与者**

国际物流实质上是按国际分工协作的原则，依照国际惯例，利用国际化的物流网络、物流设施和物流技术，实现货物在国家间的流动和交换，以促进区域经济的发展和世界资源的优化配置。国际物流的总目标是为国际贸易和跨国经营服务，即选择最佳的方式和路径，以最低的费用和最小的风险，保质、保量、适时地将货物从某国的供方运到另一国的需求方。

## 二、国际物流学的研究内容

国际物流的兴起和发展直接促成了人们对国际物流的研究与关注。国际物流是一类特殊的物流形式，其跨越了国家界限，涉及多种运输方式，运作的复杂性很高，需要专门的系统研究。国际物流活动本身的特殊性和其对多种学科的综合性促成了国际物流学的产生和发展。

### （一）国际物流学的学科性质

国际物流学是一门新兴的理论与实践相结合的交叉科学。它应用到了经济学、管理学、数学、系统学、运筹学等理论工具；涉及国际贸易学、运输经济学、企业管理学、市场营销学、宏微观经济学、区域经济学、产业经济学等应用经济管理科学；对运输、仓储、装载技术、商品检验检疫和计算机、互联网信息技术有着越来越高的要求。

(二)国际物流学的研究内容

国际物流学主要研究根据国际分工协作的原则,依照国际惯例,利用国际化的物流网络、物流设施和物流技术,实现货物在国际流动的效率与效益的最优化,促进区域经济发展和世界资源的快速优化配置。国际物流课程是研究国际物流运作规律的物流专业课程。

在全球范围安排复杂的生产设计和采购、仓储、分销、运输系统是国际物流要解决的主要问题。因此,国际物流学的研究内容主要包括全球物流运作系统分析、全球物流中的国际运输、跨国公司的物流管理与服务等。其研究内容可概括为以下几个层面。

第一,经济学层面。例如,国际物流与宏观经济、区域经济的关系;国际物流中心建设、国际物流产业宏观核算体系建立及绩效评价;国际物流对区域经济的影响及对策;国际物流企业运作的经济性分析;物流系统运营、采用第三方物流、第四方物流以及物流集团化等的经济性;等等。

第二,管理学层面。例如,国际物流网络的建立与国际物流系统的建设;跨国公司的国际采购、运输仓储、搬运、包装、信息系统等作业环节一体化的管理;跨国公司国际物流系统的管理组织、企业物流系统的绩效评价;等等。

第三,技术层面(运输科学、仓储科学、包装科学、搬运科学、环境科学)。例如,国际物流商品特性,商品保管、养护、组合装卸与识别技术;国际物流载体的数量与结构优化配置,载体布局与优化,载体的规划、设计与运作技术,载体的建设与技术进步;国际物流的标准化,包括运输装卸工具、单据、信息标准的设立、完善与普及;多种运输方式的选择和组合;信息技术和智能化运输系统;等等。

当前,国际物流学研究的前沿问题主要有:全球供应链集成设计问题;全球供应链管理问题;第三方、第四方国际物流问题;运输计划优化问题;信息技术、电子商务与国际物流问题;环境问题和绿色物流;区域的国际物流;等等。

## 第二节 国际物流的特点、分类与基本形式

国际物流是物流国际化发展的重要领域,与国内物流相比,它具有市场的广阔性、国际性、复杂性、高风险性及运输方式组合的多样性等特点。从国际物流的形成和物资输送方式两个方面来看,国际物流的基本形式多种多样。

### 一、国际物流的特点

国际物流是相对于国内物流而言的一个概念,但实际上,要将国际物流的运作方法与国内物流的运作方法进行严格区分也不太容易。国际物流与国内物流有许多相似的地方,它们都具有现代物流的共性,但它们也有许多不同之处,国际物流具有自己本身的特点,并且当前国际物流的发展呈现出了一系列新的特点和发展趋势。

(一)国际物流与国内物流的联系与区别

国际物流与国内物流是根据物流活动的区域大小或活动的空间范围来区分的,国际

物流是国内物流的跨国延伸。国际物流与国内物流往往是不可分割的。国际物流是国内物流越过国境或关境,在两个以上的国家(地区)或全球范围内开展的物流,但国际物流在货物出境前和入境后与国内物流基本相同,基本原理也相同。

由于国际物流跨越国界,其服务范围远远超过国内物流,这就意味着国际物流比国内物流服务时间长、服务环节多(增加通关业务环节等)、服务费用高、承担风险大。国际物流与国内物流的区别主要表现在以下几个方面。

1. 需要国际贸易中间人。与国内物流不同,国际物流跨越国界。在国际物流系统中,很少有企业能单独依靠自身力量办理和完成进出口货物的各项业务工作,因此国际物流过程离不开贸易中间人,即专门从事商品使用价值转移活动的业务机构或代理人。例如,国际货物的运输是通过国际货物运输服务公司代理货物的进出口运输,此外,报关行、进出口贸易公司和进出口经纪人等也接受企业委托,代理与货物有关的各项业务。是否涉及国际贸易中间人是国际物流与国内物流的一个重要区别。

2. 完成周期长短不同。这是国际物流与国内物流的主要区别。国际物流系统涉及多个国家,系统的地理范围大,由于通信传输延迟、融通资金需要、特殊包装要求、远洋运输船期、长途运输时间以及海关结关手续等因素的综合影响,国际物流作业需要较长的完成周期。其长短通常要以周或月为单位来衡量,而不能以3—5天的转移时间或4—10天的完成周期来计算。

3. 复杂程度不同。按复杂性来说,国际物流远远超过单纯的国内物流。全球物流运作的环境远比国内物流复杂,这可以用4个D来概括:距离(distance)、单证(documentation)、文化差异(diversity in culture)和顾客需求(demands of customer)。即在不同的国家和地区之间,物流活动距离更长、单证更复杂(国内作业一般只用一份发票和一份提单就能完成,而国际作业往往需要大量的有关订货项目、运输方式、资金融通,以及政府控制等方面的单证和文件)、在产品和服务上顾客的需求更加变化莫测,并要满足各种文化差异的需要。

其中,国际物流单证体系的特点表现为成组、成套、成系统。我国有学者用"三层二分法"将国际物流单证体系的结构归纳为图1-5所示的体系①。

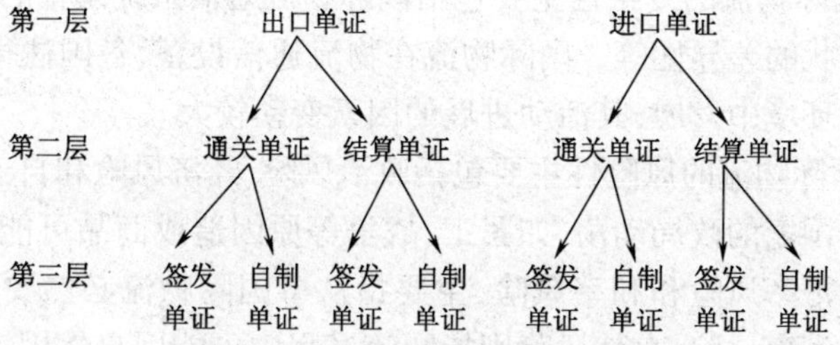


**图1-5　国际物流单证的体系结构**

① 戴正翔.国际物流单证实训教程[M].北京:北京交通大学出版社,2009:1.

第一层是根据货物的流向不同分为进口单证和出口单证两个单证体系;第二层是根据运作的目的不同分为通关单证和结算单证两套单证;第三层是根据各运作环节单证性质的不同分为签发单证和自制单证两类单证。其中,签发单证的机构或组织是多样的,大体上有三类:一是官方机构,如商务主管部门、海关、国外领事馆等;二是半官方的组织,如国际贸易促进会、商会等;三是物流企业及相关关系人,如船务公司、航空公司、铁路运输部门、货运代理等。自制单证主要是进出口人自己填制的单据以及部分官方或民间组织印制的表格。

4. 需要繁杂的贸易和通关手续。国际物流与国内物流的不同之处在于存在着国境,因而需要繁杂的贸易和通关手续。与国内物流相比,国际物流一般空间间隔比较大,因此,供需双方对缩减运输时间的愿望非常迫切,简化贸易和通关手续、缩短处理时间是十分必要的。通过贸易和通关手续的简单化、标准化及推进电子数据交换系统,可以大大缩短过境时间。随着全球化进程的加快,签署地域之间自由贸易协定不断增加,其目的在于减少过境的时间和成本。

5. 系统一体化程度不同。由于每一个国家的作业都可以被看作是一个独立而又自治的合法整体,所以造成国际物流协作有一定的困难,由此所导致的成本费用就会使跨国企业的竞争能力受到抑制。因此,第三方物流在作业上的差异要求企业加强整个系统一体化的作业协调,包括发送订货的能力,以及要求使用电子数据交换(EDI)方式在世界上任何地方从事存货管理的能力。这就要求物流企业应具备一体化的全球物流信息系统。

(二)国际物流的特点

总的来讲,国际物流使各国物流系统相互"接轨",国际物流相对于国内物流来说有其自身的特点,主要体现在五个方面。

1. 国际性。国际物流是跨国界的物流活动,市场广阔。国际物流跨越不同国境线,运输方式涉及海运、陆运和空运,运输路线涉及公路、铁路等多途径,还需要经过报关、商检等业务环节。各国都在费尽心思思考如何缩短运输距离,加速货物周转,实现国际物流的低成本目标。

2. 复杂性。国际物流的复杂性主要包括国际物流通信系统设置的复杂性、法规环境的差异性和商业现状的差异性等。国际物流在物流通信设备、各国法律环境和商业发展情况等存在差异的环境中发展,其活动进展的因素变动较大。

3. 风险性。国际物流的风险性主要包括政治风险、经济风险和自然风险。政治风险主要指由于所经过国家的政局动荡,如罢工、战争等原因造成商品可能受到损害或灭失;经济风险又可分为汇率风险和利率风险,主要指从事国际物流必然要发生资金流动,因而产生汇率风险和利率风险;自然风险则指物流过程中可能因自然因素,如台风、暴雨等引起的商品延迟、商品破损等风险。

4. 政府管制多。国际物流的发展对国际收支平衡有重要作用,因而受到政府的管制与约束较多。

5. 技术含量高。国与国之间的物流环境差异,要求实现国际化信息系统,降低物流信息处理费用,因而适当的技术支持是必不可少的。

## 二、国际物流的分类与基本形式

国际物流的分类与基本形式多种多样。

(一)国际物流的分类

国际物流的分类可用图 1-6 来简单表示。

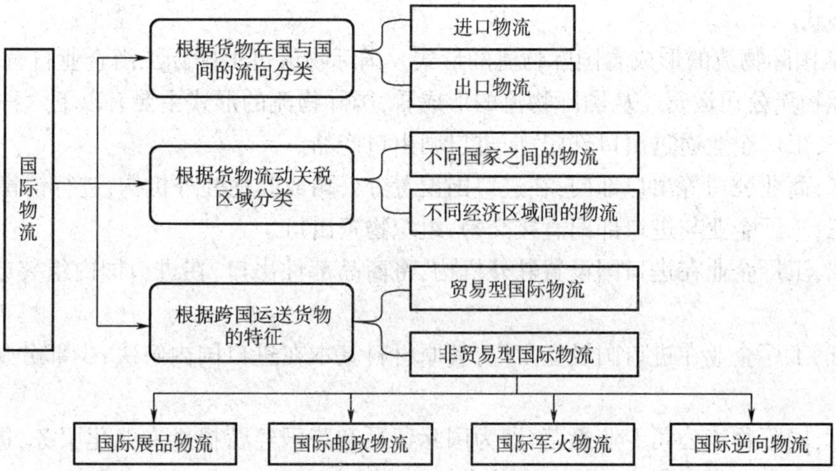


**图 1-6　国际物流的分类**

其一,根据货物在国与国之间的流向,可以将国际物流区分为进口物流和出口物流。其中,进口物流的基本做法参见图 1-7。

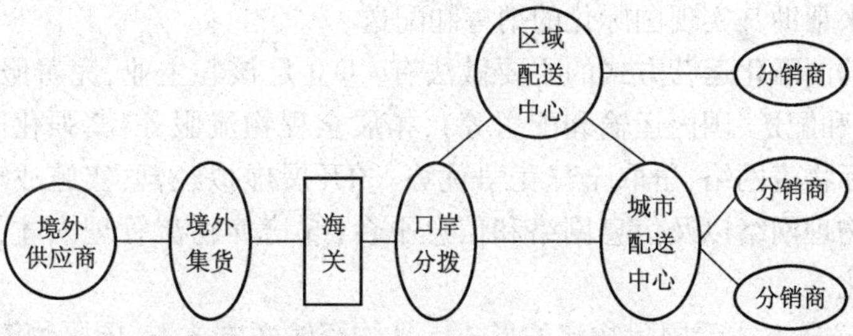


**图 1-7　进口物流的基本做法示意**

其二,根据货物流动的关税区域,可以将国际物流区分为不同国家之间的物流和不同经济区域之间的物流。区域经济的发展是当今世界经济发展的一大特征。比如欧盟很多成员国属于同一关税区,其成员国之间的物流运作就与欧盟成员国和其他国家或经济区域间的物流运作在方式和环节上有很大的差异。

其三,根据跨国运送的货物特性,可以将国际物流区分为贸易型国际物流和非贸易型国际物流。非贸易型国际物流,如国际军火物流、国际邮品物流、国际捐助或救助物资物流、国际展品物流、国际逆向物流①等。

(二)国际物流的基本形式

国际物流的总目标是为国际贸易和跨国经营服务,即选择最佳的方式与路径,以最低的费用和最小的风险,保质、保量、适时地将货物从某国的供方运到另一国的需求方。国际物流强调货物的供应地和接收地在不同的国家②。如何将货物从某国的供方运到另一国的需求方?我们可以从国际物流的形成和物资输送方式两个方面来阐述国际物流的基本形式。

1. 从国际物流的形成看国际物流的形式。国际物流可由国际工商企业自营,也可由专业国际物流公司运营。从国际物流的形成看,国际物流的形式主要有以下六种。

其一,工厂企业通过出口部门,向进口国出口产品。

其二,商业公司等出口部门,在进口国设置分公司或其他驻外机构,进行销售活动。

其三,工厂企业与进口部门直接交易,组织物资出口。

其四,工厂企业在进口国设置驻外机构,将商品部件出口,在进口国内组装或进行其他加工。

其五,工厂企业在进口国设立工厂,其原材料基本在进口国内解决,少部分从出口国输入。

其六,国际物流公司专业运营,即为国际贸易和跨国经营提供专业化服务,提高服务效率,使工商企业得以集中其核心竞争力。

上述六种形式也可归纳为货主企业国际物流运作方式(前五种)以及物流企业的国际化运营方式。

货主企业国际物流运作方式的主要做法有:①构建自有的全球性物流系统;②物流业务的分段外包;③引入一体化的第三方物流服务商来组织企业的国际物流;④选择进出口贸易公司来帮助其实现国际化的销售和配送。

物流企业的国际化运营方式的主要做法有:①立足核心主业,完善服务功能(报关、海运、国外运输和配送、国内运输和配送等),拓展全程物流服务;②强化国际业务能力,建立和完善国际物流网络,争取全球竞争优势;③开展虚拟经营,实施战略联盟;④建立全球性的物流物理网络以及信息网络和信息平台;⑤培养物流管理人才,建立富有创新机制的企业文化。

2. 从物资输送方式看国际物流的形式。从物资输送方式看,国际物流的形式主要有以下六种。

其一,陆运物流(含公路和铁路联运物流)。陆地相邻国家,通常采取陆路运送货物的方式,运输工具主要有火车和卡车等。

---

① 国际逆向物流指对国际贸易中回流的商品进行改造和重修的活动,包括循环利用容器和包装材料、退货、调货等。

② 基于此,在企业内部完成的生产物流一般属于国内物流,但在海关特殊监管区域的保税货物的生产物流具有国际物流的性质,因为海关特殊监管区域具有"境内关外"的性质。

其二,海运物流。国际物流大部分的货物是通过海上运送完成的,运输工具主要是各种船舶。

其三,空运物流。贵重和数量小的货物,为了争取时效,往往可采用专门的运输机或普通客机搭乘方式完成航空运货任务。

其四,管道物流。这是借助高压气泵的压力将管道内的货物输送到目的地的一种运输方式。管道输送的介质已由常见的石油、天然气延伸到煤炭、铁矿石等。

其五,多式联运物流,即按照多式联运合同,以至少两种不同的运输方式,由多式联运经营人把货物从一国境内接运货物的地点运至另一国境内指定交付货物的地点。

其六,邮运物流,即以邮运包裹的方式对数量不多的国际货物采用的输送手段。其具体运输方式不定,但主要以航空运输、陆路运输为主。

## 第三节 国际物流的发展

自然资源的分布和国际分工导致了国际贸易、国际投资和国际经济技术合作的产生,在国际化的过程中,产生了货物和商品的转移,从而带动了国际运输和国际物流的产生和发展。当前,随着经济全球化步伐的加快,科学技术尤其是信息技术的进步,跨国公司的迅猛发展所导致的本土化生产、全球采购以及全球消费趋势的加强,均使得当前国际物流的发展呈现出一系列新的特点和发展趋势,同时,国际物流在进一步的发展过程中也面临着一些挑战。

### 一、国际物流的发展阶段

按照时间顺序,国际物流发展大体经历了三个阶段。

(一)第一阶段(20世纪50—70年代)

第二次世界大战以前,国家间已有不少的经济交往,但是,无论从数量上还是从质量上,都没有将伴随国际交往的运输放在主要地位,国际物流仅处于萌芽阶段。第二次世界大战以后,国家间的经济交往才越来越活跃,越来越多的生产经营活动和资源配置过程开始在整个世界范围内进行,全球市场的成长和全球供销渠道大量增加。在这种情况下,原有的运输观念已不能适应新的要求,系统化的物流就在这个时期进入了国际领域。

在20世纪50—60年代,国际形成了较大数量的物流,在物流技术上出现了大型物流工具,如20万吨的油轮、10万吨的矿石船等。

70年代,船舶的大型化趋势进一步加强,而且,出现了提高国际物流服务水平的要求,大数量、高服务型物流从石油、矿石等物流领域向难度较大的中、小件杂货领域深入,其标志是国际集装箱及国际集装箱船的发展。国际各主要航线的定期班轮都投入了集装箱船,国际航空物流和国际联运也大幅度增加。

(二)第二阶段(20世纪80—90年代初)

在20世纪70年代的石油危机以后,国际贸易量已非常巨大,交易水平和质量要求也越来越高。国际物流进入发展的第二阶段。“精细物流”、物流的机械化与自动化水平提高、物流设施和物流技术得到极大的发展，是这一阶段国际物流的突出特点。

在这一阶段，随着科学技术的发展和国际经济往来的日益频繁，物流的国际化趋势开始成为世界性的共同问题。各国企业越来越强调改善国际性物流管理，以降低产品成本，并且要改善服务，扩大销售，在激烈的国际竞争中获得胜利。例如，美国密歇根州立大学教授波索克斯认为，进入20世纪80年代，美国经济已经失去了兴旺发展的势头，陷入长期倒退的危机之中。因此，必须强调国际物流管理的改善，降低产品成本，并且要改进服务、扩大销售，以图在激烈的国际竞争中获得成功。与此同时，正处于成熟的经济发展期的日本，则以贸易立国，实现与其对外贸易相适应的物流国际化，并采取了建立物流信息网络、加强物流全面质量管理等一系列措施，提高了其物流国际化的效率。

在这一阶段，物流设施得到了极大的发展。企业建立了配送中心，广泛运用电子计算机进行管理，出现了立体无人仓库，一些国家还建立了本国的物流标准化体系等。

在这一阶段，物流技术得到了极大的发展，国际物流初步进入物流信息时代。伴随国际联运物流，出现了物流信息和电子数据交换（EDI）系统。信息的作用，使国际物流向更低成本、更高服务、更大量化、更精细化方向发展。伴随新时代人们需求观念的变化，国际物流着力解决"小批量、高频度、多品种"的物流，出现了不少新技术和新方法。这使现代物流不仅覆盖了大宗商品、集装杂货，而且也覆盖了多品种的商品，基本覆盖了所有物流对象，解决了所有物流对象的现代物流问题。

（三）第三阶段（20世纪90年代初至今）

在第三阶段，国际物流的概念和重要性已为各国政府和商务部门所普遍认识。贸易伙伴遍布全球，必然要求物流国际化，即物流设施国际化、物流技术国际化、物流服务国际化、货物运输国际化、包装国际化和流通加工国际化等。世界各国都在国际物流的理论和实践方面进行了大胆探索。"物流无国界"的理念被人们广泛接受。人们已经形成共识：只有广泛开展国际物流合作，才能促进世界经济繁荣。

在这一阶段国际物流已进入信息化高度发展的时代，各大物流企业纷纷投巨资于物流信息系统的建设。网络技术、条码技术、二维码及卫星定位系统（GPS）在物流领域得到了普遍应用，而且越来越受到人们的重视。云计算、人机交互协作、智能机器人、无人驾驶汽车、无人机、物联网等这些高科技手段在国际物流中的应用，极大地提高了物流的信息化和物流服务水平。

随着国际物流的发展要求，第三方物流服务业兴起，增强了物流服务意识，并逐渐在国际物流的服务竞争中增强了供应链管理的理念，渐渐形成了包括原材料供应商、生产制造商、物流公司、批发商和顾客的供应链上各企业的战略联盟。

随着经济全球化步伐的加快，科学技术尤其是信息技术的进步，跨国公司的迅猛发展所导致的本土化生产、全球采购以及全球消费趋势的加强，均使得当前国际物流呈现出新的发展趋势。例如，国际物流系统更加集成化（如大力建设国际物流园区、加快物流企业整合等）；物流企业向协同化（如物流企业的兼并与合作、物流企业间战略联盟的形成等）方向发展；第三方物流快速发展且在物流产业中逐步占据主导地位；物流服务的优质化与全球化趋势日益明显；国际物流手段更加现代化，国际物流管理更加网络化、智能化；向环保型、循环型物流转变，推行绿色物流等。

## 二、影响国际物流发展的问题与壁垒

同其他事物的发展一样，国际物流的发展同样面临着壁垒和限制，如市场竞争与贸易限制、金融壁垒、配送与竞争等。因此，国际物流管理必须对这些壁垒的实际成本与国际贸易的潜在利益之间的关系进行权衡，以期通过成功的国际运作获得实际利益。

### （一）影响国际物流发展的问题

当前，国际物流的发展就宏观而言存在以下几个主要问题。

1. 当代国际物流的环境越来越复杂。传统的国际物流量小，大都由少数国家的少数企业所垄断。现在国与国之间、地区与地区之间、国家与地区之间直接通商越来越多，各国的物流环境迥异，从事国际物流需要在不同的法律、人文、语言、科技、设施等条件下运作，从而使国际物流的难度与复杂性越来越大。

2. 国际物流的地域广、空间大、环节多、时间长、风险大。国际物流大都远涉重洋，货物从始发地至终到地需时较长，其间货物需要承受政治、经济、自然条件等诸多风险。

3. 国际物流信息化发展不平衡。传统的国际物流大都依靠信件、电报、电传和传真来传递信息，这些通信手段将会逐渐被以计算机联网为基础的信息系统所取代。不过，当前世界各国的信息技术水平很不平衡，相互之间的差距很大，有的国家和地区水平较高，有的则较低，因此，建立全面的现代化信息系统还存在相当大的困难。

4. 国际物流的标准化有待进一步推广。物流标准化是以物流作为一个大系统，制定系统内部设施、机械设备、专用工具等各个分系统的技术标准；制定系统内各个分领域如包装、装卸、运输等方面的工作标准；以系统为出发点，研究各分系统与分领域中技术标准与工作标准的配合性，统一整个物流系统的标准；研究物流系统与相关其他系统的配合性，进一步谋求物流大系统的标准统一。国际物流标准化是降低物流成本、增加物流效益的有效措施。实现国际物流标准统一化，能够打破各国或地区标准不统一的技术贸易壁垒，从而加速国际贸易的物流过程。美国、欧洲已基本上实现了物流工具和设施的统一标准，如托盘采用 1 000mm×1 200mm 标准、集装箱有几种统一规格及采用条码技术等，这就大大节省了物流费用，降低了运转的难度。不向这一标准靠拢的国家，必然会在运转、换车等许多方面耗费更多时间和费用，从而降低其国际竞争能力。在物流信息传递技术方面，欧洲各国不仅实现了企业内部的标准化，也实现了企业之间及欧洲统一市场的标准化，这就使欧洲各国之间的物流信息交流比亚洲、非洲各国家间的交流更简单、更具效率。

由于经济的不同步发展以及其他因素的影响，世界各国物流发展的水平并不一致，要使国际物流实现标准化难度较大。物流标准化的重点在于通过制定标准规格尺寸来实现全物流系统的贯通，提高物流效率。目前制定与物流密切相关的标准化体系的组织主要有国际标准化组织（ISO）①、国际电工委员会（IEC）、美国统一代码委员会（UCC）和

① 在 ISO 现有的标准体系中，与物流相关的标准约有 2 000 条，其中运输 181 条、包装 42 条、流通 2 条、仓储 93 条、配送 53 条、信息 1 605 条。

国际条形码协会(EAN)。物流标准化是今后国际物流发展的重要趋势之一,也是国际物流进一步发展需要解决的问题。

目前,跨国公司的全球化经营,正在极大地影响物流全球性标准化的建立。一些国际物流行业和协会,在国际集装箱和 EDI 技术发展的基础上,开始进一步在物流的交易条件、技术装备规格,特别是单证、法律条件、管理手段等方面推行统一的国际标准,使物流的国际标准更加深入地影响到国内标准,使国内物流日益与国际物流融为一体。

5. 各种妨碍贸易自由化的保护主义措施有待世界贸易组织(WTO)努力解决。当今经济发达国家和发展中国家为了保护本国的利益,大都在不同程度上采取了各式各样的保护性措施,诸如商品配额、外汇管制、关税壁垒、技术壁垒、绿色壁垒等。这些措施都妨碍了国际贸易和国际物流的正常发展,因此,世界贸易组织必须积极努力,以逐步解决这些问题。

在 WTO 现有的分类中,物流不是一个单独的领域,相关的物流活动分别包含在运输、商业、分销、通信等几个领域中,但物流服务贸易会受 WTO 服务贸易规则的约束。在 WTO 贸易谈判当中,多式联运和物流作为新内容在服务贸易谈判中渐受关注,国际物流的发展需要各成员对物流服务活动及相关服务作出进一步的承诺。

(二)影响国际物流发展的壁垒

国际物流壁垒主要是一些国家为了保护本国的企业、环境、市场等而采取的对试图进入本国市场的国外企业的限制性措施,也可能是因不同市场而产生的差异所致,其中包括市场竞争与贸易限制壁垒、金融壁垒、绿色壁垒,以及配送渠道的壁垒。[①]这些壁垒影响了国际物流业务的顺利进行,因此,国际物流企业想要更好地发展国际物流业务,就必须突破各种国际物流壁垒。

1. 市场竞争与贸易限制。从认识和实践两方面来说,市场竞争与贸易限制方面的壁垒包括市场进入限制、信息的缺乏、贸易限制等。

(1)市场进入限制往往是通过立法或司法实践对进口商品设置壁垒来限制其进入国内市场。例如,欧洲实施的当地实际到位制度,该项制度要求以市场为基础的制造工厂和配送设施在还没有进入市场时就须安置完毕。在立法上阻止进入的例子如日本实施当地零售商“投票”制度,当地零售商可以表示是否愿意接受新的零售商,特别是外国零售商进入其市场。

(2)信息的缺乏是全球物流的又一壁垒。除有关市场规模、人口和竞争状况等的信息相当有限外,用于明确进口业务和有关单证方面的信息往往也难以得到协调,这方面的要求通常会因不同的政府甚至特定的情况而异。绝大多数国家的政府要求有关单证在货物装运前必须备齐和处理完毕。在许多情况下,如果单证有瑕疵,货物装运就会延迟或被扣押。显然,正确的单证流程对所有的装运来说都很重要,对国际运输来说更重要。

(3)贸易限制是通过规则规定对某些商品的进口量进行限制,或者增加关税,通过提

---

① 周宁.我国物流企业应对国际物流壁垒策略初探[J].全国商情:经济理论研究,2013(39).

高关税来提高进口货物的价格,以保护国内产业。关税作为政治手段极易随政策的改变而改变,使贸易流量和流向因关税的变化而改变。

关税是一种传统的贸易壁垒。关税原本的目的是要通过提高进口货物的价格来保护国内产业。关税在两个方面使国际贸易变得复杂起来:一方面,在评估外国供给来源时必须把关税看作其附加的成本要素;另一方面,关税是政治手段,极易随政府政策的改变而变化。由于贸易流量和流向会不断地随关税而变化,因此关税会对物流计划产生负面的影响。

2. 金融壁垒。全球物流中的金融壁垒产生于预测的不确定性和机构的结构差异。在任何情况下进行预测都十分不易,在全球环境下预测尤其困难。国内预测面临的挑战是要在顾客趋势、竞争行为和季节性波动的基础上进行单位销售量和销售金额的预测;而在全球环境下,这些预测还必须结合汇率、顾客行为以及复杂的政府政策等。机构的结构差异主要是如何协调中间人,其中包括银行、保险公司、法律顾问和运输承运人等作业方面的差异。

金融上的不确定因素加上机构上的不确定因素,使得厂商难以规划其产品需求和金融需求,其结果便是厂商不得不增加存货、增加运输的前置时间,以及增加全球物流作业的金融资源。

3. 绿色壁垒。国际物流的绿色壁垒是指在国际物流活动中,各国以保护自然资源、生态环境和人类健康为由制定的一系列限制他国物流活动的措施,主要包括国际和区域性的环保公约、国别环保法规和标准等。在全球推行低碳经济的大背景下,从环保的角度对国际物流体系进行改进,形成一个环境共生型的国际物流管理系统,在抑制物流对环境造成危害的同时,形成一种促进经济和消费生活同时健康发展的国际物流系统,是国际物流发展的一大趋势。国际物流企业发展绿色物流①(environmental logistics)不仅仅是为了应对国际物流壁垒,更是为了构建良好的生态环境。

4. 配送渠道的壁垒。配送渠道的壁垒是国际物流由于基础结构标准化和贸易协定等存在差异而形成的一种国际物流壁垒。基础设施标准化的差异是指在运输和材料处理设备、仓储设施和港口设施,以及通信系统方面的差异。

## 复习题

1.名词解释:物流、国际物流、物流标准化。

2. 物流国际化产生的背景是什么?

3. 跨国公司的发展从哪几个方面促进国际物流的兴起与发展?

4. 国际物流与国内物流在哪些方面存在差异?

5. 国际物流有哪几种形式?

---

① 《中华人民共和国国家标准物流术语》对绿色物流的定义为:在物流过程中抑制物流对环境造成危害的同时,实现对物流环境的净化,使物流资源得到充分利用。

6. 简述国际物流的特点。

7. 国际物流的发展还存在哪些壁垒?

8. 国际物流学的研究内容主要有哪些方面?

9. 简述物流企业的国际化运营的主要做法。

## 案例分析

1.美国联合包裹(UPS)是从事信函、文件及包裹快速传递业务的公司,它除了自身拥有几百架货物运输飞机之外,还租用了几百架货物运输飞机,每天运输量达 1 000 多万件。UPS 在全世界建立了 10 多个航空运输的中转中心,在 200 多个国家和地区建立了几万个快递中心。UPS 的员工达到几十万,年营业额可达到几百亿美元,在世界快递公司中享有较高的声誉。UPS 在世界各国和地区均取得了进出的航空权,在中国,它建立了许多快递中心,公司充分利用高科技手段,树立了迅速安全、物流服务内容广泛的完美形象。

问题:UPS 是否是一家从事国际物流活动的企业?

2. 美国联邦快递公司(Federal Express)最初仅提供航空快递服务。通过收购道种包裹系统公司(Roadway Package System),美国联邦快递进入普通包裹运递业;通过收购美国货运公司(American Freightways),美国联邦快递进入区域货运市场,成为全美第二大区域货运公司,拥有用卡车把重型货物运送到美国国内 48 个州的能力;接着,美国联邦快递又收购文件方案和商业服务供货商 Kinka's,可以充分利用 Kinka's 的 1 200 家分店进行货物运送。通过一系列的并购,美国联邦快递由单一的快递公司转型为提供物流策略/系统开发、电子数据交换及解决方案的综合性物流企业。目前,美国联邦快递专门提供全球性运输、电子商贸及供应链管理服务,并通过其子公司提供综合物流方案。

问题:试以美国联邦快递公司的发展为例,阐述国际物流发展的趋势。

**案例分析参考答案**

# 第二章

# 国际物流系统与国际物流网络

## 学习目标

- 了解国际物流系统各构成要素
- 了解国际物流系统的基本运作模式
- 了解各类国际物流结点（包括口岸、港口、国际物流中心和国际物流园区）的功能
- 理解国际物流网络的构成并能在实际中应用

在 A 国生产的产品运到 B 国销售，在 C 国生产的零配件送到 D 国组装，随着全球化的发展，这种趋势日益扩大。为消除空间距离上的障碍，需要建立国家或地区之间联系的桥梁，这种日益密切的联系促进了国际物流系统的形成和发展。国际物流系统的形成和发展，又进一步促进经济的全球化，促进企业的经营资源在全球范围内流动，一个国家的企业在国外建立生产基地，在当地生产的产品、半成品、零配件面向生产国、母国、第三国销售，人、财、物、信息等资源越过国境形成国际网络。

本章主要阐述国际物流系统的构成与模式、国际物流结点、国际物流连线、国际物流网络的构成与建设等。

## 第一节　国际物流系统的构成与运作模式

系统是两个及两个以上的要素有机的、有序的、分层次地结合在一起，各环节状态是可观测的，整体状态是可控制的，整体机能大于要素机能简单加合的要素集合体。按照系统论的原理，物流活动本身也是一个系统。

### 一、国际物流系统的构成

国际物流是一个复杂而巨大的系统，是一种集各种一般物流功能于一体的开放系统。国际物流系统包含一般物流系统的功能要素，诸如商品采购、仓储、包装、装卸搬运、货物运输及保险、流通加工、国际配送、物流信息等子系统，也涉及与货物跨境移动相关的物流问题，诸如商检、通关和国际支付等。国际物流系统的基本要素包括一般要素、功能要素、支撑要素和物质基础要素。

#### （一）国际物流系统的一般要素

国际物流系统的一般要素主要由劳动者、资金和物三方面构成。

1. 劳动者要素。它是现代物流系统的核心要素和第一要素。提高劳动者的素质，是建立一个合理化的国际物流系统并使它有效运转的根本。

2. 资金要素。交换是以货币为媒介的。实现交换的国际物流过程，实际上也是资金的运动过程。同时，国际物流服务本身也需要以货币为媒介，国际物流系统建设是资本投入的一大领域，离开资金这一要素，国际物流就不可能实现。

3. 物的要素。物的要素首先包括国际物流系统的劳动对象，即各种实物，缺此，国际物流系统便成了无本之木；此外，国际物流的物的要素还包括劳动工具、劳动手段，如各种物流设施、工具、各种消耗材料（燃料、保护材料）等。

#### （二）国际物流系统的功能要素

国际物流系统的功能要素指的是国际物流系统所具有的基本能力，这些基本能力有效地组合、联结在一起，形成了国际物流系统的总功能，由此，便能合理、有效地实现国际物流系统的总目的，实现其自身的时间和空间效益，满足国际贸易活动和跨国公司经营的要求。

国际物流系统的功能要素一般认为有采购、包装、储存保管（仓储）、流通加工、出入境检验检疫和通关、装卸搬运、运输、物流信息处理等。如果从国际物流活动的实际工作环节来考察,国际物流也主要由上述八项具体工作构成。换句话说,国际物流能实现以上八项功能。这八大功能要素也相应地形成各自的一个子系统,如图 2-1 所示。

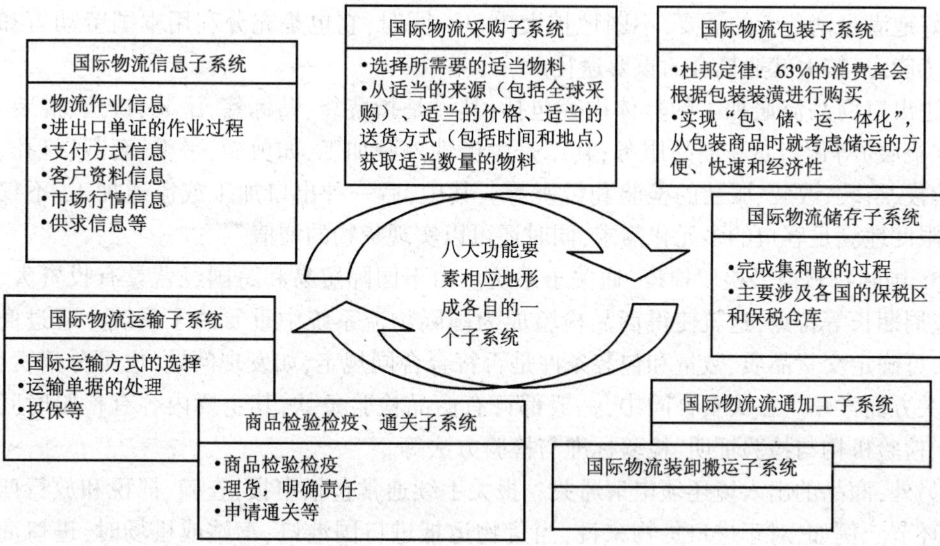


**图 2-1　国际物流功能子系统**

1.国际物流采购子系统。随着国际物流管理内涵的日益拓宽,采购功能在企业中变得越来越重要。要真正做到低成本、高效率地为企业提供国际物流服务,采购就需要涉及企业的各个部门。采购的功能是:选择企业各部门所需要的适当物料,从适当的来源(包括全球采购),以适当的价格、适当的送货方式(包括时间和地点)获取适当数量的这些原材料。

2. 国际物流包装子系统。杜邦定律(美国杜邦化学公司提出)认为:63%的消费者是根据商品的包装装潢进行购买的,国际市场和消费者是通过商品来认识企业的,而商品的商标和包装就是企业的面孔,它反映了一个国家的综合科技文化水平。

在考虑出口商品包装设计和具体作业过程时,应把包装、储存、搬运和运输有机联系起来,统筹考虑,全面规划,实现现代国际物流系统所要求的“包、储、运一体化”,即从开始包装商品时就考虑储存的方便、运输的快速,以加速物流,减少物流费用,符合现代物流系统设计的各种要求。

3. 国际物流储存保管子系统。商品储存、保管是商品在其流通过程中处于一种或长或短的相对停滞状态,这种停滞是完全必要的。因为,商品流通是一个由分散到集中,再由集中到分散的源源不断的流通过程。国际贸易和跨国经营中的商品从生产厂家或供应部门被集中运送到装运港口,有时需临时存放一段时间,再装运出口,这是一个集和散的过程。它主要是在各国的保税区和保税仓库进行的,主要涉及各国保税制度和保税仓库建设等方面。

从物流角度看,应尽量减少储存时间和储存数量,加速货物和资金的周转,实现国际物流的高效率运转。

4. 国际物流流通加工子系统。流通加工是为了促进销售、提高物流效率和物资利用率,以及为维护产品的质量而采取的能使物资或商品发生一定的物理和化学及形状变化的加工过程,它可以确保进出口商品的质量达到要求。出口商品加工的重要作用是使商品更好地满足消费者的需要,不断地扩大出口。同时,它也是充分利用本国劳动力和部分加工能力、扩大就业机会的重要途径。

进出口商品流通加工的具体内容包括:其一是指装袋、贴标签、配装、挑选、混装、刷标记(刷唛)等出口贸易商品服务;其二是生产性外延加工,如剪断、平整、套裁、打孔、折弯、拉拔、组装、改装、服装的检验和烫熨等。其中,后一种出口加工或流通加工,不仅能最大限度地满足客户的多元化需求,同时还可以实现货物的增值。

5. 国际物流商品检验检疫、通关子系统。由于国际贸易和跨国经营具有投资大、风险高、周期长等特点,这就使得商品检验成为国际物流系统中重要的子系统。通过商品检验,可确定交货品质、数量和包装条件是否符合合同规定,如发现问题,也可分清责任,向有关方面索赔。在买卖合同中,一般都订有商品检验条款,其主要内容有检验时间与地点、检验机构与检验证明、检验标准与检验方法等。

另外,商品的出入境还须申请通关。报关手续通常包括申报、查验、征税和放行四个基本环节。例如,对于进口货物来说,当货物运抵进口国港口、车站或机场时,进口商或其代理人应向海关申报有关单证和填报由海关发出的表格。一般来说,除申报进口报关单、提单、商业发票或海关发票外,往往还要根据海关的特殊规定,申报原产地证明书、进口许可证或进口配额证明、品质证书和卫生检验证书等。当报关人员申报有关单证后,海关按照海关法令与规定,查审核对有关单证,并查验货物、计算进口税额、结清进口税款,办完通关手续,准予货物结关放行。

6. 国际物流装卸搬运子系统。装卸搬运子系统主要包括对国际货物运输、保管、包装、流通加工等物流活动进行衔接活动,以及在保管等活动中为进行检验、维护、保养所进行的装卸活动。伴随装卸活动的小搬运,一般也包括在这一活动中。在国际物流活动中,装卸活动是频繁发生的,因而是产品损坏的重要原因。对装卸活动的管理,主要是确定最恰当的装卸方式,力求减少装卸次数,合理配置及使用装卸机具,以做到节能、省力、减少损失、加快速度,最终获得较好的经济效益。

7. 国际物流运输子系统。运输的作用是将商品使用价值进行空间移动,物流系统依靠运输作业克服商品生产地和需要地的空间距离阻隔,创造了商品的空间效益。

国际货物运输是国际物流系统的核心。通过国际货物运输作业使商品在交易前提下,由卖方转移给买方。国际物流的运输子系统包括境外集货运输、国际运输、干线运输、区域配送和终端配送 4 个运输子系统。

境外集货运输主要是将分散的货物汇集到出口港或集货中心的运输,主要由某国际分销企业境外物流合作伙伴或境外分支机构完成,主要运输方式为公路与铁路运输。

国际运输主要由某国际分销企业的国际货运代理或国际物流企业合作伙伴委托国际运输承运人完成,主要运输方式为海运、空运和陆运。例如,进口货物由国际货运代理或国际物流企业的合作伙伴接货，并根据某国际分销企业物流系统的指令分拨到各个区域物流中心。

干线运输主要完成从进口口岸(或国内供货商)到区域物流中心的运输，主要运输方式为公路运输和铁路运输，某些特殊商品也可采用航空运输。进口货物的干线运输由货运代理的合作伙伴委托承运人完成；国内物流业务的干线运输由供货商或某国际分销企业的物流公司负责，委托承运人完成。

区域配送主要完成从区域物流中心到各城市物流中心(或配送点)的区域配送运输。主要运输方式为公路运输，由国际分销企业物流公司负责，委托运输公司完成。

终端配送主要完成从各城市物流中心(或配送点)到分销商或零售商的末端配送。初期主要由分销商或零售商自己到城市物流中心(或配送点)提货或由配送点送货，成熟阶段应该由物流中心组织巡回配送。

图 2-2 简述了国际物流的运输模型。

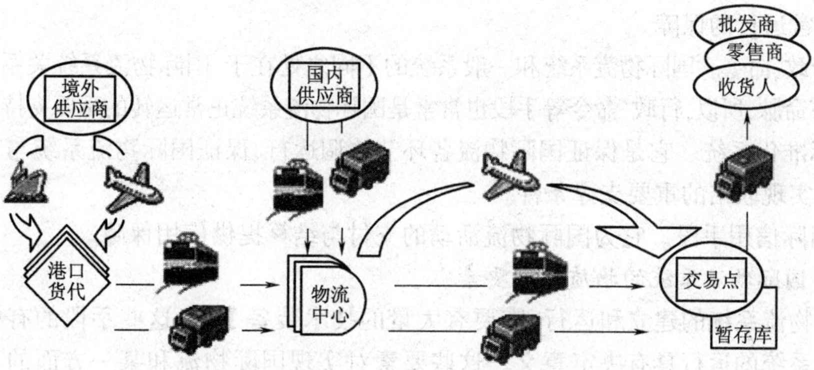


**图 2-2 国际物流的运输模型**

国际物流运输除了包括运输方式的选择、运输单据的处理外，还包括投保等相关问题。

在国际物流中，货物的交接要经过长途运输、装卸和存储等环节，在整个运输过程中，货物遭遇自然灾害或意外事故而造成损失的可能性较大。为了转移货物在运输过程中的风险损失，货主、货运代理便需要办理货物运输保险和国际货运代理责任险。

8. 国际物流信息子系统。信息子系统的主要功能是采集、处理及传递国际物流和商流的信息情报。没有功能完善的信息系统，国际贸易和跨国经营将寸步难行。国际物流信息主要包括进出口单证的作业过程、支付方式信息、客户资料信息、市场行情信息和供求信息等。

我们应将上述各主要系统有机地联系起来，统筹考虑，全面规划。其中，运输及储存保管分别解决了供给者与需要者之间场所和时间的分离，分别是国际物流创造“空间效用”及“时间效用”的主要功能要素，因而在国际物流系统中，这两个要素处于主要功能要素的地位。国际物流主要通过国际货物的储存保管和国际运输实现其自身的时空效应，满足国际贸易的基本需要。

（三）国际物流系统的支撑要素

国际物流系统的运行需要许多支撑手段，尤其是处于复杂的社会经济系统中，要确定国际物流系统的地位，要协调与其他系统的关系，这些要素就更加必不可少，主要包括以下五个。

1. 体制、制度。物流系统的体制、制度决定了物流系统的结构、组织、领导和管理的方式。国家对其控制、指挥和管理的方式，是国际物流系统的重要保障。当前，许多国家运用减免税赋的方式鼓励民间资本投资物流中心等基础设施的建设，创造开放透明的运输市场环境，放松管制、促进市场竞争等都促进了国际物流的发展。

2. 法律、规章。国际物流系统的运行，不可避免地涉及企业或人的权益问题，法律、规章一方面限制和规范物流系统的活动，使之与更大的系统相协调，另一方面则是给予保障。合同的执行、权益的划分、责任的确定、单证的国际流转都要靠法律、规章来维系。各个国家和国际组织的有关贸易、物流方面的安排、法规、公约、协定、协议等也是国际物流系统正常运行的保障。

3. 行政、命令。国际物流系统和一般系统的不同之处在于，国际物流系统关系到国家的军事、经济命脉，所以，行政、命令等手段也常常是国际物流系统正常运转的重要支持要素。

4. 标准化系统。它是保证国际物流各环节协调运行、保证国际物流系统与其他系统在技术上实现联结的重要支撑条件。

5. 国际信用手段。它为国际物流活动的支付与结算提供信用保障。

（四）国际物流系统的物质基础要素

国际物流系统的建立和运行，需要有大量的技术装备手段，这些手段的有机联系对国际物流系统的运行具有决定意义。这些要素对实现国际物流和某一方面的功能也是必不可少的。具体而言，物质基础要素主要有以下五个。

1. 物流设施。它是组织国际物流系统运行的基础物质条件，包括物流站、场，物流中心、仓库，国际物流线路，建筑物，公路，铁路，口岸（如机场、港口、车站、通道）等。

2. 物流装备。它是保证国际物流系统运行的条件，包括仓库货架、进出库设备、加工设备、运输设备、装卸机械等。

3. 物流工具。它是国际物流系统运行的物质条件，包括包装工具、维护保养工具、办公设备等。

4. 信息技术及网络。它是掌握和传递国际物流信息的手段，根据所需信息水平的不同，信息技术与网络包括通信设备及线路、传真设备、计算机及网络设备等。

5. 组织及管理。它是国际物流网络的"软件"，起着联结、调运、运筹、协调、指挥其他各要素以保障国际物流系统目的的实现等作用。

## 二、国际物流系统的运作模式

国际物流系统通过其所联系的各子系统发挥各自的功能，包括采购功能、运输功能、储存功能、装卸搬运功能、包装功能、流通加工功能、商品检验功能以及信息处理功能等。它们相互协作，以实现国际物流系统所要求达到的低国际物流费用和高客户服务水平，从而最终达成国际物流系统整体效益最大的目标。

国际物流系统是以实现国际贸易、国际物资交流大系统总体目标为核心的。国际贸易合同签订后的履行过程，就是国际物流系统的实施过程。国际物流系统的运作流程可以用图 2-3 来简单表示。

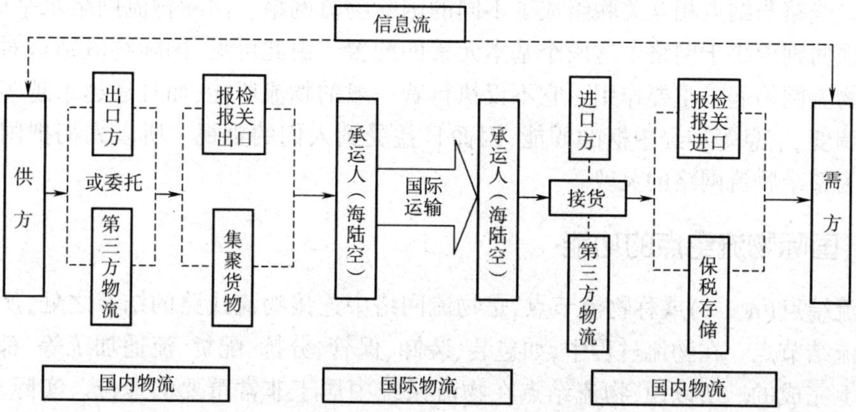


**图 2-3　国际物流运作流程**

国际物流系统在国际信息流系统的支撑下，借助于运输和储运等作业的参与，在进出口中间商、国际货代及承运人的通力协助下，借助国际物流设施，共同完成一个遍布国内外、纵横交错、四通八达的物流运输网络。

国际物流系统的一般运作模式包括系统的输入部分、系统的输出部分及将系统输入输出的转换部分（如图 2-4 所示）。在系统运行过程中或一个系统循环周期结束时，有外界信息反馈回来，为原系统的完善提供改进信息，以使下一次的系统运行有所改进。如此循环往复，使系统逐渐达到有序的良性循环。

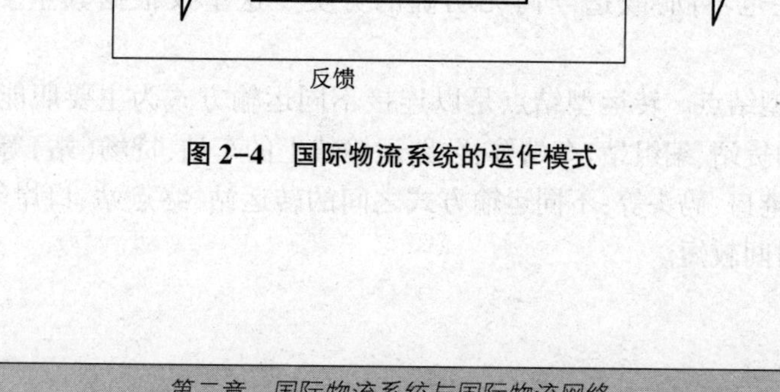


**图 2-4　国际物流系统的运作模式**

## 第二节　国际物流结点

整个国际物流过程是由多次的运动—停顿—运动—停顿所组成的。与这种运动相对应的国际物流网络是由执行运动使命的线路和执行停顿使命的结点这两种基本元素组成的。线路与结点相互关联组成了不同的国际物流网络。国际物流网络水平的高低、功能的强弱则取决于网络中这两个基本元素的配置。由此可见,国际物流结点对优化整个国际物流网络起着重要作用。它不仅执行着一般的物流职能,而且还越来越多地执行着指挥调度、信息等神经中枢的职能,因而日益受到人们的重视。所以人们把国际物流结点称为整个物流网络的灵魂。

### 一、国际物流结点的功能

物流结点(nodes)或称物流节点,是物流网络中连接物流线路的结节之处,所以又被称为物流结节点。在物流过程中,如包装、装卸、保管、分拣、配货、流通加工等,都是在物流结点上完成的。所以说,物流结点在物流系统中居于非常重要的地位。实际上,物流线路上的活动也是靠结点组织和联系的。如果离开结点,物流线路上的运动就必然会陷入瘫痪。

国际物流结点是指那些从事与国际物流相关活动的物流结点,如制造厂仓库、中间商仓库、口岸仓库、国内外中转点仓库以及流通加工配送中心和保税区仓库、物流中心、物流园区等,国际贸易商品或货物通过这些仓库和中心收入和发出,并在中间存放保管,实现国际物流系统的时间效益,克服生产时间和消费时间上的分离,促进国际贸易系统顺利运行。

国际物流结点一般采取以下手段来衔接物流:①通过转换运输方式,衔接不同运输手段;②通过加工,衔接干线物流及配送物流;③通过储存,衔接不同时间的供应物流与需求物流;④通过集装箱、托盘等集装处理,衔接整个“门到门”运输,使之成为一体。

国际物流结点能够优化国际物流网络,越来越多地执行着整合、指挥、调度、信息等神经中枢的职能,是整个国际物流网络的灵魂。国际物流结点通过其衔接、信息处理和组织管理作用在企业微观服务、物流系统和社会经济中发挥着三项主要功能,如图 2-5 所示。

### 二、国际物流结点的类型

在国际物流中,由于各个物流系统的目标不同以及结点在网络中的地位不同,结点的主要作用往往也不同,故迄今尚无明确的分类。这里仅根据其主要功能分为以下四类。

其一,转运型结点。转运型结点是以连接不同运输方式为主要职能的结点。例如,铁道运输线上的货站、编组站、车站等;公路运输线上的车站、货场(站)等;航运线上的机场;海运线上的港口、码头等;不同运输方式之间的转运站、终点站、口岸等。货物在这类结点上停滞的时间较短。

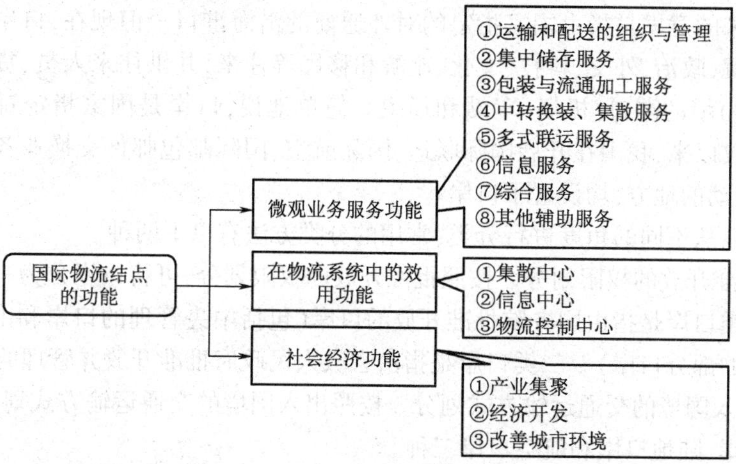


**图 2–5　国际物流结点的功能**

其二，储存型结点。储存型结点是以存放货物为主要职能的结点。例如，储备仓库、营业仓库、中转仓库、口岸仓库、港口仓库、货栈等。国际货物在这类结点上停滞的时间较长。

其三，流通型结点。流通型结点是以组织国际货物在系统中运动为主要职能的结点，比如流通仓库、流通中心、配送中心就属于这类结点。

其四，综合型结点。综合型结点是指在国际物流系统中集中于一个结点中全面实现两种以上主要功能，并且在结点中并非独立完成各种功能，而是将若干功能有机结合于一体的集约型结点，如国际物流中心。自由贸易区、保税区、出口加工区也有综合型物流结点的功能。

综合型结点是为适应国际物流大量化和复杂化而产生的。它使国际物流更为精密准确，在一个结点中要求实现多种转化而使物流系统简化。综合型结点是国际物流结点发展的方向之一。

## 第三节　国际物流中的特殊结点

国际物流结点的类型很多，本节主要阐述一些特殊结点，如口岸、港口、国际物流中心、国际物流园区以及海关特殊监管区域。

### 一、口岸

口岸是国家主权的象征，是国家指定的对外往来门户，也是国际货物运输的枢纽。从某种程度上说，它是一种特殊的国际物流结点。许多企业都在口岸设有口岸仓库或物流中心。口岸物流是国际物流的组成部分。

（一）口岸的分类

口岸原来的意思是指由国家指定的对外通商的沿海港口。但现在，口岸是指由国家指定对外经贸、政治、外交、科技、文化、旅游和移民等往来，并供往来人员、货物和交通工具出入国（边）境的港口、机场、车站和通道。简单地说，口岸是国家指定对外往来的门户。改革开放以来，我国在开展国际联运、国际航空、国际邮包邮件交换业务以及其他有外贸、边贸活动的地方，均设置了口岸。

口岸可以从不同的角度进行分类，常用的分类方法有以下两种。

1. 按批准开放的权限划分。按照批准开放的权限划分，可将口岸分为一类口岸和二类口岸。一类口岸是指由国务院批准开放的口岸（包括中央管理的口岸和由省、自治区、直辖市管理的部分口岸）。二类口岸是指由省级人民政府批准开放并管理的口岸。

2. 按出入国境的交通运输方式划分。按照出入国境的交通运输方式划分，可将口岸分为港口口岸、陆地口岸和航空口岸三种。

此外，在实际工作中，还经常使用边境口岸、沿海口岸、特区口岸、重点口岸、新开口岸和老口岸等提法。这些分类虽然尚未规范化，但它们在制定口岸发展规划及各项口岸管理政策方面，还是有一定积极作用的。

（二）中国电子口岸

中国电子口岸（www.chinaport.gov.cn）是一个公众数据中心和数据交换平台，依托国家电信公网，实现工商、税务、海关、外汇、外贸、银行等部门以及进出口企业、加工贸易企业、外贸中介服务企业、外贸货主单位的联网，将进出口管理流信息、资金流信息、货物流信息集中存放在一个集中式的数据库中，随时提供国家各行政管理部门进行跨部门、跨行业、跨地区的数据交换和联网核查，并向企业提供应用互联网办理报关、出口退税、网上支付等实时在线服务。

中国电子口岸由政府部门直接管理，它能使管理部门对进出口环节的管理更加完整和严密。管理部门实行“电子+联网核查”的新型管理模式，从根本上解决了业务单证的弄虚作假问题，从而有利于严厉打击走私、骗汇、骗税等违法犯罪活动，创造公平竞争的市场环境。

## 二、港口

港口是水陆空交通的集结点和枢纽，工农业产品和外贸进出口物资的集散地，船舶停泊（飞机起降）、装卸货物、上下旅客、补充给养的场所。由于港口是联系内陆腹地和海洋运输（国际航空运输）的一个天然界面，因此，人们也把港口作为国际物流的一个特殊结点。

港口按其基本功用，可分为商港、渔港、军港和避风港四大类型。本节所阐述的港口，仅指与国际物流有关的商港。现代商港不仅是水陆空运输的枢纽和货物集散地，而且也是一个巨大的生产单位，其规模的大小，一般以其吞吐量的大小来表示，港口通过能力是指在一定的时期和条件下，利用现有的工人、装卸机械与工艺所能装卸货物的最大数量。

（一）港口的特点

港口之所以能在现代国际生产、贸易和物流系统中发挥战略作用，主要是由港口的以下特点决定的。

1. 港口在整个物流供应链上是最大量货物的集结点。经济全球化使国际贸易量急速增加，港口作为海洋运输的起点与终点，无论是集装箱货还是散货，远洋运输总是承担着其中最大的运量，因而港口在整个物流供应链上总是最大量货物的集结点。当需要从事附加的工业、商业和技术活动时，选择在港口这样的集结点进行往往最能取得规模经济效益。

2. 港口往往是生产要素的最佳结合点。如果两个大陆之间，或者两个相距甚远的国家之间在生产要素方面有着最大的禀赋差异，那么，要把这些生产要素以最有利的方式结合起来，港口往往是最合乎理性的选址。许多国家依赖于进口原材料的钢铁厂往往都建在港口地区，其原因正在于此。在港口地区建设出口工业，利用钢铁作为原材料生产汽车和机械，就可以节省大量成本，增强在国际市场上的竞争力。

3. 港口往往是最重要的信息中心。对于国际物流来说，港口仍然是不同运输方式汇集的最大、最重要的结点。在港口地区落户的有货主、货运代理行、船东、船舶代理行、商品批发商、零售商、包装公司、陆上运输公司、海关、商品检验机构及其他各种有关机构。因此，港口就成为一个重要的信息中心。

（二）港口的功能

在综合物流时代，港口的功能发生了很大的变化。功能更加广泛的现代港口，将朝着综合物流中心的方向发展。概括来讲，它主要具备五个“中心”的功能。

1. 物流服务中心。港口首先应该为船舶、汽车、火车、飞机、货物、集装箱提供中转、装卸和仓储等综合物流服务，尤其是提高多式联运效率和港口竞争能力。

2. 商务中心。现代港口应该为用户提供方便的运输、商贸和金融服务，如代理、保险、融资、货代、船代、通关等。

3. 信息与通信服务中心。现代港口不但应该为用户提供市场决策的信息及其咨询，还要建成电子数据交换（EDI）系统的增值服务网络。

4. 现代产业中心。现代港口应该发挥区位优势，发展相关产业。

5. 后援服务中心。现代港口应该提供人才培训、供应和海员服务及贸易谈判等设施，并提供舒适的生活娱乐空间，加强港城一体化关系，优化城市功能。

港口从本质上讲就是一个物流基地、物流枢纽、物流结点，是物流企业的集群。现代港口的功能主要体现为以港口的运输和中转功能为依托，建立强大的现代物流系统，进而发展仓储、配送、加工改装、包装等产业，带动整个临港产业带的发展。当前港口物流蓬勃发展，从产业角度考察，港口物流是特殊形态下将现代物流理论的研究成果应用于港口产业而形成的综合物流体系。它以港口为物流结点，利用港口自身的优势，提供货物装卸搬运、运输、拆装箱、仓储管理、包装加工、信息处理、通关以及其他增值服务在内的一揽子综合物流服务的活动。国际物流企业以港口的运输和中转为主要功能，实现货物运输、仓储、配送、加工改装、包装、通关、保险和信息交换等商品流通的全程供应链服务。

链 接

"一带一路"与港口国际物流的发展

我国已提出建设丝绸之路经济带和21世纪海上丝绸之路的倡议,相关港口作为连接国内外货运商贸、物流仓储以及信息服务等的重要载体,将成为"一带一路"的关键结点。"一带一路"沿线大多是新兴经济体和发展中国家,广阔的辐射地域范围、庞大的经济规模以及活跃的经济发展态势蕴藏着巨大的货运需求,相关的仓储物流、国际采购、分销和配送、国际中转、检测和售后服务维修、商品展示、产品研发和加工制造等港口功能需求将会日益强烈,此外,港口之间在海铁联运、口岸联动、大陆桥运输、信息共享等方面存在大量跨区域合作空间。

(三)世界主要海港

港口因受海岸、水文、气候等自然条件的影响,可分为天然港、人工港、开敞港、闭合港,以及冻港、不冻港等。此外,世界上还有些港口被定为自由港或在港口划定了自由港区。世界上的国际贸易海港约有2 500多个,位于世界各海洋的要道,各国、各地区的货物聚集在此并转运到世界各地的大港口。这些港口中,吞吐量超过1 000万吨的有100多个,5 000万吨以上的有20多个。目前,世界上吞吐量在千万吨以上的大港有80%以上集中在发达国家,它们往往也是大工业中心。发展中国家的港口多是原料出口港,工业不够发达。大西洋拥有的港口数量最多,约占世界的3/4;太平洋则约占1/6;印度洋约占1/10。鹿特丹港(Rotterdam)、纽约港(New York)、新奥尔良港(New Orleans)、神户港(Kobe)、横滨港(Yokohama)、伦敦港(London)、新加坡港(Singapore)、汉堡港(Hamburg)、马赛港(Marseille)、安特卫普港(Antwerp)等均为世界大港,在世界货物贸易运输中占有重要地位。

(四)我国的港口

我国拥有1.8万千米的大陆海岸线,11万千米的内河航道,承担着9%的国内贸易运输和85%以上的外贸货物运输,沿海沿江有1 460多个商港。经过几十年的建设和发展,我国港口的吞吐能力有了显著的提高,扭转了过去港口长期与国民经济发展不相适应的被动局面,港口码头泊位不断增加,继续向大型化、专业化方向发展,港口货物吞吐量持续较快增长。我国港口吞吐量和集装箱吞吐量已经连续多年保持世界第一,拥有20个亿吨大港。其中,宁波—舟山港吞吐量早已突破了10亿吨,居世界第一。

我国大陆的主要港口有上海港、宁波—舟山港、大连港、秦皇岛港、广州港、天津港、青岛港、黄埔港、湛江港、连云港、苏州港、南京港、温州港、厦门港、北海港等。

随着经济的逐步发展,我国形成了五大港口群,自北向南依次是环渤海地区、长江三角洲地区、东南沿海地区、珠江三角洲地区和西南沿海地区(如图2-6所示)。港口群在发挥装卸集装箱船货物的运输功能外,还将参与组织各个物流环节业务活动及彼此之间的衔接与协调,逐步成为全球国际贸易和运输体系中的物流基地。

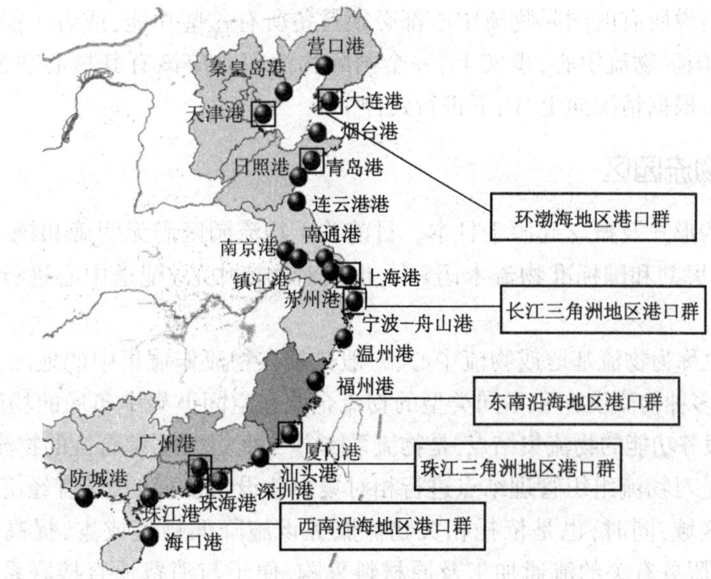


图2-6　我国五大港口群分布

## 三、海关特殊监管区域

海关特殊监管区域是经批准,设立在我国境内,以保税为基本功能并赋予连接国际国内两个市场的特殊政策,由海关实施封闭监管的特定功能区域。当前我国海关特殊监管区域主要有保税区、出口加工区、保税物流园区、跨境工业园区(包括珠海跨境工业园区和霍尔果斯边境合作区)、保税港区、综合保税区。

保税监管场所也是海关特殊监管场所,主要有保税仓库、出口监管仓库、保税物流中心(分为A型和B型)。

关于海关特殊监管区域的功能与物流运作,我们将在第十一章"保税物流"中详述。

## 四、国际物流中心

《中华人民共和国物流术语标准》对物流中心的定义为:接受并处理下游用户的订货信息,对上游供应方的大批量货物进行集中储存、加工等作业,并向下游进行批量转运的设施和机构。

国际物流中心是指国际物流活动中商品、物资等集散的场所。就大范围国际物流而言,某些小国家或地区可能成为物流中心,如中国香港、新加坡等就具有国际物流中心的地位,而自由贸易区、保税区、出口加工区等则具有一般意义上的物流中心的功能。就小范围而言,港口码头、保税仓库、外贸仓库或者超级市场等都可以成为物流中心。当前人们所说的国际物流中心多指由政府部门和物流服务企业共同筹建的具有现代化仓库、先进的分拨管理系统和计算机信息处理系统的外向型物流集散地。

国际物流中心的主要功能包括运输、仓储、装卸搬运、包装、流通加工、物流信息处理等。但这并不是说所有的国际物流中心都必须具备所有这些功能,或者不能有其他的功能,否则就不叫国际物流中心,事实上,一个国际物流中心应该有其核心功能,并且物流中心的功能应该根据情况向上、向下进行延伸。

## 五、国际物流园区

物流园区的形式及概念起源于日本。目前关于物流园区尚无明确和统一的定义,即便是在《中华人民共和国标准物流术语》中,也仅对物流中心、配送中心进行了原则性的界定。

物流园区也称为物流基地或物流中心,一般是指在物流作业集中的地区,在几种运输方式衔接地,将多种物流设施和不同类型的物流企业在空间上集中布局的场所,是具有一定规模和综合服务功能的物流集结点,是物流系统中一种大型的、综合性的物流结点。

物流园区是对物流组织管理结点进行相对集中建设与发展的、具有经济开发性质的城市物流功能区域;同时,也是依托相关物流服务设施降低物流成本、提高物流运作效率、改善与企业服务有关的流通加工及原材料采购、便于与消费地直接联系的生产等活动,具有产业发展性质的经济功能区。

国际物流园区是为了满足国际物流大批量、小批次、少品种的需要,以跨两个或两个以上海关管辖区域为服务范围的物流中心,功能一般比较齐全,是最高形式的物流结点,对国际物流网络系统起着决定性和战略性的控制作用。

我国近年来先后批准在北京、上海、大连、天津等城市建设国际物流园区,如上海吴淞国际物流园区、天津保税国际物流园区、北京空港国际物流园区等。

### (一)国际物流园区的功能

国际物流园区的作业涉及海关报关清关、跨国运输保险、国际贸易、国际金融、进出口商品检验检疫、海关监督、保管等诸多跨关境、跨国境、跨行业、跨部门的工作。国际物流园区的功能如图2-7所示。

### (二)国际物流园区的主要运作模式

国际物流园区的运作模式主要有以下几种。

1. 基于大宗进口商品向国内市场分销的国际物流业务运作模式。国际大宗进口商品利用国际物流园区作为物流分拨基地,面向国内市场开展分销活动,是目前一些跨国公司和具有较强专业性的国际企业在本地化市场上的一种主要运作方式。其物流运作的特点:一是进口环节的批量大,进入国内市场则采用“多批次、小批量”;二是物流运作的主体比较多元化,既可以是跨国公司和专业化国际企业在国际物流园区设立的分支机构,也可以是当地的代理商,还可以是受企业委托的国际物流园区内的物流企业。以国际物流园区为分拨基地的国际物流活动,可以从整体上降低进口商品的销售成本、提高

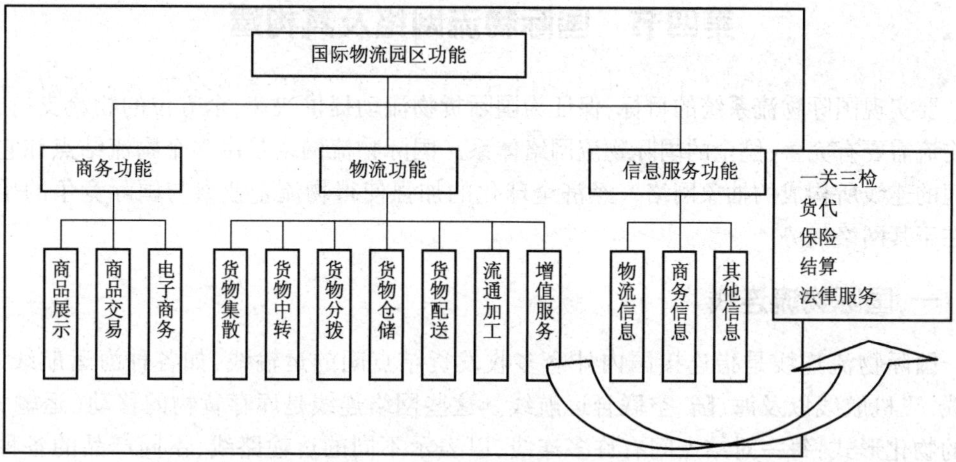


**图 2-7　国际物流园区的功能**

服务效率和质量。

此类物流业务运作模式对国际物流园区物流的功能要求，主要是以仓储、配送、报关、简单流通加工和物流信息服务为主。

2. 基于出口商品在国际物流园区集结和配送的物流业务运作模式。随着经济全球化进程的加快和国内外市场一体化程度的提高，跨国采购和销售活动日益频繁，许多生产性跨国公司、国际大型零售企业和专业化国际采购公司的国际采购网络正在向世界各地延伸，全球生产制造体系将逐步形成并不断趋于完善，出口商品集散的网络物流业务就成为国际物流园区物流运作的又一主要方式。其具体活动内容：一是根据国际市场的生产和销售需求，提供配套商品和服务；二是利用物流园区低成本的物流及相关服务设施，进行分销活动。

3. 基于加工贸易的原材料进口与制成品出口的物流业务运作模式。加工贸易是当前国际贸易中最为重要的贸易方式之一，也是支撑各国经济发展，特别是物流功能发展的主要动力。国际物流园区与加工贸易有关的物流活动可以分为两种类型：一是与非保税区加工贸易企业从国际市场进口原材料有关的物流活动，以及与制成品向国际市场和国内市场销售相关的物流活动；二是保税区内的加工企业利用进口和国内市场的原材料的物流活动，以及制成品向国际市场出口和国内市场销售的物流活动。

4. 基于转口贸易的国际物流运作模式。转口贸易的开展和扩大，是多方面因素作用的结果：一是国际物流园区（或自由贸易区）在区域市场中具有较好的地理区位优势；二是国际物流园区能够提供货物进出自由的制度环境和便利条件；三是国际物流园区位于区域或世界交通枢纽，具有良好的运输条件和物流设施；四是国际物流园区的物流运作成本相对较低；五是国际物流园区及港口、海关等方面的管理效率较高。

这种模式的物流业务的主要内容是为转口过境商品提供仓储、多式联运、向不同区域市场分拨以及物流信息服务等。

## 第四节 国际物流网络及其构建

要实现国际物流系统的目标，保证为国际货物流动提供快速、全方位的物流支持，国际物流需要有完善、健全的国际物流网络体系。国际物流网络是由多个物流结点和它们之间的连线所构成的抽象网络。经济全球化的加强使得物流企业参与国际竞争的生命力在于其网络优势。

### 一、国际物流连线

国际物流连线是指连接国内外众多收发货结点间的运输线，如各种海运航线、铁路线、飞机航线以及海、陆、空联合运航线。这些网络连线是库存货物的移动(运输)轨迹的物化形式；每一对结点间有许多连线，以表示不同的运输路线、不同产品的各种运输服务；各结点表示存货流动的暂时停滞，其目的是为了更有效地移动(收或发)。

国际物流连线实质上也是国际物流流动的路径。它主要包括国际海运航线、国际航空运输线、国际铁路运输线与大陆桥、国际主要输油管道等。上述主要连线我们将在本书的其他相关章节中详细阐述。

国际物流连线的作用是使货物产生空间位移，实现货物的空间效益。

### 二、国际物流网络

国际贸易和经营的竞争要求国际物流系统的物流费用要低，客户服务水平要高。为实现这一目标，建立完善的国际物流系统网络十分重要。目前，跨国物流企业优于国内物流企业的竞争力主要体现在海外客户、指定货源、全球网络和信息系统这四个方面，其中，最核心和最根本的是其全球网络经营的优势，其他三个方面是网络优势派生和发展的产物。正是由此，有人将德讯(Kuehne & Nagel)、泛亚班拿(Panalpina)、辛克(Schenker)、联邦快递(FedEX)等这些跨国货代形象地称为网络货代。

在讨论物流网络时，这里的网络有两种含义，或者说人们对网络有两种理解：一种是指物理网络或实体网络；另外一种是指信息网络，即利用信息网络技术进行物流信息交换，根据物理网络的发展需要，企业应用网络技术建立起来的信息网络。国际物流网络是指由多个收发货的“结点”和它们之间的“连线”所构成的物理网络，以及与之相伴随的信息网络组成的有机整体。

(一)国际物流物理网络的构成与建设

分散的物流单体只有形成网络才能满足国际化生产与流通的需要。网络上点与点之间的物流活动保持系统性、一致性，这样可以保证整个物流网络有最优的库存总水平及库存分布，运输快速、灵活，既能铺开又能收拢。建设和优化国际物流物理网络，有利于扩大国际物流量，提高企业的物流竞争能力和成本优势。

1. 国际物流物理网络的构成。国际物流物理网络是由执行物流运动使命的线路和执行物流停顿使命的结点两种基本元素组成的，如图 2-8 所示。

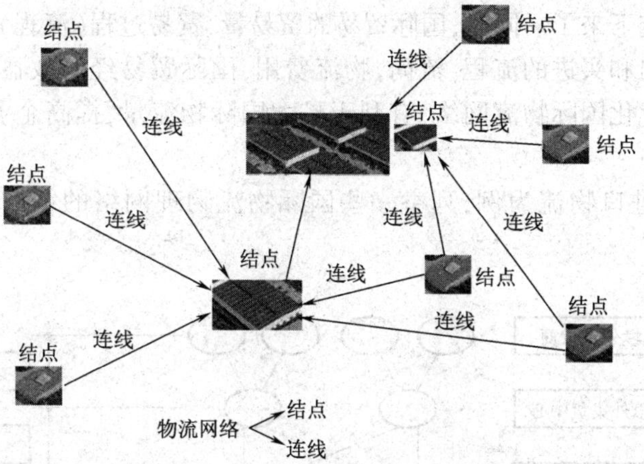


**图 2-8　国际物流物理网络的构成示意**

国际物流物理网络系统在结构上一般由物流园区、配送中心、货站、港口、仓库等结点和运输线路构成,并通过运输子系统、商品检验子系统、报关子系统、信息子系统、流通加工子系统等连接起来,形成相互作用的网络系统。国际物流的物理网络可用图 2-9来表示。

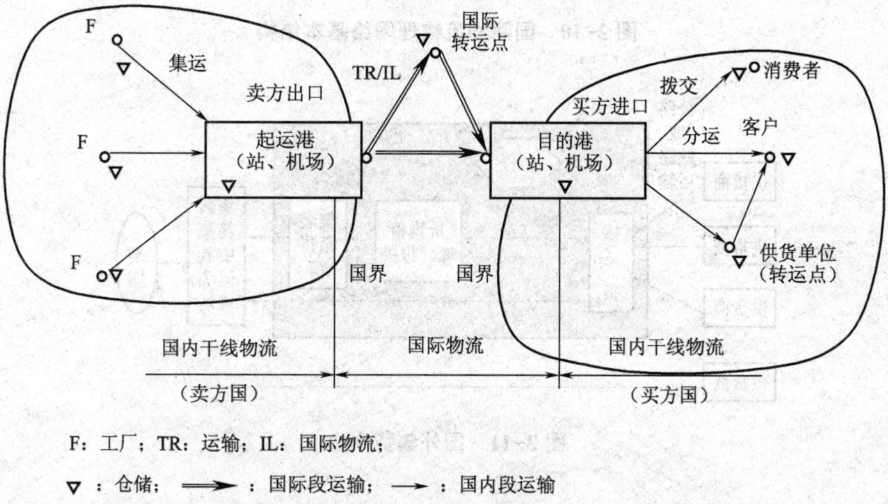


**图 2-9　国际物流物理网络**

2.国际物流物理网络的建设。整个国际物流过程中线路与结点相互关联组成了不同的国际物流物理网络。国际物流物理网络水平的高低、功能的强弱则取决于网络中这两个基本元素的配置。

国际物流物理网络建设的中心问题是确定进出口货源点(或货源基地)和消费者的位置,各层级仓库及中间商批发点(零售点)的位置、规模和数量,从而决定国际物流系统的合理布局和合理化问题。

在合理布局国际物流物理网络的前提下,国际商品由卖方向买方实体流动的方向、规模和数量就确定下来了。同时,国际贸易的贸易量、贸易过程(流程)的重大战略问题,进出口货物的卖出和买进的流程、流向、物流费用,国际贸易经营效益等,也就一一得到了确定。完善和优化国际物流网络,有利于扩大国际物流量,提高企业的物流竞争能力和成本优势。

下面我们以进口物流为例,列举一些国际物流物理网络的结构图(如图 2-10 至图 2-13所示)。

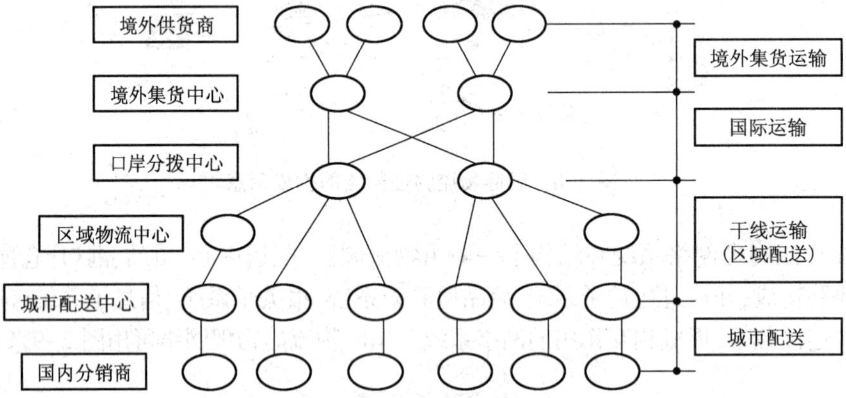


**图 2-10 国际物流物理网络基本结构**

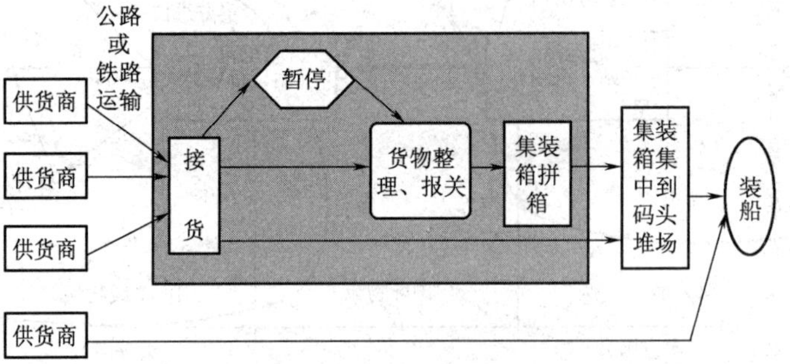


**图 2-11 国外集货中心**

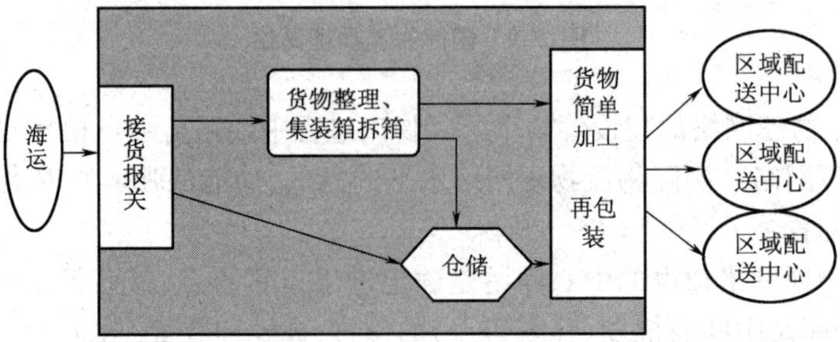


**图 2-12 口岸分拨中心**

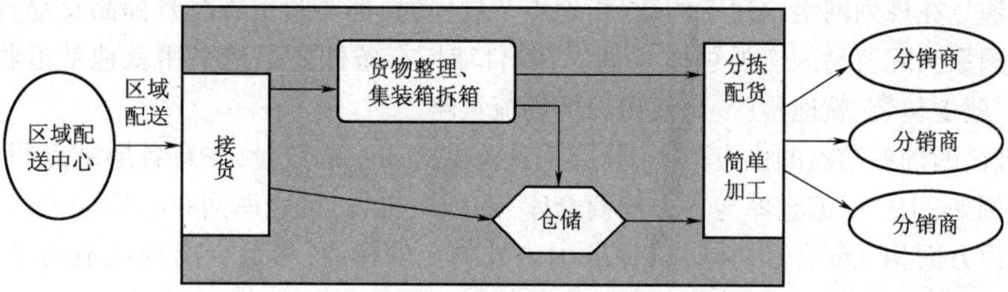


**图 2-13 城市配送中心**

**链 接**

国外集货中心选点原则

国外集货中心选点原则主要有:①该地区有较发达的内陆运输系统;②该地区是世界级港口,有多家航运公司提供至中国主要港口的海上运输;③该地区有发达的空运系统,与中国主要城市开辟有直接航线;④从现有供货商的分布来看是较优的选址;⑤所在国国际形象好,与中国贸易密切;⑥可方便地将货物转运至世界主要贸易地区;⑦公司已经在该地区设有分支机构。

国际物流企业在全球物流网络的构建中,一般通过资本投资方式和合作方式来扩张网络建设。国际物流企业以资本投资的方式构建国际物流网络是指它们筹措资金在世界各地建立自己的分支机构、扩大公司自己的船队规模、投资物流设施和购并其他公司。例如,海运物流公司在跨国经营的初期,一般是在班轮航线所挂靠的东道国,特别是在世界重要的航运中心投资设立自己的公司或办事处,从事为母公司船队揽货、接受货主订舱和为母公司船舶在东道国停泊期间服务。中国外运总公司早在 1980 年就在美国纽约正式注册了“华运公司”,成为我国与美国建交后最早在美国开办的独资企业之一。随着事业的发展,根据美国海岸线长、主要港口多、幅员辽阔、货源分散的特点,华运公司先后又在新泽西、休斯敦、洛杉矶、旧金山、芝加哥和凤凰城等地设立了子公司和办事处,形成了一个布局合理的海运服务网络。纵观世界著名的前 20 家航运企业,几乎没有哪一家不是利用兼并或购并的方式发展起来的。例如,马士基海陆公司收购全球第三大班轮公司铁行渣华;德国赫伯罗特的母公司 TUI 收购加拿大太平洋轮船;法国达飞轮船收购达贸公司。

合作方式是指企业之间的合作、联盟和加盟。从产业链上看,国际物流企业既使用横向一体化战略以扩大公司的经营规模,也使用纵向一体化战略以扩大公司的业务范围。

建立和完善国际物流物理网络应注意如下几个问题。

首先,合理选择和布局国内外物流网点,扩大国际贸易的范围与规模,综合考虑国内物流运输。在规划网络内建库的数目、地点及规模时,都要紧密围绕着商品交易计划,乃至一个国家国际贸易的宏观总体规划。在出口时,有条件要尽量采用就地就近收购、就地加工、就地包装、就地检验、直接出口的物流策略。

其次,明确各结点的供应范围、分层关系及供应或收购数量,注意各层结点间的有机衔接。例如,生产厂家仓库与各中间商仓库、港(站、机场)区仓库间在存储能力以及出口装运能力方面相互配合和协同,以保证国内外物流的畅通,尽量少出现或不出现在某一层仓库储存过多、过长的不均衡状态。

再次,采用先进的运输方式、运输工具和设施,充分利用海运、多式联运方式;改进运输路线,减少相向、迂回运输。

最后,国际物流网点规划要考虑现代物流技术的发展,留有余地,以备将来的扩建。为发展外向型经济,扩大国际贸易,增强商品在国际市场上的竞争力,要努力建立健全高效、通畅的国际物流体系,实现国际物流合理化和国际贸易扩大化。

(二)国际物流信息网络

信息是国际物流的灵魂。信息是否及时准确、真实可靠,管理和应用是否合理都将直接影响到国际物流运行的效益。国际物流信息化就是要实现物流信息商品化、物流信息收集数据库化和代码化、物流信息处理电子化和计算机化、物流信息传递标准化和实时化、物流信息存储数字化。

1. 国际物流信息网络。国际物流信息网络也可理解成由结点和它们之间的连线所构成。连线通常包括国内外的邮件或某些电子媒介(如电话、电传、EDI、物流信息平台等),其信息网络的结点则是各种物流信息的汇集及处理之点,如员工处理国际订货单据、编制大量出口单证、准备提单或用电脑对最新库存量进行记录。

国际物流信息网络主要由各类信息系统组成。从本质上讲,国际物流信息系统(ILIS)是把各种国际物流活动与某个一体化过程(如交易、管理控制、决策分析以及制定战略计划)连接在一起的通道,主要是指以计算机为工具,对国际物流信息进行收集、存储、检索、加工和传递的人机交互系统。一个高效的国际物流信息网络应包括订货信息系统、库存信息系统、运输信息系统、货物跟踪系统、客户管理系统、供应链管理系统、金融系统、税务系统、海关系统、保险系统等。

国际物流对信息网络的基本要求是信息充足、准确和通信顺畅。

建设和优化国际物流信息网络应注意以下三点。

第一,以企业发展战略和物流竞争战略为基本指针。建立国际物流信息网络是企业的长期战略投资行为,必须以企业发展战略和物流竞争战略为基本指针。没有战略的依据,企业对国际物流信息网络的投资就将是盲目的投资。

第二,要以客户服务需求为基本依据,确定国际物流运作流程。企业建立国际物流信息网络的前提是要依据客户的物流服务需求和企业的物流管理模式确定国际物流运作流程。国际物流运作流程的设计问题,实际上是客户服务需求和企业服务能力的匹配问题。不能只注意企业的物流管理模式而忽视客户具体的物流服务需求。

第三,信息网络的结构要具有开放性和扩张性。

2. 国际物流综合信息服务平台。国际物流综合信息服务平台是不同于企业或行业的国际物流信息系统的,它着眼于大区域的国际物流系统,主要是为了提高全社会的物流效率,降低物流成本,提升区域经济的竞争能力。

国际物流综合信息平台是以政府为主导、企业跟踪运营的,集货运行业调控、监管、决策支持为一体的,融合面向货运市场和企业的信息与交易服务功能的,集管理和服务为一体的综合性服务信息平台。其目的是实现国际物流物流企业、货主、工商、税务、海关等众多国际贸易参与方之间的高效协作,并充分利用先进的信息技术和服务手段,向进出口企业提供一站式、全流程、跨区域的国际物流应用服务。其架构如图 2-14 所示。

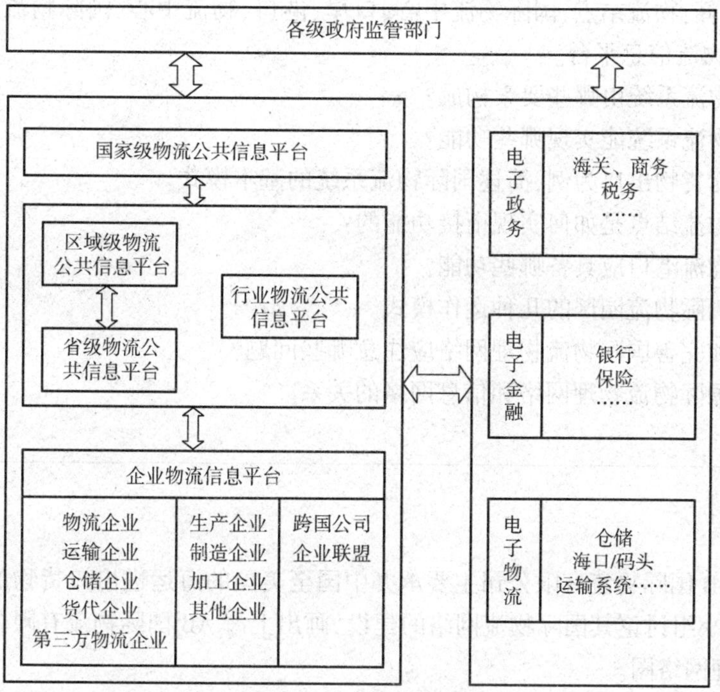


**图 2-14 国际物流综合信息服务平台架构**

(三)国际物流物理网络与国际物流信息网络的关系

国际物流物理网络与国际物流信息网络并非各自独立,它们之间是密切相关的,共同构成国际物流网络。物流的几乎每一活动都有信息支撑,物流质量取决于信息,物流服务也要依靠信息。如果没有信息流,将只会成为一个单向的、难以调控的、半封闭式的国际物流系统。而信息流的双向反馈作用,则可以使国际物流系统易于控制、协调,使其能合理高效地运转,充分地调动人力、物力、财力、设备及资源,以达到最大限度地降低国际物流总成本、提高经济效益的目的。

由于国际物流是国际的物品运动过程,因此,我们不仅要研究国际物流系统内部的相互联系,还要研究横跨各国地域的整体物流的合理化,取得各有关国家之间的协助与配合,这就要做到时刻把握国际物流的脉搏,跟踪处理。信息流的动态跟踪作用解决了这一问题。以国际海运为例,在物品的载体——国际货船离港的次日,信息流便分别向发运国和到货国传递货物海运保险申请书并制作运费报告;当货物运送完毕时,信息流按港口类别的集装箱海运日程及时报告行踪,并预报到港地点、时间及各种服务;如发生其他障碍和问题,信息流也会立刻发出警告信息。通过这种动态跟踪的信息流,不仅可以随时掌握国际物流的行踪,而且可以达到使损失最小、效益最大的目标。

## 复习题

1.名词解释:物流结点、国际物流中心、口岸、港口、物流中心、国际物流连线、国际物流网络、国际物流信息平台。

2. 国际物流系统由哪些要素构成?

3. 国际物流系统能实现哪些功能?

4. 以国际货物出口为例,简述国际物流系统的基本模式。

5. 国际物流结点是如何实现衔接功能的?

6. 国际物流港口应具备哪些功能?

7. 试述国际物流园区的几种运作模式。

8. 建立和完善国际物流物理网络应注意哪些问题?

9. 简述国际物流物理网络和信息网络的关系。

## 案例分析

1.上海 AB 国际物流有限公司主要承办中国至美国的海运进出口货物的国际运输代理业务,请分小组讨论其国际物流网络的建设,画出上海 AB 国际物流有限公司至美国的国际物流物理网络图。

2. 美国联合包裹(UPS)成立于 1907 年,主要从事陆运和航空运输,每天负责运送数以万计的包裹。由于信息技术的发展及美国规制改革,UPS 调整了自己的发展计划。1993 年,它成立专业物流子公司,积极开展仓储管理以及物流规划等业务。1999 年,UPS 并购了 20 家公司(包括 7 家物流、分销公司、11 家技术公司、1 家银行、1 家航空公司)。为了迅速占领全球高技术产品的配件物流市场,UPS 于 2000 年 1 月至 2001 年 7 月先后收购了美国 Burnham 物流公司的配件物流事业部、拉丁美洲和加勒比海地区配件物流服务供应商 Comlasa 公司、澳大利亚的计算机物流解决方案公司(CLS)、瑞士的 Polysys 公司和德国的高技术产品物流服务供应商 UNIDATA 公司,在全球范围内迅速建立起由总面积约 25 万平方米的 450 多处仓库和 1 100 多个服务网点组成的关键零部件的紧急配送网络体系。2001 年,UPS 收购了美国一家报关公司——Fritz,可以为跨国公司办理报关和货代业务,并按照用户的要求提供整条供应链的综合性物流服务。它并购了美国第一国际银行,将其改造成 UPS 金融部门(UPS Capital),推出包括开具信用证、兑付出口票据等业务，能在短期内对用户的应收款进行融资并帮助用户获得政府支持的出口贷款。2002 年年初，UPS 成立了供应链解决方案公司，将供应链设计与管理、货代、报关、邮件递送、多式联运、咨询和金融服务都连为一体，让用户享受到一站式的物流服务。目前，UPS 在全世界建立了 10 多个航空运输的中转中心，在 200 多个国家和地区建立了几万个快递中心。

问题：(1) UPS 作为一家国际物流企业，与一般运输物流企业有什么不同？(2) UPS 是否需要建立许多仓库和中转中心？(3) UPS 主要是怎样拓展其物流网络的？

3. 鹿特丹是荷兰的交通枢纽和工业中心，对经济的贡献占荷兰国内生产总值(GDP)的 10%以上。鹿特丹港是世界上最重要的港口之一，一直跻身世界一流大港之列。鹿特丹港位于莱茵河和马斯河入海的三角洲，西依北海，东溯莱茵河、多瑙河，可通至里海，濒临世界海运最繁忙的多佛尔海峡，是荷兰和欧盟的货物集散中心，有“欧洲门户”之称。鹿特丹港在离货物码头和联运设施附近大力规划建设物流园区，其主要功能有拆装箱、仓储、再包装、组装、贴标、分拣、测试、报关、集装箱堆存修理以及向欧洲各收货点配送等，发挥港口物流功能，提供一体化服务。对于物流园区的定位，鹿特丹港务局明确指出：物流园区是拥有完善的设施，可以为物流，特别是配送活动提供一站式服务的物流园区；它应紧邻港口集装箱码头和多式联运设施，并采用最先进的信息和通信技术。鹿特丹港原有 Eemhaven 物流园区和 Botlek 物流园区，其中，Eemhaven 物流园区面积 50 万平方米，主要提供大宗产品如木材、钢材等的储存和配送服务，Botlek 物流园区面积 87 万平方米，是石油、化工产品专业配送中心。后因港区扩展需要，又在入海口处建立了 Maasvlakte 物流园区，面积达 125 万平方米。Maasvlakte 物流园区位于鹿特丹港最大的集装箱码头 Delta 集装箱码头后方，并与该集装箱码头有专用通道连接，其用户主要是大型跨国制造商、大型船公司、大型物流企业。鹿特丹港的这些物流园区均有与码头间的专用运输通道，提供物流运作的必要设备，采用最先进的信息技术，并提供增值服务以及海关的现场办公服务。物流园区的配送中心是许多企业在欧洲建立的配送中心所在，也是小企业把货物交付一个能保证即时送货到全欧洲的放心的物流服务商。

问题：(1) 鹿特丹港建有几个物流园区，这些物流园区是如何定位的？(2) 结合本案例简述国际物流园区的主要功能。(3) 鹿特丹港建设物流园区有哪些成功的经验？

案例分析参考答案

# 第三章

# 国际物流与国际贸易

## 学习目标

- 理解国际物流与国际贸易的关系
- 能图示进出口贸易的程序
- 熟悉进出口合同履行的各个环节
- 掌握国际货运服务委托合同的主要内容并能在实际工作中应用

本章阐述国际物流与国际贸易的关系以及与国际物流相关的贸易实务，主要包括进出口贸易的程序、进出口合同的履行和国际贸易结算，国际物流企业在贸易程序中的业务以及国际货运服务委托合同。

## 第一节　国际物流与国际贸易的关系

国际商品的流动体现了商流和物流的统一。国际物流是在国际贸易产生和发展的基础上发展起来的。随着生产的国际化、国际分工的深化，国际物流从国际贸易中分离出来。当今，发展国际物流是发展国际贸易的必要条件。

### 一、国际贸易的含义与分类

国际贸易(international trade, international business, foreign trade, overseas trade)，通常是指国与国之间的团体、组织(如企业或公司)或个人所进行的商品(货物)、技术或服务的买卖或交换行为，是国际分工的具体体现，同时也表明各国间经济上的相互依赖或相互补充，它是经济全球化或区域一体化的表现形式之一。比如，以一个国家或地区为主体，其与另一些国家或地区所进行的商品、服务的买卖或交换即为该国或该地区的对外贸易。作为出口方来说，其输出商品和服务被称为出口贸易；作为进口方来说，其输入商品和服务即为进口贸易。所以，对外贸易又被称为进出口贸易或输出入贸易。有些海岛国家如英国、日本等，常用海外贸易(overseas trade)来表示对外贸易。

传统的国际贸易和对外贸易仅指有形商品的交换，即人们通常所说的狭义的国际贸易和对外贸易。而广义的国际贸易和对外贸易，则包括了商品和劳务的交换，分为有形商品贸易(visible trade)和无形商品贸易(invisible trade)。有形商品贸易是指有形的、可以看得见的商品的贸易；无形商品贸易是指无形商品即劳务的输出与输入，如运输、保险、金融、旅游、租赁、技术等劳务的交换活动，它们在通过一国海关时不必申报，也不列入海关统计。具体地讲，无形商品贸易包括：伴随着实物商品和人的国际移动而发生的劳务收支，如货物运输费、保险费、客运费、旅游费用等；由资本的国际移动而产生的投资收益项目，如利润、利息、红利、租金等；驻外机构经费、侨民汇款、专利费等其他收支项目。世界无形商品贸易主要分为国际服务贸易和国际技术贸易两大类。国际服务贸易构成国际无形商品贸易的主体，主要是指跨越国境的服务和消费以及各种生产要素的跨国境移动。

国际物流组织货物在国际合理流动，因而主要是与国际货物贸易相关，即与狭义的国际贸易和对外贸易相关。

作为一个统称的国际贸易，其分类各种各样。常见的分类方法如表 3-1 所示。

### 二、国际贸易与国际物流的关系

国际贸易与国际物流之间有着密切的关系(如图 3-1 所示)。国际贸易中的商品流动涉及跨国界的国际物流运作。进出口双方在相互交易磋商之后签订了进出口合同，出口方在组织货源时需要依托国内物流进行供应和生产，组织货源完毕后还需要国内物流送达货物集港，出口报关后依靠海、陆、空三方面的出口运输将货物送达。而进口方也重复相同的物流作业的流程，将产品送达最终的用户或者配送中心。国际贸易和国际物流是国际经济的两个方面：国际贸易侧重商务合同的达成，实现商品所有权转移；国际物流侧重国际货物的流通，实现商品的实体转移。

**表 3-1 国际贸易的分类**

| 分类方法 | 国际贸易的分类名称 |
| --- | --- |
| 按商品的形式不同 | 有形贸易（国际货物贸易）、无形贸易（国际服务贸易、国际技术贸易） |
| 按货物移动的方向不同 | 出口贸易、进口贸易、过境贸易（直接过境贸易、间接过境贸易） |
| 按进出国境与进出关境的不同① | 总贸易、专门贸易 |
| 按贸易是否有第三者参加 | 直接贸易、间接贸易、转口贸易 |
| 按货物运送方式不同 | 陆路贸易、海路贸易、空运贸易、邮购贸易 |
| 按贸易方式（即具体做法）不同 | 一般贸易、包销、寄售、拍卖、加工贸易、合作生产、易货贸易、补偿贸易、租赁贸易等 |

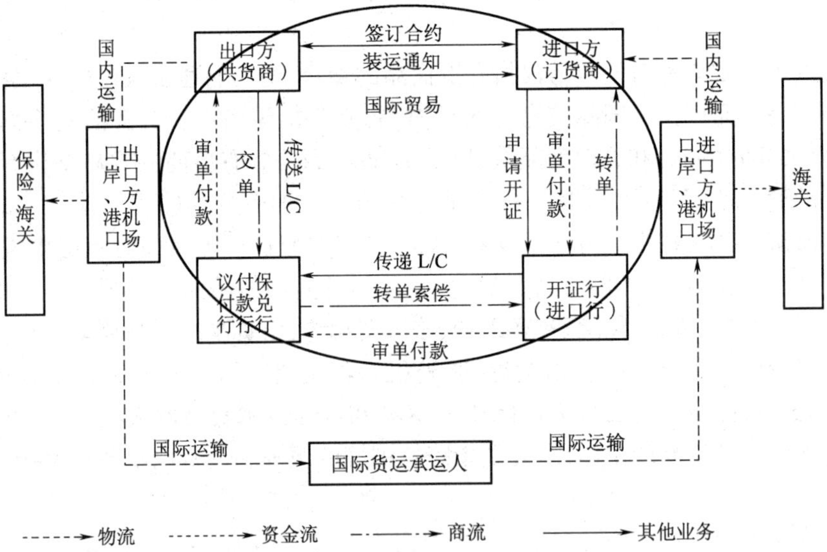


**图 3-1 国际物流与国际贸易的联系**

① 一般情况下，几个国家间缔结关税同盟时，关境>国境；在国境内开设自由港、自由贸易区、出口加工区时，关境<国境；无上述两种情况时，关境=国境。总贸易统计货物进出口以国境为标准；专门贸易统计货物进出口以关境为标准。如果外国货物进入国境后，暂时存在保税仓库，不进入关境，一律不列为专门进口。

国际贸易和国际物流二者相互依赖、相互促进和相互制约,两者谁离了谁都无法单独存在。

**链 接**

关于国际贸易与国际物流的关系研究

杨长春(2007)考察了国际贸易与国际物流的关系,通过对北美、日本和欧洲这三个世界上贸易活动最活跃区域的数据进行分析,得出了国际贸易与国际物流存在可靠的协整关系、国际贸易与国际物流之间存在反馈性的因果关系,其中,贸易对物流的促进作用要稍大于物流对于贸易的带动作用。①

孔原(2010)根据我国2002—2008年外贸物流与交易统计数据,采用基于VAR模型的脉冲响应函数对国际物流与国际贸易的关系进行动态实证分析。分析结果表明,国际物流对进出口贸易具有显著的正向影响,且中长期的影响更为显著,但当前我国快速发展的国际贸易对物流业发展的拉动作用微弱,加工贸易占主体地位且缺乏贸易竞争力的对外贸易结构、国际物流服务有效供给不足是国际贸易对物流业发展驱动不显著的主要原因。②

(一)国际贸易促进了国际物流的产生与发展

国际贸易是国际物流产生与发展的前提,国际物流是随国际贸易的产生与发展而产生与发展的。因国际贸易而产生了国际物流,并且促进了其向现代化国际物流的发展。

1. 国际贸易促进了国际物流的产生。如果没有国际贸易,就没有商品的国际流动,因此也就不需要有国际物流。国际贸易需要实现货物的空间位移和时间位移,因此必然涉及仓储、包装、配送、装卸搬运、运输、信息处理等为主功能的国际物流的发生。第二次世界大战以后,出于恢复重建工作的需要,各国积极研究和应用新技术、新方法,实现了生产力的迅速发展,世界经济呈现出繁荣兴旺的景象,一些国家和地区资本积累达到了一定程度,本国或本地的市场已不能满足其进一步发展经济的需要,加之交通运输、信息处理及经营管理水平的提高,从而出现了为数众多的跨国公司。跨国经营与国际贸易的发展,促进了物和信息在世界范围内的大量流动和广泛交换,物流国际化成为必然。

2.国际贸易促进了国际物流的发展。随着国际贸易的发展,贸易双方对国际物流服务的专业化、一体化要求加强,使得国际物流由早期的仅指将货物由一国供应者向另一国需求者的物理性移动,发展成为今天的集采购、包装、运输、储存、搬运、流通加工、配送和信息处理等基本功能于一身的综合性的系统。在国际贸易的发展趋势带动下,国际物流业逐渐走出了高耗低效的营运状态,逐渐形成了具有反应快速化、功能集成化、作业

① 杨长春.论国际贸易与国际物流的关系[J].国际贸易,2007(10).

② 孔原.国际物流与国际贸易关系的实证研究[J].沈阳工业大学学报(社会科学版),2010(4).

规范化、系统信息化、活动全球化特征的现代国际物流。

国际贸易的发展对国际物流的发展促进主要表现在以下四个方面。

(1)国际贸易的发展促进了国际物流的需求。进出口贸易额是影响国际物流量变化的重要因素。随着各国间的联系越来越紧密,全球的贸易量也在不断上升,贸易量势必带来更多的物流量。国际贸易的发展给国际物流提供了更大的发展空间,也给国际物流的发展以更大的推动力。

(2)国际贸易的发展促进了国际物流技术的进步。物流技术(logistics technology)是指物流活动中所采用的自然科学与社会科学方面的理论、方法,以及设施、设备、装置与工艺的总称。国际贸易的发展要求从各个方面降低成本:原材料价格、订单成本、运输价格、库存成本等。这就对国际物流的各个环节提出了新的挑战和要求,促进了国际物流技术上的重大创新和发展。

(3)国际贸易的发展不断对国际物流提出新的要求。世界经济的飞速发展和国际政治格局的风云变幻,使国际贸易不断表现出一些新的趋势和特点,从而也在不断对国际物流提出更新、更高的要求。例如:

①质量要求。国际贸易的结构正在发生着巨大变化,传统的初级产品、原料等贸易品种逐步让位于高附加值、精密加工的产品。高附加值、高精密度商品流量的增加,对国际物流工作的质量也提出了更高的要求。此外,国际贸易需求的多样化还造成了物流的多品种、小批量化,这就同时要求国际物流向优质服务和多样化方向发展。

②效率要求。国际贸易活动的集中表现就是合约的订立和履行。而国际贸易合约的履行是由国际物流活动来完成的,这就要求通过高效率的物流来履行合约。

③安全要求。在组织国际物流、选择运输方式和运输路径时,要密切注意所经地域的气候条件、地理条件,同时还应注意沿途所经国家和地区的政治局势、经济状况等,以防止这些人为因素和不可抗拒的自然力造成货物灭失和损害。

④经济要求。国际贸易的特点决定了国际物流的环节多、备运期长。在国际物流领域,控制物流费用以降低成本具有很大潜力。对于国际物流企业来说,选择最佳物流方案、提高物流经济性、降低物流成本、保证服务水平,是提高竞争力的有效途径。

⑤信息化要求。目前,电子贸易、国际电子商务在国际贸易领域得到广泛应用。为适应现代国际贸易的发展,国际物流企业的运作必须做到反应快速化、功能集成化、作业规范化、目标系统化、手段现代化、组织网络化、服务社会化。

(4)国际贸易的发展推动国际物流的创新,影响国际物流的发展趋势。例如,伴随着国际贸易商经营取向的变革应运而生了国际物流经营的专业化、集约化、电子物流和绿色物流等。由于国际贸易发展到了买方市场,很多贸易商为迎合消费者日益个性化的产品需求,而采取多样、少量的贸易方式,因而高频度、小批量的配送需求也随之产生。

### (二)国际物流的高效有序是国际贸易发展的必要条件和支撑

国际贸易的快速增长与国际物流的发展是分不开的。国际贸易导致了国际物流的诞生,但是,从其诞生之日起,国际物流就开始了自己独立发展的历程,不断发展壮大。国际物流的基础设施是国际贸易的物质基础,国际物流的高效有序是国际贸易发展的必要条件。在国际贸易的发展过程中,只有物流工作做好了,才能将国外客户需要的商品适时、适地、按质、按量、低成本地送到,从而提高本国商品在国际市场上的竞争能力,促进对外贸易。因而,我们说国际物流作为国际贸易的工具和桥梁,是开展国际贸易的必要条件。国际物流在国际贸易中的桥梁作用可用图 3-2 来表示。

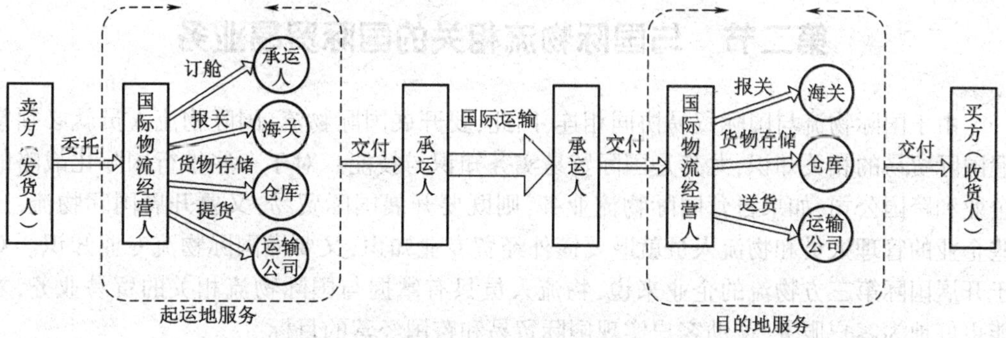


**图 3-2 国际物流在国际贸易中的桥梁作用**

国际物流的发展极大地改善了国际贸易的环境,它为货物的运输、装卸、仓储、信息传输等货物转移的各个环节都提供了便利。例如,它运用科技手段,使信息快速、准确反馈;它确定合理的运输路线,并对运输活动进行有效的管理,采用货物流通的最优渠道,将产品按消费者的需求快速送到消费者手中,提高了服务质量,刺激消费需求,加快了企业对市场的反应速度;它在供应链联结的各企业间实现了资源共享,大大缩短产品的流通周期,加快物流配送速度;它通过规范作业,使贸易过程中延迟交货、送货不及时或货物损坏灭失等不可控制风险大大降低,从而便利各国企业间达成贸易;等等。

物流运输成本、物流效率、物流基础设施等因素会对国际贸易活动产生直接影响。国际物流产业的现代化发展对国际贸易活动的作用机制主要体现在:国际物流产业的发展与壮大既是一个国家开展对外贸易活动的首要条件,也是企业与企业之间执行国际贸易合同的基础;国际物流行业的合理化、科学化、高效化发展在保证国际贸易活动可持续发展的基础上,大大降低了对外贸易活动的交易成本;国际物流行业的现代技术提高了国际物流企业的运营效率,有利于促进进出口贸易的发展。

从理论上来说,国际物流通过直接与间接两个方面的机制促进国际贸易发展。国际贸易空间上的距离会造成交易上的困难,经济主体为了组织异地交易,必须在寻找伙伴、产品定价及检验等环节上花费运输费用和通信费用,而现代物流的发展过程正是国际贸易交易费用和运输成本不断降低的过程,二者的不断降低直接促进了国际贸易发展。国际物流也可以通过间接作用机制来促进国际贸易。规模经济和生产国际化是国际贸易发展的必要条件,规模经济是以产业分工、资产专用性及开发市场为前提的,当市场受到物流产业水平限制而容量狭小时,产业分工就无法深入,规模经济就难以实现。现代物流的发展使交易费用和运输成本不断降低,市场容量得到不断扩大,进而带来规模经济和生产国际化,有利于促进国际贸易发展。

从实践来看，低效率的物流体系会成为国际贸易发展的瓶颈，从事国际贸易带来的利益会被巨大的流通费用开支所抵消。高效的物流系统为国际贸易不断发展提供了有力支持，使各国参与贸易的利益提高，使更多的非贸易品变为贸易品，成为国际贸易持续发展的保证。因此，国际物流已成为影响和制约国际贸易进一步发展的重要因素。

## 第二节　与国际物流相关的国际贸易业务

由于国际物流与国际贸易协同相连，因此，要开展国际物流，国际物流人员就必须掌握国际贸易的相关知识，尤其是国际贸易实务知识与技能。对于一些推行国际化战略的企业和跨国公司，如果自营国际物流业务，则既要开展国际贸易，又要开展国际物流，这些企业的管理人员和物流人员就既要懂外经贸专业知识，又要懂国际物流专业知识。对于开展国际第三方物流的企业来说，物流人员只有掌握与国际物流相关的贸易业务，才能更好地为客户服务，帮助客户实现国际贸易和跨国经营的目标。

本节阐述与国际物流相关的贸易实务，主要包括进出口贸易的程序、进出口合同的履行和国际贸易结算。至于与国际物流相关的其他国际贸易实务，如商品的出入境检验检疫、海关通关实务、国际货物运输实务与保险，本书将在其他章节专门进行阐述。对于已学习过“国际贸易实务”课程的学生，本节可略讲或作归纳式的复习①。

### 一、国际贸易运作的基本程序与内容

国际贸易交易包含了签订商业合同（商业手续）相关的全部行为，货物在国内和跨边境环节的运输（运输手续），满足出口和进口监管要求的格式文件（监管手续），以及采购货物的付款（财务手续）。这要求许多参与者包括不同国家的贸易商们、政府部门和提供服务者们通力合作。联合国贸易便利化和电子商务中心用图 3-3 来简化表示贸易便利化的业务流程。

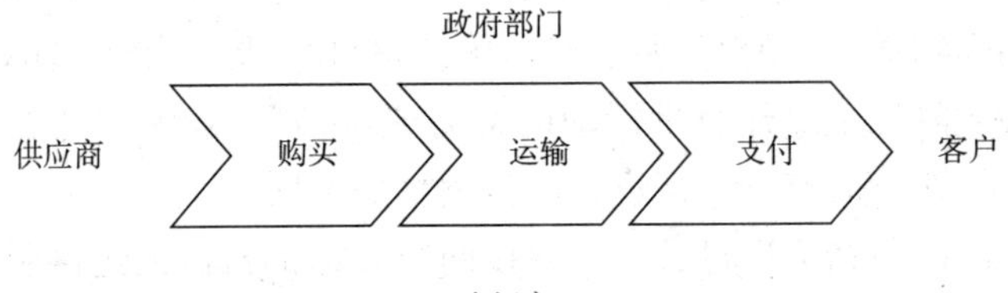


**图 3-3　国际贸易模型**

（一）国际贸易运作的基本程序

一笔具体的进出口交易，通常是在市场调研的基础上，在目标市场上寻找潜在的交

① 由于一些院校的物流专业并没有开设国际贸易实务课程，由此，本节的内容还可由任课教师根据实际情况进行补充。

易对象,由进出口商的一方向潜在的客户发函或面洽以建立业务关系,其后经过询盘、发盘、还盘、接受等磋商过程,最终达成交易,并履行合同(如图 3-4 所示)。

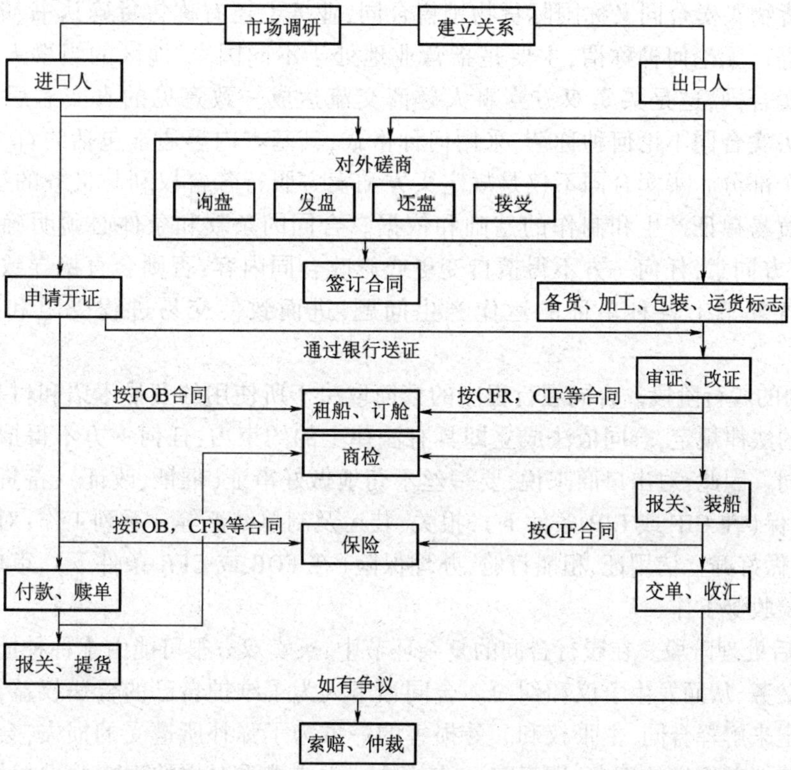


**图 3-4　信用证方式下国际贸易运作的基本程序**

国际货物交易活动包括商品的进口和出口两方面。商品从生产加工开始到销往国外的消费者手中需要经过一系列过程,经过许多业务环节,而且每一个业务环节之间密切相连。无论出口还是进口,从基本业务程序看,国际货物交易大致可以分为以下四个阶段。

1. 交易前的准备工作阶段。交易前的准备工作主要包括如下几个方面:一般来说,进(出)口商通常在寻找新的出(进)口商前,会先根据本方的营销策略,对潜在市场的基本情况进行一些调查了解。如果潜在市场的基本情况符合企业的要求,就将这个市场定为目标市场,并在目标市场上寻找潜在的出(进)口商作为交易对象,在对客户进行资信调查的基础上与之建立业务关系,制定进出口商品的经营方案或价格方案,申请进出口许可证①,落实货源,并开展广告宣传。

① 进出口许可证是由国家商务部代表国家统一签发的、批准某项商品进出口的具有法律效力的证明文件,也是海关查验放行进出口货物和银行办理结汇的依据。

2. 交易的洽谈与合同的订立阶段。交易的洽谈（或磋商）一般经过询盘、发盘、还盘、接受的过程，最后达成一致意见签订合同。在这个过程中，发盘和接受是两个不可缺少的环节。

国际货物买卖合同又称国际货物销售合同，业务上还有称售货确认书、购货合同、售货合同等。无论何种称谓，主要是指营业地处于不同国家/地区的当事人之间达成的货物买卖合同，这是买卖双方当事人磋商交流达成一致意见的真实意思表示的证明。书面买卖合同不论何种称谓，采用何种格式，其基本内容通常包括约首、约尾及主要条款三个部分。买卖合同不仅是规定买方和卖方履行各自权利与义务的法律文件，也是国际贸易单证产生和制作的基础和依据。合同的条款和条件必须明确、肯定、完整，非经双方同意，任何一方不得擅自变更或修改合同内容；否则会直接导致合同的履行及履行各环节上各种单证的运作产生问题，进而致使交易进程受阻和交易目的破灭。

3.合同的履行阶段。合同履行程序的繁简取决于所使用的贸易术语和付款方式等。根据各国的法律规定，合同依法成立即具有法律上的约束力，任何一方不得擅自变更或者解除合同。因此，对出口商来说，要一丝不苟地做好审证（催证、改证）、备货、报检、租船订舱、投保（在 CIF 或 CIP 条件下）、报关、装运及制单结汇等一系列工作；对进口商来说，主要应做好开立信用证、租船订舱、办理保险（在 FOB 或 CFR 条件下）、审单付汇、报关接货和验收等工作。

4. 善后处理阶段。在履行合同的复杂环节中，买卖双方很可能由于种种原因不能履行自己的义务，从而发生争议和纠纷。合同当事人为了维护自己的合法权益，往往要援引法律规定来解释合同，主张权利。受损害的一方为了弥补所遭受的损失，会向违约的一方提出赔偿其损害的请求（即索赔），违约的一方应接受对方的索赔并进行处理（即理赔）。在国际经济贸易实践中，解决争议的方法有三种，即协商调解、司法诉讼和提请仲裁。

（二）国际贸易运作的基本内容

货物进出口贸易涉及的内容十分广泛。无论是国别（地区）政策、法律法规的适用，文化、宗教信仰的了解，贸易方式的选择和贸易纠纷的解决，还是商品本身的质量、数量、包装、价格、运输、保险和货款收付，都是贸易人员必须学习的内容。就一笔具体交易而言，所涉及的基本内容主要有以下四个方面。

1. 合同条款。国际货物买卖是通过交易的磋商、合同的签订和合同的履行进行的，签订和履行合同对买卖双方的利害关系重大。国际货物买卖合同（销售合同）一般由基本条款（主要条款）和一般条款两部分构成。

基本条款包括：货物名称和规格；成交数量；货物包装和运输标志；单价和总值；装运期；装运口岸；装运通知；投保人、投保险别、投保金额及保险条款；支付工具和方式；单据。基本条款是合同的主体内容，因此，也被人们称为主要条款。按照我国法律规定，缺少主要条款的合同是无效的。

一般条款是对合同基本条款的补充说明或作为双方订立的多份合同的共性条款。

主要包括商检、索赔、仲裁及不可抗力等项内容。

2. 合同的签订和履行。国际货物买卖是以合同为中心进行的，它要经历交易磋商、合同的签订和合同的履行等过程。合同签订后，买卖双方按合同规定在享有各自权利的同时必须承担各自的义务。合同履行是实现买卖双方当事人各自的经济目的、实现货物和资金按约定方式转移的过程，既是经济行为，又是法律行为。

3. 贸易方式。国际贸易的方式越来越多样化。除通常采用的单边进口和单边出口之外，还有经销、代理、寄售、展卖、招标与投标、拍卖、期货交易、对销贸易、加工贸易、补偿贸易等多种形式。掌握这些贸易方式的做法、特点及其作用是十分必要的。

4. 有关国际贸易的法规惯例。国际货物买卖与法律和国际惯例的联系十分密切。在实际的贸易业务中，将涉及各个国家的法律法规和国际贸易惯例，比如合同法、货物买卖法、票据法、代理法、知识产权保护法等法律规定，特别是《联合国国际货物销售合同公约》、《国际贸易术语解释通则》、《跟单信用证统一惯例》（UCP600）、《托收统一规则》（国际商会第 522 号出版物）等。

这里仅对《国际贸易术语解释通则》进行简单小结。《国际贸易术语解释通则》（*International Rules for the Interpretation of Trade Terms*, INCOTERMS）是国际商会为统一各种贸易术语的不同解释而制定的。《国际贸易术语解释通则》对采用国际贸易术语（如 CIF 和 FOB）订立的合同中各方主体的义务、风险和费用成本的承担进行了详细的解释。只有明确约定适用《国际贸易术语解释通则》的情况下，《国际贸易术语解释通则》中的贸易术语才会适用。国际商会先后推出 1936 年、1953 年、1967 年、1976 年、1980 年、1990 年、2000 年、2010 年、2020 年版本的《国际贸易术语解释通则》。

2020 年版本的《国际贸易术语解释通则》对 2010 年《国际贸易术语解释通则》进行了修订。比较大的修订有：①2010 年《国际贸易术语解释通则》下的 FCA 术语中存在的一个主要问题是该术语的效力在货物装船前就已经随货交承运人而截止了，这就导致卖方无法获得已装船提单。但在一般情况下，已装船提单是银行在信用证项下的常见单据要求。修订后的 2020 年《国际贸易术语解释通则》中的 FCA 术语规定，买方和卖方同意买方指定的承运人在装货后向卖方签发已装船提单，然后再由卖方向买方做出交单。因此，2020 年《国际贸易术语解释通则》对 FCA 规则的修订充分考虑了国际贸易中的实际情况。②2020 年《国际贸易术语解释通则》对 2010 年《国际贸易术语解释通则》下的 CIF 和 CIP 术语中的最低保险范围的规定进行了修订。2020 年《国际贸易术语解释通则》中的 CIF 术语继续要求卖方购买符合《协会货物保险条款》（C）条款要求的货物保险，在适用 CIP 术语的贸易中，最低保险范围要求卖方购买符合《协会货物保险条款》（A）条款的要求（即“一切险”，不包括除外责任）。③FCA 货交承运人术语下添加已装船批注。④2020年《国际贸易术语解释通则》将 2010 年《国际贸易术语解释通则》下的 DAT 终点地交货术语改为 DPU 卸货地交货，并且规定 FCA 货交承运人，DAP 目的地交货，DPU 卸货地交货，DDP 完税后交货术语下可用自有运输工具安排拖车。

2020 年版本的《国际贸易术语解释通则》自 2020 年 1 月 1 日起生效。2020 年版本的《国际贸易术语解释通则》的主要术语比较见表 3-2 和表 3-3。

**表 3-2　INCOTERMS 2020 的贸易术语**

| 组别 | 术　语 | 中文解释 | 适用方式 |
| --- | --- | --- | --- |
| 第一组 | EXW(Ex Works)<br>FCA(Free Carrier)<br>CPT(Carriage Paid to)<br>CIP(Carriage and Insurance Paid to)<br>DPU(Delivered at Place Unloaded)<br>DAP(Delivered at Place)<br>DDP(Delivered Duty Paid) | 工厂交货<br>货交承运人<br>运费付至目的地<br>运费/保险费付至目的地<br>卸货地交货<br>目的地交货<br>完税后交货 | 任何运输方式 |
| 第二组 | FAS(Free alongside Ship)<br>FOB(Free on Board)<br>CFR(Cost and Freight)<br>CIF(Cost Insurance and Freight) | 装运港船边交货<br>装运港船上交货<br>成本加运费<br>成本、保险费加运费 | 水上运输方式 |

**表 3-3　INCOTERMS 2020 的 11 种贸易术语归纳对比**

| 贸易术语 | 交货地点 | 风险转移界限 | 出口海关的责任、费用负担者 | 进口海关的责任、费用负担者 | 适用的运输方式 |
| --- | --- | --- | --- | --- | --- |
| EXW | 货物产地或卖方所在地 | 买方处置货物后 | 买方 | 买方 | 所有方式 |
| FCA | 出口国内地或港口 | 承运人处置货物后 | 卖方 | 买方 | 所有方式 |
| FAS | 装运港船边 | 货物交于船边后 | 卖方 | 买方 | 水上运输 |
| FOB | 装运港船上 | 货物装于船舶后 | 卖方 | 买方 | 水上运输 |
| CFR | 装运港船上 | 货物装于船舶后 | 卖方 | 买方 | 水上运输 |
| CIF | 装运港船上 | 货物装于船舶后 | 卖方 | 买方 | 水上运输 |
| CPT | 出口国内地或港口 | 承运人处置货物后 | 卖方 | 买方 | 所有方式 |
| CIP | 出口国内地或港口 | 承运人处置货物后 | 卖方 | 买方 | 所有方式 |
| DPU | 卸货地 | 买方处置货物后 | 卖方 | 买方 | 所有方式 |
| DAP | 进口国指定目的地 | 买方处置货物后 | 卖方 | 买方 | 所有方式 |
| DDP | 进口国国内指定地点 | 买方处置货物后 | 卖方 | 卖方 | 所有方式 |

**【案例】**

国内某公司按 CIF 条件向欧洲某国进口商出口一批草编制品。合同中规定由我方向中国人民保险公司投保一切险，并采用信用证方式支付。我出口公司在规定的期限、指定的我国某港口装船完毕，船运公司签发了提单，然后在中国银行议付了款项。第二天，出口公司接到客户来电，称：装货的海轮在海上失火，草编制品全部烧毁。客户要求我公司出面向中国人民保险公司提出索赔，否则要求我公司退回全部货款。我方果断拒赔,并提出了解决的办法,区分了买卖双方的责任,了结了此案。问题:(1)我方拒赔是否有理?为什么?(2)从本案中你得到了关于CIF合同的哪些启示?

案例分析:

(1)我方拒赔有理。上述案例中的合同属CIF性质,按INCOTERMS 2020的规定,双方有关货物风险的划分,是以货物在约定的装运港装船为界限的。凡是货物在装船后发生的风险,应当由买方负责。既然货物是在装船后的运输途中受损,该风险应由买方承担,并由买方持卖方转让给其的保险单证向保险公司提出索赔。另外,按照CIF价格成交的合同,是一种特定类型的合同,它的特点是"凭单据履行交货义务,并凭单据付款"。只要卖方按照合同的规定将货物装船并提交齐全的、正确的单据,即使货物在运输途中丢失,买方也不能拒收单据或向卖方索要支付的货款。

(2)本案例的两点启示如下:第一,在CIF合同中,卖方只要按期在约定地点完成装运,并向买方提交合同规定的,包括物权凭证在内的有关单据,就算完成了交货义务,而无须保证到货。第二,在CIF合同中,卖方是凭单交货,买方是凭单付款。只要卖方如期向买方提交了合同规定的全套合格单据,即使货物在运输途中损坏或丢失,买方也必须履行付款义务。

(三)国际贸易术语在国际物流中的作用

贸易术语不仅关系进出口双方的切身利益,也决定着国际物流的服务水平和效率。对于国际物流经营者来说,国际贸易术语规定了国际物流的整个过程,包括国际物流选择的运输方式,采用的运输线路以及物流费用的结算对象等内容,在国际物流中发挥着重要作用。①

1. 贸易术语规定了国际物流中的运输方式。表3-3中的11种贸易术语被分成了适用于水运和适用于任何运输方式两组。例如,当国际贸易的买卖双方在合同中规定成交方式为FOB等适用于水运的贸易术语时,买卖双方安排运输时只能以海运或内河运输作为国际物流运输方式,而不能选择空运或陆运等其他运输方式。如果选择适用于任何运输方式的贸易术语,那么,国际物流经营人在国际物流操作中就会更加灵活,可以根据国际物流成本控制和物流服务水平的需要合理选择运输方式,以降低物流成本,从而提升进出口商的国际竞争力。

2. 贸易术语决定了国际物流的运输线路。每一种贸易术语后面都以"指定地点"为后缀,当国际贸易买卖合同中确定了贸易术语后面的地点,在选择运输线路时就必须以该地点为出口商国际运输的始发地或出口商的最终交货地。例如,"FOB上海",需要出口商在上海港把货物装上船完成交货。"上海港"决定了在国际物流线路的选择中,只能选择以上海港为出口地始发港的航线。

3.贸易术语明确了国际物流费用的结算对象。贸易术语明确规定了买卖双方各自承担的责任、费用和风险的地理界限,第三方国际物流服务提供商在不同区段的费用应向进出口双方的哪一方结算,取决于进出口双方在国际贸易合同中选用的贸易术语。如进

① 夏天娇.国际贸易术语在国际物流中的作用分析[J].现代商业,2014(9).

出口双方选择FCA,出口商只要将货物在出口地交给第一承运人就算完成交货,出口清关费用由出口商承担;进口商需要承担从第一承运人运输到进口国最终目的地的责任和清关费用。所以在FCA的情况下,从出口商所在地到第一承运人之间发生的物流成本和出口清关费用,第三方国际物流提供商应向出口商进行结算,从第一承运人运到进口商最终目的地的费用应向进口商进行结算。

因此,在签订国际贸易合同前,进出口商应与国际物流运营商进行有效沟通,在选择贸易术语及贸易术语后面的指定地点时应充分考虑国际物流成本和服务水平,积极与国际物流运营商沟通,在满足物流服务水平的前提下,使国际物流成本最低。

## 二、进出口合同的履行

进出口合同的履行是国际贸易业务的核心。

(一)出口合同的履行

在我国的出口业务中,多数采用CIF价格条件成交,并且一般采用信用证(letter of credit,L/C)付款方式。以CIF条件成交、信用证方式付款为例,其合同履行程序如图3-5所示。

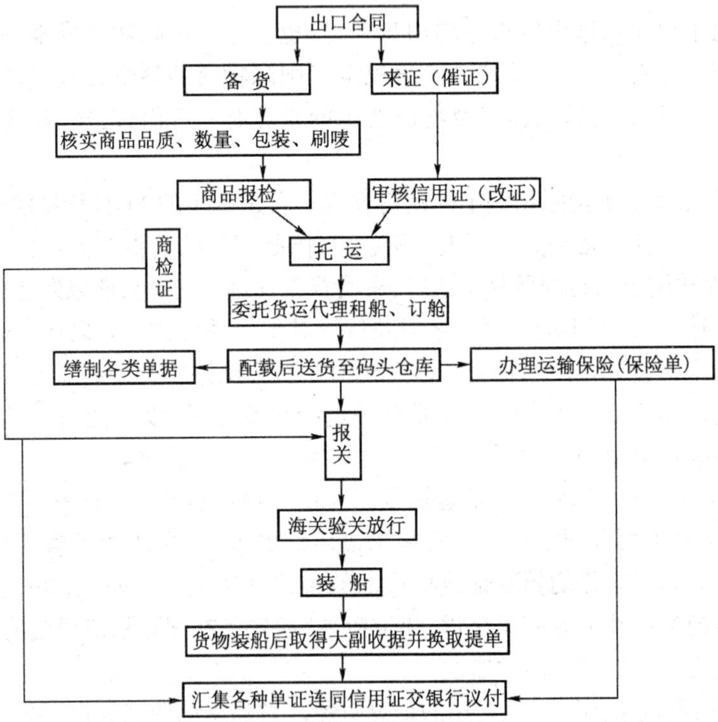


**图3-5 出口合同履行程序**

从图3-5来看,出口合同的履行主要经过货(备货)、证(催证、审证、改证)、运(租船、订舱、报检和保险)、款(制单结汇)等环节。当从事进出口贸易的公司一边备货或备好货时，一般会选择合适的国际物流企业或货运代理来替他们租船订舱。当贸易方式是FOB时，买方应及时将国际物流企业或货运代理的资料及装运指令交给卖方，以便卖方能顺利装船；当贸易方式是CFR或CIF时，卖方也应将国际物流企业或货运代理租船订舱的情况和装运通知及时通知买方，以便买方买保险或顺利提货。

1. 货（备货）。出口商根据合同规定按时、按质、按量准备好货物。货物备妥时间应与合同和信用证装运期限相适应。合同中如未规定允许分批装运或转运，则应理解为不允许分批装运或转运。合同中如规定允许分期/分批装运，但同时又规定了每批数量，则卖方必须严格照办。需海关检验，并经检验合格的出口商品，发货人应当在检验证书或者放行单签发之日起的有效期限内报运出口。逾期报运出口的，必须重新向海关报检，取得合格证书后方可出口。

2. 证（催证、审证和改证）。信用证（letter of credit，L/C）是进口方所在地银行，根据进口方的申请和担保，对出口方开出的一种信函式的凭证。信用证结算方式是银行信用介入国际货物买卖价款结算的产物。它的出现不仅在一定程度上解决了买卖双方之间互不信任的问题，而且还能使双方在使用信用证结算货款的过程中获得银行资金融通的便利，从而促进了国际贸易的发展。因此，信用证被广泛应用于国际贸易之中，并成为当今国际贸易中一种主要的结算方式①，其结算业务流程如图3-6所示。

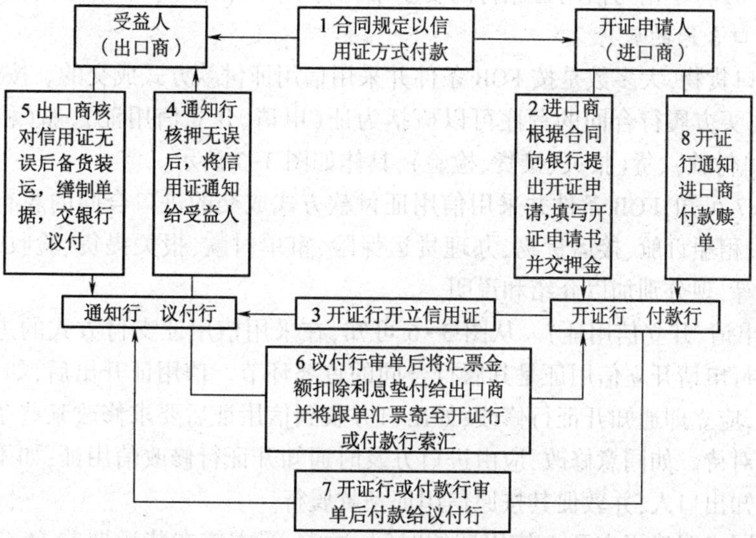


**图3-6 信用证结算业务流程**

信用证业务通过出口方所在地银行通知出口方，由开证行负责在出口方交付信用证规定的各种装运单据时，支付全部货款。

① 按照结算工具和使用方式来划分，国际结算方式有汇款、托收、信用证、银行保函、保理、福费廷等。其中，汇款、托收和信用证是传统的国际结算方式，银行保函、保理和福费廷则是适应国际贸易发展的需要出现的更灵活、更便捷的国际结算方式。

信用证业务的特点是“一个原则,两个只凭”。“一个原则”就是严格相符的原则;两个“只凭”就是指银行只凭信用证,不问合同,只凭单据,不管货物。在信用证付款条件下,卖方要向客户催开信用证,收到信用证后要立即根据合同进行审核,发现不符合合同规定且不能接受的内容,应立即通知客户改证。

3. 运(安排装运)。出运货物应经过租船订舱、办理保险、报检、报关等程序。经海关查验放行后将货物装船(车)出运并取得运输单据。

4. 款(制单结汇)。单据与货款的对流原则是国际贸易中商品买卖支付的一般原则。不论采用哪种支付方式,买卖双方都要发生单据的交接。贸易合同签订后,在合同履行过程中的每一个环节都有相应的单证缮制、组合及运行。按信用证付款方式成交时,在出口货物装运之后,出口企业应按照信用证规定,及时备妥或缮制各种单证。单据内容要求做到单证一致、单单一致和单货一致。出口商制单后,应在规定的交单期内,向信用证中指定的银行交付全套单据议付、承兑或收款。

出口单据要做到“三一致”,即单据内容要求做到单证一致、单单一致和单货一致。其中,单证一致,即要求信用证的条款必须在单据上体现。信用证的要求必须在单据上明确体现,例如,信用证中规定“shipment must be effected by container vessel”,单证中应明确“货已装集装箱船”(goods shipped by container vessel)。

《UCP600》将单据与信用证相符的要求细化为“单内相符、单单相符、单证相符”。

(二)进口合同的履行

我国进口货物,大多数是按 FOB 条件并采用信用证付款方式成交的。按此条件签订的进口合同,买方履行合同的程序可以概括为证(申请、开立信用证)、船(租船订舱、保险)、款(审单付款)、货(报关、接货、检验),具体如图 3-7 所示。

从图 3-7 可知,FOB 条件并采用信用证付款方式成交的进口合同的履行程序包括:开立信用证、租船订舱、接运货物、办理货运保险、审单付款、报关提货、验收与拨交货物和办理索赔等,现分别加以介绍和说明。

1. 证(申请、开立信用证)。从图 3-6 可知,在采用信用证支付方式的进口业务中,进口商向银行申请开立信用证是其履行合同的首要环节。信用证开出后,如发现内容与申请书不符,应立即通知开证行修改;如出口方收到信用证后要求修改某些条款,则应区别情况不同对待。如同意修改,应由进口方及时通知开证行修改信用证;如不同意修改,也应及时通知出口人,并敦促其按原信用证条款履行。

如果合同未明确买方开立信用证的时间,通常,买方应在装运期前 15—20 天开出,以便卖方备货和办理其他手续,按时装运。

2. 船(租船订舱、保险)。按 FOB 条件签订进口合同时,应由买方安排船舶。如买方自己没有船舶,则应负责租船订舱或委托租船代理办理租船订舱手续。当办妥租船订舱手续后,应及时将船名及船期通知卖方,以便卖方备货装船,避免出现船等货的情况。

买方备妥船后,应做好催装工作,随时掌握卖方的备货情况和船舶动态,催促卖方做好装船准备工作。

凡由我方办理信用证的进口货物,当接到卖方的装运通知后,应及时将船名、提单

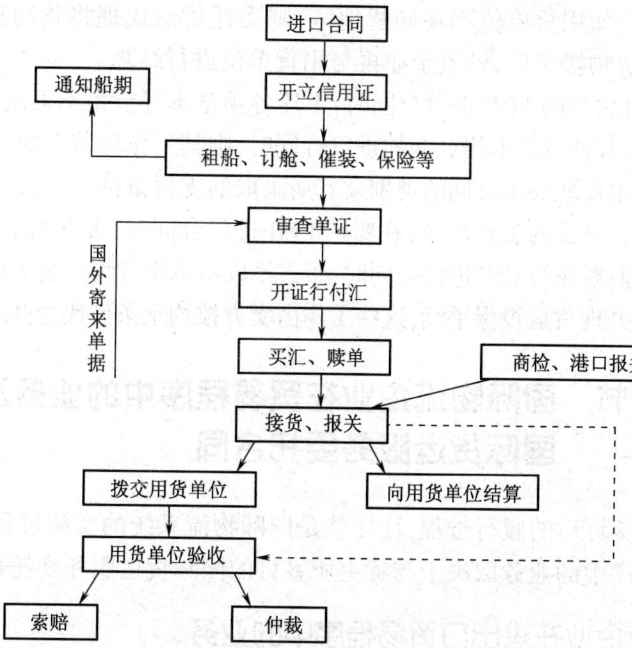


图 3-7　进口合同履行程序

号、开航日期、装运港、目的港以及货物的名称和数量等内容通知保险公司，即为办妥投保手续。

3. 款（审单付款）。货物装船后，卖方即凭提单等有关单据向当地银行议付货款，当议付行寄来单据后，经银行审核无误即通知买方付款赎单。

审单与对外付款赎单，是履行进口合同的一个重要环节。在信用证支付方式下，开证银行和进口商要对出口商所交货物单据进行审核。通常由开证银行（这时为付款银行）对单据进行初审，进口商进行复审。在单据符合信用证及合同规定的条件下，开证银行及进口商履行付款责任。

如经银行配合审单发现单证不符或单单不符，进口商可分情况进行处理。例如，拒付货款；相符部分付款，不符部分拒付；货到检验合格后再付款；凭卖方或议付行出具担保付款，在付款的同时提出保留索赔权。

信用证方式下，进口地银行在通知进口商赎单时，银行自动扣除进口商账户上的货款。当出口商装运货物后，将汇票及合同（信用证）规定的单据交银行议付货款时，银行对照信用证的规定，对单据是否齐全、其内容是否符合规定等进行全面的审核，如内容无误，即由银行付款。同时，进口商用人民币按照国家规定的有关折算的牌价向银行买汇赎单。进口商凭银行出具的“付款通知书”向国内用货部门进行结算。

4. 货（报关、接货）。买方付款赎单后，一俟货物运抵目的港，即应及时向海关办理申报手续。经海关查验有关单据、证件和货物，并在提单上签章放行后，即可凭以提货。对于法定检验的进口货物，必须向卸货地或到达地的海关报检。未经检验的货物，不准销售和使用。货物进口后，应及时向用货单位办理拨交手续。如用货单位在卸货港所在地，则就近拨交货物；如用货单位不在卸货地区，则委托货运代理将货物转运内地，并拨交给用货单位。在货物拨交后，外贸企业再与用货单位进行结算。

在履行凭信用证付款的FOB进口合同时，上述各项基本环节是不可缺少的，但是在履行凭其他付款方式和其他贸易术语成交的进口合同时，则其工作环节有别。履行进口合同的环节和工作内容，主要取决于合同的类别及其所采取的支付条件。在采用汇付或托收的情况下，就不存在买方开证的工作环节；在履行CFR进口合同时，买方则不负责租船订舱，此项工作由卖方办理；在履行CIF进口合同时，买方不仅不承担货物从装运港到目的港的运输任务，而且不负责办理货运投保手续，这些工作由卖方按约定条件代为办理。

## 第三节　国际物流企业在贸易程序中的业务及国际货运服务委托合同

国际贸易合同签订后的履行过程，往往就是国际物流系统的实施过程。国际物流企业在进出口贸易程序中的业务取决于与货主所签订的国际货运服务委托合同。

### 一、国际物流企业在进出口贸易程序中的业务

进出口贸易合同的履约工作，过去大都由各外贸专业公司的报运部门执行，现在享有进出口经营权的外向型企业不断增加，这些企业为了集约化经营，便将履约中的许多工作采取外包策略，委托国际物流企业办理。例如，进口履约中的租船订舱、报检等；出口履约中的刷唛、租船、订舱、办理保险、报检报关、装船、制单结汇等。有的企业除对外成交签约外，其余的各项工作一概委托国际物流企业办理。这种趋势今后可能还会进一步发展。

以下是国际物流企业在进出口贸易程序中常见的代理内容。

其一，代理租船订舱。

其二，代理货物报检、报关。

其三，代理转运及理货。

其四，代理储存，包括货物保管、整理、包装以及保险等业务。

其五，代理集装箱业务，包括装箱、拆箱、转运、分拨以及集装箱租赁和维修等业务。

其六，代理多式联运业务。不管一票货物运输要经过多少种运输方式，要转运多少次，国际货运代理对全程运输(包括转运)负总的责任。

以上代理内容都是国际物流企业为货主提供的服务，他们根据服务项目、数量和质量从货主那里获得劳务报酬和经营利润。

### 二、国际货运服务委托合同

国际物流企业在进出口贸易程序中的业务内容表现在很多方面，但具体应该履行哪些业务则取决于与货主所签订的国际货运服务委托合同。国际货运服务委托合同

也称为国际货运代理合同，是指进出口货物的发货人、收货人委托国际货运服务代理人（实践中主要是国际物流企业或国际货运代理企业）办理国际货物运输业务及相关业务，国际货运服务代理人以委托人（被代理人）名义从事业务并收取报酬的合同。国际货运服务委托合同的当事人为国际货运服务代理人和进出口货物的发货人或收货人。

（一）国际货运服务委托合同的订立

国际货运服务委托合同的订立过程是进出口货物的发货人或收货人与国际物流企业之间就委托合同主要条款进行协商、达成协议的过程。具体协商过程十分复杂，主要有如下三个步骤。

1. 国际物流企业营销揽货。国际货运服务委托合同的订立始于进出口发货人、收货人或国际物流企业的一方向对方发出订立委托合同的意向。如果是进出口货物的发货人、收货人发出的，属于委托意向；如果是国际物流企业发出的，则属于代理意向。进出口货物的发货人、收货人一般提出拟委托办理的国际货物运输业务项目，同时向国际物流企业询价。国际物流企业只有充分掌握国际货运信息，开展营销揽货，才能得知进出口货物的发货人、收货人的货运代理意向。揽货就是国际物流企业的业务员通过宣传、介绍公司所能提供的有关货物运输的服务及与之相关的服务，达到吸引客户并最终赢得客户的目的。

2. 进出口货物的发货人、收货人或国际物流企业发出要约。在国际物流企业营销揽货的过程中，往往会收到进出口货物的发货人、收货人发出的意图和订立国际货运服务委托、代理合同的意向。但委托代理关系是建立在委托人与受托人相互了解、信任的基础上的，双方一般还要调查、了解对方的资信状况。

3. 承诺与签订合同。收到要约的一方一般会对要约中包括的具体合同条件进行多角度的分析和评估。在分析和评估的过程中，进出口货物的发货人或收货人对于国际物流企业提出的要约，一般主要考虑其中的运输方式、运输路线、运输期间、操作方法、收费标准等。国际物流企业对于进出口发货人或收货人提出的要约，一般主要考虑其中的运输方式、运输时间、价格条件、结算方式等要求。

经过审核、评估要约中的合同条件，进出口发货人、收货人或国际物流企业认为，对方在要约中提出的合同条件在经济、技术、法律等方面具有合理性，是可以接受的，则向对方发出接受要约的承诺①。

一般情况下，承诺生效时，合同成立。

实践中，进出口商与国际物流企业相互比较了解，往往简化委托合同订立程序，由委托人出具委托书或托运单，在获得国际物流企业确认或接受后，双方之间的委托关系成立。

委托书、托运单虽然不等于委托合同，但在通常情况下，委托书应该是基于有效成立的委托合同，由委托人签发给受托人，表明受托人有权以委托人的名义从事授权范围事

① 承诺是指受约人同意要约的意思表示，相当于对外贸易磋商中的接受。承诺的内容必须与要约的内容一致，承诺须在要约的有效期限内作出。按照我国《合同法》，承诺到达要约人时，承诺生效。

务的书面凭证。托运单在形式上是托运人向承运人发出的要约,是托运人根据买卖合同、信用证的有关内容,向承运人办理货物运输的书面凭证。关于货运委托书、托运单的详细内容将在本书其他相关章节中予以阐述。

(二)国际货运服务委托合同的主要内容

国际货运服务委托合同的主要内容包括以下11项。

1. 合同当事人。合同当事人条款应该全面反映当事人的有关情况,以利于业务的开展及可能产生纠纷时有关情况的处理,这也是双方互相信任的体现。该条款一般包括委托人和受托人的名称(法人或其他社会组织)和姓名(自然人)、住址、主营业场所、法定代表人、电话、传真、电子邮件地址、邮政编码。必要时,要载明委托人和受托人的注册地址、开户银行、银行账号、授权代理人名称或姓名、职务、联系方式等。

2. 委托事项。委托事项通常与委托合同授权范围直接相关。该条款包括委托人委托受托人办理的具体事项、委托权限范围、委托期限等内容。对国际货运服务委托合同来说,应该明确委托运输的货物名称、规格、数量、重量、体积、包装、发运期限、运输方式、运输路线、起运地、目的地、转运地,以及发货人和收货人名称或姓名、地址、电话、传真等内容。对于危险货物和鲜活、超限等特殊货物及容易发生自然损耗的货物,还应当注明货物的性质、运输及保管条件、外形尺寸、重心、吊装位置、损耗要求等。

另外,为了使缔约各方明确国际物流企业承担法律责任的范围,应当根据《中华人民共和国国际货物运输代理业管理规定》第17条,以及《中华人民共和国国际货物运输代理业管理规定实施细则(试行)》第32条的规定,在合同中明确约定国际物流企业的代理事务内容或独立经营事务内容。同时,分别对国际物流企业承担法律责任的范围进行明确的约定。

3. 当事人权利义务。当事人权利义务条款一般是从义务角度进行规定,一方履行义务,另一方相应享有权利,在权利与义务不对称的情况下,有必要专门规定权利或义务。

在国际货运服务委托合同中,国际物流企业的义务主要是:依委托人的指示处理委托事务;按照委托人的要求,报告委托事务的处理情况,委托合同终止时,报告委托事务的结果;处理委托事务取得的财产,应当转交给委托人。

在国际货运服务委托合同中,委托人的义务主要是:承受国际货运代理行为的后果;支付费用;支付报酬等。

4. 费用和报酬。关于相关费用和报酬的支付范围、标准、方式、地点、时间、币种等的规定是国际货运服务委托合同的基本条款。

与货运代理有关的主要费用包括:运费、包干费、佣金、货物索赔费、关税手续费、超期堆存费、银行手续费、代办费、速遣费等。由于货代市场混乱局面尚待进一步规范,在实际的业务操作中,难免存在一些不合法、不合理的收费形式。国际物流企业为了发展、壮大其自身的业务,应当恪守国家法律的规定,在合同以及实务操作中应用合法的收费方式,对于法律规定并不明确的,应当在基本委托合同中说明收费的原因以及计费方法,并在实际业务操作中切实贯彻合同的约定,尽量减少被错误解释为违法收费的可能性。

5. 合同履行期限、地点和方式。合同履行期限、地点和方式需要根据委托合同当事人各自承担的不同义务来确定,义务不同,其履行期限、地点和方式也相应有所区别。

6. 违约责任。违约责任,也称为违反合同的民事责任,是指当事人因违反合同义务所承担的责任。违约责任的产生是以合同的有效存在为前提的,合同一旦生效,在当事人之间即产生法律约束力,当事人有义务全面、严格地履行合同义务。任何一方当事人违反有效合同规定的义务均应承担违约责任,所以,违约责任是违反有效合同规定的义务的结果。

违约责任可由当事人约定,包括承担违约责任的形式和金额。违约责任形式包括继续履行、支付违约金、损害赔偿、按照定金规则承担责任等。

7. 合同变更、终止。合同变更,是指在合同履行期间,通过当事人协商一致,改变原先约定的合同内容,包括删除部分内容、代之以新的内容或者增加补充协议等的行为。合同变更的基本条件是双方就变更事项协商一致,单方无权变更合同内容。

合同终止,是指合同失去法律上约束当事人的效力,在当事人间不再存在原有合同关系。

8. 法律适用。国际货运服务委托合同的当事人如果都是在中国注册成立的企业,一般适用中国法律。如果一方是外国当事人,这样的合同即具有涉外因素,有必要规定合同所适用的法律。对于涉外合同,当事人可以选择处理合同争议所适用的法律,但法律另有规定的除外。涉外合同的当事人没有选择的,适用与合同有最密切联系的国家的法律。

9. 合同争议解决方式。当事人可以通过和解或者调解解决合同争议。当事人不愿和解、调解或者和解、调解不成的,可以根据仲裁协议向仲裁机构申请仲裁。涉外合同的当事人可以根据仲裁协议向中国仲裁机构或者其他仲裁机构申请仲裁。当事人没有订立仲裁协议或者仲裁协议无效的,可以向人民法院起诉。当事人应当履行发生法律效力的判决、仲裁裁决、调解书;拒不履行的,对方可以请求人民法院执行。

10. 合同签订时间、地点及生效。合同签订时间与合同生效时间有关,合同以当事人签字后开始生效。如果合同生效时间与签字时间不一致,则可约定具体的生效时间。合同签订地点一般在发生纠纷时可作为法院管辖地的依据之一。

11. 其他。在上述条款外,委托合同当事人可以根据实际情况约定其他条款,如合同通知、合同权利义务转让、合同条款的独立性、不可抗力定义及种类、合同正副本数量、合同附件及其效力等。

实践中,合同当事人为了简化合同订立程序,往往采用国际货运代理服务方面的标准交易条款,如"中国国际货运代理协会标准交易条件"、国际货运代理协会联合会(FIATA)"菲亚塔示范规则"等。经当事人同意采用,这些标准交易条款被自动纳入合同,成为合同的组成部分。

## 复习题

1. 名词解释:国际贸易、信用证、国际货运服务委托合同。
2. 阐述国际物流与国际贸易的关系。

3. 国际贸易发展对国际物流发展的促进主要表现在哪几个方面？

4. 国际贸易在发展中对国际物流提出了哪些要求？

5. 请图示进出口贸易的程序。

6. 履行出口合同主要包括哪些环节？

7. 履行进口合同主要包括哪些环节？

8. 国际物流企业在进出口贸易程序中一般可代理哪些业务？

9. 简述国际货运服务委托合同的主要内容。

## 案例分析

1. A 公司是一家建筑和汽车玻璃制造商，现有一批 200 吨玻璃需要从天津运往美国纽约的 B 公司，要求 45 天内到货。

问题：完成此项交易，需进行哪些操作或采取哪些措施？

2. 某年 10 月，法国某公司(卖方)与中国某公司(买方)在上海订立了买卖 200 台电子计算机的合同，每台 CIF 上海 1 000 美元，以信用证支付，该年 12 月马赛港交货。11 月 15 日，中国银行上海分行(开证行)根据买方指示向卖方开出了金额为 20 万美元的信用证，委托马赛的一家法国银行通知并议付此信用证。12 月 20 日，卖方将 200 台计算机装船并获得信用证要求的提单、保险单、发票等单据后，即到该法国议付行议付。经审查，单证相符，银行即将 20 万美元支付给卖方。载货船离开马赛港 10 天后在航行途中由于船员航行操作过失，船舶触礁，救助无效。货船及货物全部沉入大海。此时开证行已收到了议付行寄来的全套单据，买方也已得知所购货物全部灭失的消息。因此，买方拒绝支付货款，理由是其不能得到所期待的货物。

问题：(1)这批货物的风险自何时起由卖方转移给买方？(2)买方能够因这批货物全部灭失而免除其所承担的付款义务吗？

3. M 公司是一家生产红木家具的知名企业，产品在国内外都非常畅销。近期 M 公司接到一份来自美国的重要订单，该公司的总经理要求运输经理尽快寻找一家合格的物流公司来承运这批货物。经过招标过程，最终选择了 D 物流公司作为这批货物的承运商。为此，运输经理将代表 M 公司与 D 物流公司签订一份国际货运委托服务合同。

问题：(1)假如你是 M 公司的运输经理，你认为该货运委托服务合同中应包括哪些主要内容？(2)为了避免日后产生运输纠纷，你认为 M 公司和 D 公司各自的权利和义务是什么？(3)M 公司将红木家具出口到美国，至少需要哪些贸易运作程序？

案例分析参考答案

# 第四章

# 国际物流业务运作(一):货物的采购、包装、仓储、加工、装卸搬运

**学习目标**

- 了解国际商品与物料采购的程序
- 了解包装、储存保管、流通加工、装卸搬运在国际物流中的作用
- 理解国际运输包装合理化的要点
- 掌握国际货物仓储作业的流程和工作内容
- 了解加工贸易的含义及主要方式
- 掌握装卸搬运合理化的要点

国际物流的业务运作可分为主要功能的业务运作(采购、包装、仓储、流通加工、装卸搬运、货物的报检与通关、运输与保险安排)以及国际物流主要形式(铁路联运物流、海运物流、空运物流、多式联运物流)的业务运作。本章主要阐述采购、包装、储存保管(仓储)、流通加工、装卸搬运等业务活动。

## 第一节　国际商品与物料采购

企业物流管理系统中连续不断的实物流动可简化为三大部分:通过采购流入企业的原材料;经过生产制造过程的半成品;通过实物分拨系统到达消费者手中的最终产品。图 4-1 显示了企业的这一简单的物流活动过程。

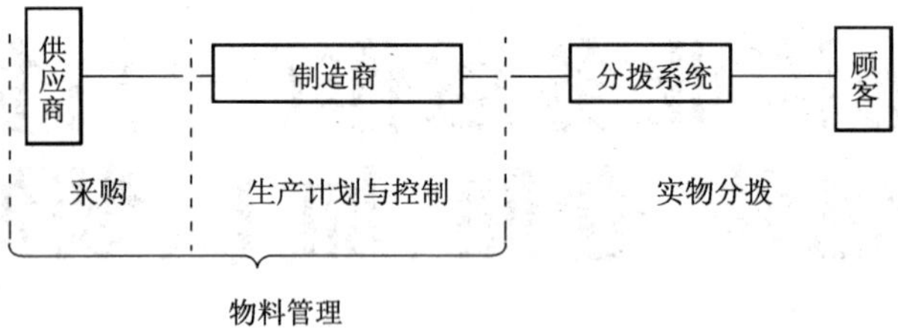


**图 4-1　企业物流过程**

从图 4-1 可知,采购是企业物料管理的重要组成部分。对于国际化经营的企业来说,也离不开物料的采购。作为非生产性的国际贸易企业来说,要履行进出口合同,也存在一个备货的问题,而在备货的各种形式中,采购是其重要形式之一。研究数据表明:采购节约 1%,企业利润将增加 5%—10%。怎样充分挖掘采购潜力,怎样科学地选择、评估与管理供应商,怎样建立高效的采购团队,怎样有效地管理采购价格,怎样评价采购部门的绩效是一个企业开展国际物流需要认真研究的课题。

### 一、采购的含义与作用

采购被称为内向物流,从成本效率和企业运营结果两方面体现了其重要作用。

(一)采购的含义

采购从字面上理解应该有两层含义,"采"——选择,"购"——取得,即从多个物品中进行选择并取得该物品。

狭义的采购(purchase),是指以购买(buying)的方式,由买方支付对等的代价,向卖方换取物品的行为过程。在买卖双方的交易过程中,一定会发生所有权的转移及占有。然而作为物流活动的采购,从图 4-1 可知,则是从供应商到需方企业的物料流动活动,是企业为了达成生产或销售计划,从合适的供应商那里,在确保合适的品质的前提下,于合适的时间,以合适的价格,购入合适数量的商品所采取的管理活动。

采购既是一个商流过程,也是一个物流过程。所有采购,都是从资源市场获取资源的过程。从物流的角度讲,采购被认为是从供货商到生产企业的物料流动过程,采购引起物料向企业内流动，因此，也被称为内向物流（inbound logistics），它是企业与供应商相联系的重要环节。

从供应链的角度来讲，采购活动和企业物流活动都是整个供应链的一部分。也就是说，某个企业的内部物流也可能就是另一个企业的外部物流。比如说，某个机械制造厂生产汽车零部件，把生产的汽车配件出售给某个汽车制造厂，那么，汽车零部件的整个物流活动，对于前一个厂商来讲，就是它的内部物流活动，而对于后一个厂商来讲，就是它的外部物流活动。而无论内部物流还是外部物流，都是整个产品供应链的一部分。

（二）采购的功能与作用

采购的功能是：选择企业各部门所需要的适当物料，从适当的来源，以适当的价格、适当的送货方式（包括时间和地点），获取适当数量的这种原材料。

采购对于一个企业来讲不仅仅是买东西，还是企业经营的核心环节，它使企业获取利润并获得了新的资源。企业采购原料或物资的成功与否在一定程度上影响着企业的竞争力。采购与采购管理往往是竞争优势的来源之一。

对一个企业来讲，采购从两方面体现其重要作用：成本效率和企业运营结果。

1. 采购的利润"杠杆作用"。众所周知，企业的根本目标是追求利润最大化。增加利润的方法之一就是增加销售额。假设某公司购进 5 万元的原材料，加工成本为 5 万元，若销售利润为 1 万元，则需实现销售额 11 万元。如果要将销售利润提高到 1.5 万元，若利润率不变，那么销售额就需实现 16.5 万元。这意味着公司的销售能力必须提高 50%，这是非常困难的。此外，还有一种方法也可实现利润提高的目标，假定加工成本不变，可以通过有效的采购管理使原材料只花费 4.5 万元，节余的 0.5 万元就直接转化为利润，从而在 11 万元的销售额上把利润提高到 1.5 万元。上面的例子说明了良好的采购将直接增加企业的利润和价值，有利于企业在市场竞争中赢得优势。

一般而言，制造企业购进的原材料、辅料价值要占到销售产品价格的 40%—60%，采购成本的变化将会给利润带来较大影响，产生所谓的"杠杆作用"：采购成本的节约对利润的增长存在着倍增效应。

**【案例】美国 DVS 公司利用采购的杠杆作用实现净利润的增长目标**

美国 DVS 公司是在美国家用和商用建筑物所需的乙烯壁板产品市场中居于领先地位的制造商。2018 年，公司创下了 2.5 亿美元的销售纪录，比 2014 年增长 15%。公司总裁马克虽对 2018 年的销售数字非常满意，但是他越来越关心赢利数字的趋势。在过去几年里，公司净利润率已经从 2014 年的 7.2%下降到 2018 年的 4.5%。于是在高级主管会议上，马克指出了公司净利润的下降趋势，认为来自竞争对手的价格压力和不断增加的成本是利润下滑的主要原因。他要求 2019 年的利润比 2018 年上升 10 个百分点，并要求每一位主管人员为完成利润上升目标制订一个战略计划。

采购部主管 Margaret Kisure 认真研究了采购部门为制订采购部战略计划而收集的采

购数据。目前公司有1 500SKU生产规模,这意味着公司需要采购5 000SKU的原料来支持产品线的生产、销售和配送。公司所采购的原料包括乙烯基本产品、涂料、办公用品、集装箱木材、库存设备、维修及营业物品等。2018年,公司采购这些物品的费用和采购部门的营业费用总计1.625亿美元。采购成本占销售收入的比例从5年前的37%增加到2018年的50%(同期采购人员增加了5人),40%为其他成本费用,税前净利润率为10%。Margaret Kisure计算出,采购支出每减少2%,净利润就会增加10%(假定销售额2.5亿美元不变)。销售部主管则提出了通过扩大产品10%的销路来实现利润比2018年上升10个百分点的目标。此时,由于其他条件不变,公司的采购成本和其他费用也相应上升10%。

公司总裁马克最后同意了采购部主管的意见。采购部主管Margaret Kisure从供应商那里获得价格折让,降低了采购成本,2019年DVS公司实现了净利润的增长目标。

案例分析:

美国DVS公司正是利用了采购的利润杠杆作用实现了2019年利润增长的目标。

案例中,美国DVS公司的采购成本占销售收入的比例从2014年的37%增加到2018年的50%(同期采购人员增加了5人),40%为其他成本费用,税前净利润率为10%。也就是说,公司销售了2.5亿美元的产品,其中采购的原材料为1.25亿美元,支出其他费用为1亿美元,而得到税前净利润为0.25亿美元。此时该企业的损益表可简单概括如表4-1所示。

**表4-1 损益表(一)**

| | |
|---|---|
| 销售收入(亿美元) | 2. 5 |
| 产品销售成本(亿美元): | |
| 采购成本 | 1. 25 |
| 其他费用 | 1 |
| 成本合计 | 2. 25 |
| 税前净利润(亿美元) | 0. 25 |

采购部主管Margaret Kisure提出公司设法通过降低采购成本来增加利润,采购成本减少2%,即采购成本由1.25亿美元降为1.225亿美元,就可以实现增加利润10%[(0. 275-0.25)/0.25×100%]的目标。此时该企业的损益如表4-2所示。

相反,销售部主管提出的通过扩大产品10%的销路来实现利润比2018年上升10个百分点的目标,就必须增加10%的销售收入。与此同时,由于其他条件不变,所以企业的采购成本和其他费用相应上升10%,即分别上升到1.375亿美元和1.1亿美元。此时的损益如表4-3所示。

**表 4-2　损益表(二)**

| | |
|---|---|
| 销售收入(亿美元) | 2.5 |
| 产品销售成本(亿美元): | |
| 采购成本 | 1.225 |
| 其他费用 | 1 |
| 成本合计 | 2.225 |
| 税前净利润(亿美元) | 0.275 |

**表 4-3　损益表(三)**

| | |
|---|---|
| 销售收入(亿美元) | 2.75 |
| 产品销售成本(亿美元): | |
| 采购成本 | 1.375 |
| 其他费用 | 1.1 |
| 成本合计 | 2.475 |
| 税前净利润(亿美元) | 0.275 |

采购成本对企业利润的巨大影响由此案例可见一斑,采购成本的节约对利润的增长存在着倍增效应。相比之下,要通过增加销售额从而在损益表上产生同样的效果,那就需要更大比例的销售增长。

2. 采购改善企业运营效果的作用。采购在企业经营中的作用,除了直接表现在利润上之外,通过提高企业其他部门或个人的绩效,还可以间接地为企业做出贡献。优质的输入保证优质的产出。采购的质量有了保证,就可以减少返工,降低保修成本,增加顾客满意度,并且增加销售或者提高销售价格。搞好与供应商的关系,就可以改进设计,降低制造成本,并且加快由创意到设计生产再到消费者手中的循环过程。这些提高或改进都会增强企业的竞争力。

(三)国际采购

国际采购,也称全球化采购,是指利用全球的资源,在全世界范围内寻找供应商,寻找质量最好、价格合理的产品(货物与服务)。随着经济全球化进程的加快,跨国公司对地区经济的影响力越来越大,它们将从全球角度考虑进口、出口、采购、开店,介入制造业,建立分拨中心,控制物流体系,直至控制产品研发(R&D)。因此,根据供应链理论,跨国公司大多建立了全球化的采购系统。例如,连锁商业集团中的凯玛特、麦德龙、百安居、欧倍德、嘉士德、广利、家乐福等,跨国工业集团中的西门子、通用等均已在我国设立亚洲、大中华或中国地区的采购中心。

当前,跨国公司生产基地的全球化分布,生产企业与专业第三方物流公司的同步全球化,国际多式联运的发展和国际航线的形成成为国际采购发展的推动力。

国际采购的优势在于:①扩大供应商比价范围,提高采购效率,降低采购成本;②可以利用汇率变动进一步降低商品的购买成本;③实现采购过程的公开化和程序化;④实现生产企业从为库存而采购到为订单而采购;⑤实现采购管理向外部资源管理转变。

企业国际采购中可能面临的问题有:①采购订单提前期较长,企业需持有较高水平的库存;②货物需经过长途运输,在途风险较大;③可能遇到售后服务不足或不及时问题;④汇率变动可能造成采购成本上升;⑤由于商品质量的检验是在装运前进行,一旦货物到达目的地后的检验结果与装运前的检验结果有冲突,就会有矛盾;⑥采购成本及货物交付时间受所在国政府贸易政策的影响。

**【案例】**

海尔物流通过整合内部资源,优化外部资源,先后引进了GE、爱默生、BASF、DOW等世界500强企业成为海尔的供应商,实施并行工程,使一批国际化大公司以其高科技和新技术参与到海尔产品的前端设计中,保证了海尔产品技术的领先性,加快了开发速度。另外,海尔还与政府合作,建成开发区和胶州国际化工业园。爱默生等国际化供应商在此投资建厂,不但将最先进的技术带给海尔,也加快了海尔的订单响应速度。

案例分析:

海尔的国际化采购举措发挥了国际采购的优势,克服了国际采购中可能面临的问题,使海尔获得了快速满足用户需求的能力。

## 二、采购作业的一般流程

企业采购的目标可分为四个方面:获取企业所需数量和质量的产品和服务;以最低的成本获取这些产品和服务;确保供应商尽可能提供最好的服务和最快的送货;巩固与供应商之间良好的供需关系,寻求替补供应商。

采购作业的一般流程包括:确定采购需求;选择供应商;签订采购合同;订货和接收;支付货款;采购跟踪与评估。下面择其中主要的步骤进行介绍。

### (一)确定采购需求

确定采购需求就是要确定采购什么、采购多少、什么时候采购等。在这一步,采购部门一般要根据使用物料部门的请购单形成具体的购货订单说明书。

采购部门汇总了请购单之后,要制定详细的购货订单说明书准备发送给供应商。在说明书中必须明确所要购买货物的品质、数量、时间计划等,还要进一步明确需求的细节,即详细描述所购货物的功能规格、质量要求、包装运输等物流标准、检验方式、售后服务标准、初步的价格预算等,对于大型设备等固定资产类的采购,还要考虑其预计使用的时间,大宗物料的采购还要附上分期消耗的数量表。购货订单说明书是选择供应商、进行谈判、签订合同及合同履行、跟踪的依据,因而必须详细、准确,符合企业各方面的需要。

### (二)选择供应商

在确认了采购需求之后就要选择供应商了。供方选择(source selection)是根据既定的评价标准选择一个供应商。一般情况下,要求参与竞争的供应商不得低于三个。

供应商的产品价格、质量和服务是选择供应商的三大主要因素。供应商是供应链的源头,所以考核评估供应商在整个企业流程中就成为至关重要的一环。下面把供应商选择与评估的作业流程图示如下(见图 4-2)。

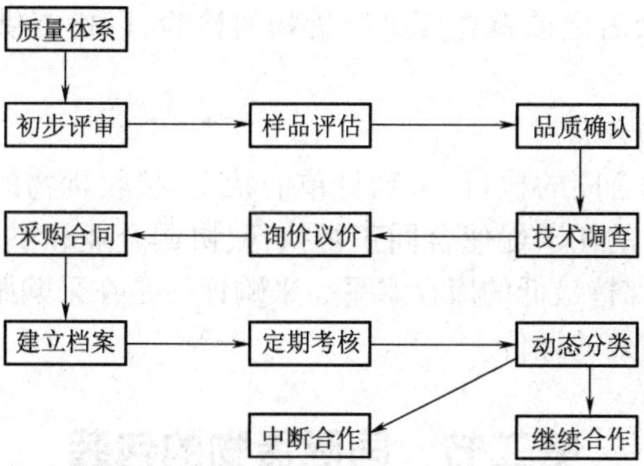


**图 4-2 供应商选择与评估作业流程**

(三)签订采购合同

选定供应商之后,采购方一般要通过与供应商的谈判签订正式的采购合同。采购合同没有标准的格式,根据采购商品的特点、合同双方的要求、采购方针等的不同而不同。但是,不管是怎样的合同,都是由具有法人资格的双方共同拟定并签署的,其中有关条款必须符合相应的国家性、地方性法规,符合国际惯例及有关的国际通用规则。

采购合同的格式可分为三个部分。

第一部分是有关采购双方的信息。应写明采购方和供应商的名称、地址、电话、传真及联系人的姓名。因为各个公司具体办理采购业务时,都会指定专人负责,以便及时联系,所以应在采购合同上写明联系人的姓名。

第二部分是有关所采购货物的条款。要写明货物的名称、品种、规格和质量,每个型号货物的采购数量、单价及总金额;采购的货物所应该达到的技术标准;货物的原产地和制造商的名称;对于货物包装的要求。应写明交货的时间期限和对于逾期交货的违约赔偿;对国际采购的贸易条款做出规定,明确具体的交货地点;交货后的安装时间。应写明产品的价格与货款的结算,结算方式有多种选择,一般由采购方选择。常用的结算方式有托收付款、电汇、信汇、票汇,还可以在银行开立信用证结算,合同中应写明供应商的银行账号。

第三部分为法律条款和其他规定。例如,规定货物的验收方法,对不合格产品的赔偿方式、迟交货物的罚款规定,以及对于纠纷的处理方法等;规定保险和运费由谁支付,一般情况下在采购的报价阶段,所报价格就包含保险和运费,但在合同中还应写明,避免发生异议;单证的要求,一般在国际贸易中应该要求单证齐全,包括正式的商业发票,须标明合同号;如果是海运要求有海运提单,其他的运输方式需要提供装箱单,并标明重量、数量、原产地证明和数量、质量证明。

(四)订货与接收

当签订了采购合同之后，就要准备订货和接收货物了。对于小型的采购，采购方签订了合同就相当于下了订单，而对于大型的采购或有长期合作的供应商，采购方要选择在适当的时候发出订货单。订货单发出之后就要准备检验和接收货物。采购方在接收采购货物之时或者之前首先要进行货物的检验，以检查供应商供货是否符合合同要求。

(五)采购的跟踪与评估

采购跟踪是对采购合同的执行、采购订单的状态、接收货物的数量及退货情况的动态跟踪。采购跟踪的目的在于促使合同正常执行、协调企业和供应商的合作，既满足企业的货物需求，同时又保持最低的库存水平。采购评估是在采购跟踪的基础上对整个采购过程各个环节工作绩效的评价。

## 第二节 国际货物的包装

在国际货物买卖中，包装是说明货物的重要组成部分，包装条件是买卖合同中的一项主要条件。按照某些国家的法律规定，如卖方交付的货物未按约定的条件包装，或者货物的包装与行业习惯不符，买方则有权拒收货物。如果货物虽按约定的方式包装，但却与其他货物混杂在一起，买方即可以拒收违反规定包装的那部分货物，甚至可以拒收整批货物。由此可见，搞好包装工作和按约定的条件包装，具有重要的意义。

### 一、包装的含义及其在国际物流中的地位与作用

包装(packaging)是在物流过程中为保护产品、方便储运、促进销售，按一定技术方法采用容器、材料及辅助物等将物品包封并予以适当的装封标志的工作总称。简言之，包装是包装物及包装操作的总称。

(一)包装与其他功能要素的关系

一方面，国际物流系统的功能构成要素大都与包装有关。

就包装与运输的关系而言，例如，杂货载运时，过去用货船混载，且必须严格地用木箱包装，而改用集装箱后，只用纸箱就可以了。

就包装与搬运的关系而言，如用手工搬运，即应按人工可以胜任的重量单位进行包装。如果运装过程中全部使用叉车，就无须包装成小单位，只要在交易上允许，则可尽量包装成大的单位，可以以吨为单位运输，如柔性集装箱容器。

就包装与储存保管的关系而言，货物在仓库保管时，如果码放得高，则最下面货物的包装就应能承受压在上面的货物的总重量。以重量为 20 千克的货箱为例，如果货物码放 8 层，最下边箱子的最低承重应为 140 千克。

另一方面，国际物流系统其他功能要素受包装的制约。如果用纸箱包装运输，则必须用集装箱运输，如设计只能承受码放 8 层的包装，就是仓库再高也只能码放 8 层货物，这样就可能无法有效地利用仓库空间。

### (二)包装在国际物流中的作用

在国际物流中,包装的好坏能直接影响到运输质量和物流成本,运输包装出现问题,难免发生货物丢失、损坏、客户投诉、退货等现象。包装在国际物流中的作用可以归纳为以下几个方面。

1. 保护商品。由于销往世界各地的出口商品运输环节多、路线长,装卸条件和地区间气候差异较大,容易受外力作用的破坏(冲击、跌落、振动、摇摆等)、环境变化的影响(高温低温、潮湿低气压、降水等)、生物侵入的破坏(真菌、昆虫、啮齿类动物等)、化学活动性物质的腐蚀(海水、二氧化硫、氨气、盐酸等)、人为的破坏(野蛮装卸、盗窃等),因此,国际物流对包装的要求更严格。据有关资料的统计,我国出口商品每年因包装不良造成的损失而导致减少的外汇收入约占总收入的10%。例如,某年云南出口俄罗斯的金属硅和出口新加坡的香芭油均由于包装破损,被外商退货。

合理的包装能避免搬运过程中的脱落、运输过程中的震动或冲击和保管中由于承受物过重所造成的破损;能避免异物的混入和污染;能防湿、防水、防锈、遮光,以及防止因为化学或细菌的污染而出现的腐烂变质;能防霉变、防虫害等。

2. 保障国际运输安全。众所周知,危险货物具有易燃、易爆、有毒及放射性等特性,如果包装的性能不符合要求,或者使用不当,很容易引发起火、爆炸。我国是危险品的出口大国,全国出口危险品种类达300多种,但在过去一段较长的时期,由于我国产品的包装质量低劣,不能有效保护出口商品,而导致在装卸、储存、运输过程中,危险品爆炸、起火等重特大恶性事故时有发生。

为保障国际运输安全,国际海事组织根据联合国的有关规定,制定了《国际海运危险货物规则》,并从1991年1月1日起在国际上强制执行。近年来,我国的海运出口危险货物,未发生过由于包装质量问题引起的重大运输安全事故,有效地保证了出口贸易的持续、健康发展。一方面,适当的包装增加了在运输、储存和装卸过程中的安全性;另一方面,新型的包装容器能重复使用,减少了包装的浪费和对环境的污染。

3. 有利于打破国外的有关壁垒和限制,促进产品的出口。不少国家对进口商品的包装有各自不同的规定,凡不符合要求的均不准进口或进口后亦不准投入市场销售。例如,美国、新西兰、加拿大等国家禁止使用稻草等做包装材料,以防止某些植物病虫害传播,对本国生态环境造成破坏;伊朗、沙特阿拉伯等国规定进口的货物必须使用集合运输包装,否则不准进口卸货;而美国、加拿大、澳大利亚、新西兰、巴西以及欧盟则相继颁布法令,要求来自中国的木质包装在进口时必须带有中国出入境检验检疫机关出具的证书,证明木质包装已经过熏蒸处理或防腐处理,或者出口商出具无木质包装的证明方可入境,若有违反规定的货物将禁止入境,或在认可的条件下,拆除木质包装并销毁。

除国外对包装有强制性限制外,各国由于经济发展水平的差异,对包装质量的档次均有不同的要求,包装质量的好坏也会直接影响贸易的得失。

因此,合理的包装有利于保证出口产品顺利进入国际市场。

4. 促进商品的销售。商品能否畅销,除商品本身的性能、质量外,销售包装的作用是不能忽视的。它不仅起到美化商品的作用,还起到广告宣传的作用,在商品陈列中包装就起着无声推销员的作用。众所周知,当年我国的茅台酒第一次参加世界博览会打入国际市场时,由于其“土衣布衫”的形象而受尽冷遇,幸亏本身质量过硬,不慎打碎酒瓶,酒香飘溢,才被世人认可。调查表明,63%的消费者是根据产品的包装来选购商品的,这就是著名的杜邦定律。另有一份资料表明,在一家经营 15 000 种商品的普通超级市场里,一般购物者大约每分钟浏览 300 件商品,假设 53%的购买活动属于冲动购买,那么,此时的包装效果就相当于 5 分钟的电视广告。由此可见,除了应注意商品内在的质量外,还必须注重商品的外包装。

**【案例】**

深圳某公司出口到美国的一批大理石板材,辗转近 4 个月后,又原封不动回到深圳。其主要原因是货主因嫌麻烦,在出口前,其用来承载大理石板材的木质包装未按检验检疫部门的要求报检、加施“IPPC”标识。结果,货物到达美国口岸后,美国检验检疫部门做出原柜退运出境处理。

案例分析:

国际植物保护公约组织(International Plant Protection Convention,IPPC)在 2002 年 3 月发布了国际植物检疫措施标准第 15 号出版物《国际贸易中木质包装材料管理准则》(*Guidelines for Regulating Wood Packing Material in International Trade*),要求木质包装按规定的检疫除害处理方法进行处理,并加施 IPPC 专用标识。根据有关国家按照国际标准制定的进境检疫要求,对于无 IPPC 标识、未正确加施 IPPC 标识或检出有害生物的木质包装,将在入境口岸采取除害、销毁、拒绝入境等措施。美国、加拿大、墨西哥及欧盟国家等对发现不符合要求的木质包装,通常会采取连同货物一并退运的严厉措施。出口商应从获得标识加施资格的企业购买已经加施 IPPC 专用标识的木质包装。木质包装使用企业可向所在地检验检疫机构咨询索要 IPPC 标识加施企业名单,并自主选择购买经有效除害处理的木质包装。

## 二、国际物流包装的分类

对于国际物流的包装可按不同的标准对其进行不同的分类。

(一)按形态对包装进行分类

按形态对包装进行的分类大致包括逐个包装、内包装和外包装三种。

1. 逐个包装。所谓逐个包装,是指交到使用者手里的最小包装,即把物品全部或一部分装进袋子或其他容器里并予以密封的状态或技术。

2. 内部包装。内部包装是指将逐个包装的物品归并为一个或两个以上的较大单位并放进中间容器里的状态和技术,其中也包括为保护里边的物品,在容器里放入其他材料的状态和技术。

3. 外部包装。外部包装是指从运输作业的角度考虑,为了对物品加以保护并为方便搬运,将物品放入箱子、袋子等容器里的状态和技术,包括缓冲、固定、防湿、防水等措施。

☞ 链 接

外包装上通常应印刷或粘贴的标志

在国际物流中，商品的外包装上通常应印刷或粘贴运输标志（shipping mark)和指示性标志（indicative mark）。对于危险品还应在外包装上加贴警告性标志（Warning mark）。对于需要跨国配送的货物，还应在运输包装上加贴多维条形码。

（二）按功能对包装进行分类

按功能进行分类，可将包装分为运输包装和商业包装。

1. 运输包装。运输包装（transport packaging）是以运输、保管为主要目的的包装，也就是从物流需要出发的包装，亦称工业包装。我国的国家标准对运输包装的定义是："以运输贮存为主要目的的包装。它具有保障产品的安全，方便储运装卸，加速交接、点验等作用。"从我国的国家标准中可看出，运输包装涉及多部门、多作业。包装的好坏在一定意义上反映了一个国家的综合生产力发展水平。在国际包装标准中，"运输包装"前须冠以"完整的、满装的"定语，即必须是毫无损坏的、内装被保护的产品经过包装所形成的总体。

运输包装的主要作用是保护功能、定量（单位化）功能、便利功能和效率功能。

☞ 链 接

影响运输包装的三要素

对运输包装有着重要影响的是产品脆值、固有频率和允许损耗率三个要素。

脆值：产品在损坏前可承受的最大冲击加速度值。

固有频率：产品包装受到损坏的重要原因之一是共振，预先得知产品的固有频率，则可采取措施，避免共振产生。

允许损耗率：任何包装欲坚固到百分之百地不发生损坏是很难的，应提请企业制定商品的允许损耗率，以有利于采用合理包装。

在运输包装中按包装的大小不同又分为单件运输包装和集合运输包装。

（1）单件运输包装，指在国际物流过程中作为一个计件单位的包装。常见的有：箱，如纸箱、木箱、条板箱、夹板箱、金属箱；桶，如木桶、铁桶、塑料桶、纸桶；袋，如纸袋、草袋、麻袋、布袋、纤维编织袋；包，如帆布包、植物纤维或合成树脂纤维编织包；此外还有篓、筐、罐、捆、玻璃瓶、陶缸、瓷坛等。

（2）集合运输包装，又称成组化运输包装，指将若干单件运输包装组成一件大包装，常见的有集装袋或集装包、托盘、集装箱等。

2. 商业包装。商业包装也叫零售包装(retail packaging)或消费者包装(commercial packaging),主要是根据零售业的需要,作为商品的一部分或为方便携带所做的包装,亦即所谓的逐个包装。

商业包装的主要功能是定量功能(形成基本单件或与此目的相适应的单件)、标识功能(容易识别)、商品功能(创造商品形象)、便利功能(处理方便)和促销功能(具有广告效力,唤起购买欲望)。主要目的则在于促销或便于商品在柜台上零售或为了提高作业效率。

为了使商业包装适应国际市场的需要,在设计和制作商业包装时,应体现下列要求:便于陈列展售;便于识别商品;便于携带及使用;要有艺术吸引力。

这里应注意的是,在有些情况下运输包装同时又是商业包装,如装橘子的纸箱子(15千克装)应属运输包装,连同箱子出售时,也可以认为是商业包装。为使运输包装更加合理并为促进销售,在有些情况下,也可以采用商业包装的办法来做运输包装,如家电用品就是兼有商业包装性质的运输包装。

(三)按在贸易中有无特殊要求进行分类

按在贸易中有无特殊要求进行分类,可将包装分为一般包装、中性包装和定牌包装。

1. 一般包装。一般包装也就是普通包装,货主对包装无任何特殊的要求。

2. 中性包装。中性包装(neutral packaging)是指在商品的内外包装上不注明生产国别、产地、厂名、商标和牌号。采用中性包装,是为了避开某些进口国家与地区的关税和非关税壁垒以及适应交易的特殊需要(如转口销售等),它是出口国厂商加强对外竞销和扩大出口的一种手段。

3. 定牌包装。定牌包装(packaging of nominated brand)是指在商品的内外包装上不强调注明生产国别、产地、厂名,但要注明买方指定的商标或牌号。当前,世界上许多国家的超级市场、大百货公司和专业商店,对其经营出售的商品,都要在商品上或包装上标有本商店使用的商标或品牌,以扩大本店知名度和显示该商品的身价。许多国家的出口厂商,为了利用买主的经营能力及其商业信誉和品牌声誉,以提高商品售价和扩大销路,也愿意接受定牌生产。

此外,按包装技术的不同可分为充气包装、脱氧包装、真空包装、防潮包装、防锈包装、防虫包装、防腐包装、防震包装、危险品包装等。

## 三、国际物流包装作业的合理化

尽管包装的分类有多种,但与国际物流关系最紧密的还是国际货物运输包装。这里就来探讨国际货物运输包装的合理化问题。关于包装的合理化,国内外都开展了广泛的研究。例如,美国提出了“包装5步研制方法”:①确定环境;②确定产品的易损性;③选用适当的缓冲垫;④设计及创造原型包装;⑤试验原型包装。而我们认为,国际货物运输包装合理化的要点主要有以下几个。

（一）满足国际贸易对运输包装的要求

国际贸易对商品运输包装的要求比国内贸易更高，它必须适应商品的特性，适应各种运输方式的要求，考虑有关国家的法律规定和客户的要求。

在国际贸易中，由于各国的国情不同以及文化差异的存在，对商品的包装材料、结构、图案及文字标识等要求也有不同。例如，美国规定，为防止植物病虫害的传播，禁止使用稻草作为包装材料，如被海关发现使用稻草作为包装材料，必须当场销毁，并支付由此产生的一切费用。对德国出口的商品和包装，禁用类似纳粹和军团符号的标记。沙特阿拉伯港务局规定，所有运往该国港埠的建材类海运货物的包装（卫生浴具设备、瓷砖、木制砖、木制家具、厨房及浴室设备等），凡装集装箱的，必须先组装托盘，以适应堆高机装卸，且每件重量不得超过 2 吨。伊朗港口颁布的进口货物包装规定要求，茶叶、化工品、食品、水泥建材、原木等商品应分别以托盘的形式，或体积不小于 1 立方米或重量不小于 1 吨的集装箱包装。加拿大政府规定进口商品的标签必须英法文对照。销往我国香港的食品的标签必须用中文，但标签上的食品名称及成分须同时用英文注明。

国际货物买卖中的包装条款一般包括包装材料、包装方式、包装规格、包装标志和包装费用的负担等内容。包装条款实例如下：

**【例】**

To be packed in poly bags, 25 pounds in a bag, 4 bags in a sealed Wooden Case which is lined with metal. The cost of packing is for seller's account.（用涤纶袋包装。25 磅装一袋，4 袋装一箱，箱子需用以金属做衬里的木箱。包装费用由卖方承担。）

因此，进出口合同中的包装条款已对包装材料、包装方式、包装费用和运输标志等内容做了明确的规定。根据《联合国国际货物销售合同公约》第 35 条的有关规定：卖方交付的货物必须与合同规定的数量、质量和规格相符，并须按照合同所规定的方式装箱或包装。因此，国际物流人员要按货主的贸易合同进行运输包装。

（二）运输包装的标志标准、清晰

国际运输包装的标志，按用途可分为以下三种。

一是运输标志。运输标志又称唛头，通常由一个简单的几何图形和一些字母、数字及简单的文字组成。根据国际标准化组织（ISO）的建议，运输标志（唛头）应为 4 行，每行的文字和数码不得超过 17 个字码，取消任何图形。因为图形不能用打字机一次做成，在采用电脑制单时（指在 EDI 操作中）尤为不便。其格式如下：

AMB……………… 收货人的缩写
08/S/CNo.2356………… 合同编号
New York Via Hongkong… 目的港名称
Nos.1-400……………… 箱号和总件数

二是指示性标志。指示性标志是提示人们在装卸、运输和保管过程中需要注意的事项，一般都是以简单、醒目的图形和文字在包装上标出，也有人称其为注意标志。如“此端向上”“防潮”“防热”“小心轻放”“由此吊起”“由此开启”“重心点”“勿用手钩”“勿近锅炉”“易碎”等。

三是警告性标志。警告性标志又称危险货物包装标志，凡在运输包装内装有爆炸品、烯物品、有毒物品、腐蚀物品、氧化剂和放射性物质等危险货物时，都必须在运输包装上标明用于各种危险品的标志，以示警告，便于装卸、运输和保管人员按货物特性采取相应的防护措施，以保护物资和人身的安全。

除我国颁布的《危险货物包装标志》外，联合国政府间海事协商组织也规定了一套《国际海运危险品标志》。这套规定在国际上已为许多国家采用，有的国家进口危险品时要求在运输包装上标明该组织规定的危险品标志，否则，不准靠岸卸货。在我国危险货物的运输包装上，要标明我国和国际上所规定的两种危险品标志。

（三）从国际物流总体角度出发，用科学方法确定最优包装

产品从出厂到最终销售目的地所经过的流通环境条件，如装卸条件、运输条件、储存条件、气候条件、机械条件、化学和生物条件等都对包装提出了要求。从现代物流观点看，包装合理化不是包装本身合理与否的问题，而是整个物流合理化前提下的包装合理化。

对包装发生影响的第一个因素是装卸，不同装卸方法决定着不同的包装。目前我国大多还采用手工装卸，因此，包装的外形和尺寸就要适合人工操作。此外，装卸人员素质低、作业不规范也会直接引发商品损失。例如，广州某快运公司曾发生这样一件案例：从香港报关进口的一件大木箱，内装精密设备，要求运输途中不能倾斜。当木箱运至客户手中时，货主肯定地认为货物已被倾斜了，因为木箱外包装上有一个标识变成了红色。原来该货物倾斜45度时，外包装上的标识就会变色。因此，改进装卸技术，提高装卸人员素质，规范装卸作业标准等都会相应地促进包装、物流的合理化。

对包装有影响的第二个因素是保管。在确定包装时，应根据不同的保管条件和方式而采用与之相适合的包装强度。

对包装有影响的第三个因素是运输。运输工具的类型、输送距离的长短、线路情况等对包装都有影响。国际运输形式多样，如远洋运输、国际铁路运输、国际航空运输、国际多式联运等，以上不同的运输方式对包装都有着不同的要求和影响。

（四）包装的科学化

注重包装的科学化，主要指如下几点。

1. 防止包装不足和包装过剩。由于包装强度不足、包装材料不足等因素所造成的商品在流通过程中发生的损耗不可低估。而由于包装物强度设计过高、保护材料选择不当则会造成包装过剩，这一点在发达国家表现得尤为突出。日本的调查结果显示，发达国家包装过剩约在20%以上。

2. 采用单元货载尺寸和运输包装系列尺寸。物流系统高效率化的关键在于使单元货载系统化。所谓单元货载系统化是把货物归整成一定数量的单件进行运输。其核心是自始至终采用托盘运输，即从发货至到货后的装卸，全部使用托盘运输方式。为此，在物流过程中所有的设施、装置、机具均应引进物流标准概念。

3.注重包装的大型化。随着交易单位的大型化和物流过程中搬运的机械化，单个包

链 接

单元货载尺寸

单元货载尺寸是运输车辆、仓库、集装箱等能够有效利用的尺寸。单元货载尺寸按日本 JIS20603 的规定,托盘以 1 100mm×1 100mm 和 1 000mm×1 200mm 为标准。将这一标准数值进行整数分割或组合可组成 69 种数值的正方形尺寸和 40 种数值的长方形尺寸,这些尺寸被作为运输包装系列尺寸的规格值。采用这种运输包装系列尺寸,可以使货物恰好不多不少地码放在托盘上,既不致溢出,也不留有空隙。

装亦趋于大型化。例如,作为工业原料的粉粒状货物,就使用以吨为单位的柔性容器进行包装。大批量出售日用杂货或食品的商店因为销售量大,只要不是人力搬运,也无须用 20 千克的小单位包装。包装单位大型化可以节省劳力,降低包装成本。与包装单位大型化相应的是近年来在有些国家的批发商店里,直接将工业包装的货物摆在柜台上,可见对这种大型化包装应给予足够的重视,由此也可以看出包装发展变化的趋势。

4. 注重包装的机械化。包装过去主要是依靠人力作业进行的,进入大量生产、大量消费的时代以后,包装的机械化也就应运而生。包装机械化从逐个包装机械化开始,直到装箱、封口、捆扎等外包装作业完成。此外,还有使用托盘堆码机进行的自动单元化包装,以及用塑料薄膜加固托盘的包装等。在超级市场,预先包装(原包装)业已普及,就是从保证卫生出发,食品包装机械化也是非常必要的。包装机械化对于节省劳力、货物单元化、提高销售效率,以及采取无人售货方式等均是必要的和不可缺少的。

5. 推崇绿色包装。绿色包装是指不会造成环境污染或恶化的商品包装。当前世界各国的环保意识均日渐增强,特别是一些经济发达国家,出于对环保的重视,它们将容易造成环境污染的包装也列入限制进口之列,而使其成为非关税壁垒的手段之一。例如,德国、意大利均禁止使用聚氯乙烯(PVC)做包装材料的商品进口。20 世纪 80 年代,工业国家提出了绿色包装的"3R"原则,即减量化(reduce)、重复使用(reuse)和再循环(recycle)。

20 世纪 90 年代又提出了"1D"原则,即包装材料应"可降解"(degradable)。根据上述原则,"绿色包装"应符合节省材料、资源和能源,废弃物可降解,不至于污染环境,对人体健康无害等方面的要求。

随着国际物流量的增大,垃圾公害问题已被提上议事日程。而随着对"资源有限"认识的加深,包装材料的回收利用和再生利用也受到了重视,特别是近年来的过大包装、过分包装、包装废弃物以及回收再生利用等。包装与社会机制协调的问题正日益突出。因此,国际物流包装应推崇绿色包装理念,包装的资源节省与拆装后的废弃物处理必须和社会系统相适应。今后应尽可能地积极推行包装容器的循环使用,尽可能地回收废弃的包装容器并予以再生利用。

## 第三节　国际货物仓储

国际货物仓储具体是指为各种运输方式转换的临时库存和原材料、半成品和产成品提供储存和管理服务。国际物流仓储业务是由于国际商品交换的产生和发展而发展起来的,它主要是在各国国际物流中心仓库①、保税仓库、海关监管仓库、对外贸易仓库、港口堆场等存储场所进行的。由于进出口商品的种类繁多,货物性质不同,因而对仓储作业的要求也就不同。本节所谈的仓储作业主要是指一般商品的仓储作业。

### 一、国际货物仓储概述

在物流学中,储存(storing)是指物品在仓库中的储存,以改变物的时间状态为目的的活动,克服产需之间的时间差异而获得更好的效用。这种仓库中的储存简称仓储。在国际物流过程中没有仓储就不能解决生产集中性与消费分散性的矛盾,也不能解决生产季节性与消费常年性的矛盾。因此,仓储在国际物流过程中占有重要地位。有仓储就必然要对储存的物品进行保管。仓储商品的保管②(storage)就是要研究商品性质以及商品在储存期间的质量变化规律,积极采取各种有效措施和科学的保管方法,创造一个适宜于商品储存的条件,维护商品在储存期间的安全,保护商品的质量和使用价值,并最大限度地降低商品的损耗。当前,国际物流中的仓储企业不仅担负着进出口商品保管存储的任务,而且担负着出口的加工、挑选、整理、包装、刷唛、备货、组装和发运等一系列的任务。

(一)国际货物仓储的特点与作用

随着国际贸易的发展,加强国际货物仓储是缩短国际贸易商品流通时间、节约流通费用的重要手段。

1. 国际货物仓储的货物来源。国际货物仓储的货物来源有三:一是用于出口的国内货物;二是满足国内需要的进口货物;三是进口暂存保税仓库的货物。

2. 国际货物仓储的特点。国际货物仓储具有以下特点。

第一,主要以集装箱货物的存储为主。随着国际集装箱运输的发展,国际物流中集装箱运输的地位越来越重要,绝大多数货物都是通过集装箱运输来实现国际物流。所以,作为国际物流的中转站,集疏中心的港口以及对外贸易仓库存储的货物主要是集装箱以及装在或准备装入集装箱的货物。因此,国际货物仓储主要是以集装箱货物为主。

---

① 在工业中,仓库(warehouse)是指储存生产需用的各种原材料、零部件、设备、机具和半成品、产成品的场所。在物流中,仓库一般是指以库房、货场及其他设施、装置为劳动手段的,对商品、货物、物资进行收进、整理、储存、保管和分拨等工作的场所。国际物流仓库是在国际物流系统中主要承担储存、保管功能的场所,是国际物流网络中以储存为主要功能的结点。从现代国际物流的观点看,大型的、多功能的国际物流仓库往往是国际货物分拨的基地,是国际物流运作的中心。

② 保管为一种静止的状态,也可以说是时速为零的运输,保管产生时间效益。一般情况下,生产与消费之间有时间差,保管的主要功能就是在供应和需求之间进行时间调整。此外,生产或收获的产品,产出多少就销售多少,不进行保管,价格必然暴跌,为了防止这种情况的发生也需要把产品保管在仓库里。可见保管在提高时间功效的同时还有调整价格的功能。因此,我们说保管具有以调整供需为目的的调整时间和调整价格的双重功能。

第二，理论仓储量决定于进出口贸易量，实际仓储量则取决于出口贸易量。国际货物仓储业的服务对象主要是进出口贸易货物，这和国内货物仓储服务于国内再生产有着明显的区别。又因进口商品大多采取就港直拨的方式运往全国各地，因此进口商品卸船后进入仓库储存再等待外调的现象已经大幅度减少。据天津港仓储业测算，集港量为出口，疏港量为进口，集港占集港、疏港总量的65%以上，因此，出口量决定着国际货物的仓储量。

由于国际货物仓储中出口量决定着仓储量，存储货物主要是集装箱货物，所以，国际货物仓储主要是针对集装箱运输方式出口货物的仓储。

第三，出入库次数频繁而储存期短暂。因为出口商品是以对外贸易合同的合同期为基点，于是商品的收购、集结、仓储和集港均依船期而有所准备，故国际货物仓储大多是相当短暂的有计划的待船而存。然而随着对外贸易的发展，进出口贸易量的递增，作为国际物流的一个必要环节，这些物资必然要在装卸船之前有个滞留阶段，于是便形成了出入库频繁、仓储期短暂这一国际货物仓储特有的特点。

3. 国际货物仓储的作用。国际货物仓储不仅仅是为了满足货主继续运输的需要，而且对货主在生产、交换、流通、消费的综合物流环节产生作用。高质量、高效率的仓储对保障国际物流的质量和效率起着关键作用。例如：

（1）调整生产和消费在时间上的间隔。

（2）加速商品周转和流通。例如，高效率的物流仓储能够加快货物流动的速度，缩短货物在港停时，提高货物周转量。

（3）减少货损货差，保证进入市场的商品质量。高质量的仓储能够做到大宗货物防碰撞防损坏防偷盗，散装货物防风吹防雨打防流失，保质保量保安全，从而减少直至杜绝车站、机场、港口发生货损货差赔偿，降低物流成本。

（4）调节商品价格。

（二）国际货物仓储管理的基本原则

国际货物仓储管理是现代国际物流管理的重要环节，是指国际物流企业为了充分利用自己所具有的仓储资源，提供高效的仓储服务所进行的计划、组织、控制和协调的过程。国际仓储管理的基本原则有以下三个。

1. 坚持效率原则。国际货物仓储效率主要包括：作业效率——出入库时间和装卸时间；仓容利用率——多存储；货物周转率——周转快；破损率、差错率——保管好。

2. 坚持经济效益原则。国际物流企业的仓储经营收入构成主要有：货物进出库装卸费；货物存储的仓租费；进行货物挑选、分拣、整理、包装等的费用；集装箱作业费；铁路专用线或码头费等。

利润=经营收入（最大化）-经营成本（最小化）-税金

3. 坚持服务原则。仓储服务的好坏直接影响到企业的经济效益和企业在国际上的声誉。仓储活动本身就是向社会提供服务产品、围绕服务定位，如提供服务、改善服务、提高服务质量，要在经营成本和服务水平间寻找平衡，不能因一味降低经营成本而降低服务水平。

为此,国际物流企业在国际货物仓储管理中要做好:①合理规划仓储设施网络;②合理选择仓储设施设备;③严格控制商品进出质量;④认真保管在库商品;⑤保证仓库高效运作;⑥降低仓储运营成本;⑦确保仓库运行安全。

## 二、国际货物仓储作业

国际货物仓储作业的一般业务程序如图 4-3 所示。

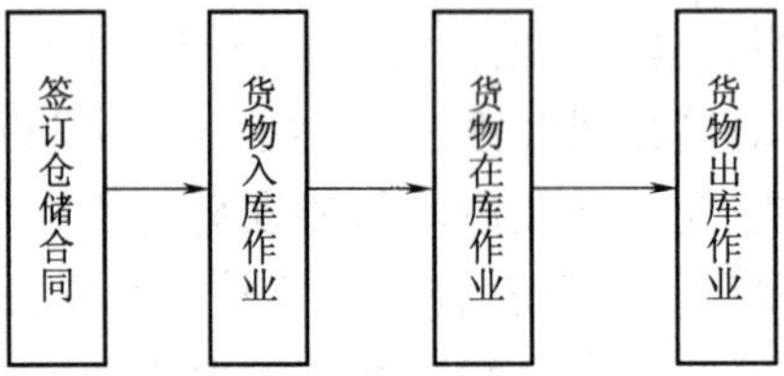


**图 4-3　国际货物仓储运作程序**

(一)签订仓储合同

在国际货物仓储活动中,仓储经营者与货物的存货人之间是通过订立仓储合同确立双方之间的权利义务关系的。仓储合同是保管人储存存货人交付的货物,存货人支付仓储费的合同,它以仓储保管为标的。《中华人民共和国合同法》对仓储合同做了专门的规定。该法第 385 条规定,仓储合同有效成立后,在存货人交付仓储货物时,仓储经营者(保管人)应当给付仓单,并在仓单上签名或盖章。

> **链　接**
>
> 仓　单
>
> 仓单是保管人在收到仓储货物时向存货人签发的表示收到一定数量的仓储物的有价证券。仓单的主要内容包括:存货人,仓储物的品种、数量、质量、包装、件数和标记,仓储物的损耗标准,存储场所,存储期间,仓储费,保险情况,填发人等。仓单不能代替仓储合同。仓单是仓储合同的一种证明文件,是提取仓储货物的凭证,可以通过背书转让。

(二)货物入库作业

入库(也称进仓)是国际货物仓储作业的第二步,它分为散货进仓与拆箱进仓。其中,拆箱进仓是指海运集装箱装载的货物,在仓库收货区拆封,卸至托盘上。拆箱进仓又有两种:机械拆箱(货物已打托盘或木箱,可以用堆高机直接开进集装箱内卸装);人工拆箱(货物呈松散堆栈,须以人力逐件搬出后堆放于托盘上)。下面主要阐述散货进仓。

散货进仓是指一般货物与空运货物(未曾事先堆栈在托盘上并固定者)自仓库的收货码头卸下堆栈在托盘上。

货物入库作业是指接到入库通知单后，经过接运提货、装卸搬运、检查验收、办理入库手续等一系列作业环节构成的工作过程。货物入库作业流程如图 4-4 所示。

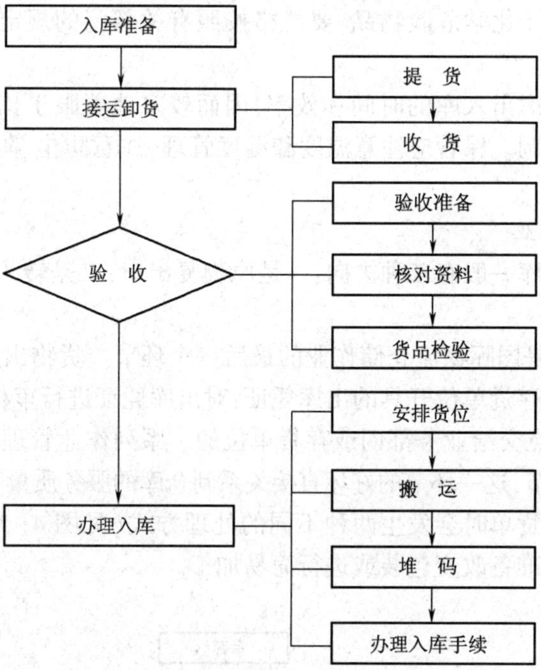


**图 4-4 国际货物入库作业流程**

在整个入库作业中，最重要的是进仓验收工作。要防止商品在储存期间发生各种不应有的变化，在商品入库时首先要严格验收，弄清商品及其包装的质量状况。对吸湿性商品要检测其含水量是否超过安全水分含量，对其他有异常情况的商品要查清原因，针对具体情况进行处理和采取救治措施，做到防微杜渐。这个工作的误差率要求是 0，即要求 100%的正确。进验是一项相当细致的工作，主要包括质量验收、数量验收和包装验收。验收时要注意：外箱完整性；数量符合发票；制造日期、保存期限（外箱没有标示或标示不清时，一定要开箱验货）、货物批号的检查核对。

货物入库时，应由仓库保管员填写入库通知单，完整的入库单据必须具备四联，即送货回单、储存凭证、仓储账页和货卡，并附上检验记录单、产品合格证、装箱单等有关资料凭证，以证实该批货物已经检验合格，可以正式上架保管。

（三）货物在库作业

货物在库作业是仓储管理最核心的环节，是对在库商品进行理货、堆码、保管养护和盘点等保管活动的总称。其安排是否合理直接关系到保管商品的数量和质量，影响到仓储的经营效益。

在储存区内，全托盘装载的物品被分配到预定的托盘位置上。由于不同商品的性能不同，对储存条件的要求也不同。例如，怕潮湿和易霉变、易生锈的商品，应存放在较干燥的库房里;怕热易熔化,易发黏、挥发、变质或易发生燃烧、爆炸的商品,应存放在温度较低的阴凉场所;一些既怕热又怕冻且需要较大湿度的商品,应存放在冬暖夏凉的楼下库房或地窖里。此外,性能相互抵触或易串味的商品不能在同一库房混存,以免相互产生不良影响。尤其对于化学危险物品,要严格按照有关部门的规定,分区分类安排储存地点。

仓库一般首先考虑出入库的时间和效率,因而较多地着眼于拣选和搬运的方便,但保管方式必须与之协调。保管应注意温度和湿度管理,注意防尘、防臭、防虫、防鼠、防盗等问题。

(四)货物出库作业

国际仓储货物出库一般有三种去向:一是原物复出口;二是转入国内销售;三是供加工贸易企业提取使用。

出库,也称出货,是国际物流仓储作业的最后一个环节。货物出库作业是指仓库保管人员根据业务部门或存货单位开具的出库凭证,对出库凭证进行审核、拣货、分货、发货检查、包装,直到把商品点交给业务部门或存货单位的一系列作业管理过程的总称。其是仓库作业的最后一个环节,这一环节的好坏直接关系到仓库的服务质量和客户满意度。

仓储人员收到出货单时会发生两种不同的处理方式(见图 4-5):照单拣货,准备出货验收;视情况拣货,准备改变包装或进行简易加工。

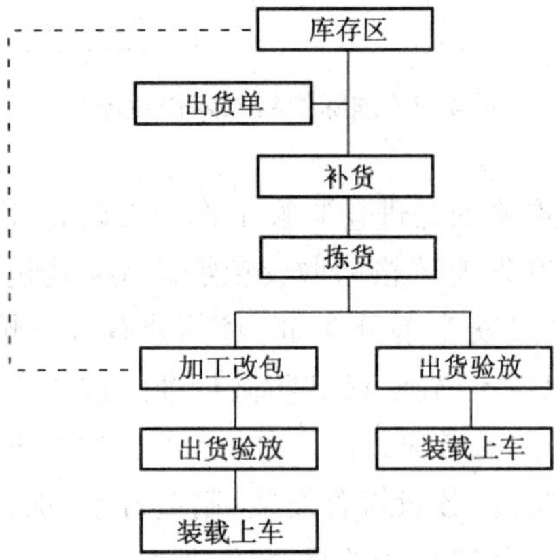


**图 4-5　两种不同的出货处理方式**

图 4-5 中虚线代表加工作业的尾料可以重新入库或留滞于加工区内的暂存区,其他改包或加工后的产品回到正常出货流程。

一批货物发完后,应根据出入库情况,对收发、保管、溢缺数量和垛位安排等情况进行分析,总结经验,改进工作,并把这些资料整理好,存入商品保管档案,妥善保存,以备日后查用。

## 第四节 国际贸易加工

随着国际市场竞争的加剧,很多产品完成了由卖方市场向买方市场的转变。贸易商竞争的重点是如何更好、更快地满足客户多样化、个性化的需求。国际贸易中的产品定制化趋势得到加强。生产商用标准化的零件实现规模经济,贸易商获知国际市场上客户的具体要求,通过物流的流通加工功能,对零部件按照多种方式进行组合,形成符合客户要求的个性化产品,再经过包装、运输、配送把产品送到消费者的手中,实现"门到门"的服务。国际物流企业在流通加工方面,除了可开展国内物流流通加工的某些增值服务,如按客户的要求装袋、定量化小包装、拴牌子、贴标签、配货、挑选、混装、刷标记、剪断、打孔、折弯、拉拔、挑扣、组装、配套以及混凝土搅拌等外,还可开展更高级的增值服务——加工贸易方面的加工。

### 一、流通加工在国际物流中的地位

流通加工(distribution processing)是指在产品从生产领域向消费领域的运动过程中,为了促进销售,提高物流效率,在保证产品使用价值不发生改变的前提下,对产品进行的加工。流通加工是一种辅助性的加工,经过流通加工,产品会发生物理、化学等变化。流通加工内容包括装袋、定量化小包装、拴牌子、贴标签、配货、挑选、混装、刷标记、剪断、打孔、折弯、拉拔、挑扣、组装、配套以及混凝土搅拌等。

流通加工是国际物流过程中一个比较特殊的环节,它具有一定的生产性质,同时它还将生产及消费(或再生产)联系了起来,起到桥梁和纽带作用,完成商品所有权和实物形态的转移。进行流通加工,能够提高原材料的利用率,弥补专业生产方面的不足,解决产品的标准化生产与消费个性化之间的矛盾和供需矛盾。对国际贸易流通加工的属性目前尚有不同的看法,但有一点是可以肯定的,即流通加工既属于加工范畴,也属于物流活动的一部分。

国际贸易流通加工在现代国际物流中的地位虽不能与国际运输、仓储等主要功能要素相比拟,但它能起到运输、仓储等主要要素无法起到的作用。流通加工是一种低投入、高产出的加工方式,往往可以通过这种简单的加工解决大问题。实践证明,有的流通加工通过改变装潢便使商品档次跃升而充分实现其价值,有的流通加工可使产品利用率提高20%—50%。所以,流通加工是物流企业的重要利润源,它在物流中是必不可少的,属于增值服务范围。

### 二、国际贸易加工的主要形式

随着科学技术的进步、生产力的发展、国际贸易领域的扩大和跨国公司的兴起,世界范围内正逐步实现各种生产要素的优化配置。国际贸易方式也随之发生了重大改变,由过去直接出口本国资源产品的方式,逐渐向大量进口中间产品和原材料,然后加工制造成品出口的加工贸易方式转变。

加工贸易是外国的企业(通常是工业发达国家或新兴工业化国家和地区的企业)以投资的方式把某些生产能力转移到东道国,或者利用东道国已有的生产能力为自己加工装配产品,然后运到东道国境外销售。这种跨越国界的生产加工和销售,是加工贸易的显著特征。加工贸易同国际投资及国际贸易紧密相关,体现了商品和资本交换的国际化。

加工贸易俗称"两头在外"的贸易,即料件从境外进口,在境内加工装配后,成品运往境外的贸易。我国的加工贸易是指从境外保税进口全部或部分原辅材料、零部件、元器件、包装物料(下称进口料件),经境内企业加工或装配后,制成成品复出口的经营活动,包括来料加工和进料加工。

除国家另有规定外,加工贸易进口料件属于国家对进口有限制性规定的,经营单位免于向海关提交进口许可证件。加工贸易出口制成品属于国家对出口有限制性规定的,经营企业应当向海关提交出口许可证件。加工贸易项下进口料件实行保税监管的,加工成品出口后,海关根据核定的实际加工复出口的数量予以核销。

链　接

企业需向主管海关申请"加工贸易电子化手册"

企业办理加工贸易手册需要在签订对外加工贸易合同后在网上向加工企业所在地海关办理手续,申请备案。海关审核,必要时下厂。海关工作人员根据风险状况收取风险担保金。企业通过金关二期系统向海关申请缴纳风险担保金,向指定账户交款或者提供保函。海关审核通过后,企业办理货物进出口。

(一)来料加工

来料加工,是指进口料件由境外企业提供,经营企业不需要付汇进口,按照境外企业的要求进行加工或者装配,只收取加工费,制成品由境外企业销售的经营活动。使用这种加工贸易方式,我方市场经营风险小,但获利也较少。

(二)进料加工

进料加工,是指进口料件由经营企业付汇进口,制成品由经营企业外销出口的经营活动。其特点是自进原料、自定生产、自定销售、自负盈亏。进料加工又有进料对口和进料非对口之分。

## 第五节　国际货物的装卸搬运

在同一地域范围内(如车站范围、工厂范围、仓库内部等),改变"物"的存放、支承状态的活动称为装卸(loading and unloading),改变"物"的空间位置的活动称为搬运(handling/carrying),两者全称装卸搬运。有时候或在特定的场合,单称"装卸"或单称"搬运"也包含了"装卸搬运"的完整含义。在习惯使用中,物流领域(如铁路运输)常将装卸搬运这一整体活动称作“货物装卸”；在生产领域中常将这一整体活动称作“物料搬运”。实际上，活动内容都是一样的，只是领域不同而已。在实际操作中，装卸与搬运是密不可分的，两者是伴随在一起发生的。因此，在物流学中并不过分强调两者的差别，而是将其作为一种活动来对待。

进出口商品的装卸与搬运作业，相对于商品运输来讲，是短距离的商品搬移，是仓库作业和运输作业的纽带和桥梁，实现的也是物流的空间效益。它是保证商品运输和保管连续性的一种物流活动。搞好商品的装船、卸船、进库、出库以及在库内的搬运清点、查库、转运、转装等，对提高国际物流系统的运转速度十分重要，而且，节省装卸搬运费用也是物流成本降低的重要环节。有效地搞好装卸搬运作业，可以减少运输和保管之间的摩擦，充分发挥商品的储运效率。

## 一、装卸搬运的特点

装卸搬运的特点主要有如下三个。

其一，装卸搬运是附属性、伴生性的活动。装卸搬运是国际物流每一项活动开始及结束时必然发生的活动，有时会被人忽视，或被看作其他操作不可缺少的组成部分。例如，一般而言的集装箱运输，实际就包含了相伴随的装卸搬运，对外贸易仓库中泛指的保管活动，也含有装卸搬运活动。

其二，装卸搬运是支持、保障性活动。对装卸搬运的附属性不能理解成被动的，实际上，装卸搬运对国际物流的其他活动有一定的决定性。装卸搬运会影响其他物流活动的质量和速度，例如，装车不当，会引起运输过程中的损失；卸放不当，会引起货物转换成下一步运动的困难。许多国际物流活动只有在有效的装卸搬运支持下，才能实现高水平。

其三，装卸搬运是衔接性的活动。在任何国际物流活动互相过渡时，一般都是以装卸搬运来衔接的，因而，装卸搬运往往会成为整个物流的“瓶颈”，是物流各功能之间能否形成有机联系和紧密衔接的关键。建立一个有效的物流系统，关键要看这一衔接是否有效。比较先进的国际物流运输方式——多式联合运输方式，就是为着力解决这种衔接而发展起来的。

## 二、装卸搬运作业的合理化

装卸搬运活动包括装车(船)、卸车(船)、堆垛、入库、出库以及连接上述各项动作的短程输送，是随运输和保管等活动而产生的必要活动。

国际物流的合理化必须先从搬运系统着手，搬运系统成为国际物流高效率化的关键因素之一。在国际物流过程中，装卸搬运活动是不断出现和反复进行的，它出现的频率高于其他各项物流活动。每次装卸活动都要花费很长时间，所以往往成为决定物流速度的关键。装卸搬运活动所消耗的人力也很多，所以装卸搬运费用在物流成本中所占的比重也较高。美国与日本之间的远洋船运，一个往返需 25 天，其中运输时间 13 天，装卸搬运时间 12 天。以我国为例，铁路运输的始发和到达的装卸作业费占运费的 20%左右，船运占 40%左右。因此，为了降低物流费用，装卸是个重要环节。此外，进行装卸搬运操作时往往需要接触货物，因此，装卸搬运是在国际物流过程中造成货物破损、散失、损耗、混合等损失的主要环节。由此可见，装卸搬运活动是影响物流效率、决定物流技术经济效果的重要环节。为此，要注意装卸搬运作业的合理化，应采取一些合理化的措施。

(一)防止和消除无效作业

所谓无效作业，是指在装卸作业活动中超出必要的装卸、搬运量的作业。显然，防止和消除无效作业对装卸作业的经济效益有重要作用。为了有效地防止和消除无效作业，可从以下几个方面入手。

第一，尽量减少装卸次数。要使装卸次数降到最少，尤其要避免没有物流效果的装卸作业。

第二，提高被装卸物料的纯度。物料的纯度，指物料中含有水分、杂质等与物料本身使用无关的物质的多少。物料的纯度越高，则装卸作业的有效程度越高；反之，则无效作业就会增多。

第三，包装要适宜。包装是物流中不可缺少的辅助作业手段。包装的轻型化、简单化、实用化会不同程度地减少作用于包装上的无效劳动。

第四，缩短搬运作业的距离。物料在装卸、搬运当中，要实现水平和垂直两个方向的位移，选择最短的路线完成这一活动，就可避免超越这一最短路线以上的无效劳动。

(二)提高装卸搬运的灵活性

所谓装卸搬运的灵活性，是指对装卸作业中的物料进行装卸作业的难易程度。在堆放货物时，事先要考虑到物料装卸作业的方便性。

装卸、搬运的灵活性，根据物料所处的状态，即物料装卸、搬运的难易程度，可分为不同的级别，也即所谓的活性指数。各级别具体如下。

0 级——物料杂乱地堆在地面上的状态。

1 级——物料装箱或经捆扎后的状态。

2 级——箱子或被捆扎后的物料，下面放有枕木或其他衬垫后，便于叉车或其他机械作业的状态。

3 级——物料被放于台车上或用起重机吊钩钩住，即刻移动的状态。

4 级——被装卸、搬运的物料，已经被启动、直接作业的状态。

从理论上讲，活性指数越高越好，但也必须考虑到实施的可能性。例如，物料在储存阶段，活性指数为 4 的输送带和活性指数为 3 的车辆，在一般的仓库中很少被采用，这是因为大批量的物料不可能存放在输送带和车辆上。为了说明和分析物料搬运的灵活程度，通常采用平均活性指数的方法。这个方法是对某一物流过程物料所具备的活性情况累加后计算其平均值，用“$\delta$”表示。$\delta$ 值的大小是确定改变搬运方式的信号。例如：

当 $\delta<0.5$ 时，指所分析的搬运系统半数以上处于活性指数为 0 的状态，即大部分处于散装情况，其改进方式可采用料箱、推车等存放物料。

当 $0.5<\delta<1.3$ 时，则是大部分物料处于集装状态，其改进方式可采用叉车和动力搬动车。

当 $1.3<\delta<2.3$ 时，即装卸、搬运系统大多处于活性指数为 2 的状态，可采用单元化物

料的连续装卸和运输。

当$\delta>2.7$时，则说明大部分物料处于活性指数为3的状态，其改进方法可选用拖车、机车车头拖挂的装卸搬运方式。

装卸搬运的活性分析，除了上述指数分析法外，还可采用活性分析图法。分析图法是将某一物流过程通过图示来表示出装卸、搬运的活性程度，具有明确的直观性能，使人一看就清楚，薄弱环节容易被发现和改进。运用活性分析图法通常分三步进行。

第一步，绘制装卸搬运图。

第二步，按搬运作业顺序作出物资活性指数变化图，并计算活性指数。

第三步，对装卸搬运作业的缺点进行分析改进，作出改进设计图，计算改进后的活性指数。

（三）实现装卸作业的省力化

装卸搬运使物料发生垂直和水平位移，要尽力实现装卸作业的省力化，尽可能地消除重力的不利影响。例如，将设有动力的小型运输带（板）斜放在货车、卡车或站台上进行装卸，使物料在倾斜的输送带（板）上移动，这种装卸就是靠重力的水平分力完成的，大大减轻了劳动强度和能量的消耗。

（四）推广组合化装卸搬运

在装卸搬运作业过程中，应根据物料的种类、性质、形状、重量的不同来确定不同的装卸作业方式。处理物料装卸搬运的方法有三种：普通包装的物料逐个进行装卸，叫作“分块处理”；将颗粒状物料不加小包装而原样装卸，叫作“散装处理”；将物料以托盘、集装箱、集装袋为单位进行组合后再装卸，叫作“集装处理”。对于包装的物料，应尽可能进行“集装处理”，实现单元化装卸搬运，可以充分利用机械进行操作。组合化装卸具有很多优点：①装卸单位大，作业效率高，可大量节约装卸作业时间；②能提高物料装卸搬运的灵活性；③操作单元大小一致，易于实现标准化；④不用手去触及各种物料，可达到保护物料的效果。

（五）合理地规划装卸搬运方式和装卸搬运作业过程

合理地规划装卸搬运方式和装卸搬运作业过程是指对整个装卸作业的连续性进行合理的安排，以缩短运距、减少装卸次数。

装卸搬运作业现场的平面布置是直接关系到装卸搬运距离的关键因素，装卸搬运机械要与货场长度、货位面积等互相协调。要有足够的场地集结货物，并满足装卸搬运机械工作面的要求，场内的道路布置要为装卸搬运创造良好的条件，有利于加速货位的周转。使装卸搬运距离达到最小的平面布置是减少装卸搬运距离的最理想方法。

提高装卸搬运作业的连续性应做到：作业现场装卸搬运机械合理衔接；不同的装卸搬运作业在相互联结使用时，力求使它们的装卸搬运速率相等或接近；充分发挥装卸搬运调度人员的作用，一旦发生装卸搬运作业障碍或停滞状态，立即采取有力的措施补救。

## 复习题

1.名词解释：采购、运输包装、中性包装、定牌包装、运输标志、绿色包装、流通加工、加工贸易、来料加工、进料加工。

2. 采购的功能是什么？采购活动主要包括哪些内容？

3. 举例说明采购的利润“杠杆作用”。

4. 阐述采购作业的一般流程。

5. 分别阐述包装、储存保管、装卸搬运在国际物流中的地位与作用。

6. 阐述国际货物运输包装合理化的要点。

7. 仓储作业的主要环节包括哪些内容？

8. 阐述货物出库的一般步骤。

9. 国际物流活动中如何做到装卸搬运的合理化？

## 案例分析

1. 3 月 25 日，上海 AB 国际物流有限公司与收货人（上海 B 饲料公司）就“卸货、仓储、出库等有关事宜”签订货物卸货、仓储作业合同，在上海港接卸“海皇双子星”轮丹麦啤酒大麦 29 848 吨。合同约定上海 AB 国际物流有限公司承担啤酒大麦的监管和仅能凭两公司出具的“出库单”放货。上海 AB 国际物流有限公司委托中国外轮理货公司上海分公司理货。3 月 28 日，中国进出口商品检验公司上海分公司对该批货物作品质检验，结论为良好。

问题：上海 AB 国际物流有限公司该如何进行仓储作业？

2. 某出口公司外售杏脯 1.5 吨，合同规定纸箱装，每箱 15 千克（内装 15 小盒，每小盒 1 千克）。交货时，由于此种包装的货物短缺，某物流代理公司按照出口公司的指示，将小包装（每箱仍为 15 千克，但内装 30 小盒，每盒 0.5 千克）货物发出。到货后，进口方以包装不符为由拒绝收货。出口公司则认为数量完全相符，要求进口方付款。

问题：你认为责任在谁？

3. 云南 A 医药有限公司是经营药品品种较多、较全的医药专业公司，公司产品大量出口东南亚。虽然云南 A 医药有限公司已形成规模化的产品生产和网络化的市场销售，但其流通过程中物流管理严重滞后，造成物流成本居高不下，不能形成价格优势，成为公司业务发展的“瓶颈”。据调查，造成云南 A 医药有限公司物流成本居高不下的原因是，云南 A 医药有限公司忽视了装卸搬运活动的改进。云南 A 医药有限公司由于搬运设备的现代化程度低，只有几个小型货架和手推车，大多数作业仍处于人工作业为主的原始状态，工作效率低，且易损坏物品。另外仓库设计不合理，造成长距离的搬运。并且库内作业流程混乱，形成重复搬运，大约有 70%的无效搬运。这种过多的搬运次数，损坏了商品，也浪费了时间。

问题:请结合本案例阐述装卸搬运活动的作用,并思考云南 A 医药有限公司如何使装卸搬运作业合理化?

案例分析参考答案

# 第五章

# 国际物流业务运作(二):国际货物的通关

**学习目标**

- 了解海关及我国的进出境货物检验检疫通关模式
- 理解检验检疫在国际物流中的作用
- 掌握进出境货物检验检疫的程序和报检的一般规定
- 理解海关对国际货运的监管及报关程序的规定
- 掌握一般进出口货物通关程序

国际物流与国内物流的不同之处在于,国际物流存在着国境或关境,因而需要繁杂的检验检疫等贸易和通关手续。货物的国际贸易和跨国经营具有投资大、风险高、周期长等特点,从而使得进出口商品检验和动植物检疫成为国际物流系统中一个重要的子系统。通关是国际物流的必要环节。向海关报告进出口货物的情况是收发货人或其代理人报检、报关工作的核心环节。由于国际货物的收发货人往往委托有资质的国际物流企业或国际货运代理企业代为办理报检与报关手续,因此,本章我们主要阐述国际物流企业或国际货运代理企业的代理报检与报关。①

## 第一节　海关及国际货物通关的基本模式

按照《中华人民共和国海关法》(以下简称《海关法》)的规定,进出口货物必须通过设立海关的地点进出境②并办理相关手续,这是货物进出境的基本原则。

### 一、海关

海关是进出境的监督管理机关,海关的监督管理是国家行政执法活动,这是海关的基本性质。在对外开放的口岸和海关监管业务集中的地点设立海关是我国海关的设关原则。

#### (一)海关的主要职责

《海关法》赋予海关四项基本任务,即监管、征税、查缉走私和编制海关统计。海关总署的主要职责主要表现在以下几个方面:

1. 负责全国海关工作,垂直管理全国海关。
2. 负责组织推动口岸"大通关"建设。
3. 负责海关监管工作。制定进出境运输工具、货物和物品的监管制度并组织实施。
4. 负责进出口关税及其他税费征收管理。
5. 负责出入境卫生检疫、出入境动植物及其产品检验检疫。
6. 负责进出口商品法定检验。监督管理进出口商品鉴定、验证、质量安全等。负责进口食品、化妆品检验检疫和监督管理,依据多边或双边协议实施出口食品相关工作。
7. 负责海关风险管理。
8. 负责国家进出口货物贸易等海关统计。
9. 负责全国打击走私综合治理工作。
10. 负责海关领域国际合作与交流。

#### (二)我国海关的管理体制和机构

海关总署是国务院的直属机构。2018 年国务院进行机构改革,明确"将国家质量监

---

① 对于已先修过《报检与报关实务》课程的学生,本章可以略讲或作归纳式的复习,对于未开设此类课程的学生,教师可以进一步补充。

② 我国许多著述和文献中对出入境、进出境、进出口表述混用。出境与出口的含义基本一致,进境、入境与进口的含义基本一致,读者没必要究其表述上的差异。

督检验检疫总局的出入境检验检疫管理职责和队伍划入海关总署”。

“国务院设立海关总署,统一管理全国海关”,“海关依法独立行使职权,向海关总署负责”,“海关的隶属关系,不受行政区划的限制”,这就是我国海关的管理体制。也就是说,我国海关事务属中央事权;采取集中统一管理的垂直领导体制,海关隶属关系不受行政区划限制;海关独立行使职权,向海关总署负责。

我国海关机构设置为海关总署、直属海关和隶属海关三级。隶属海关负责办理具体海关业务。直属海关负责管理一定区域范围内海关业务。隶属海关由直属海关领导,向直属海关负责,直属海关由海关总署领导,向海关总署负责。广东分署、上海和天津特派员办事处是海关总署的派出机构,代表海关总署负责监督和管理一定区域范围的海关业务和海关内部相关事宜。

## 二、我国检验检疫通关的基本模式

通关顺畅与否已经成为衡量一个地区对外开放软环境竞争力和国际化的重要标准,也直接影响着现代物流活动的效率。我国海关为突破通关这一国际物流的瓶颈,近年来不断致力于提高监管的质量和效率,不断推出通关便利化措施,推进通关一体化改革,同时,企业也在便利通关措施中利用最佳的通关方式,降低通关成本,提高通关速度。

我国检验检疫货物通关的基本原则可概括为监管有效、便利通关。贸易便利与安全是国际贸易需要解决的两大问题,企业更多地关注贸易便利,政府更多地注重贸易安全,如何处理好两者之间的关系和平衡,是政府、企业和国际贸易组织共同关心的课题。为此,我国不断深化关检融合,改进海关、检验检疫监管和服务,实现口岸管理部门“信息互换、监管互认、执法互助”,实施“单一窗口”和“一次申报,一次查验,一次放行”的通关作业模式,推行全国通关一体化。

### (一)关检资质合一

2018年国务院“将国家质量监督检验检疫总局的出入境检验检疫管理职责和队伍划入海关总署”。自2018年4月20日起,报关企业在海关注册登记或者备案后,同时取得报关报检资质。同时,海关将检验检疫报检人员备案与报关人员备案合并为报关人员备案。报关人员备案后同时取得报关和报检资质。

《中华人民共和国海关法》规定:“进出口货物,除另有规定的外,可以由进出口货物收发货人自行办理报关纳税手续,也可以由进出口货物收发货人委托海关准予注册的报关企业办理报关纳税手续。”根据这一规定,外贸企业(进出口货物的收发货人)可以自行办理报关,也可以委托代理报关单位(如国际货运代理企业)代理报关。

按照报关的行为性质,报关分为自理报关和代理报关两类①。相应地,报关单位也可

---

① 虽然按照进出境的流向,报关可分为进口报关和出口报关,按照报关对象,报关可分为货物报关、运输工具报关和物品报关,但从报关的实质来讲,进出口报关的形式就是以自理报关和代理报关来表现的。因为,不管是进口报关还是出口报关,都可以自理报关或委托报关企业代理报关。所以,自理报关或委托报关企业代理报关是我国报关的主要形式。

分为自理报关单位和代理报关单位。进出口货物收发货人为自理报关单位。代理报关单位则称报关企业。报关企业,是指经海关准予注册登记,接受进出口货物收发货人的委托,以进出口货物收发货人名义或者以自己的名义,向海关办理代理报关业务,从事报关服务的境内企业法人。

1.自理报关。进出口货物收发货人自行办理报关手续称为自理报关。我国的进出口货物收发货人主要有贸易型企业、生产型企业、仓储型企业等。根据我国海关目前的规定,自理报关单位必须具有对外贸易经营权和报关权;进出口货物收发货人及其在海关备案的分支机构可以在全国办理进出口报关业务,进出口货物收发货人应当对其分支机构的行为承担法律责任;自理报关单位只能办理本单位进出口货物的报关业务,不能代理其他单位报关。

2. 代理报关。代理报关是指代理报关企业接受委托,代理进出口货物收发货人报关的行为。代理报关企业是指按照规定经海关准予注册登记,接受进出口货物收发货人的委托,向海关办理报关纳税手续,从事代理报关服务的境内企业法人。

目前我国的代理报关企业主要有两类:一类是接受进出口货物收发货人的委托,向海关办理进出口货物报关纳税等海关事务的报关企业,它也被称为专业报关企业、报关公司或报关行;另一类是接受进出口货物收发货人的委托,除承揽货物的运输外,还以收发货人的名义或自己的名义,将所承揽的运输货物向海关报关的国际物流企业或货物运输代理企业。

### (二)单一窗口申报

按照联合国贸易便利化和电子商务中心的解释,单一窗口是指参与国际贸易和运输的各方,通过单一的平台提交标准化的信息和单证以满足相关法律法规及管理的要求。

中国国际贸易单一窗口简称国际贸易单一窗口或单一窗口(https://www.singlewindow.cn)(见图 5-1),是依托中国电子口岸平台,为国际贸易提供"一站式"在线办理的窗口。中国国际贸易单一窗口是全国通关一体化的重要依托和平台,已完成货物申报、舱单申报、运输工具申报、许可证件申领、原产地证书申领、加工贸易、税费办理、企业资质办理和查询统计等基本功能建设。企业向口岸多个部门申报,只需要通过国际贸易"单一窗口"标准版一个平台即可完成。

申报人通过"单一窗口"标准版一点接入、一次性提交满足口岸管理和国际贸易相关部门要求的标准化单证和电子信息,实现共享数据信息,实施职能管理,优化通关业务流程。

国际贸易单一窗口提供了与企业客户端的导入对接,并与海关系统集成,如图 5-2所示。

### (三)"三个一"通关作业模式

"一次申报,一次查验,一次放行"的通关作业模式,简称"三个一"通关作业模式,如图 5-3 所示。

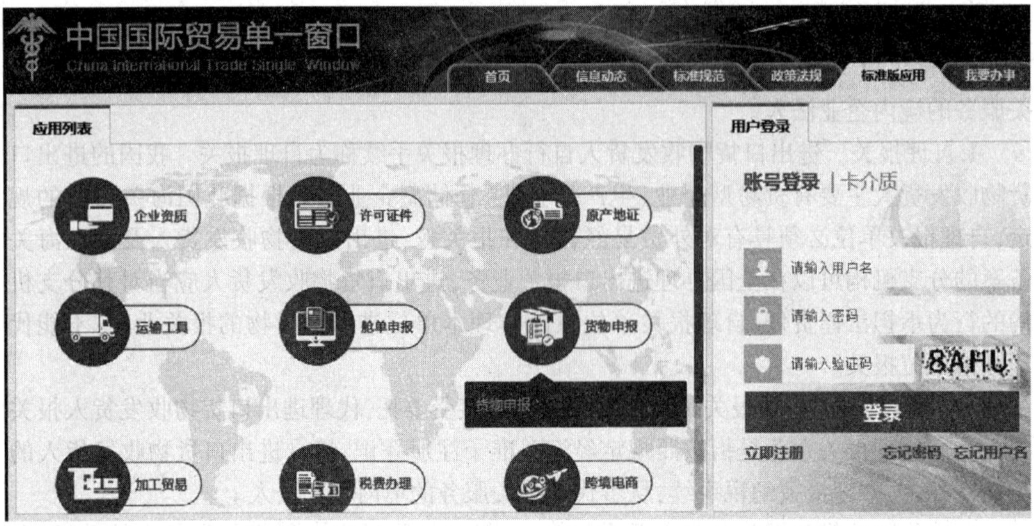


图 5-1　国际贸易单一窗口登录页面

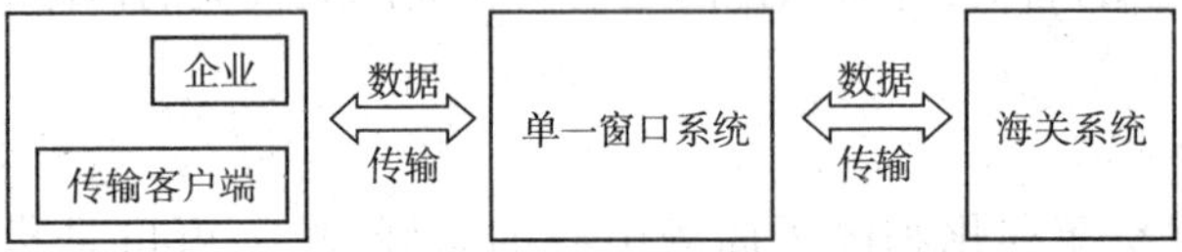


图 5-2　企业客户端与单一窗口、海关系统的对接关系

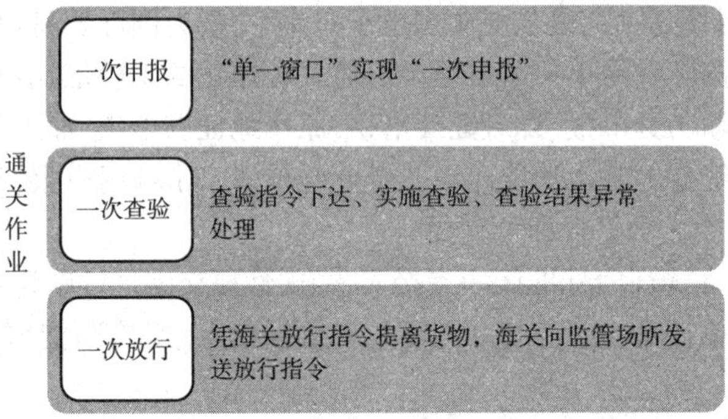


图 5-3　“三个一”通关作业模式

1.一次申报。实现报关和报检录入项目的整合申报,企业对于依法须报关报检的货物,通过统一录入界面的客户端(如国际贸易单一窗口),一次录入报关报检数据,向海关申报报检电子数据、报关电子数据。

2. 一次查验。“一次查验”即一次开箱、海关依法查验/检验检疫。海关接受企业申报后,对需查验的货物,在约定时间内实施一次开箱,依法查验,从而减少企业重复移箱、开箱、装卸货物的状况。“一次查验”模式实现了海关查验指令在电子口岸“一次查验”平台上的对碰,码头可立即根据平台的查验指令安排移箱操作。

3. 一次放行。海关向监管场所发送放行指令,在放行环节核碰,实现一次放行。收发货人凭海关放行指令提离货物。

(四)实行“一次申报、分步处置”通关作业流程

“一次申报、分步处置”通关作业流程的主要内容是对进出口货物完成合法进出口等要素甄别后,海关先放行货物,其他手续通关后完成。企业在货物通关时一次申报,海关分步处置。货物放行前,在口岸海关处置安全准入风险;货物放行后,在属地海关开展税收后续管理。

海关在“分步处置”模式下,第一步,风险防控中心分析货物是否存在禁限管制、侵权,以及品名、规格、数量伪瞒报等安全准入风险,并下达布控指令,由现场查验人员实施查验。对于存在重大税收风险且放行后难以有效稽(核)查或追补税的,由税管中心实施货物放行前的税收征管要素风险排查处置;需要在放行前验核有关单证,留存相关单证、图像等资料的,由现场验估岗进行放行前处置;需要实施实货验估的,由现场查验人员根据实货验估指令要求实施放行前实货验估处置。货物经风险处置后符合放行条件的可予放行。第二步,税收征管中心在货物放行后对报关单税收征管要素实施批量审核,筛选风险目标,统筹实施放行后验估、稽(核)查等作业。

(五)实行汇总征税和自报自缴

汇总征税是海关总署为推进贸易便利化、降低通关成本而推出的一种集约化征税模式,简单来说,就是“先放后税,汇总缴税”。在汇总征税模式下,海关对符合条件的进出口纳税义务人在一定时期内多次进口货物应纳税款实施汇总计征,即企业无须向海关逐票申报纳税再提取货物,而是可以在提供税款担保后先行提取货物,事后在规定的纳税周期内汇总缴付税款。

汇总征税不仅能够大幅缩短企业通关时间,提高通关效率,更能有效缓减进出口企业资金压力,降低通关成本。具体做法是:在企业提供税收担保的基础上,进口货物在通关时海关不打印税单征税,而是在企业提供的税收担保额度内,通过核扣担保额度的方式先予办理货物放行手续,企业于次月第5个工作日前对前一月已放行应税货物集中缴纳税款,海关集中打印税单。

自报自缴是海关税收征管方式“自主申报,自行缴税”的简称,是以企业诚信管理为前提,由进出口企业依法如实、规范、正确申报报关单税收要素,并自主计算、申报税费后自行缴税。海关抽查审核,并把重点放在后续的审查和处理上,从而压缩了货物在口岸的滞留时间,节省了通关时间,降低了通关成本。自报自缴的通关作业流程如图5-4所示。

企业可以在申报环节选择“自报自缴”模式,一次性完成报关、计税、缴纳,即:通过中国国际贸易单一窗口货物申报系统如实、规范录入报关单涉税要素及各项目数据,利用

> **链 接**
>
> 关税保证保险通关
>
> 关税保证保险以进出口货物收发货人作为投保人，海关作为被保险人，企业向保险公司购买关税保证保险后，凭借保险公司出具的《关税保证保险单》（简称《保单》）向海关办理税款类担保手续，即可实现“先放行后缴税”的关税保证保险通关业务模式。
>
> 使用关税保证保险通关业务模式的企业凭《保单》办理纳税期限担保，在申报时选择“关税保证保险”模式，并选取相应《保单》电子数据。海关对接受申报且满足全部放行条件的，可实施现场卡口放行。有布控查验等其他海关要求事项的，按有关规定办理。企业应在自报关单审结生成电子税款信息之日起10日内，通过新一代海关税费电子支付系统缴纳税款。逾期未缴纳税款的，海关可以停止其办理关税保证保险通关业务。

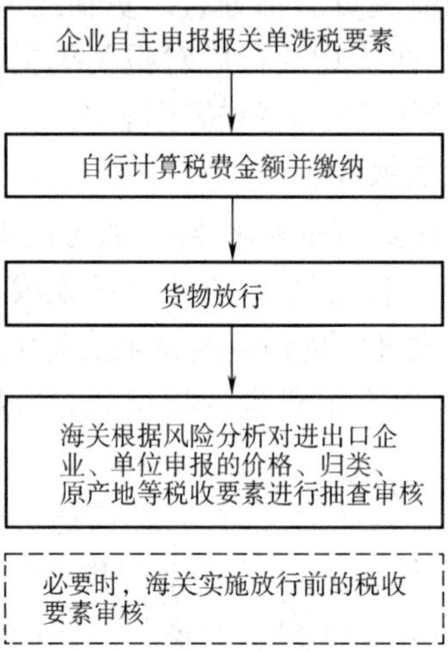


**图 5-4 自报自缴的业务流程**

系统的海关计税(费)服务工具计算应缴纳的相关税费,并对系统显示的税费计算结果进行确认,连同报关单内容一并提交海关,收到海关通关系统发送的回执后,自行办理相关税费缴纳手续。

已在海关办理汇总征税总担保备案的进出口企业可在申报时选择“汇总征税”模式。

货物放行后,海关对进出口企业申报的价格、归类、原产地等税收要素进行抽查审核;特殊情况下,海关实施放行前的税收要素审核。相关进出口企业应当根据海关要求,配合海关做好税收征管工作。

☞ 链　接

税费的计算

出口货物完税价格=FOB/（1+出口税率）

=（CIF-保险费-运费）/（1+出口税率）

进口货物完税价格=（FOB价+运费）/（1-保险费费率）

= CFR价/（1-保险费费率）

= CIF价×［1－（1+投保加成率）×

保险费费率］÷（1-保险费费率）

税费的计算，主要采用如下方式。

关税：实行从价税的，关税额=完税价格×关税税率；实行从量税的，关税额=商品数量×关税税率；实行其他税率的，见海关进出口税则。

进口环节税：进口环节税=（完税价格+关税额）×进口环节税税率。

增值税：增值税额=（完税价格+实征关税额+实征消费税）×增值税税率。

消费税：消费税额=［（完税价格+实征关税额）/（1-消费税税率）］×消费税税率。

进出口货物的FOB及CIF价格是以外币计算的，应由海关按照签发税款缴纳证之日国家外汇牌价的中间价折成人民币。完税价格计算到元为止，元以下四舍五入，税费额计算到分为止，分以下四舍五入。

（六）实行两步申报

“两步申报”是进口货物“概要申报、完整申报”的简称，是海关为适应国际贸易的特点和安全便利的需要所采取的一项重要通关改革措施。海关特殊监管区域境外入区货物也适用“两步申报”。

在“两步申报”通关模式下，企业不需要一次性提交全部申报信息及单证，整个提交过程可以分成两步走。

第一步，企业凭提单信息提交口岸安全准入申报需要的相关信息，进行“概要申报”。货物如果不需要进一步查验，就可以马上被放行、提离。涉税的货物，在提供了税款担保以后，也可以被放行、提离。

第二步，货物在口岸放行后的14天内，企业补充提交满足税收征管、合格评定、海关统计等整体监管所需要的相关信息和单证。

企业可自主选择“两步申报”或“一次申报”模式。采用两步申报后通关的基本流程如图 5-5 所示。

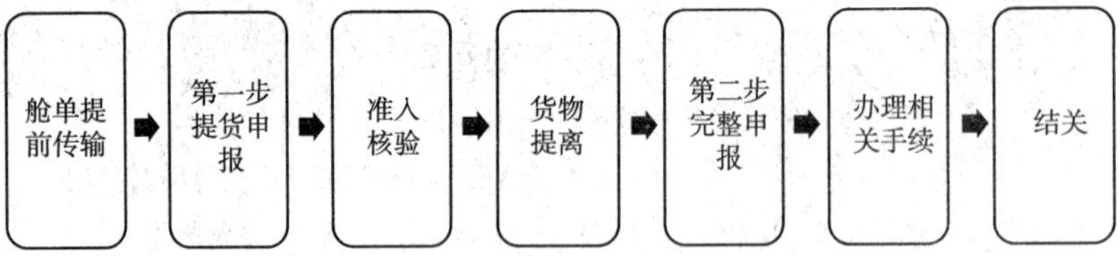


**图 5-5 “两步申报”通关的基本流程**

**【案例】“两步申报”**

上海申步公司进口零部件一批，包括灌装机用电气开关、硅胶胶水等，海关监管条件为法定检验、3C 证书免办证明、两用物项和技术进口许可证，并采用运保费到付。

上海申步公司如果选择“一次申报”模式，则需取得全部监管证件和单据，其中，运保费需货物到港后才能确定，无法提前申报。如果采取“两步申报”，则货物在运输途中，企业获得提单、进口许可证信息后即可提前报关。其中，第一步只需概要申报，上海申步公司录入提单号、HS 编码、监管方式、监管证件号等概要信息，确认由提单号关联的相关信息，并提供税款担保，货物到港后如无需口岸查验，即可提离。在运输工具进境申报后 14 日内上海申步公司进行第二步完整申报，即在第一步申报信息基础上补全报关单的其他信息，提交运保费证明、3C 免办证明等，并配合海关检验。

两步申报的好处是申报人可以在货物提离以后 14 天之内，按照规定完成相关手续，既保障了企业权益、降低了企业成本，又提高了通关效率。此外，如果选择“一次申报”模式，企业需一次性全部提交相关信息，信息验证以后才能提离货物，而货物申报时难免出现错报、漏报，需要进行修改和调整，货物通关时间较长。如果采取两步申报则可有效降低上述申报过程中的风险。

（七）全国通关一体化

海关总署为加快转变政府职能，适应开放型经济新体制要求，深化简政放权，放管相结合，优化服务，不断通过信息互换、监管互认、执法互助推进全国通关一体化改革。

1. 建设两个中心。全国海关设立风险防控中心和税收征管中心，统一风险分析防控，集中统一实施税收征管，实现全国海关风险防控、税收征管等关键业务集中、统一、智能处置。

风险防控中心对进出口货物统一实施安全准入（准出）风险分析、监控和处置。目前，海关总署分别设立了上海、青岛、广州黄埔风险防控中心。

税收征管中心前置税收风险分析，对少量存在重大税收风险且放行后难以有效稽（核）查或追补税的，实施必要的放行前排查处置；对存在一定税收风险，但通过放行后批量审核、验估或稽（核）查等手段，能够进行风险排查处置及追补税的，实施放行后风险排查处置。目前，海关总署分别设立了上海、广州、京津税收征管中心。

对企业而言,同一企业在不同海关将面对统一的海关监管政策和要求,享受统一的通关便利待遇,无论在哪里通关,海关都是同一个执法口径和标准,全国是一关。

2. 通关一体化模式下的通关流程。海关传统的通关流程是接受申报、审单、查验、征税、放行的“串联式”监管作业流程。从海关方面看,海关对进出口货物的监管业务程序是:接受申报、查验货物、征收税费、结关放行。作为进出境货物的收发货人,其相应的报关手续应为:提出申报、交验货物、缴纳税费、进口凭单取货或出口货物装运(如图 5-6 所示)。

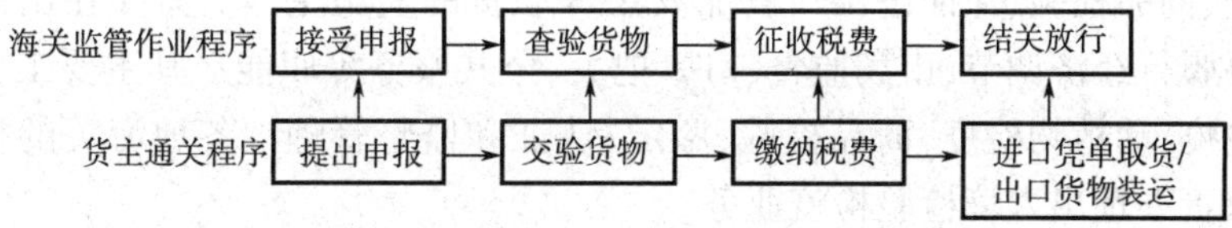


**图 5-6　进出口货物通关的基本环节**

全国海关通关一体化有以下 3 个优点:一是企业可以选择在任意地点进行报关,消除了申报的关区限制;二是海关执法更统一,在“两个中心”的处置下,全国通关的政策和规定执行标准更加一致;三是效率大大提高,简化了口岸通关环节的手续,压缩了口岸通关的时间。

在通关一体化模式下,企业拥有更多的自主选择权,无论选择哪个口岸出口,都可以向属地海关报关,可以按照实际物流需求,自主选择通关地点和方式,任意设计最适合自身的物流方案。这种“多地通关,如同一关”的模式,打破了地域限制和关区的行政界线,在简化手续的同时,有效提高了物流速度。例如,一家生产机械的重庆企业,需要从我国台湾进口一些零配件,以往的流程是海运到上海港,上海代理报关后办理转关,然后再水路运到重庆。但是,全国通关一体化实现后,货物只要到达上海港,重庆企业就可以在重庆海关报关缴税,经过审定后,放行指令就直接传到上海海关,货物直接放行(如图 5-7 所示),这样通关成本大幅降低,企业进口成本随之减少。

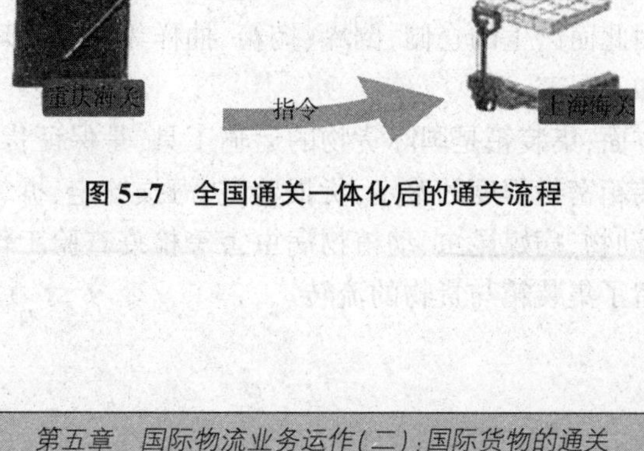


**图 5-7　全国通关一体化后的通关流程**

## 第二节 国际货物的检验检疫及报检

检验检疫工作,是指检验检疫机构依照进出口国有关法律、行政法规及国际惯例的规定,对报检人申报出入境的货物、交通运输工具、货物包装、集装箱以及人员等进行检验检疫、认证和签发官方检验检疫证明等监督管理业务的统称。海关是我国卫生检疫、动植物检疫、商品检验、保证进出口食品安全等职责的实施主体。海关在出入境检验检疫方面主要履行经济调节、市场监督、口岸把关、公共服务等职能。其主要工作内容是出入境卫生检疫、动植物检疫、商品检验、鉴定、认证和监督管理。各地海关的检验检疫机构或部门负责办理出入境检验检疫业务。

### 一、检验检疫在国际物流中的作用

进出境检验检疫工作是国际物流大链条中的重要一环,检验检疫工作与国际物流的很多环节息息相关。单纯从物流技术概念讲,检验检疫工作表面上看对货物流动是一种制约性环节,而从另一个角度讲它又是一种促进性环节。

(一)检验检疫工作对国际物流的把关作用及制约作用

依法把关、保护我国人民健康、保护动植物生态和环境安全、保护国家经济利益是海关设立检验检疫机构的主要目的之一。检验检疫工作对国家和人民的利益是积极的,单纯从国际物流表面上看未必全是积极的。

首先,在交通运输工具方面,无论是船舶、飞机、火车,还是其他车辆,都是国际物流中的运输工具,都是使货物能够流动的基本因素和动力。对于交通运输工具,我国明确规定,属于法定应检物,均须实施进出境检疫。交通运输工具作为国际物流所依赖的货物转移的动力,实施进出境检疫,使得货物流动的速度和运转的周期受到限制,并使费用增加。

其次,在货物及其包装物方面,我国法律、行政法规规定须经检验检疫机构检验的进出口商品,必须经过检验检疫机构检验。进口商品未经检验的,不准销售、使用;出口商品未经检验合格的不准出口。进境的动植物、动植物产品和其他检疫物,装载动植物、动植物产品和其他检疫物的装载容器、包装物,以及来自动植物疫区的运输工具,应依法实施检疫。因此,国际流动的货物将受到很大的约束和限制,包括对货物的品质、规格、包装、性能、数量、重量等进行检验,对人类健康、畜牧或野生动物、国家植被、农副产品可能产生疾病或危害的货物进行进境审批、实施检疫措施并予以消毒、除虫、灭鼠和卫生除害处理或退运、销毁。因此而产生的仓储、倒垛、掏箱、抽样等一系列环节,使货物的流动停滞或延缓,使费用增加。

再次,在集装箱方面,集装箱是国际货物的运输工具,是保证货物安全、卫生,防止货损的一道屏障,而集装箱密封程度的鉴定,货损鉴定,海损鉴定,拆、装箱鉴定,卫生状况,以及携带或藏匿啮齿动物、病媒昆虫、动植物病虫害等检疫查验工作,将对货物流通起到把关作用,无形中滞留了集装箱与货物的流转。

最后,在口岸、码头及仓储方面,《中华人民共和国进出境动植物检疫法》规定:“根据检疫需要,进入有关生产、仓库等场所进行疫情监测、调查和检疫监督管理”,并明确要求“可在机场、港口、车站、仓库、加工厂、农场等生产、加工、存放进出境动植物产品和其他检疫物的场所实施动植物疫情监测,有关部门应当配合”。当发生重大动植物疫情、人类传染病疫情时,国务院可以下令封锁国境口岸或采取其他紧急控制措施。由此可见,货物的装卸、堆放、运输、储存等各个环节均与检验检疫业务有着密切联系,检验检疫影响着货物中转的速度及存储的质量、卫生与安全。因此,作为国际物流的中继站或经停处的国境口岸、码头、仓库均随时受到进出境检验检疫机构的监督与监管。

此外,交通工具的承运人、承租人或代理人,货物的收货人或代理人,集装箱的所有人或租赁人对检验检疫工作的熟悉程度和双方配合的默契程度,也可能会影响物流的流畅程度与速度。

(二)检验检疫对国际物流的促进作用

国际物流的目的不单是追求货物流动的顺畅、快捷,缩短占压周期,降低成本,节约费用,也不单是以货物运输时间和安全为中心环节,而是使供需场所分离,创造出“空间效应”,实现以空间换取时间的特殊功能,检验检疫工作可以在促进空间效应上起到重要作用。实行生产的过程检验、分级管理、装船前检验等进出口前的前期监管和进口后的后续管理,既能保证被运转货物的质量,又可避免退货、销毁、索赔所造成的无效劳动、无用做功或重复劳动,避免出现事倍功半,导致损失,使物流更加不畅的情况。

检验检疫工作的把关和服务是相辅相成、互为因果的,它是以共同促进国际物流发展为目的的。在当今世界经济日渐走向全球化的大背景下,我国海关应当积极采取具体举措,加快采用国际标准和国外先进标准,在检验检疫标准水平上尽快与发达国家接轨,严格落实出口商品质量许可、出口商品包装容器质量许可和出口食品卫生检疫注册和备案制度,把好质量关,避免退货、索赔的发生,保障国际贸易和国际物流顺畅、快捷。

(三)检验检疫结果单、证书、证单在国际物流中的重要作用

进出境检验检疫的工作成果主要表现为海关出具的各种结果单、证书、证单,一般称之为商检证书或检验检疫证书。检验检疫结果单、证书、证单在国际物流中相当重要,它具有以下七方面的作用。

第一,是进出境货物通关的重要凭证。例如,品质证书、植检证书、兽医证书、健康证书、熏蒸消毒证书等都是进出境货物通关的重要凭证。我国对须法定检验检疫的进出口商品,海关在执行监管时凭商检证书验放。

第二,是作为买卖双方结算货款的主要依据。检验部门出具的品质证书、重量或数量证书是买卖双方最终结算货款的重要依据,凭检验证书中确定的货物等级、规格、重量、数量计算货款,是买卖双方都接受的合理公正的结算方式。

第三,是计算运输、仓储等费用的重要依据。检验中货载衡量工作所确定的货物重量或体积(尺码吨),是托运人和承运人间计算运费的有效证件,也是港口仓储运输部门计算栈租、装卸、理货等费用的有效文件。

第四,是办理索赔的重要依据。海关签发的有关品质、数量、重量、残损的证书是收

货人向各有关责任人提出索赔的重要依据。

第五,是计算关税的依据。重量、数量证书具有公正、准确的特点,是核查征收进出口货物关税时的重要依据之一。残损证书所标明的残损、缺少的货物可以作为向海关申请退税的有效凭证。产地证明书是进口国海关给予差别关税待遇的基本凭证,在我国出口贸易活动中有重要的意义。

第六,是证明情况、明确责任的证件。应申请人申请委托,海关经检验鉴定后出具的货物积载状况证明、监装证明、监卸证明,集装箱的验箱、拆箱证明,对船舱检验提供的验舱证明、封舱证明、舱口检视证明,对散装液体货物提供的冷藏箱或舱的冷藏温度证明、取样和封样证明等,都是为证明货物在装运和流通过程中的状态和某些环节而提供的,以便证明事实状态,明确有关方面的责任,也是船方和有关方面免责的证明文件。

第七,是仲裁、诉讼举证的有效文件。在国际贸易中发生争议和纠纷,买卖双方或有关方面协商解决时,商检证书是有效的证明文件。

## 二、法定检验检疫

法定检验检疫又称强制性检验检疫,是指海关作为检验检疫机构依照国家法律、行政法规和其他相关规定,对必须检验检疫的出入境货物、交通运输工具、人员及其他事项等依照规定的程序实施强制性的检验检疫措施。

链　接

非法定检验检疫

对外经济贸易关系人或者外国检验检疫机构可以根据有关合同的约定或自身的需要,申请或委托检验检疫机构办理进出口商品鉴定业务,签发鉴定证书。这类检验称为鉴定业务,为非法定检验检疫。检验检疫机构办理进出口商品鉴定业务范围包括进出口商品质量鉴定、装运技术条件鉴定、集装箱鉴定、外商投资财产鉴定等。

鉴定业务与法定检验的一个主要区别是凭申请或委托办理,而非强制性的。检验检疫机构办理进出口商品鉴定业务,须凭申请办理。检验检疫机构签发各种鉴定证书,供申请单位作为办理商品交接、结算、计费、理算、通关、计税、索赔或举证等的有效凭证。

法定检验检疫的货物,货主或其代理人应在规定的时限和地点向检验检疫机构报检。检验检疫机构依法对指定的进出口商品实施法定检验,检验的内容包括商品的质量、规格、重量、数量、包装及安全卫生等项目。经检验合格并签发证书以后,方准出口或进口。

法定检验的实施机构是各直属海关、隶属海关负责进出口商品法定检验的部门。

须实施法定检验检疫的范围包括:①有关法规如《出入境检验检疫机构实施检验检疫的进出境商品目录》中规定的商品;②对进出口食品的卫生检验和进出境动植物的检疫;③对装运出口易腐烂变质食品、冷冻品的船舱、集装箱等运载工具的适载检验;④对出口危险货物包装容器的性能检验和使用鉴定;⑤对有关国际条约规定或其他法律、行政法规规定须经检验检疫机构检验的进出口商品实施检验检疫;⑥国际货物销售合同规定由检验检疫机构实施出入境检验时,当事人应及时提出申请,由检验检疫机构按照合同规定,对货物实施检验并出具检验证书。

《出入境检验检疫机构实施检验检疫的进出境商品目录》(简称《实施检验检疫的进出境商品目录》或《法检目录》)是以《商品分类和编码协调制度》为基础编制而成的,包括了大部分法定检验检疫的货物,是检验检疫机构依法对出入境货物实施检验检疫的主要执行依据。列入检验检疫《法检目录》的进出境商品,必须经海关实施检验检疫和监管。

每条目录由商品编码①、商品名称及备注、计量单位、海关监管条件和检验检疫类别五栏组成(见表5-1)。其中,商品编码、商品名称及备注和计量单位是以HS编码为基础,并依照最新的海关《商品综合分类表》的商品编号、商品名称、商品备注和计量单位编制。

**表5-1 《出入境检验检疫机构实施检验检疫的进出境商品目录》举例**

| 海关商品编码 | 商品名称 | 计量单位 | 海关监管条件 | 检验检疫类别 |
|---|---|---|---|---|
| 08109030 | 鲜龙眼 | 千克 | A/B | P.R/Q.S |
| 28469029 | 其他氯化稀土 | 千克 | /B | M/N |

其中,海关监管条件、检验检疫类别代码含义如下。

海关监管条件代码:

A:表示对应商品须实施进境检验检疫;

B:表示对应商品须实施出境检验检疫(电子底账)。

检验检疫类别代码:

M:表示对应商品须实施进口商品检验;

N:表示对应商品须实施出口商品检验;

P:表示对应商品须实施进境动植物、动植物产品检疫;

Q:表示对应商品须实施出境动植物、动植物产品检疫;

① 商品编码即HS编码(Harmonized System Code),是按照《商品名称及编码协调制度》(The Harmonized Commodity Description and Coding System,HS)的相关规定,对每一种进出口货物进行商品归类,以确定该种商品的惟一性商品编码,是商品在国际市场上流通的"身份证"号码,是各国海关、商品出入境管理机构确认商品类别、进行商品分类管理、审核关税标准、检验商品品质指标的最基本的要素。HS编码有的简称为H.S.编码或H.S编码,本书统一简称HS编码。

R:表示对应商品须实施进口食品卫生监督检验;

S:表示对应商品须实施出口食品卫生监督检验;

L:表示对应商品须实施民用商品入境验证。

## 三、出入境货物检验检疫的流程

《中华人民共和国进出口商品检验法实施条例》(2019年修订)第四十三条规定:“擅自销售、使用未报检或者未经检验的属于法定检验的进口商品,或者擅自销售、使用应当申请进口验证而未申请的进口商品的,由出入境检验检疫机构没收违法所得,并处商品货值金额5%以上20%以下罚款;构成犯罪的,依法追究刑事责任。”第四十四条规定:“擅自出口未报检或者未经检验的属于法定检验的出口商品,或者擅自出口应当申请出口验证而未申请的出口商品的,由出入境检验检疫机构没收违法所得,并处商品货值金额5%以上20%以下罚款;构成犯罪的,依法追究刑事责任。”

### (一)出入境货物检验检疫的一般工作流程

海关出入境货物检验检疫的工作流程可概括为三个环节:受理报检→检验检疫和鉴定→签证。

1. 受理报检。报检也称报验,是指申请人向海关就进出口货物报请检验检疫,是海关受理报检的前提和基础。海关检验检疫机构接受申请人报检,是检验检疫工作的开始。

报检企业须为国际货物销售合同(包括购销合同)或合约的关系人,或持有上述关系人的委托书。

出口货物的生产、经营单位,进口货物的收、用货单位可以自理报检,也可以委托有报检报关资质的国际物流企业或货运代理企业代理报检。

不同类的货物,如一般货物、动植物以及一些有特殊规定的检验检疫货物,其报检要求是不同的。报检人报检时必须履行的工作主要有三项:申报报关单检务信息;上传或提交相应的单证;按规定配合检验检疫。

我国实行电子报检。电子报检是指报检人使用电子报检软件将报检数据以电子方式传输给海关,经检验检疫业务管理系统和检务人员处理后,将受理报检信息反馈给报检人,实现远程办理进出境检验检疫报检的行为。企业申请开通电子报检报关,需要完成必要的业务准备(见图5-8),如用户注册、企业资质备案以及办理申报平台的卡介质。

我国实行关检融合“整合申报项目”。报关报检面向企业端整合形成“四个一”,即“一张报关单、一套随附单证、一组参数代码、一个申报系统”。其中“一个申报系统”就是指国际贸易单一窗口。申报人通过中国国际贸易单一窗口(https://www.singlewindow.cn)(如图5-9)完成货物报检与报关申报。

方式一,登录后点“标准版应用”→货物申报→进(出)口整合申报→进(出)口报关单整合申报。

方式二,登录后点“我要办事”→选择地区(省份)→中央标准版应用→货物申报→进(出)口整合申报→进(出)口报关单整合申报。

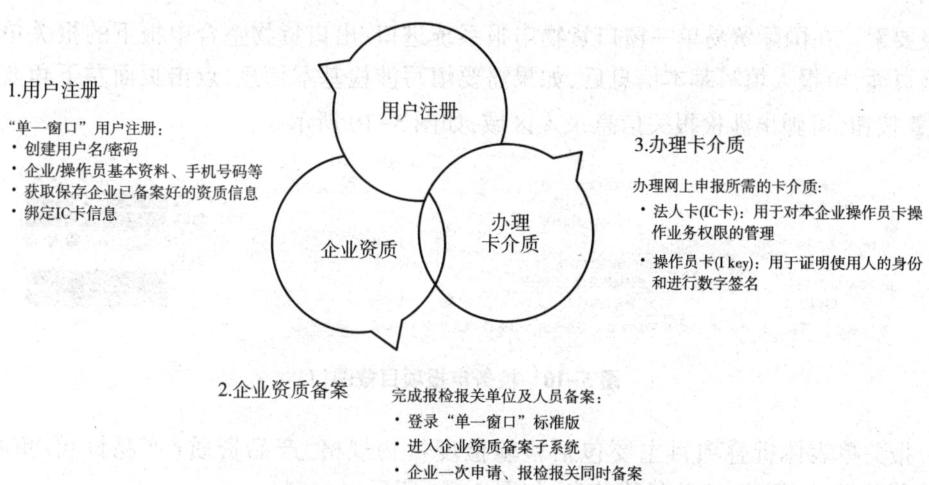


**图 5-8 企业申请开通电子报检报关的准备工作**

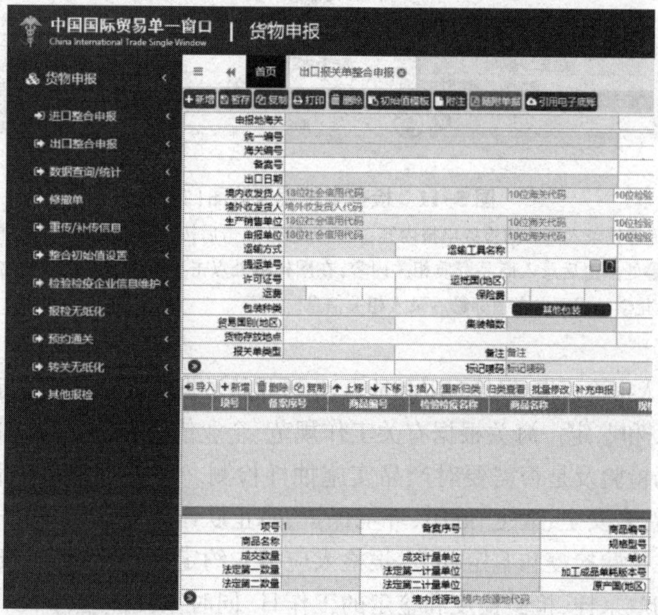


**图 5-9 国际贸易单一窗口货物整合申报页面截图**

报关单整合申报电子数据项目包括基本申报项目、表头折叠项目和表体折叠项目。其中，基本申报项目整合了报关报检所需的基本申报项目，表头折叠项目和表体折叠项目主要为检务申报项目。申报人按照海关总署发布的《进出口货物申报项目录入指南》填报检务申报项目。

报关单表头折叠项目主要包括检验检疫受理机关、企业资质类别、企业资质编号、领证机关、口岸检验检疫机关、启运日期、B/L 号、目的地检验检疫机关、关联号码及理由、使用单位联系人、使用单位联系电话、原箱运输、特殊业务标识、所需单证、检验检疫签证申报要素。在国际贸易单一窗口货物申报系统进口/出口货物整合申报下的报关单整合申报页面，申报人填写基本信息后，如果需要填写涉检基本信息，点击页面左下角蓝色方向按钮，可弹出涉检报关信息录入区域，如图 5-10 所示。

**图 5-10　检务申报项目截图(1)**

报关单表体折叠项目主要包括检验检疫货物规格、产品资质（产品许可/审批/备案）、货物属性、用途、危险货物信息，如图 5-11 所示。

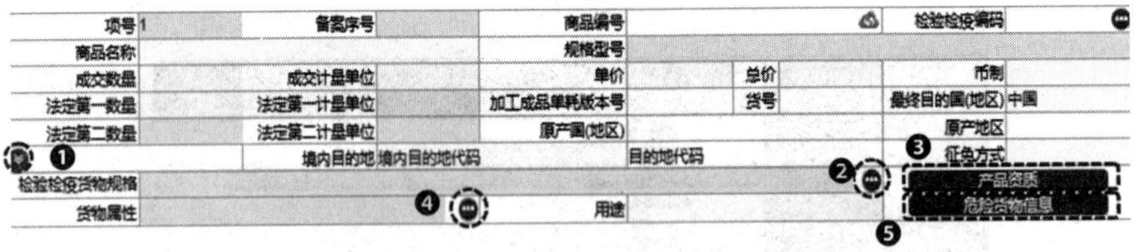


**图 5-11　检务申报项目截图(2)**

图注：在图标❶处录入商品的检务申报内容；在图标❷处点击后按弹出页面录入检验检疫货物规格；在图标❸处点击后录入商品资质相关内容；在图标❹处点击后可以选择正确货物属性；如果商品是危险化学品需要点击图标❺后录入相关信息。

海关对申报人报检资格、报检时限和地点、电子报检数据和报检单据进行审核，受理报检。

2. 检验检疫和鉴定。海关根据有关工作规范、企业信用类别、产品风险等级，判别是否需要实施现场检验及是否需要对产品实施抽样检测。海关对进出口商品实施检验的内容，包括是否符合安全、卫生、健康、环境保护、防止欺诈等要求以及相关的品质、数量、重量等项目。在检验检疫和鉴定环节，报检人应事先约定抽样、检验检疫和鉴定的时间，并须预留足够的取采样、检验检疫和鉴定的工作日，同时须提供进行取采样、检验检疫和鉴定等必要的工作条件。

海关对检验检疫的货物进行合格评定。对于仅实施现场检验的进出口商品，经检验符合相关规定的，可以判定该检验批合格，否则应当判定该检验批不合格；对于抽样送检的，应在现场检验和实验室检测，均符合相关要求的可判定该批合格，否则应当判定为不合格。

进出口法定检验商品经检验，涉及人身财产安全、健康、环境保护项目不合格的，由海关责令当事人销毁，或者出具退货处理通知单；其他项目不合格的，可以在海关的监督下进行技术处理，经重新检验合格的，方可销售或者使用。

3. 签证。对出境货物，国外要求签发有关检验检疫证书的，海关根据对外贸易关系人的申请,经检验检疫合格的,签发相应的检验检疫证书;经检验检疫不合格的,签发出境货物不合格通知单。凡法律、行政法规、规章或国际公约规定须经检验检疫机构检验检疫的入境货物,海关接受报检后,经检验检疫合格的,签发《入境货物检验检疫情况通知单》;不合格的,对外签发检验检疫证书,供有关方面对外索赔。

实践中,报检人预期向海关申请的、由海关审批后发出的单证、检验检疫签证证书,由报检人在国际贸易单一窗口货物申报报关单检务信息录入页面中申报。报检人点击【检验检疫签证申报要素】按钮,在弹出的界面中勾选并填写(见图 5-12),录入保存后,系统自动返填到主界面"所需单证"字段内。

检验检疫签证申报要素

| 序号 | 证书代码 | 证书名称 | 正本数量 | 副本数量 |
|---|---|---|---|---|
| 1 | 11 | 品质证书 | 1 | 2 |
| 2 | 12 | 重量证书 | 1 | 2 |
| 3 | 13 | 数量证书 | 1 | 2 |
| 4 | 14 | 兽医卫生证书 | 1 | 2 |
| 5 | 15 | 健康证书 | 1 | 2 |
| 6 | 16 | 卫生证书 | 1 | 2 |
| 7 | 17 | 动物卫生证书 | 1 | 2 |
| 8 | 18 | 植物检疫证书 | 1 | 2 |
| 9 | 19 | 熏蒸/消毒证书 | 1 | 2 |
| 10 | 20 | 出境货物换证凭单 | 1 | 2 |
| 11 | 21 | 入境货物检验检疫证明（申请出具） | 1 | 2 |
| 12 | 22 | 出境货物不合格通知单 | 1 | 2 |
| 13 | 23 | 集装箱检验检疫结果单 | 1 | 2 |
| 14 | 24 | 入境货物检验检疫证明（申请不出具） | 1 | 2 |

境内收发货人名称(外文)
境外收发货人名称(中文)
商品英文名称

**图 5-12　检验检疫签证申报要素页面**

(二)出境货物检验检疫的一般工作流程

凡经检验不合格的货物,一律不得出口。在出口货物托运环节中,未经检验合格是不能装船出运的,因而在托运的同时,应办理报检。出境货物最迟应在出口报关或装运前 7 天报检,对于个别检验检疫周期较长的货物,应留有相应的检验检疫时间。需隔离检疫的出境动物在出境前 60 天预报,隔离前 7 天报检。

出境货物的检验检疫工作是先检验检疫,后通关放行,即出境货物的发货人或者其代理人向海关报检,海关受理报检后实施检验检疫。其一般流程可归纳为:报检(电子申报)→受理报检→检验检疫→合格评定→转通关放行。如图 5-13 所示。

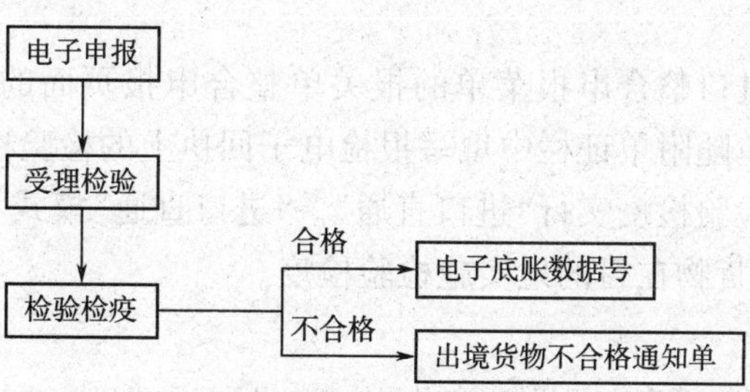


**图 5-13　出境货物检验检疫工作的一般流程**

出境货物检验检疫遵循产地检验检疫原则，但海关可以根据便利对外贸易和进出口商品检验工作的需要，指定在其他地点检验。一般情况下，实施出口检验检疫的货物，企业应在报关前向产地/组货地海关提出申请。报检企业通过国际贸易单一窗口进行货物申报。海关实施检验检疫监管后建立电子底账，向企业反馈电子底账数据号，符合要求的按规定签发检验检疫证书。企业在报关时应填写电子底账数据号，办理出口通关手续。对于经检验检疫不合格的，该批货物不能出口。

我国推进检验检疫通关一体化，出境货物检验检疫实行“出口直放”。“出口直放”模式下，出口货物经产地检验检疫合格后直接签发相关单证后放行，实现跨关区电子通关，口岸海关一般不再实施查验。例如，陕西一家企业的苹果从上海口岸出口，只需在产地陕西一次性报检并检验检疫合格后，陕西海关直接验放，这批苹果抵达上海口岸后可直接报关和装运出口。这样，这批苹果可以至少缩短 1—2 天的港口滞留时间，除了物流效率的提高，在成本方面，该企业免除了出口货物在上海口岸二次报检和开箱查验，无形中为企业节省了人工费、仓储费、吊装费、掏箱费等至少上千元的费用。

（三）入境货物检验检疫的一般工作流程

入境货物的检验检疫工作程序是报检后先放行通关，再进行检验检疫。法定检验检疫入境货物的货主或其代理人自主选择在口岸或目的地海关报检，货物在目的地海关实施检验检疫[①]。一般情况下，入境货物货主或其代理人首先向卸货口岸或到达站的海关报检；海关受理报检后，施检部门签署意见，对来自疫区，可能传播检疫传染病、动植物疫情及可能夹带有害物质的入境货物的交通工具或运输包装实施必要的检疫、消毒、卫生除害处理后，签转检验检疫编号，供报检人办理海关的通关手续；货物通关放行 20 日内，入境货物的货主或其代理人在目的地海关，联系施检部门对货物实施检验检疫。经检验检疫合格的入境货物，海关签发入境货物检验检疫证明；经检验检疫不合格的入境货物，签发检验检疫处理通知书，货主或其代理人应在海关的监督下进行处理，无法进行处理或处理后仍不合格的，入境货物的货主做退运或销毁处理。对检验不合格的进口成套设备及其材料，签发不准安装使用通知书。经技术处理，并经出入境检验检疫机构重新检验合格的，方可安装使用。需要索赔的入境货物，海关签发检验检疫证书。

国际贸易单一窗口为申请人提供了对入境货物检验检疫申请数据进行录入、暂存、删除、打印等操作。入境货物货主或其代理人可以通过国际贸易单一窗口（包括通过“互联网+海关”接入“单一窗口”）进口整合申报页面向海关申报，填制进口货物的检务项目。

一般进口货物在进口整合申报菜单的报关单整合申报页面的检务信息各栏目中申报。企业应当在报关单随附单证栏中填写报检电子回执上的检验检疫编号。

我国对入境货物检验检疫实行“进口直通”。“进口直通”模式下，收货人可自主选择在口岸或目的地报检，货物在目的地实施检验检疫。

---

① 大宗散装商品、易腐烂变质商品、可用作原料的固体废物以及已发生残损、短缺的商品，应当在卸货口岸检验。海关总署也可以根据便利对外贸易和进出口商品检验工作的需要，指定进口商品在其他地点检验。

## 第三节 海关对国际货物的监管及报关

监管是指海关运用国家赋予的权力,通过一系列管理制度与管理程序,依法对进出境运输工具、货物、物品及相关人员的进出境活动所实施的一种行政管理。报关是海关受理进出口货物通关的前提和基础。

### 一、海关对国际货物的监管

进出口货物必须通过设立海关的地点进出境并办理相关手续,这是货物进出境的基本原则。

#### (一)海关对国际货物监管的基本任务

海关对国际货物监管的基本任务,是根据《海关法》和国家有关进出口政策、法律、法规,监督货物和运输工具的合法进出,检查并处理非法进口、偷漏税等走私违法活动。

海关对国际货物的监管依据是:进出口货物的收发货人(或他们的代理人)填写的进出口货物报关单以及商务管理部门签发的进出口货物许可证,或有关主管部门的批准文件及正常的商务单据。海关监管审核进出境货物是否"合法进出"的依据之一,是商务部和其他政府有关部门签发的相关进出口许可证件。凡实行进出口许可证管理的货物,对外贸易经营者应当在进出口前按规定向指定的发证机构申领进出口许可证,海关凭进出口许可证接受申报和验放。实践中,这些进出口环节的监管证件一般通过网上办理、网上申报,海关实现联网核查、自动比对。

国际贸易货物在进出口时,是否需要办理相关对外贸易管制许可证件,必须先进行海关 HS 编码的商品归类,然后根据每年出版发行的《中华人民共和国海关进出口税则及申报指南》或相关网络在线查询该商品的"海关监管条件",便可知道该商品需要申领哪种进出口许可证件。

#### (二)海关对监管货物报关程序的管理

报关程序,是指进出口货物收发货人、运输工具负责人、物品所有人或其代理人按照海关的规定,办理货物、物品、运输工具进出境及相关海关事务的手续和步骤。从海关对进出境货物进行监管的全过程来看,报关程序按时间先后可以分为三个阶段:前期管理阶段、进出境管理阶段、后续管理阶段。

1. 前期管理阶段。前期管理阶段,是指根据海关对保税货物、特定减免税货物、暂准进出口货物等的监管要求,进出口货物收发货人或其代理人在货物进出境以前,向海关办理上述拟进出口货物合同、许可证等的备案手续的过程。

前期管理阶段适用于保税货物、特定减免税货物、暂准进出口货物、其他进出境货物中的出料加工货物。

在前期管理阶段,进出口货物收发货人或其代理人应当按照以下四大类货物,分别完成相应的工作。

其一,保税货物。进出口货物收发货人或其代理人应当办理加工贸易备案手续,申请建立电子(手)账册。

其二,特定减免税货物。进口货物收货人或其代理人应当办理企业的减免税申请、减免税证明的申领手续。

其三,暂准进出口货物。暂准进出口货物中的展览品实际进境之前,进境货物收货人或其代理人应当办理展览品进境备案申请手续。

其四,其他进出境货物中的出料加工货物。在实际出境之前,出境货物发货人或其代理人应当办理出料加工的备案手续。

2. 进出境管理阶段。进出境管理阶段,是指根据海关对进出境货物的监管制度,进出口货物收发货人或其代理人在进口货物进境时、出口货物出境时,向海关办理进出口申报、配合查验、缴纳税费、提取或装运货物手续的过程。进出境管理阶段适用于所有的进出境货物。

3. 后续管理阶段。后续管理阶段,是指根据海关对保税货物、特定减免税货物、暂准进出口货物等的监管要求,进出口货物收发货人或其代理人在货物进出境储存、加工、装配、使用、维修后,在规定的期限内,按照规定的要求,向海关办理上述进出口货物核销、销案、申请解除监管等手续的过程。后续管理阶段适用于保税货物、特定减免税货物、暂准进出境货物。

在后续管理阶段,进出口货物收发货人或其代理人应当按照以下四大类货物,分别完成相应的工作。

其一,保税货物。进口货物收货人或其代理人应当在规定时间内办理申请保税货物核销手续。

其二,特定减免税货物。进口货物收货人或其代理人应当在海关监管期满,或者在海关监管期内经海关批准出售、转让、退运、放弃并办妥有关手续后,向海关申请办理解除海关监管的手续。

其三,暂准进出口货物。进出口货物收发货人或其代理人应当在暂准进出境期限内,或者在经海关批准延长暂准进出境期限到期前,向海关申请办理复运出境或进境,或正式进出口销案等手续。

其四,出料加工货物、修理货物、部分租赁货物等。进出境货物收发货人或其代理人应当在规定的期限内办理销案手续。

## 二、代理报关的委托

报关是进出口收发货人或其代理人,向海关办理货物、物品、运输工具进出境手续及相关海关事务的过程。报关是海关受理进出口货物通关的前提和基础。

进出口货物,除另有规定外,可以由进出口货物收发货人自行办理报关纳税手续,也可以由进出口货物收发货人委托海关准予注册的报关企业办理报关纳税手续。因此,外贸企业(进出口货物的收发货人)可以自行办理报关,也可以委托代理报关企业(如国际货运代理企业)代理报关。外贸企业委托国际货运代理企业代理报关的流程如图 5-14 所示。

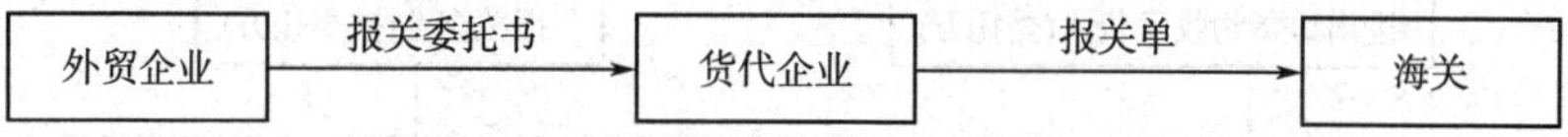


图 5-14　外贸企业委托国际货运代理企业代理报关的流程

代理报关企业并不参与进出口货物的贸易经营,只有当收发货人委托时,才在委托的范围内向海关办理报关纳税手续。

进出口货物收发货人委托代理报关企业报关须办理报关委托,签订《代理报关委托书》《委托报关协议》。《代理报关委托书》和《委托报关协议》作为代理报关时报关单的必备随附单证使用。

实践中,进出口货物收发货人(委托方)和报关企业(受托方)主要通过中国电子口岸或国际贸易单一窗口签订电子代理报关委托书,建立委托关系。进出口货物收发货人和报关企业均可发起电子代理报关委托书签约。中国报关协会研发和管理的电子《代理报关委托书/委托报关协议》(以下简称《委托书/协议》)系统如图 5-15 所示。进出口货物收发货人可凭中国电子口岸 IC 卡登录该系统,签署电子《委托书/协议》。货物进出口报关申报时派生电子代理报关委托书(委托协议),连同报关单向海关通关管理系统申报。电子报关代理委托协议的形成流程如图 5-16 所示。

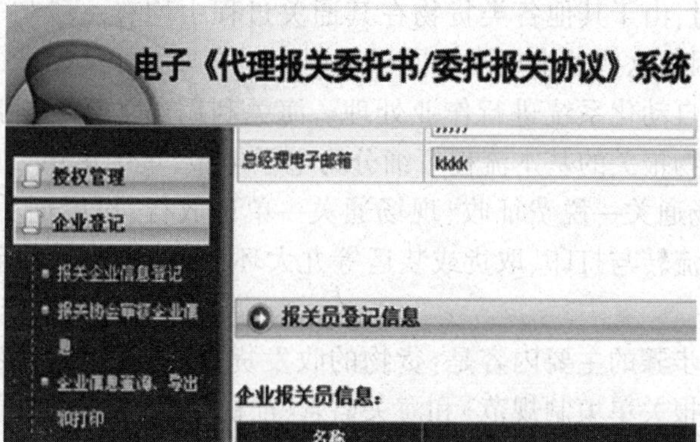


图 5-15　电子报关代理书/委托报关协议系统页面

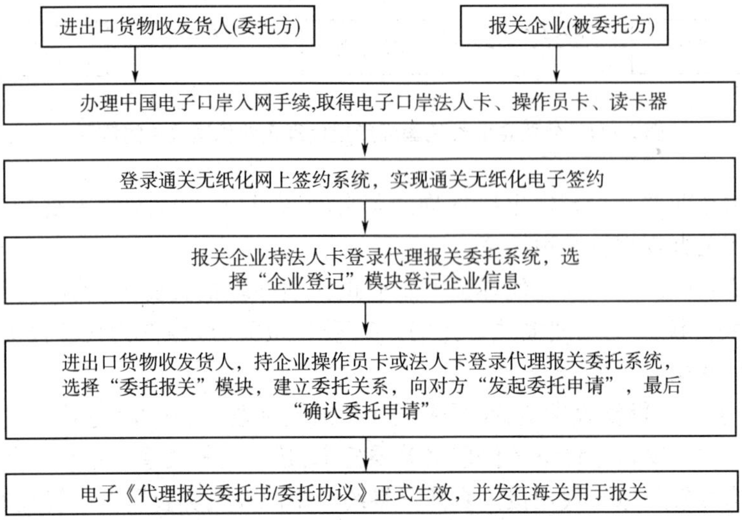


**图 5-16　电子报关代理委托协议的形成流程**

## 三、一般进出口货物报关流程

一般进出口货物的基本通关环节和规则具有普遍适用的意义,它既是一般进出口货物的通关规则,同时,由于其他各类货物在其通关过程中均有一段与一般进出口货物类似的进出境经历,因而这些基本规则也同样适用。

我国采用报关自动化系统进行作业处理。海关利用通关系统,可实现电子审单、放行。一般进出口货物报关的基本流程可细分为电子申报、集中审单、现场通关—接单、现场通关—查验、现场通关—税费征收、现场通关—单证放行、口岸通关—实货放行、进出口货物报关单数据流转与打印、取货或装运等九大环节(如图 5-17 所示)。下面就电子申报进行阐述。

电子申报这一步骤的主要内容是:货物的收发货人或其代理人根据《中华人民共和国海关进出口货物报关单填制规范》和海关监管、征税、统计等要求录入电子报关数据并通过网络传输方式向海关传输电子数据,进行电子申报。

申报前的准备工作主要有:①进口须接到进口提货通知,出口须备齐出口货物。②委托报关者须办理报关委托,代理报关者须接受报关委托。③准备报关单证,包括基本单证、特殊单证、预备单证。④在实际进出口行为中,如遇《海关进出口商品税则》无具体列名或无法确定的疑难归类商品,可事先向当地海关的关税部门申请归类咨询或申请《海关进出口商品预归类决定书》。

(一)申报的期限

出口货物报关期限与进口货物报关期限是不同的。出口货物的发货人或其代理人除海关特许外,应当在装货的 24 小时以前向海关申报。进口货物的收货人或其代理人应当自载运该货物的运输工具申报进境之日起 14 天内向海关办理进口货物的通关申报

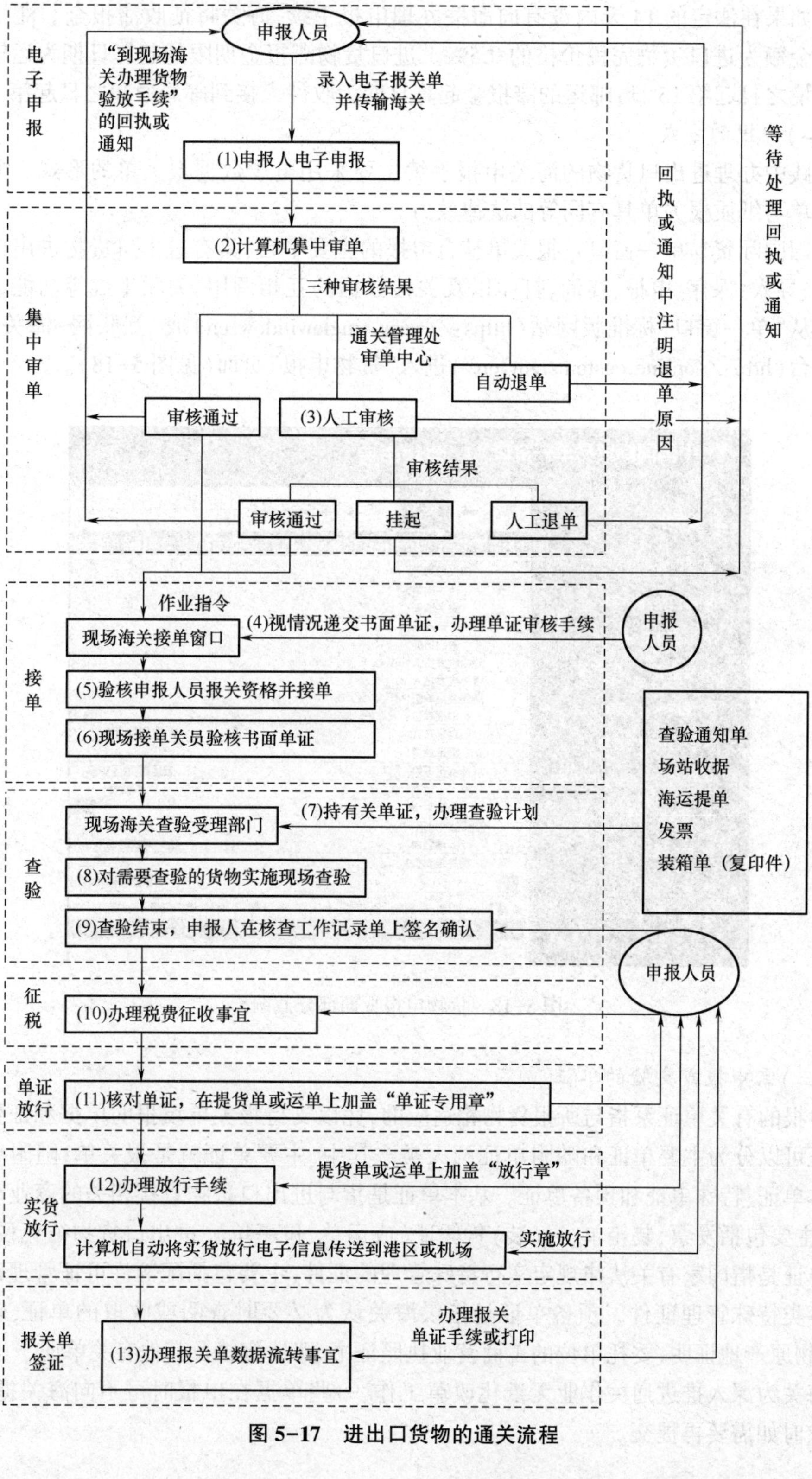


**图 5-17　进出口货物的通关流程**

手续。如果在法定的 14 天内没有向海关办理申报手续,海关将征收滞报金。滞报金的日征收金额为进口货物完税价格的 0.5‰。进口货物滞报金期限的起算日期为运输工具申报进境之日起第 15 日;邮运的滞报金起算日期为收件人接到邮局通知之日起第 15 日。

(二)申报的方式

实践中办理进出口货物的海关申报手续主要采用电子数据报关单的形式。电子数据报关单与纸质报关单具有同等的法律效力。

中国国际贸易单一窗口是报关单整合申报的主要平台,具有进出口货物进出口报关单录入、导入、保存、申报、查询、打印以及关检数据的互相调用、关联生成等功能。申报人可以从"单一窗口"标准版网站(https://www.singlewindow.cn)或"互联网+海关"网上办事平台(http://online.customs.gov.cn/)进入"货物申报"页面(见图 5-18)。

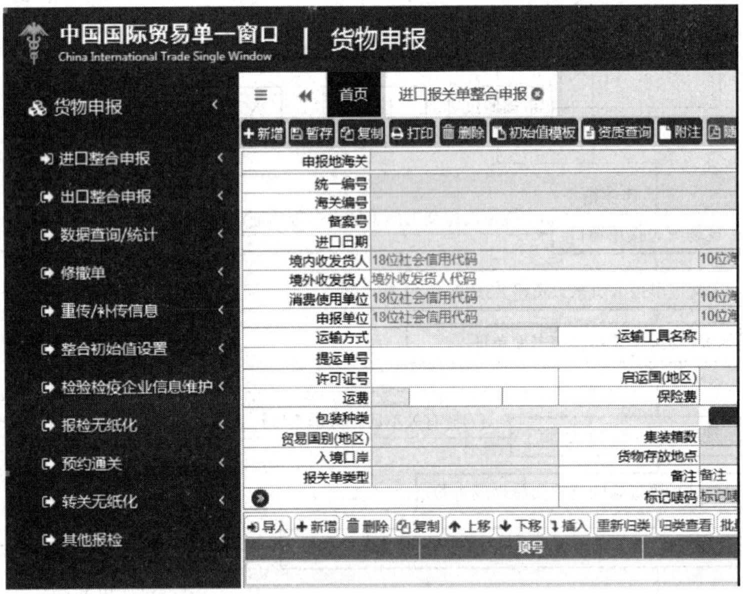


图 5-18　货物申报页面部分截图

(三)需申报或交验的单证

申报的有关单证系指与所报货物相适应的,凭以支持报关单填报的单据和证件。申报单证可以分为主要单证和随附单证两大类。其中,主要单证就是报关单;随附单证包括基本单证、特殊单证和预备单证。基本单证是指与进出口货物直接相关的商业和货运单证,主要包括发票、装箱单、提(装)货凭证(或运单、包裹单)、进出口货物征免税证明。特殊单证是指国家有关法律规定实行特殊管理的证件,主要包括配额许可证管理证件和其他各类特殊管理证件。预备单证是指供海关认为必要时查阅或收取的单证,包括合同、货物原产地证明、委托单位的工商营业执照证书、账册资料及其他有关单证。

海关为深入推进通关作业无纸化改革工作,一些单据在申报时可不向海关提交,海关审核时如需要再提交。

☞ 链 接

单证电子化

进出口货物的收发货人、受委托的报关企业应当取得国家实行进出口管理的许可证件，海关对有关进出口许可证件电子数据进行系统自动比对验核。申请人向海关办理检验检疫与报关手续，可按照以下要求提供单证电子化信息，无须在申报时提交纸质单证：

（1）国内外相关主管部门或机构出具的单证，实现联网核查或可以互联网查询的，只需录入单证编号。尚未实现联网核查且不能互联网查询的，需上传单证扫描件。

（2）海关出具的资质证明及其他单证，只需录入相关资质证明或单证编号。

（3）法律、法规、规章规定应当向海关提交的其他证明、声明类材料，只需依法申明持有相关材料。

申请人应保证电子化单证信息的真实性和有效性，上传单证扫描件格式应符合海关要求，并按规定保存相关纸质单证。海关监管过程中按照风险布控、签注作业等要求需要验核纸质单证的，申请人应当补充提交相关纸质单证。

**【案例】**

中国石油化工进出口公司从委内瑞拉进口原油20万吨，由一艘船舶装运进口。问题：在进口报关时除应向海关申报进口货物报关单外，还应具有哪些报关单证？

案例分析：

原油为国营贸易商品，属于自动进口许可证目录所列商品。因此，报关时除应向海关申报进口货物报关单外，还应具有进口货物提货单、商业发票、装箱单和自动进口许可证。

（四）提前申报

报关企业提前申报的，应当先取得提（运）单或载货清单（舱单）数据。

1. 出口提前申报。出口货物发货人、受委托的报关企业在货物备齐并取得预配舱单电子数据后，可在货物运抵海关监管场所前3日内向海关办理申报手续；在货物运抵海关监管场所（场地）后，并在海关收到运抵报告电子数据后，海关办理货物查验、放行手续。提前申报并采取边运抵边装船的海运大宗散装货物，经海关船边实际验核，必须在申报后3日内装载完毕。超期未装载完毕的，须经海关批准。提前申报的出口转关货物必须在报关单电子数据申报之日起5日内运抵启运地海关监管作业场所（场地），办理转关和验放等手续，超过期限的，海关一律直接撤销报关单。

2. 进口提前申报。进口提前申报是指在舱单数据提前传输的前提下，进口货物的收货人、受委托的报关企业提前申报报关单,海关提前办理单证审核及税费征收,待货物实际到港后办理查验及放行手续。进口货物的收货人、受委托的报关企业提前申报的,应当先取得载货清单(舱单)数据。对于采用无纸化方式申报,电子支付税款,且不涉及布控查验的货物,企业可利用货物运输阶段完成申报前准备和申报手续,实现货物到港即提离,大幅提升通关效率。

(五)报关单及其填制

按进出口状态分,报关单可分为中华人民共和国海关进口货物报关单和中华人民共和国海关出口货物报关单。按表现形式分,报关单可分为纸质报关单和电子报关单。在实际操作中,一般通过计算机系统先申报电子数据报关单,再根据需要①,打印纸质报关单提交给海关。

电子报关单计有 105 个录入项目,包括基本申报项目、表头折叠项目和表体折叠项目(如图 5-19 所示)。其中,基本申报项目包括表头项目(如图 5-20 所示)、表体项目(如图 5-21 所示)、集装箱项目(如图 5-22 所示)、随附单证项目(如图 5-23 所示)共计 76 项;表头折叠项目和表体折叠项目为检务申报项目,共计 29 个。

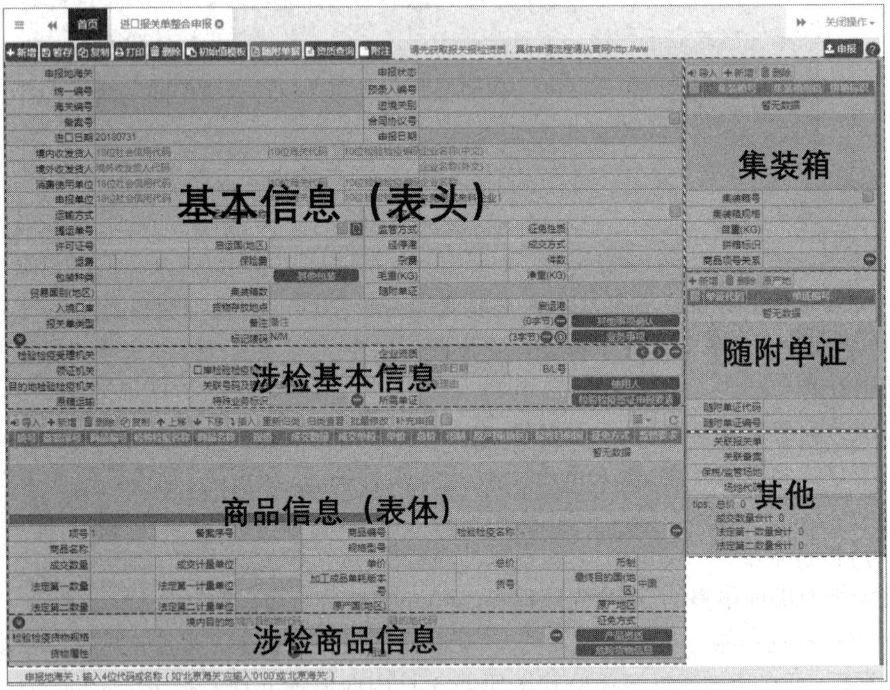


**图 5-19　国际贸易单一窗口货物申报进口报关单申报页面结构**

纸质报关单并不是电子报关单所有数据的打印版,纸质报关单的主要内容见表 5-2 和表 5-3。

---

① 比如:有纸申报、需要现场查验、需要无纸申报转有纸申报,或者是出现异常情况,需要现场来处理,就需要打印纸质报关单,向海关提交纸质单据。

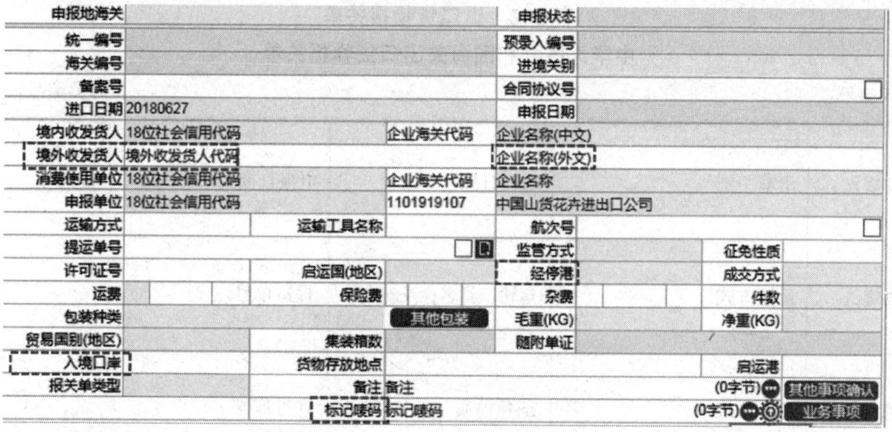

图 5-20　国际贸易单一窗口货物申报进口报关单表头项目

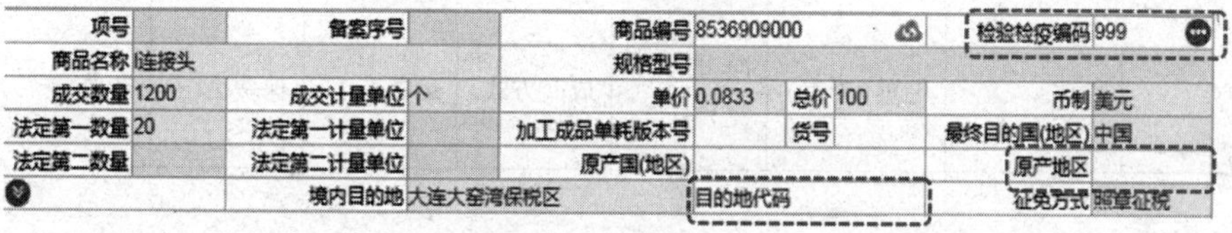

图 5-21　国际贸易单一窗口货物申报进口报关单表体项目

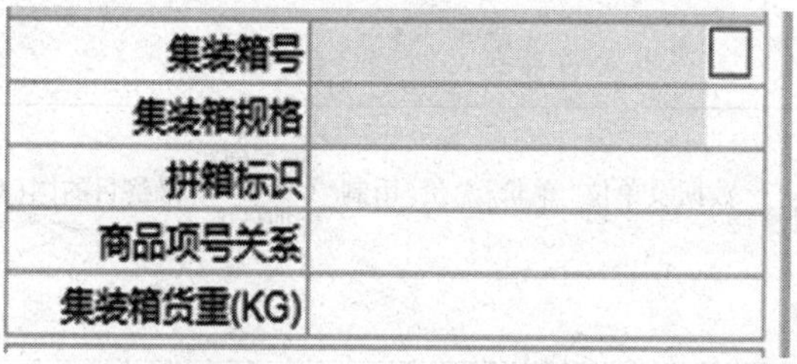

图 5-22　国际贸易单一窗口货物申报进口报关单集装箱项目

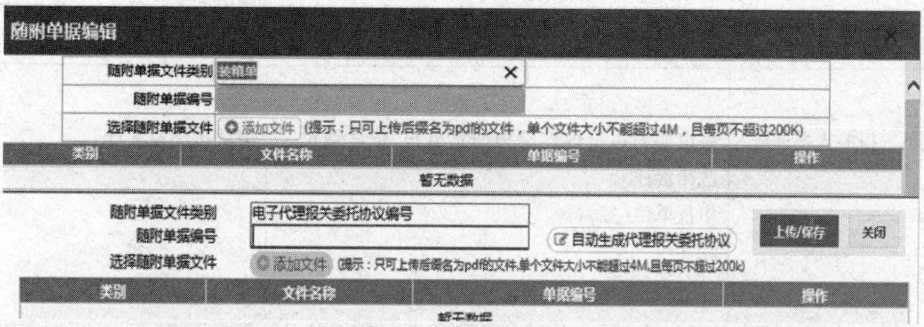

图 5-23　国际贸易单一窗口货物申报进口报关单随附单证项目

**表 5-2　出口货物报关单**

**中华人民共和国海关出口货物报关单**

预录入编号：　　　　　　　　　　　　　　　　　　　　　　海关编号：

<table>
<tr><td>境内发货人</td><td colspan="2">出境关别</td><td colspan="2">出口日期</td><td colspan="2">申报日期</td><td colspan="2">备案号</td></tr>
<tr><td>境外收货人</td><td colspan="2">运输方式</td><td colspan="2">运输工具名称及航次号</td><td colspan="4">提运单号</td></tr>
<tr><td>生产销售单位</td><td colspan="2">监管方式</td><td colspan="2">征免性质</td><td colspan="4">许可证号</td></tr>
<tr><td>合同协议号</td><td colspan="2">贸易国(地区)</td><td colspan="2">运抵国(地区)</td><td colspan="2">指运港</td><td colspan="2">离境口岸</td></tr>
<tr><td>包装种类</td><td>件数</td><td>毛重(千克)</td><td>净重(千克)</td><td>成交方式</td><td>运费</td><td>保费</td><td colspan="2">杂费</td></tr>
<tr><td colspan="9">随附单证及编号</td></tr>
<tr><td colspan="9">标记唛码及备注</td></tr>
<tr><td>项目</td><td>商品编号</td><td>商品名称<br>及规格型号</td><td>数据及单位</td><td>单价/总价/币制</td><td>原产国<br>(地区)</td><td>最终目的国(地区)</td><td>境内货源地</td><td>征免</td></tr>
<tr><td colspan="9"></td></tr>
<tr><td colspan="9"></td></tr>
<tr><td colspan="9"></td></tr>
<tr><td colspan="3">特殊关系确认：</td><td colspan="3">价格影响确认：</td><td colspan="3">支付特许权使用费确认：</td></tr>
<tr><td colspan="3">报关人员　报关人员证号<br>电话<br>申报单位</td><td colspan="3">兹申明对以上内容承担如实申报、依法纳税之法律责任<br>申报单位(签章)</td><td colspan="3">海关批注及签章</td></tr>
</table>

**表 5-3　进口货物报关单**

**中华人民共和国海关进口货物报关单**

预录入编号：　　　　　　　　　　　　　　　　　　　　　　　　海关编号：

| | | | | | | | | |
|---|---|---|---|---|---|---|---|---|
| 境内收货人 | 进境关别 | | 进口日期 | | 申报日期 | | 备案号 | |
| 境外发货人 | 运输方式 | | 运输工具名称及航次号 | | 提运单号 | | 货物存放地点 | |
| 消费使用单位 | 监管方式 | | 征免性质 | | 许可证号 | | 启运港 | |
| 合同协议号 | 贸易国(地区) | | 启运国(地区) | | 经停港 | | 入境口岸 | |
| 包装种类 | 件数 | 毛重(千克) | 净重(千克) | 成交方式 | 运费 | 保费 | 杂费 | |
| 随附单证及编号 | | | | | | | | |
| 标记唛码及备注 | | | | | | | | |
| 项目　商品编号 | 商品名称及规格型号 | 数量及单位 | 单价/总价/币制 | 原产国(地区) | 最终目的国(地区) | 境内目的地 | 征免 | |
| | | | | | | | | |
| | | | | | | | | |
| | | | | | | | | |
| 特殊关系确认： | | 价格影响确认： | | | | 支付特许权使用费确认： | | |
| 报关人员　报关人员证号<br>电话<br>申报单位 | | 兹申明对以上内容承担如实申报、依法纳税之法律责任<br>申报单位(签章) | | | 海关批注及签章 | | | |

申报人在填制报关单时，应当依法如实向海关申报，对申报内容的真实性、准确性、完整性和规范性承担相应的法律责任。报关单填报必须真实，做到“两个相符”：①单、证

相符,即所填报关单各栏目的内容必须与合同、发票、装箱单、提单以及批文等随附单据相符;②单、货相符,即所填报关单各栏目的内容必须与实际进出口货物情况相符。申报人必须按照《海关法》《货物申报管理规定》和海关总署公布的报关单填制规范的有关规定和要求,向海关如实申报。

报关人向海关发送报关单后,海关接受报关、审单。海关计算机系统根据预先设定的各项参数对电子报关数据的规范性、有效性和合法性进行电子审核,审核结果将通知申报人。申报人配合海关查验和税费征收,获得海关放行后凭单取货或装运出口货物。

## 复习题

1.名词解释:报检、代理报检、检验检疫、电子报检、报关、报关程序、海关查验、关税、代理报关企业、自报自缴。

2. 简述检验检疫在国际物流中的作用。

3. 简述出入境货物检验检疫的一般工作流程。

4. 分别阐述出入境货物检验检疫的工作流程。

5. 简述海关监管货物的分类。

6. 简述电子报关代理书/委托报关协议的基本做法。

7. 简述进出口货物提前申报的基本做法。

8. 简述海关查验的工作方法。

9. 简述海关对监管货物报关程序的管理。

10. 简述一般进出口货物的通关程序。

11. 简述一般进出口货物的申报期限。

12. 报关的基本单证主要有哪些?

13. 简述“一次申报、分步处置”通关作业流程。

14. 简述两步申报以及关税保证保险通关的主要内容。

## 案例分析

1.武汉再生资源有限责任公司需要进口废电机一批(商品编码7404000010)。

问题:该批货物通关有哪些监管要求?如何通关?

2. 上海金晶物流有限公司代理报关服务部小王现要处理如下事项:(1)加工贸易合同申请备案;(2)加工贸易合同申请核销;(3)暂时进出口货物申请销案;(4)特定减免税货物申请签发《征免税证明》;(5)无代价抵偿货物;(6)出料加工货物;(7)一次性按货物实际价格缴纳税款的租赁进口货物;(8)进出境修理货物。

问题:上述哪些事项属于小王应向海关办理的海关前期管理阶段的报关事务?需要海关后续管理的货物有哪几项?

3. 重庆 JN 公司从国外进口一批摩托车，该公司委托重庆 PT 物流公司报关，PT 物流公司在 JN 公司的报关地点连接因特网，通过中国电子口岸自行录入报关单电子数据，海关审结电子数据报关单后，公司再备齐相关的随附单证办理海关手续。然后海关进行查验，但是在查验过程中，由于 PT 物流公司搬移不慎而损坏了一辆摩托车。请回答下列问题：

(1)该货物的申报期限为(　　)。

A.自装载货物的运输工具申报进境之日起 14 日内

B.货物运抵海关监管区后的 24 小时前

C.自装载货物的运输工具申报进境之日起 7 日内

D.货物运抵海关监管区后的 48 小时前

(2)题中所指的随附单证包括(　　)。

A.报关单　　B.基本单证　　C.特殊单证　　D.预备单证

(3)本题中的货物损失应由谁承担赔偿责任？(　　)

A.海关　　B.负责查验的海关关员

C.PT 物流公司　　D.报关员

案例分析参考答案

# 第六章

# 国际物流业务运作(三):国际货物运输的组织与投保

## 学习目标

- 了解国际货物运输的构成及其在国际物流中的作用
- 能够选择合理的国际物流运输方式
- 熟悉办理国际货物运输保险的业务环节
- 能够选择投保险别,并能进行索赔
- 了解海运货物保险中,保险公司承保的风险、损失和费用
- 能够计算保险金额和保险费
- 熟悉进出口货物投保陆运险、航空运输险和邮包险的规定与做法

国际货物买卖合同签订后,根据相关贸易术语,买卖双方要对货物的运输与货运保险作出安排。随着国际物流的发展,进出口双方往往将货物的承运或有关运输工作、投保交给国际物流企业或货运代理公司代理,而进出口双方一般主要负责货物的托运申请和运输监管。

本章主要阐述国际货物运输在国际物流中的地位与作用;国际货物各种运输方式的特点与选择;国际货物运输保险的业务环节;海运、陆运、空运、邮包货物运输的保险安排。

## 第一节　国际货物运输的特点及其在国际物流中的作用

国际货物运输通常被称为国际贸易运输。国际贸易运输是国际贸易的重要环节,从贸易的角度来说,国际货物运输也是一种无形的国际贸易。国际货物运输是国际物流不可缺少的重要环节。

### 一、国际货物运输的主要特点

在现代物流观念诞生之前,许多人将运输等同于物流,其原因是物流中很大一部分功能是由运输承担的,运输是物流的主要组成部分。运输(transportation)就是人和物的载运和输送。《中华人民共和国国家标准物流术语》中对运输的定义是:“用设备和工具,将物品从一地点向另一地点运送的物流活动。其中包括集货、分配、搬运、中转、装入、卸下、分散等一系列操作。”

从运输经济学的角度看,运输是指劳动者使用运输工具和设备,在运输线路上实现人与物空间场所变动的有目的的活动,是重要的社会生产活动。运输具有生产的本质属性,但又表现出自身的服务特性,如:派生性、生产过程与消费过程的同一性、开放性、增值性、无形性、运输产品的同一性。运输自身的特点决定了运输业的服务特性:运输业提供的劳动不是去制造有形的物质产品,而是通过提供运输服务直接去满足人们的某种需求。运输业劳动者付出劳动这一运输服务产品形成过程,与运输服务产品消费是同一过程。

运输按地域可划分为国内货物运输和国际货物运输两类。

国际货物运输,就是货物在国家与国家、国家与地区之间的运输。国际货物运输又可分为贸易物资运输和非贸易物资(如展览品、个人行李、办公用品、援外物资等)运输两种。由于国际货物运输主要是贸易物资的运输,非贸易物资的运输往往只是贸易物资运输部门的附带业务,所以,国际货物运输也通常被称为国际贸易运输,从一国的角度来说,就是对外贸易运输,简称外贸运输。

从贸易的角度来说,国际货物运输是一种无形的国际贸易。这种贸易用于交换的不是物质形态的商品,而是一种无形的、特殊的商品——运力。运价就是这种贸易的交换价格。

国际货物运输与国内货物运输相比具有以下五个主要特点。

第一，国际货物运输是中间环节很多的长途运输，具有内外运两段性。

国际货物运输是国家与国家、国家与地区之间的运输，一般运距较长。在运输过程中，往往需要使用多种运输工具，通过多次装卸搬运，交换不同的运输方式，经由不同的国家和地区，中间环节很多。

所谓国际货物运输的两段性，是指国际货物运输的国内运输段（包括进口国、出口国）和国际运输段。

（1）国内运输段。出口货物的国内运输，是指出口商品由供货地运送到出运港（站、机场）的国内运输，是国际物流中不可缺少的重要环节。国内运输实现了出口货源从供货地集运到港口、车站或机场，使国际物流业务得以正常开展。进出口货物的国内运输工作涉及面广，环节多，要求各方面协同努力，组织好运输工作。注重货源、产品包装、加工、短途集运、国外到证、船期安排和铁路运输配车等各个环节的情况，力求搞好车、船、货、港的有机衔接，确保出口货物运输任务的顺利完成，减少压港、压站等物流不畅的现象。

（2）国际运输段。国际（国外）运输段是国内运输的延伸和扩展，同时又是连接出口国和进口国货物运输的桥梁与纽带，是保证国际物流畅通的重要环节。出口货物被集运到港（站、机场），办完出关手续后直接装船发运，便开始国际段运输。有的则需暂进港口仓库储存一段时间，等待有效泊位，或有船后再出仓装船外运。国际段运输可以采用由出口国装运港直接到进口国目的港卸货，也可以采用中转经过国际转运点，再运给用户。

第二，国际货物运输涉及面广，情况复杂多变。货物在国际的运输过程中，需要与不同国家、地区的货主、交通部门、检验检疫机构、保险公司、银行、海关以及各种中间代理人打交道。同时，由于各个国家、地区的政策法律规定不一，金融货币制度不同，贸易运输习惯和经营做法也有差别，再加上各种政治、经济形势和自然条件的变化，都会对国际货物运输产生较大的影响。

第三，国际货物运输的时间性特别强。国际市场竞争十分激烈，商品价格瞬息万变，进出口货物如不能及时地运到目的地，很可能会造成重大的经济损失；某些鲜活易腐商品和季节性商品如不能按时送到目的地出售，所造成的经济损失可能会更加严重。为此，货物的装运期、交货期被列为贸易合同的条件条款，能否按时装运直接关系到重合同、守信用的问题，对贸易、运输的发展都会产生巨大的影响。

第四，国际货物运输的风险较大。国际货物运输由于运距长、中间环节多、涉及面广、情况复杂多变，加之时间性很强，因而风险也就比较大，为了转嫁运输过程中的风险损失，各种进出口货物和运输工具都需要办理运输保险。

第五，国际货物运输涉及国际关系问题。在组织国际货物运输的过程中，需要经常同国外发生广泛的联系，这种联系不仅仅是经济上的，也会牵涉到国际政治问题。对于各种运输业务问题的处理，常常也会涉及国际关系问题，是一项政策性很强的工作。因此，从事国际货物运输的人不仅要有经济观念，而且要有国家政策观念。

## 二、国际货物运输在国际物流中的地位与作用

国际货物运输是国际物流系统的核心，发挥着重要作用。

### (一)国际货物运输是国际物流不可缺少的重要环节

在国际贸易中，进出口商品在空间上的流通范围极为广阔，没有运输，要进行国际的商品交换是不可能的。商品成交以后，只有通过运输，按照约定的时间、地点和条件把商品交给对方，贸易的全过程才算最后完成。国际货物运输是国际贸易和国际物流不可缺少的重要环节。

国际物流是“物”的国际物理性运动，这种运动不但改变了物的时间状态，也改变了物的空间状态。因而国际运输承担了改变物的空间状态的主要任务，是改变物的空间状态的主要手段。

在国际物流中，国际运输能提供两大功能：国际货物转移和物品存放。

第一，国际货物转移。运输的主要功能就是产品在价值链中的来回移动。国际货物运输是通过运输手段使货物在国际物流结点之间流动，因此，国际货物转移是国际货物运输所提供的主要功能。

第二，物品存放。对物品进行临时存放是一个特殊的运输功能，这个功能在以往并没有被人们关注。国际货物运输一般经历的时间长、路途远，各种运输工具如火车、飞机、船舶、集装箱等都担负着国际货物的存放功能。尤其是一些国际货物在转移中需要储存但在短时间内(1—3天)又将重新转移，那么该物品从仓库卸下来和再装上去的成本可能高于存放在运输工具上需支付的费用。在仓库有限的时候，利用运输工具存放也许是一种更可行的选择。在本质上，国际运输工具被用作一种临时储存设施，它是移动的，而不是处于闲置。

### (二)国际货物运输能够促进国际物流的发展

国际货物运输工具的不断改进，运输体系结构、经营管理工作的逐步完善和日趋现代化，一方面使得开拓越来越多的国际市场成为可能；另一方面，由于交货更为迅速、准时，运输质量更高，运输费用更节省，可以大大提高对外贸易的经济效益并进而使得国际的经济联系日益加强，国际分工日趋深化，国际贸易愈加发展。因此，国际货物运输能够促进国际贸易的发展，继而促进国际物流的发展。

### (三)国际运输是国际物流“第三利润”的主要源泉

国际运输是运动中的活动，它和静止的保管不同，要靠大量的动力消耗才能实现这一活动，而国际运输又承担着大跨度空间转移的任务，所以活动的时间长、距离长、消耗大。消耗的绝对数量大，其节约的潜力也就大。

运费在全部国际物流费用中占最高的比例，一般接近50%，有些物品的运费甚至高于物品的生产费用，所以节约的潜力是很大的。

由于国际运输总里程长，运输总量巨大，通过体制改革和运输合理化可大大缩短运输吨千米数，从而可节约大量运输成本。

# 第二节　国际货物运输的构成与运输对象

国际货物运输的各要素构成了具有运输功能的有机整体，国际货物运输的对象就是运输部门承运的各种货物，如原料、材料、工农业产品、商品以及其他产品等。

## 一、国际货物运输的构成

一般来说，一种活动总是由人与工具构成的，运输活动也不例外。在国际货物运输活动中的人主要是国际货物运输的关系方，即运输的参与者和运输服务的提供者。工具是实现货物运输的手段。另外，国际货物运输是通过一些具体的运输方式或运输方式的组合来实现的，也需要运输线路、运输结点、通信设备等基础设施设备。因此，简单地说，国际货物运输主要由六个方面构成：运输的关系方、运输工具、运输方式、运输线路、运输结点、通信设备。或者说，运输的关系方、运输工具、运输方式、运输线路、运输结点、通信设备构成了国际货物运输系统，它们在货物的运输过程中发挥各自的作用，形成有机整体，共同完成运输任务。

（一）国际货物运输的关系方

国际货物运输活动受到直接参与或间接影响运输活动的各关系方的影响。国际货物运输的关系方包括：托运人（发运地）、收货人（目的地）、承运人、政府和公众以及联系托运人与承运人的运输代理人。图 6-1 说明了上述各方的关系。

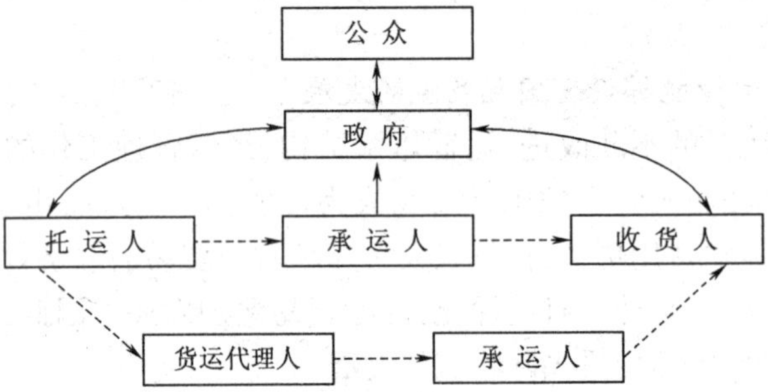


图 6-1　国际货物运输的关系方

1.政府与公众。政府与公众是国际货物运输的间接关系方。

政府机构主要通过制定各种规章制度和法律对国际货物运输各参与方的资格、运输服务的交易过程、费率的制定等加以管理，维护整个国际货物运输行业的竞争秩序。世界上许多国家的运输设施主要由政府提供，如港口、机场、公路的修建等。

公众对国际货物运输的影响通过两方面来体现：一是公众对商品需求产生影响，最终影响国际货物运输需求；二是公众对环境、安全的关注，并通过影响有关法律法规的制定对国际货物运输行业产生影响。

2. 承运人。承运人(carrier)是指专门经营水上、公路、铁路、航空或管道货物运输的运输服务方,如航运公司、航空公司、卡车公司和铁路部门等,是国际货物运输工作中的主要承运人。它们一般都拥有大量的运输工具和运输服务设施,为社会提供运输服务,但是否拥有运输工具并不是判定承运人的唯一标准。

承运人是国际货物运输服务的提供者。作为运输合同的另一方,其目的是以最低的成本提供运输服务,获得最多的运输收入。因此,在进行运输服务时,他要收取托运人(或收货人)所愿意支付的最高费率,并尽量降低货物移动的人工、燃料和运输工具成本。此外,承运人还会力争提货和交货时间的灵活性,提高各项服务水平以吸引更多的用户。

承运人可分为自营承运人(private carrier)、公共承运人(public carrier)、契约承运人(contract carrier)。公共承运人在法定的经营权范围内提供运输服务,并依法以非歧视价格面向社会公众提供服务;契约承运人则仅向与其订有契约(通常为长期协议)的客户提供合同规定的运输服务,且按合同规定向不同的客户索取不同运价。自营承运人是自己拥有运输工具运输自己产品的企业。

3. 货主。货主(cargo owner)是指专门经营进出口商品业务的外贸部门或进出口商。货主多为国际贸易运输工作中的托运人(shipper)或收货人(consigner)。托运人和收货人的共同目的是在规定的时间内以最低的成本将货物从起始地移动到目的地。其在选择国际货物运输服务时考虑的因素包括运费及各种附加费用、预计运输时间、运输服务的频率、破损比率、货物或车辆跟踪信息的可得性、运输索赔的难度等。

托运人、承运人、收货人是国际货物运输合同的主要当事人。

4. 运输代理人。运输代理人是指根据货主或承运人的要求,代办国际贸易货物运输业务的中间人。它们在承运人与货主之间起着桥梁作用。目前,国际货物运输的代理人主要有:租船代理,又称租船经纪人(shipping broker);船务代理(shipping agent);货运代理(freight forwarder);咨询代理(consultative agent);等等。以上各类代理之间的业务往往互相交错,如不少船务代理也兼营货运代理,有些货运代理也兼营船务代理等。

国际上从事代理业务的代理人一般都长期经营运输业务,经验丰富,而且熟悉各种运输手续和规章制度。它们与交通运输部门以及贸易、银行、保险、海关等有着广泛的联系和密切的关系,从而具有有利条件为委托人代办各种运输事项。

国际货物运输代理人的服务内容大多与国际贸易合同执行有关,与对外贸易运输组织有关,从目的和动机来看纯属商业行为,而与实际承运人的工作,包括装载、搬运、积载、运送、卸载等具体运输环节关系不大。它们接受委托人的委托,代办各种运输业务并按提供的劳务收取一定的报酬,即代理费、佣金或运费。

(二)国际货物运输工具

国际货物运输工具主要有下列四种。

1. 包装工具,包括包装机械、充填包装机械、灌装机械、封口机械、贴标机械、捆扎机械、热成型包装机械、真空包装机械、收缩包装机械和其他机械。

2. 集装工具,主要有集装箱、托盘和集装袋等。

3. 运输工具,主要有汽车、火车、船舶、飞机和管道等。

4. 装卸搬运工具,主要有起重机械、装卸搬运车辆、连续输送机械和散装机械等。

(三)国际货物运输方式

根据使用的运输工具不同,国际货物运输主要分为如下几种方式:海洋运输、铁路运输、航空运输、公路运输、邮包运输、管道运输、集装箱运输、大陆桥运输以及由各种运输方式组合而成的国际多式联运等。主要运输方式的运输业务将在以后的章节中阐述。

国际货物运输方式的优缺点见表6-1。

**表6-1 主要国际货物运输方式的优缺点**

| 方式 | 优点 | 缺点 | 适合运输对象 |
|---|---|---|---|
| 航空运输 | 速度快、安全准确、手续简便、节省包装和储存费用 | 运量小、能耗大、运费高、投资大、技术要求高、受天气影响 | 高附加值的、贵重、鲜活、急需的远距离货物运输 |
| 公路运输 | 机动灵活、速度快、装卸方便、对自然适应性强 | 运费较高、单车作业量小、相对成本高、不安全、有污染 | 中短途货运、集疏的有效方式、高附加值、多批次、少批量货运 |
| 海洋运输 | 通过能力大、运输量大、运费低廉、对货物的适应性强 | 速度慢、灵活性差、受自然条件影响大、风险较大、需要其他接驳方式 | 时间要求低的大宗、廉价货物的长距离运输 |
| 铁路运输 | 准确性和连续性强、运输速度快、运输量较大、安全可靠、运输成本较低、受自然因素影响小、运输的地区局限性小 | 造价高、耗材多、短途运输成本高、装卸作业时间长、机动性差 | 大宗货物运输、中长距离货运 |
| 集装箱运输 | 便于货物运输、简化货运手续、无须开箱倒载、节省包装用料、减少运杂费 | 对货物的品种、规格有一定限制、手续及单证不统一 | 件杂货、大宗散货 |
| 管道运输 | 运具和线路合二为一、运量大、损耗小、安全、连续性强、环保 | 投资大、灵活性差、运输对象单一 | 气体、液体 |

各种运输方式的议付凭证见表6-2。

表 6-2　各种运输方式的议付凭证

| 运输方式 | 送银行办理议付的运输凭证 | 签发人 |
|---|---|---|
| 海洋运输 | 海运提单(bill of lading) | 船公司或其代理人 |
| 国际铁路联运 | 铁路运单副本 | 铁路始发站 |
| 对港、澳铁路运输 | 承运货物收据(cargo receipt) | 外运公司 |
| 航空运输 | 航空分运单(house airway bill) | 航空货运代理 |
| 邮政运输 | 邮包收据 (parcel post receipt) | 邮局 |
| 多式联运 | 多式联运单据(multimodal transport document)<br>或集装箱联运提单(combined transport B/L) | 多式联运经营人 |

运输方式的选择既包括在单一运输方式与多式联运之间的选择,也包括对各种货运形式的选择。如何选择适当的运输方式是运输合理化的重要问题,也是国际物流企业需为货主考虑的首要问题。

在国际物流中,运输方式选择不当造成的不合理运输程度远甚于一般物流。例如,一旦选择海运,则不可避免受航线的约束形成迂回,这比通常的陆地迂回大得多,而且一旦上船便无法改变。又如,由于国际物流受国际贸易的驱动,比一个国家内的物流多了一层通关手续,多了很多关税。假如由于物流方式选择不当,拉长了时间,错过了销售时机,就会造成更大的经济损失。因此,组织国际物流,必须正确选择运输方式和管理组织方式。

组织国际物流对运输方式的选择,主要应从以下几个方面考虑。

1. 运输成本。这是国际货物运输方式选择上首先需要考虑的因素,其原因是国际货物运输运距太长,运费负担较重。据统计,运输费有时可占出口货价的30%—70%,对于煤炭、矿石等低价值货物,这一比例更高。在国际物流中,大型专用船舶的运输成本较低,定期班轮较高,包轮则更高。一般而言,海运成本低于陆运成本,但如果海运有大迂回,则利用大陆桥在运载成本方面有一定的优势。

2. 运行速度。加快国际物流速度十分重要,这主要有两个原因:一是运距长,需时较多,资金占用时间长,加快物流速度有利于解放被占用的资金;另一原因是市场价值,由于速度慢错过了好的行情会使经济效益下降。所以缩短物流时间会有一系列的好处。在各种物流形式中,航空货运有不容争议的高速度;在洲际运输中,用大陆桥运输取代海运会获得提高物流速度的显著效果。

3. 货物的特点及性质。货物特点及性质有时对物流方式的选择起决定作用。例如,由于国际物流方式的限制,有些货物无法进入国际物流中而失去了市场时机。一般来说,各种包装杂货可以选择各种物流方式,而诸如水泥、石油、沥青、危险品等,选择范围则较窄,如在国际物流中,选择汽车或飞机运输水泥显然是不恰当的。

4. 货物数量。国际物流距离长,使大数量货物运输受到了限制,因为国际物流距离往往超出了汽车等运输工具的经济里程,大数量货物也不可能选择航空运输,因为航空运输不具备那样大的运输能力,更不用讲价格了。

5. 物流基础设施条件。由于国家之间发展的不平衡,一个国家中可以选择的物流方式,到另一个国家便不能采用,原因是另一个国家缺乏采用这种方式的必要基础设施。在选择运输方式时,如不考虑这个问题,就无法形成有效的物流系统。例如,大型船舶和集装箱,如缺乏必要的水域条件、港口条件,大型船舶无法作业,则不管如何便宜,也不能选择大型船舶;如果没有大型集装箱装运码头和集装箱集疏的腹地条件,则也不可能大量选择集装箱方式。

总之,每种运输方式在特定的条件下都有其优越性,但一个完整的运输过程有时不是一种运输工具所能完成的,这使得运输方式的协作十分必要。各种运输方式各具优缺点,相互补充,使运输方式的协作成为可能。充分满足需求、总体效益最优、衔接便利顺畅、可持续发展是运输方式协作的四大基本原则。各种运输方式协作的最好方式是构建综合运输体系,发展联合运输,通过各种运输方式的组合来高效完成运输任务。

(四)国际货物运输线路

国际货物运输线路是交通运输的基础设施,也是构成国际货物运输系统的要素之一。运输线路又叫运输通路,是供运输工具定向移动的通道,是指在运输网络中,连接运输始发地、到达地、经停点,供运输工具安全、便捷运行的线路。按其形成可分为自然形成和人工建设而成。自然形成的线路是依靠自然条件而形成的,如空中航线、水运的江河湖泊、海洋的航道。人工建设而成的线路是专门经过人员施工而形成的,如铁路、公路、管道、运河等。国际货物运输线路一般分为陆路、水路和空路。

(五)国际货物运输结点

运输结点(nodes)或称运输节点,是运输网络中连接运输线路的结节之处,所以又被称为运输结节点。如公路运输的停车场、货运站,铁路运输的中间站、区段站、编组站、货运站,水运的港口,民航的机场,管道运输的管道站,均属于运输结点。口岸仓库、港口仓库、国际物流中心等也可看作国际货物运输结点。

国际货物运输活动是在线路上和运输结点内进行的。国际货物运输结点具有衔接、信息处理、管理功能。国际货物运输结点衔接的功能使得国际货物运输线路联结成一个系统,使各个线路通过结点变得更为贯通,并且通过转换运输更好地衔接在一起。国际货物运输结点不仅起着连接不同运输方式的作用,还负责货物的集散、运输业务的办理、运输工具的保养和维修。此外,国际货物运输结点除执行一般的运输职能外,还具有指挥调度、信息处理等神经中枢的管理职能。

(六)通信设备

国际货物运输的特点是运输量大、运输距离长,需要有相应的通信设备来传递、收集、处理、发送各类信息,以加强运输工具与线路、站场及相关部门的联系。通信设备的功能在于运输管理部门及营运企业迅速掌握运输服务的进展情况,处理各种突发事件,确保运输安全,提高运输服务质量与运输效率。良好的国际货物运输通信设备应具有优良、迅速、操作简便的特点。

## 二、国际货物运输的对象

国际货物运输的对象就是国际货物运输部门承运的各种进出口货物，如原料、材料、工农业产品、商品以及其他产品等，它们的形态和性质各不相同，对运输、装卸、保管也各有不同的要求。可以从货物的形态、性质、重量、运量等不同角度对国际货物运输的对象进行简单的分类，如表6-3所示。

表6-3　国际货物运输对象的分类

| 分类形式 | 分类 | | |
|---|---|---|---|
| 从货物形态的角度分类 | 包装货物 | 裸装货物 | 散装货物 |
| 从货物性质的角度分类 | 普通货物 | 特殊货物① | |
| 从货物重量的角度分类 | 重量货物 | 体积货物② | |
| 从货运量大小的角度分类 | 大宗货物 | 件杂货物 | 长大笨重货物 |

# 第三节　国际货物运输保险的主要业务环节

在国际贸易中，买卖双方所在的国家相距遥远，进出口货物在运输途中，容易因灾害事故的发生而遭受损失，所以，每笔交易都必须办理货物运输保险。提供货物运输保险有助于推动国际物流和贸易的顺利发展，是开展对外贸易和国际物流不可缺少的重要环节。

国际货物运输保险，是指被保险人（Insured）就其货物按一定的金额和险别向保险人亦称保险公司或承保人（Insurer）提出投保申请，经保险人同意，保险人便按投保金额和投保险别的费率收取保险费，并出具保险单证。事后，如所保货物在运输过程中遭受保险责任范围内的损失，享有保险利益的单证持有人即可向保险人要求赔偿。因此，通常情况下，国际货物运输保险业务包括投保人的投保和保险人的承保以及保险的索赔和理赔几个阶段。

## 一、国际货物运输保险投保

国际货物运输保险的投保是指投保人向保险人表示订立保险合同的意愿，提出投保申请，将自己所面临的风险和投保的要求告知保险人，向保险人发出要约或询价，保险人表示承诺或对此询价提出包括保险条件及费率的要约。在我国的保险实践中，投保人一般需要填写国际货物运输保险投保单来完成投保行为，即通过投保人要约，保险人在投

① 特殊货物包括：危险货物；易腐、冷藏货物；贵重货物（也称高值货物）；活的动植物。

② 根据国际上统一的划分标准，凡1吨重量的货物，体积小于40立方英尺或1立方米，这种货物就是重量货物；凡1吨重量的货物，体积大于40立方英尺或1立方米，这种商品就是体积货物，也称为轻泡货物。

保单上签章承诺,从而订立保险合同[①]。

国际货物运输保险应由卖方还是买方办理投保手续,主要取决于贸易合同中采用的贸易术语,如我国出口货物,若采用FOB、FCA或CFR、CPT以及EXW、FAS术语,投保手续由国外买方办理;若采用CIF或CIP术语,则由我方办理投保手续。

## 二、国际货物运输保险承保

保险公司在接受投保人的投保申请后,应及时开立保险单,并确定投保人应缴纳的保险费。

保险单一般均应包括下列事项:保险公司名称,保险单名称,保险单号次,被保险人名称,发票号与唛头,包装及数量,保险货物项目,保险金额,保费,装载运输工具,开航日期,运输起讫地,承保险别,保险公司在目的地的检验、理赔代理人名称及详细地址和电话号码等内容,赔款偿付地点,保单签发日期,保险公司代表签名。保险单是保险公司根据投保人提供的投保单的内容而制作的,因此保险人在接受投保后,所缮制的保险单内容应与投保单一致,以满足投保人对保险的要求。

按时支付保险费是投保人应履行的基本义务,也是保险人履行赔偿义务,建立各种基金,以及弥补保险经营费用等支出的主要资金来源。保险费的金额取决于保险金额和保险费率的高低。如前所述,保险金额是根据保险价值确定的,保险价值一般包括货价、运费、保险费、经营管理费和预期利润等。按照各国法律的规定,保险金额在不超过保险价值的前提下,可由保险人和投保人约定,在实践中,通常是由投保人根据货物的合同价并适当加成后经保险人同意确定的。而保险费率即保险价格,是保险人为承担约定的保险赔付责任而向投保人收取保费的标准。

**链 接**

货运保险的保险费率的确定

货运保险的保险费率通常是由保险人根据损失赔付概率,运用大数法则,并综合营运成本而制定的,需要考虑运输方式、货物特性、包装、保险险别、航程远近、航行路线等因素。保险费率的制定不能偏高,也不能偏低。费率定得太高,会使保险人在市场上缺乏竞争力;定得太低又会影响到保险人对灾害事故的偿付能力,影响业务的正常运行。此外,由于国际货物运输保险承保的是国际运输的货物,所以还应注意国际因素,使保险费率水平能适应国际市场的行情,以增强自身在国际市场上的竞争能力。而且还应使保险费率水平能为国际再保险人接受,以便保险人在需要时通过国际范围内的再保险,使其所承保的风险得以分散和转移。

---

① 保险合同一般采用书面形式。根据我国《保险法》的规定及保险实务,保险合同的书面形式通常有投保书、暂保单、保险单、保险凭证。

## 三、国际货物运输保险索赔

向保险公司索赔的人必须同时满足三个条件：合法持有保险单；对保险标的具有可保利益；损失属于承保责任范围。以海运为例，假设以 CIF 条件成交，货物的损失若是发生在起运港或装上海轮之前的运输途中，应由卖方向保险公司索赔；如果货物的损失发生在装上海轮之后，根据保险利益原则的规定，应由买方向保险公司进行索赔。

### （一）被保险人在索赔时必须履行的手续

被保险人在索赔时必须履行的手续主要有以下几个步骤。

1. 损失通知。一旦获悉保险货物受损，被保险人应立即向保险人或其指定的代理人发出损失通知。

2. 申请检验。被保险人在向保险人或其代理人发出损失通知的同时，也应向其申请货物检验，而不能自行请他人进行检验。货物的检验对查清损失原因、审定责任归属是极其重要的，因而被保险人应及时申请检验，如果延迟检验，不仅会使保险人难以确定货损是否发生在保险有效期内，而且可能导致损失原因无法查明，影响责任的确定。特别是当被保险人在货物运抵目的地的最后仓库才发现货损时，被保险人更应尽快地向保险人申请检验，以便确定损失是否在运抵最后目的地仓库前，即在保险期限内发生。

3. 提交索赔单证。被保险人在向保险人或其代理人索赔时，应提交索赔必需的各种单证。按照我国货物运输保险条款的规定，被保险人在索赔时应提供保险单正本、提单、发票、装箱单、磅码单、货损货差证明、检验报告及索赔清单。如果涉及第三者责任，还须提供向责任方追偿的有关函电及其他必要的单证或文件。

### （二）被保险人在索赔时应履行的义务

在保险索赔过程中，被保险人除了应及时向保险人发出损失通知、申请检验以及提交有关单证外，还应履行下列几项义务。

第一，采取施救措施，防止或减少损失。对于已发生损失的货物，如果损失可能进一步扩大，被保险人应立即采取必要措施防止损失扩大，不能因为货物已经保险而任由损失扩大。我国《海商法》第 236 条规定，被保险人收到保险人发出的有关采取防止或减少损失的合理措施的特别通知后，应当按照保险人通知的要求处理，如果被保险人违反了上述规定而造成货物损失的扩大，保险人就该扩大的损失部分不负赔偿责任。

第二，向有关责任方索赔。被保险人向责任方通知损失后，还应及时以书面形式向责任方提出索赔，并保留追偿权利，必要时还应申请延长索赔时效。及时向责任方进行追偿，维护保险人代位追偿[①]权的行使是被保险人应履行的一项重要义务。

## 四、保险理赔

保险理赔是指保险人在接到被保险人的损失通知后，通过对损失的检验和必要的调

---

① 代位追偿（subrogation）是指当保险标的发生了保险责任范围内的由第三者责任造成的损失，保险人向被保险人履行了损失赔偿的责任后，有权在其已赔付的金额限度内取得被保险人在该项损失中向第三者责任方要求索赔的权利，即可站在被保险人的地位上向责任方进行追偿。

查研究,确定损失的原因、损失的程度,并对责任归属进行审定,最后计算保险赔款金额并给付赔款的一系列过程。

保险人对货物进行检验时,很重要的一项任务就是确定损失的原因。根据近因原则的规定,保险人只对近因属于承保风险而导致的损失负责。由于实际事故中,货物损失的情况多种多样,造成损失的原因也复杂不一,因而首先需要从若干致损原因中找出损失的近因①,然后才能确定损失是否属于保险责任。

在确定损失原因之后,保险人应根据保险条款中的保险险别以及保险期限等规定,确定损失是否属于保险责任。每一份保险单都明确规定了所承保的险别(包括主险和附加险)及适用的保险条款,保险人应以保险条款为依据,确定损失是否属于承保责任。例如,运输货物按照我国《海洋运输货物保险条款》投保平安险,如果根据检验结果及被保险人提交的海事声明书可确定因船舶在运输途中遇台风而导致货物部分被水浸湿,据保险条款规定可知,货物因恶劣气候而致的部分损失不属平安险的承保责任,故保险人应予拒赔。对保险期限,主要审查保险事故是否发生在保险合同有效期内。另外,保险人还应审定被保险人在事故发生后是否尽力采取措施,防止损失扩大,否则,保险人对扩大的损失部分有权拒赔。

保险货物发生事故时,如果确定损失属于保险责任,保险人应当及时向被保险人进行经济补偿。

## 第四节　海运货物运输的保险安排

海运保险是各类保险中发展最早的一种。这是由于商船在海洋航行中的风险大、海运事故频繁所致。

### 一、海运风险与损失

在海运保险业务中,各国保险界对海上风险与海上损失都有其特定的解释。

#### (一)海运风险

海运风险包括海上风险与外来风险两类(见表6-4)。海上风险一般包括自然灾害和意外事故两种;外来风险也可分为两种类型,即一般的外来原因所造成的风险和特殊的外来原因造成的风险。

#### (二)海上损失

海上损失(简称海损)是指被保险货物在海运过程中,由于海上风险所造成的损坏或灭失。根据国际保险市场的一般解释,凡在与海陆连接的陆运过程中所发生的损坏或灭失,也属海损范围。就货物损失的程度而言,海损可分为全部损失和部分损失;就货物损

① 近因是指引起保险标的损失的直接的、起决定作用的原因。当造成损失有两个或两个以上的原因时,只有直接导致标的损失和对损失形成起决定性作用的原因才是近因,在时间和空间上,最接近损失结果的原因不一定是近因。近因原则是指若发生保险事故,造成保险标的损失的近因属保险人的责任范围,保险人承担赔偿责任;否则,保险人不予赔偿。

失的性质而言,海损又可分为共同海损(general average)和单独海损(particular average)。

**表6-4 海运风险的类别**

| 风险种类 | 风险的内容 |
|---|---|
| 海上风险<br>(perils of sea) | 自然灾害(natural calamites):恶劣气候、雷电、海啸、地震、洪水、流冰等。 |
| | 意外事故(fortuitous accidents):船舶搁浅、触礁、沉没、互撞、失火、爆炸等。 |
| 外来风险<br>(extraneous risks) | 一般原因:偷窃、雨淋、短量、沾污、渗漏、破碎、串味、受潮、钩损等。 |
| | 特殊原因:战争、罢工、交货不到、拒收等。 |

1. 全部损失(total loss)。全部损失简称全损,有实际全损和推定全损之分。

(1)实际全损(actual total loss)。它是指货物完全灭失或变质而失去原有用途,即货物完全损失已经发生或者不可避免。主要有以下四种情况。

第一,被保险货物完全灭失,如整船货物沉入海底。

第二,被保险货物完全遭受严重损害已丧失原有用途,已不具有任何使用价值,如水泥遭水泡后结成硬块,茶叶串味后不能饮用。

第三,被保险货物丧失已无法挽回,如船、货被海盗劫去或被敌对国扣押,虽然船、货并未遭到损失,但被保险人已失去这些财产。

第四,船舶失踪,达到一定时期,仍无音讯。

(2)推定全损(constructive total loss)。它是指被保险货物虽未完全灭失,但对被保险人而言已没有什么用途或价值。凡有下列情况之一者即为推定全损。

第一,被保险货物遭受严重损害,完全灭失已不可避免。

第二,被保险货物受损害后,修理费用估计要超过货物修复后的价值。

第三,被保险货物遭受严重损害之后,继续运抵目的地的运费已超过残存货物的价值。

**链 接**

实际全损与推定全损的区别

实际全损和推定全损虽然都名为全损,但两者有区别:实际全损时,被保险货物确实已经或不可避免地完全丧失,被保险人自然可以向保险人要求全部赔偿,而不需要办理委付手续;推定全损,则是被保险货物受损后并未完全丧失,是可以修复或者可以收回的,只是所支出的费用将超过被保险货物的保险价值或者收回的希望很小,因此,被保险人可以向保险人办理委付,要求保险人按全损赔偿,也可以不办理委付,由保险人按部分损失进行赔偿。

第四,被保险货物遭受责任范围内的事故,使被保险人失去被保险货物所有权,而收回这一所有权,其所需费用将超过收回被保险货物的价值。

2.部分损失(partial loss)。部分损失是指被保险货物没有达到全部损失的程度。

**【案例】**

某货轮在海上航行时,某舱发生火灾,船长命令灌水施救,扑灭大火后,发现船上所载货物纸张已经烧毁一部分,未烧毁的部分,因灌水后无法使用,只能作为纸浆处理,损失原价值的80%;另有印花棉布没有烧毁,但是有水渍损失,其水渍损失使该布降价出售,损失该价值的20%。请问:纸张损失的80%,棉布损失的20%,都是部分损失吗?为什么?

案例分析:

不都是部分损失。棉布损失的20%是部分损失,纸张损失的80%可视为全部损失中的推定全损。因为纸张已烧毁一部分,未烧毁的部分尽管有一定的价值,但估计继续运抵目的地的运费将超过残存纸张的价值,被保险人可以向保险公司办理委付,要求保险公司按全损赔偿。

常见的部分损失及原因有:①部分灭失(partial loss)。由于盗窃、抛海、遗失、落海等原因造成。②短缺(shortage)。由于包装不良、包装破裂、盗窃、泄漏、蒸发等原因造成。③破损(breakage)。由于积载不当、倒垛、碰撞、坠毁、手钩等原因造成。④水湿(rain & fresh water damage,R.F.W.D.)。由于在雨雪中装卸、驳运中遭河水浸湿、消防救火中的水湿、船舱内淡水管系故障导致漏水等原因造成。⑤海水湿(sea water damage)。由于海上风暴、船体破损、海上救火导致海水浸湿等原因造成。⑥汗湿(sweat)。由于舱内通风不良,衬垫、隔离不当造成。⑦污染(stain)。由于混载、衬垫不充分、隔离不当等原因造成。⑧虫蛀、鼠咬(rats and/or vermin)。由于驱虫、灭鼠不充分,舱内清扫、消毒不彻底,对货物检查不严而致使虫、鼠被带入舱内。⑨锈蚀(rust)。由于长期受潮、海水溅湿、不适当的混载等原因造成。⑩腐烂、变质(mould & mildew)。积载的位置不符合要求,舱内的温度、湿度过高,通风换气不充分,冷藏设备故障等原因造成。⑪焦损(smoken)。由于自燃、火灾、漏电等原因造成。⑫烧损(lost caused by fire)。由于舱内温度过高、货物本身特性等原因造成。⑬混票(mixture)。由于标志不清、隔票不充分、倒垛、积载不当等原因造成。

部分损失又分为共同海损与单独海损两种。

(1)共同海损(general average,G.A)。共同海损是指载货船舶在海运途中遇到危难,船长为了维护船舶和所有货物的共同安全或使航程得以继续完成,而采取的有意并且合理的行为所产生的某些特殊牺牲或支出的特殊费用。

共同海损的成立,主要应具备下列条件。

第一,共同海损的危险必须是共同的,采取的措施是合理的,这是共同海损成立的前提条件。如果危险还没有危及船货各方的共同安全,即使船长有意作出合理的牺牲和支付了额外的费用,也不能算作共同海损。例如,船舱着火,船长和船员忙着救火,致使部分货物受潮造成损失,就属于共同海损;如果机舱外烟雾弥漫,船长误认为船舱着火,号召大家救火,致使部分货物受潮造成损失,就不属于共同海损。

第二,共同海损的危险必须是真实存在的而不是臆测的,或者是不可避免地发生的。

第三,共同海损的牺牲必须是自动的和有意采取的行为。其费用必须是额外的。

第四,共同海损必须是属于非常情况下的损失。

共同海损的牺牲和费用要由船、货、运三方共同承担责任,即在最后获救价值的基础上按比例分摊,这种分摊叫作共同海损分摊。凡是由保险承保范围内的风险引起的共同海损的牺牲费用,保险人按共同海损分摊方法,就各方承担的损失额赔偿给被保险人,同时被保险人在共同海损中的权利由保险人"代位",但代位的金额不得超过保险人原来赔出的金额。

(2)单独海损(particular average)。单独海损是指仅涉及船舶或货物所有人单方面利益的损失。这种损失只属于特定利益方,而不属于所有其他的货主或船方,由受损方单独承担。例如:在整船运输中,有面粉、机器设备、钢材三种货物,途中遇到暴风雨,海水进入船舱,海水浸泡了部分面粉,使其变质。面粉的损失只是使面粉一家货主的利益遭受影响,跟同船所装的其他货物的货主和船东利益无关,因而属于单独海损。

单独海损与共同海损的区别如下。

其一,造成海损的原因不同:单独海损是承保风险所直接导致的船、货损失;共同海损,则不是承保风险所直接导致的损失,而是为了解除或减轻共同危险人为造成的一种损失。

其二,承担损失的责任不同:单独海损的损失一般由受损方自行承担;而共同海损的损失,则应由受益的各方按照受益大小的比例共同分摊。

此外,海上风险还会造成费用上的损失。保险公司除对货物损失进行经济赔偿外,还要支付由于损失而产生的费用。由海上风险所造成的海上费用,主要有施救费用和救助费用。

施救费用是指被保险的货物在遭受承保责任范围内的灾害事故时,被保险人或其代理人与受让人,为了避免或减少损失,采取了各种抢救或防护措施而所支付的合理费用。

救助费用是指被保险货物在遭受了承保责任范围内的灾害事故时,由保险人和被保险人以外的第三者采取了有效的救助措施,在救助成功后,由被救方付给救助人的一种报酬。

**【案例】**

某远洋运输公司的"庆风轮"在4月23日满载货物起航,出公海后由于风浪过大偏离航线而触礁,船底划开长1.6米的裂缝,海水不断渗入。为了船货的共同安全,船长下令抛掉A舱的所有钢材并及时组织人员堵塞裂缝,但无效果。为使船舶能继续航行,船长请来拯救队施救,共支出4万美元施救费。船修好后继续航行,不久又遇恶劣气候,入侵海水使B舱底层货物严重受损,甲板上的1 600箱货物也被风浪卷入海里。问:以上损失各属什么性质的损失?

案例分析

本案中,A 舱钢材损失为共同海损;组织船上人员堵塞产生的费用应为共同海损;请来的拯救队施救费用 4 万美元为共同海损;B 舱货物的损失为单独海损,甲板上的1 600箱货的损失为单独海损。

除上述各种风险损失外,保险货物在运输途中还可能发生其他损失,如运输途中的自然损耗以及由于货物本身特点和内在缺陷所造成的货损等。这些损失不属于保险公司承保的范围。

## 二、海运货物保险的险别及其选择

保险公司通常在其签发的保险单中列有各种保险条款,明确规定保险公司对承保货物遭受损失时的责任范围。这种对保险公司承保责任范围所作的规定,一般称为保险险别。

世界各主要国家都有自己的保险条款,其中影响最大的是英国伦敦保险协会制定的《协会货物条款》(*Institute Cargo Clause*,ICC),目前世界上约有 2/3 的国家在海运货物保险方面直接采用了该条款。我国为适应对外经济贸易发展的需要,中国人民保险公司(PICC)根据我国保险业务的实际情况,1981 年修订了《中国保险条款》(*China Insurance Clause*,CIC),自 1982 年起开始实施。

对于保险险别,开证申请人(进口商)一般会向开证行发出完整明确的指示。出口商要根据信用证的规定,确定投保《中国保险条款》(CIC)的险别或英国伦敦《协会货物条款》(*Institute Cargo Clause*,ICC)的险别。

(一)CIC 海洋运输货物保险险别

CIC 海洋运输货物保险险别分为基本险、附加险及专门险三类(如图 6-2 所示)。

- 海洋运输货物保险种类
  - 基本险
    - 平安险(FPA)
    - 水渍险(WA)
    - 一切险(all risks)
  - 附加险
    - 一般附加险
      - 偷窃、提货不着险　淡水雨淋险　短量险
      - 混杂、沾污险　渗漏险　碰损、破碎险
      - 串味险　受潮受热险　锈损险
      - 包装破裂险　钩损险
    - 特别附加险
      - 交货不到险　进口关税险　舱面险
      - 拒收险　黄曲霉素险　港澳存仓火险
    - 特殊附加险
      - 战争险　战争险的附加费用险
      - 罢工险
  - 专门险
    - 海洋运输冷藏货物险
    - 海洋运输散装桐油险

**图 6-2　CIC 海洋运输货物保险种类**

基本险亦称主险,是可以单独投保的险种。附加险是基本险的扩大和补充,只能在投保了基本险中的一种之后才能加保,不能单独投保。加保的附加险可以是一种或几种,由被保险人根据需要选择确定。

我国的《海洋运输货物保险条款》除规定了上述各种基本险别的责任外,还对保险责

任的起讫也作了具体规定。保险的责任起讫，即保险期间或保险期限，是指保险人承担责任的起讫时限，除了指具体的开始与终止日期外，还指保险责任在什么情况下可称为开始或终止。在海运保险中，保险责任的起讫，主要采用“仓至仓”（warehouse to warehouse，W/W）条款①。即保险责任自被保险货物运离保险单所载明的起运地仓库或储存处所开始，包括正常运输中的海上、陆上、内河和驳船运输在内，直至该项货物运抵保险单所载明的目的地收货人的最后仓库或储存处所或被保险人用作分配、分派或在非正常运输的情况下运抵其他储存处所为止。但被保险的货物在最后到达卸载港卸离海轮后，保险责任以 60 天为限。

（二）ICC 海运货物保险险别

目前，世界上有很多国家在海上保险业务中直接采用英国伦敦保险协会所制定的《协会货物条款》（*Institute Cargo Clauses*，ICC），或者在制定本国保险条款时参考或部分采用了上述条款。

英国协会货物条款最早制定于 1912 年。英国伦敦保险协会 1965 年制定的《海洋运输货物保险条款》，所含三个基本险分别叫作平安险、水渍险和一切险，另外还有战争险、罢工险和恶意损害险。上述六种险别，前五种可单独投保，恶意损害险不能单独投保。

1982 年 1 月 1 日，该协会颁布新的 ICC 条款，将三个基本险更名为条款 A、条款 B 和条款 C。前者和后者的关系是：

Institute Cargo Clauses（A）为一切险。

Institute Cargo Clauses（B）为水渍险。

Institute Cargo Clauses（C）为平安险。

2009 年 1 月 1 日，新的 ICC 条款，即 ICC1/1/09 颁布。ICC1/1/09 扩展了保险责任起讫期，对保险人援引免责条款做出了一定的限制。

CIC 的海洋运输货物险的平安险、水渍险、一切险分别相当于伦敦保险协会之货物条款的条款 C、条款 B 和条款 A。ICC 的附加险的规定与中国保险条款的规定大致相同，但对战争险和罢工险专门制定了独立完整的条文，可以作为独立险别单独投保，而中国保险条款中的两种特殊附加险是不能作为独立险单独投保的。

我国企业按 FOB 等价进口，一般在中国人民保险公司投保 CIC 条款。但有时卖方要求按伦敦保险协会条款投保，我国保险公司一般也可接受。需要注意的是，不能因为涵盖险别相同，在信用证要求 ICC（A）时，投保 CIC 一切险，这样会被开证行以“投保险别与信用证不符”为由而拒付。

ICC 运输条款规定：保险人对被保险货物应负“仓至仓”的责任。伦敦保险协会货物保险条款第 8 条规定，保险责任期间开始后，保险效力在下列情况下仍继续有效：非被保险人所能控制的原因导致的运输迟延、任何绕航、被迫卸货、重行装载、转船以及船舶所

① 海上运输货物保险之所以用仓至仓条款，而非港至港条款来界定保险期限，并对被保险货物在目的港全部卸离海轮后又给予了 60 天的宽限期，其根本原因是要更好地给被保险货物提供保障。因为对于大批量的被保险货物而言，从目的港全部运抵保险单所载明的最后仓库或储存处所，或全部提出予以分配或分派，一般需要多次运输和较长的运输时间，仓至仓条款能够较好地满足客户的需求。

有人或租船人运用运输合同赋予的权限而进行海上运输的变更。

（三）保险险别的选择

保险人承担的保险责任是以险别为依据的，不同的险别所承保的责任范围不同，其保险费率也不相同。被保险人在选择保险险别时，应该根据货物运输的实际情况予以全面衡量，既要考虑使货物得到充分保障，又要尽量节约保险费的支出，降低贸易成本，增加经济效益。一般应首先在基本险别中选择平安险或水渍险，或ICC（B）和ICC（C），然后再根据需要加保必要的附加险别。如果货物遭受外来原因导致的风险范围较广，遭受损失的可能性较大，则可选择基本险别中的一切险，或ICC（A），而不需加保附加险。在特定情况下，还可按需要投保特别附加险和特殊附加险。具体来说，在货物运输中，选择适当的险别主要应考虑以下六个因素。

1.货物的性质和特点。不同性质和特点的货物在运输途中可能遭遇的风险和发生的损失往往有很大的差别。因此，在投保时必须充分考虑货物的性质和特点，据以确定适当的险别。例如，粮谷类商品（如粮食、花生、豆类、饲料等）的特点是含有水分，经过长途运输水分蒸发，可能造成短量；在运输途中如果通风设备不良，还易发汗、发热而致发霉。对于此类商品，一般可以在投保水渍险的基础上加保短量险和受热受潮险，或者投保一切险或ICC（A）。又如玻璃器皿、家具、大理石、水磨石的特点是比较容易碰损、破碎，因而可在投保平安险的基础上加保碰损、破碎险。

2. 货物的包装。货物的包装方式会直接影响到货物的完好情况。投保人应根据不同包装方式的特点选择适当的险别。例如采用集装箱运输，可能因集装箱本身未清理干净而使货物沾污受损，或是箱内货物堆放不妥而致运输途中出现碰损、混杂等损失，往往需要在平安险或水渍险的基础上加保碰损、破碎险或混杂、沾污险。

3. 运输路线及船舶停靠港口。运输路线和停靠港口不同，对货物可能遭受的风险和损失也有很大的不同。某些航线途经气候炎热的地区，如果载货船舶通风不良，就会增大货损。同时，由于不同的停靠港口在设备、装卸能力以及安全等方面有很大差异，进出口货物在港口装卸时发生货损货差的情况也就不同。

4. 运输方式与运输工具。根据中国运输货物保险条款，货物采用的运输方式不同，其适用的保险险别也不同。例如，海运货物保险的基本险包括一切险、水渍险和平安险，陆运保险的基本险则包括陆运一切险和陆运险。多式联运方式将海运、陆运、空运等单一的运输方式有机地结合起来，因此货主在投保时应全面考虑整个运输过程中分别采用的运输工具的具体特点，分段选择相应的保险险别。

5. 运输季节。货物运输季节不同，也会对运输货物带来不同风险和损失。例如，载货船舶冬季极易发生与流动冰山碰撞的风险；夏季装运粮食、果品，极易出现发霉腐烂或生虫的现象。因此，货主在投保时，可适当加保一定的各种附加险。

6. 货物的用途与价值。货物的用途和价值的高低对投保险别的选择也有影响。例如，茶叶在运输途中一旦被海水浸湿或吸收异味即无法饮用，失去使用价值，故应当投保一切险。而对于矿石、矿砂及建材类商品，因其价值低廉，也不易受损，故海运一般仅需在平安险的基础上加保短量险即可。

【案例】

某出口公司按 CIF 条件成交货物一批,向中国人民保险公司投保了水渍险,货物在转船过程中遇到大雨,货到目的港后,收货人发现货物有明显的雨水浸渍,损失达 70%,因而向我方提出索赔。问题:我方能接受吗?

案例分析:

不能接受。货物被雨水浸湿不属于水渍险范围,而是属于淡水雨淋险范围。保险公司和卖方对货损都不负责,由买方承担损失。

## 三、海运货物运输保险的投保

(一)进口货物运输保险的投保

进口货物运输保险的程序可归纳为三步:订立预保合同→正式投保→保险公司承保。进口货物运输保险一般采用预约保险的做法,即被保险人(投保人)和保险人就保险标的物的范围、险别、责任、费率以及赔款处理等条款签订长期性的保险合同。投保人在获悉每批货物起运时,应将船名、开船日期及航线、货物品名及数量、保险金额等内容,书面定期通知保险公司。保险公司对属于预约保险合同范围内的商品,一经起运,即自动承担保险责任。未与保险公司签订预约保险合同的进口企业,则采用逐笔投保的方式,在接到国外出口方的装船通知或发货通知后,应立即填写"装货通知"或投保单,注明有关保险标的物的内容、装运情况、保险金额和险别等,交保险公司,保险公司接受投保后签发保险单。

保险金额一般是以 CIF 或 CIP 的发票价格为基础确定的,其公式为:

保险金额=CIF(CIP)价×(1+投保加成率)

当信用证没有作特别规定时,应按 CIF 或 CIP 价格加成 10%支付保险费。

保险费=保险金额×保险费率

若按 CFR 或 FOB 条件进口,保险金额则按保险费率和平均运费率直接计算,公式如下。

按 CFR 进口时:

保险金额=CFR 价×(1+保险费率)

按 FOB 进口时:

保险金额=FOB 价×(1+平均运费率+保险费率)

【例】

进口商品 A 的 CFR 价格为 8 846.4 美元,要投保一切险(保险费率 0.8%)和战争险(保险费率 0.08%),试计算进口商应付给保险公司的保险费用?

解:

保险金额=8 846.4×(1+0.8%+0.08%)= 8 924.25(美元)

保险费=8 924.25×(0.8%+0.08%)= 78.53(美元)

(二)出口货物运输保险的投保

出口方对货物运输保险安排的基本步骤为:合同中订立保险条款,确定由谁投保→办理投保手续→选择投保险别→申报投保金额→填写投保单→保险索赔。出口货物运输保险的投保日期应不迟于货物装船的日期。出口货物运输保险的投保程序是:出口商根据合同或信用证的规定,在备妥货物,并确定装运日期和运输工具(一般是在收到船公司有关配船的资料,如经船公司签署的配舱回单等)后,按约定的保险险别和保险金额,向保险公司投保。投保时应填制海运出口货物投保单或运输险投保申请单(application for transportation insurance,样本见表 6-5)并支付保险费,保险公司凭此出具保险单(样本见表 6-6)或保险凭证。

**表 6-5　运输险投保申请单**

<table>
<tr><td colspan="4">运输险投保申请单<br>Application for Transportation Insurance</td></tr>
<tr><td>(1)被保险人:<br>Assured's Name</td><td colspan="2"></td><td rowspan="2">(2)保单号:<br>Policy No.<br>(3)发票号:<br>Invoice No.<br>(4)合同号:<br>Contract No.<br>(5)信用证号:<br>L/C No.</td></tr>
<tr><td colspan="3">兹有下列物品向中国人民保险公司投保:<br>Insurance is required on the following commodities</td></tr>
<tr><td>(6)标记:<br>Marks & Nos.</td><td>(7)包装及数量:<br>Quantity</td><td>(8)保险货物项目:<br>Description of goods</td><td rowspan="2">(9)发票金额:<br>Amount Invoice<br>(10)加成:<br>Value plus about<br>(11)保险金额(%):<br>Amount Insured(以人民币填写)<br>(12)费率:<br>Rate<br>(13)保险费:<br>Premium</td></tr>
<tr><td></td><td></td><td></td></tr>
<tr><td colspan="4">(14)装载工具(请以 by air,by sea,by car 字样填写):<br>Per conveyance</td></tr>
<tr><td>(15)开航日期以出港日期为准:<br>Slg. on abt.</td><td colspan="2">(16)提单号(真实的运单号):<br>B/L No.</td><td>(17)赔付地点(详细地址):<br>Claims Payable at</td></tr>
<tr><td>(18)自:<br>From</td><td colspan="2">(19)经:<br>Via</td><td>(20)到:<br>To</td></tr>
<tr><td colspan="4">(21)承保险别:<br>Conditions & /or Special Coverage(需要保何种保险,请在此注明)<br><br>(22)备注:<br>Remarks</td></tr>
<tr><td colspan="2">(23)正本份数:<br>Originals</td><td colspan="2">(24)投保人盖章:<br>Applicant's Signature</td></tr>
<tr><td>地址　Address</td><td></td><td>日期　Date</td><td></td></tr>
</table>

表 6-6　中国人民保险公司保险单样本

中 国 人 民 保 险 公 司
THE PEOPLE'S INSURANCE COMPANY OF CHINA

总公司设于北京　一九四九年创立
Head Office：BEIJING　　Established in 1949

保险单号次
POLICY NO.

**保 险 单**
**INSURANCE POLICY**

中国人民保险公司（以下简称本公司）

THIS POLICY OF INSURANCE WITNESSES THAT THE PEOPLE'S INSURANCE COMPANY OF CHINA (HEREINAFTER CALLED "THE COMPANY")

根据(1)(以下简称被保险人)的要求,由被保险人向本公司缴付约定的保费,按照本保险单承保险别和背面所载条款承保下述货物运输保险,特立本保险单。

AT THE REQUEST OF(1)(HEREINAFTER CALLED "THE INSURED") AND IN CONSIDERATION OF THE AGREED PREMIUM PAID TO THE COMPANY BY THE INSURED UNDERTAKES TO INSURE THE UNDER MENTIONED GOODS IN TRANSPORTATION SUBJECT TO THE CONDITIONS OF THIS POLICY AS PER THE CLAUSES PRINTED OVERLEAF AND OTHER SPECIAL CLAUSES ATTACHED HEREON.

| (2)标记<br>MARKS & NOS | (3)包装及数量<br>QUANTITY | (4)保险货物项目<br>DESCRIPTION OF GOODS | (5)保险金额<br>AMOUNT INSURED |
|---|---|---|---|
| | | | |

(6)总保险金额
TOTAL AMOUNT INSURED

| | | |
|---|---|---|
| (7)保费<br>PREMIUM | (8)费率<br>RATE | (9)装载运输工具<br>PER CONVEYANCE SS. |
| (10)开航日期<br>SLG ON OR ABT. | (11)自<br>FROM | (12)至<br>TO |

(13)承保险别
(14)CONDITIONS

所保货物,如遇出险,本公司凭本保险单及其他有关证件给付赔款。所保货物,如发生本保险单项下负责赔偿的损失或事故,应立即通知本公司下述代理人查勘。

CLAIMS, IF ANY, PAYABLE ON SURRENDER OF THIS POLICY TOGETHER WITH OTHER RELEVANT DOCUMENTS IN THE EVENT OF ACCIDENT WHEREBY LOSS OR DAMAGE MAY RESULT IN A CLAIM UNDER THIS POLICY, IMMEDIATE NOTICE APPLYING FOR SURVEY MUST BE GIVEN TO THE COMPANY'S AGENT AS MENTIONED HEREUNDER：

中国人民保险公司上海分公司
THE PEOPLE'S INSURANCE CO. OF CHINA
SHANGHAI BRANCH

General Manager

(15)赔款偿付地点
CLAIM PAYABLE AT/IN
(16)日期　　上海
DATE　　SHANGHAI
(17)保单背书

## 第五节 陆运、空运货物运输保险安排

陆上、航空运输保险业务在很多方面都与海运货物保险有近似或相同之处。例如，在保险的基本原则方面，海上保险中的各项基本原则如最大诚信原则、可保利益原则、补偿原则及近因原则等，也同样适用于陆、空、邮运货物的保险；在基本险的条款方面，有关除外责任、被保险人义务、索赔期限等项的规定，也与海运货物保险的规定基本相同；在附加险方面，海运货物保险的一般附加险险别和条款也可适用于陆、空运货物保险。但由于陆、空运输方式具有与海运不同的特点，货物在运输途中可能遭遇的风险损失与海洋运输不同，因而保险人对陆、空运货物在承保险别和责任范围等方面与海运货物保险也有不同之处。

### 一、陆上运输货物保险

陆上运输货物保险(overland transportation cargo insurance)是货物运输保险的一种，主要承保以火车、汽车等陆上运输工具进行货物运输的保险。陆上运输货物保险的责任起讫采用“仓至仓”责任条款。陆上运输货物保险的索赔时效为两年，从被保险货物在最后目的地车站全部卸离车辆后开始计算。中国人民保险公司的陆上运输货物保险条款以火车和汽车为限，其主要险别分为陆运险和陆运一切险，陆上运输货物战争险是陆上运输货物保险的附加险。

(一)陆上运输货物的基本险

陆上运输货物的基本险有陆运险(overland transportation risks)和陆运一切险(overland transportation all risks)两种，此外，为适应冷藏运输货物的需要而专设的陆上运输冷藏货物保险(overland transportation cargo insurance frozen products)也具有基本险的性质。

1. 陆运险与陆运一切险。陆运险的责任范围主要有：①保险人负责赔偿被保险货物在运输途中遭受暴风、雷电、洪水、地震等自然灾害或由于运输工具遭受碰撞倾覆、出轨或在驳运过程中因驳运工具遭受搁浅、触礁、沉没、碰撞，或由于遭受隧道坍塌、崖崩或失火、爆炸等意外事故造成的全部损失或部分损失。②被保险人对遭受承保责任内危险的货物采取抢救、防止或减少货损的措施而支付的合理费用，但以不超过该被救货物的保险金额为限。

陆运一切险的责任范围有：陆运一切险的责任范围除了陆运险的责任外，保险人还负责被保险货物在运输途中由于外来原因所致的全部损失或部分损失。

从上述陆运险与陆运一切险的责任范围来看，陆运险的承保责任范围与海洋运输货物保险条款中的水渍险相似；陆运一切险的承保责任范围与海上运输货物保险条款中的一切险相似。但陆运险和陆运一切险与海运货物的基本险有以下不同。

其一，在陆运货物保险的承保风险中，不包括流冰、海啸等海上运输中的自然灾害，而增加了倾覆、出轨、隧道坍塌、崖崩等陆上运输中所特有的意外事故。

其二，在陆运货物保险的承保风险中，没有共同海损牺牲、分摊以及救助费用等海上

损失和费用。

其三，在陆运货物保险中，凡属承保范围内的损失，不论起因于自然灾害或意外事故，也不论损失的程度是全部还是部分，保险人一般都予赔偿，因此，在陆运货物保险中不存在海运货物保险中的"单独海损不赔"的问题，因此也没有与海运货物保险中的平安险相当的险别。

陆上运输货物险的责任起讫也采用仓至仓责任条款。保险人负责自被保险货物运离保险单所载明的起运地仓库或储存处所开始运输时生效，包括正常运输过程中的陆上和与其有关的水上驳运在内，直至该项货物运达保险单所载目的地收货人的最后仓库、储存处所或被保险人用作分配、分派的其他储存处所为止。如未运抵上述仓库或储存处所，则以被保险货物运抵最后卸载的车站满 60 天为止。

陆上运输货物险的索赔时效为：从被保险货物在最后目的地车站全部卸离车辆后起算，最多不超过两年。

2. 陆上运输冷藏货物险。陆上运输冷藏货物险是陆上运输货物险中的一种专门保险。

陆上运输冷藏货物险的主要责任范围除负责陆运险所列举的自然灾害和意外事故所造成的全部或部分损失外，还负责赔偿由于冷藏机器或隔温设备在运输途中损坏所造成的被保险货物解冻溶化而腐败的损失。但对于因战争、工人罢工或运输延迟而造成的被保险货物的腐败或损失以及被保险冷藏货物在保险责任开始时未能保持良好状况，整理、包扎不妥或冷冻不合规格所造成的损失除外。

中国人民保险公司的该项保险条款规定：装货的任何运输工具，必须有相应的冷藏设备或隔离温度的设备；或供应和贮存足够的冰块使车厢内始终保持适当的温度，保证被保险冷藏货物不致因溶化而腐败，直至目的地收货人仓库为止。

陆上运输冷藏货物险的责任自被保险货物运离保险单所载起运地点的冷贮仓库装入运送工具开始运输时生效，包括正常陆运和与其有关的水上驳运在内，直至货物到达目的地收货人仓库为止。但是最长保险责任的有效期限以被保险货物到达目的地车站后 10 天为限。

陆上运输冷藏货物险的索赔时效为：从被保险货物在最后目的地全部卸离车辆后起计算，最多不超过两年。

（二）陆上运输货物附加险

在附加险方面，陆运货物的附加险有陆上运输货物战争险[①]（overland transportation cargo war risks by train）。只有在投保了陆运险或陆运一切险的基础上，经过投保人与保险公司协商方可加保。中国人民保险公司的陆上运输货物战争险目前仅限于火车运输，若使用汽车运输则不能加保。

加保陆上运输货物战争险后，保险公司负责赔偿在火车运输途中由于战争、类似战争行为和敌对行为、武装冲突所致的损失，以及各种常规武器包括地雷、炸弹所致的损失。但是，由于敌对行为使用原子或热核武器所致的损失和费用，以及根据执政者、当权

① 在实际业务中，陆运货物保险的附加险不只是陆上运输货物战争险一种。海运货物保险中的一般附加险（如偷窃提货不着险、淡水雨淋险等）也适用于陆、空、邮运货物在投保基本险的基础上加保。

者或其他武装集团的扣押、拘留引起的承保运程的丧失和挫折而造成的损失除外。

陆上运输货物战争险的责任起讫与海运战争险相似,以货物置于运输工具时为限,即自被保险货物装上保险单所载起运地的火车时开始到卸离保险单所载目的地火车时为止。如果被保险货物不卸离火车,则以火车到达目的地的当日午夜起计算,满 48 小时为止;如果在运输途中转车,不论货物在当地卸载与否,保险责任以火车到达该中途站的当日午夜起计算满 10 天为止。

同海洋运输货物保险一样,陆上运输货物可以在投保战争险的基础上加保罢工险,加保罢工险不另收费。但如单独要求加保罢工险,则按战争险费率收费。陆上运输罢工险的承保责任范围与海洋运输货物罢工险的责任范围相同。

## 二、航空运输货物保险

航空运输货物保险是以飞机为运输工具的货物运输保险。中国人民保险公司的航空运输货物的保险条款主要有航空运输险和航空运输一切险两种基本险条款以及航空运输货物战争险的附加险条款。

(一)航空运输货物基本险

航空运输货物基本险主要有航空运输险(air transportation risks)与航空运输一切险(air transportation all risks)。

1. 航空运输险与航空运输一切险的责任范围。航空运输险的承保责任范围为被保险货物在运输途中遭受雷电、火灾、爆炸或由于飞机遭受恶劣气候或其他危难事故而被抛弃,或由于飞机遭受碰撞、倾覆、坠落或失踪等自然灾害和意外事故所造成的全部或部分损失。可见,航空运输险的承保责任范围与海洋运输货物保险条款中的水渍险大致相同。

航空运输一切险的承保责任范围除包括上述航空运输险的全部责任外,保险公司还负责赔偿被保险货物由于被偷窃、短少等一般外来原因所造成的全部或部分损失。

航空运输险和航空运输一切险的除外责任与海洋运输货物险的除外责任基本相同。

2. 航空运输险和航空运输一切险的责任起讫。航空运输货物保险的责任起讫期限从被保险货物运离保险单所载明起运地仓库或储存处所开始运输生效。在正常运输过程中继续有效,直至该项货物运抵保险单所载明目的地交到收货人仓库或储存处所、被保险人用作分配和分派或非正常运输的其他储存处所为止。如保险货物未到达上述仓库或储存处所,则以被保险货物在最后卸货地卸离飞机后 30 天为止。

(二)航空运输货物战争险

航空运输货物战争险(air transportation cargo war risks)是航空运输货物险的一种附加险,只有在投保了航空运输险或航空运输一切险的基础上,经过投保人与保险公司协商方可加保。加保时须另加付保险费。

加保航空运输货物战争险后,保险公司承担赔偿在航空运输途中由于战争、类似战争行为、敌对行为或武装冲突以及各种常规武器和炸弹所造成的货物的损失,但不包括因使用原子或热核制造的武器所造成的损失。

航空运输货物战争险的保险责任期限是自被保险货物装上保险单所载明的起运地

的飞机时开始，直到卸离保险单所载明的目的地的飞机时为止。如果被保险货物不卸离飞机，则以飞机到达目的地当日午夜起计算满 15 天为止。如被保险货物在中途转运，保险责任以飞机到达转运地的当日午夜起计算满 15 天为止。俟装上续运的飞机，保险责任再恢复有效。

与海运、陆运险一样，航空运输货物在投保战争险的基础上，可加保罢工险，不另收费。如仅要求加保罢工险，则按战争险费率收费。航空运输罢工险的责任范围与海洋运输罢工险的责任范围相同。

## 复习题

1.名词解释：国际货物运输、承运人、风险、可保风险、可保利益、代位追偿、保险理赔、近因、共同海损、单独海损。

2. 如何理解运输具有生产的本质属性？

3. 从货物形态的角度如何对国际货物的运输对象进行分类？

4. 国际货物运输的关系方主要有哪几种？

5. 为什么说国际货物运输是国际物流不可缺少的重要环节？

6. 对运输方式的选择，主要应从哪几个方面考虑？

7. 保险人接受承保的风险必须具有哪些条件？

8. 投保人选择投保险别时一般应考虑哪些因素？

9. 投保人在投保时应履行哪些义务？

10. 货物受损后，被保险人如何进行索赔？

11. 何谓实际全损？何谓推定全损？请用实例说明。

12. 何谓共同海损？它与单独海损有何区别？

13. 采用 CIF 条件成交时，按国际惯例，保险金额如何确定？并说出理由。

14. 中国人民保险公司对进出口货物投保陆运险、航空运输险和邮包险是怎样规定的？

15. 我国某公司对外报价某商品每公吨 USD 10 000，CIF New York，外商要求改报 CFR New York。问我方应从原报的 CIF 价中减去多少保费（设该商品加一成投保一切险，保费率为 1%）？

16. 某外贸公司按 CIF 价格条件出口一批冷冻食品，合同总金额为 10 000 美元，加一成投保平安险、短量险，保险费率分别为 0.8%和 0.2%，问保险金额和保险费各为多少？

## 案例分析

1.广东 A 外贸公司（卖方）在广州秋交会上与英国 B 商人（买方）按 CIF 伦敦条件签订了一项出口大豆的合同。由于 A 外贸公司货源充足，急于出售，所以当月成交时便约定当月交货。后 A 外贸公司因租不到船，未能按期交货，致使双方产生争议，买方遂提请在中国仲裁,结果,A 外贸公司败诉。

问题:你认为导致本案争议产生的主要原因是什么? 通过本案例说明运输的作用。

2. 假定你是一家国际物流公司的运输管理人员,公司的客户向你咨询以下问题,请你针对以下每种情形,从客户利益出发,考虑不同运输方式的优缺点和适用范围,为客户选择合理的运输(联运)方式,并简要说明理由。

(1)从北京到德国法兰克福,60 千克展览会急需展品;

(2)从深圳到美国旧金山,6 000 台电视机;

(3)连云港某食用油工厂到乌鲁木齐口岸,600 箱食用油;

(4)有 15 万吨石油需要从非洲运到我国的上海,实现门到门运输;

(5)从武汉到美国纽约,18TEU(标准集装箱)服务。

3. 某公司现出口下列货物:(1)景德镇青瓷花瓶;(2)铁观音茶叶;(3)散装粮食;(4)散装白糖。

问题:请为该公司上述货物选择出最合理的保险方式或保险方式组合。并说明理由。

4. 四川某公司以 CIF 术语出口一批化肥,装运前按合同规定已向保险公司投保水渍险,货物装妥后顺利开航。载货船舶起航后不久在海上遭遇暴风雨,海水涌入舱内,使部分化肥遭到水渍,损失价值达 1 200 美元,数日后,又发现部分化肥袋包装破裂,估计损失达 1 600 美元。

问题:该损失应由谁承担?

5. 北方公司从美国 AIRCD 公司以 CIF 青岛港价引进了一套先进的真空镀膜玻璃生产线,于 9 月 23 日在保险公司国际部办理了上述设备的货物运输保险手续,投保青岛至莱芜的陆运一切险,保险金额为 253.3 万美元,运输工具为卡车。据投保人称,外运公司为其承运人,设备包装方式为集装箱,所以,保险公司按集装箱运输标准收取了保险费 3 799.50美元。9 月 27 日,北方公司交纳了这笔保险费,保险合同成立。10 月 7 日,被保险人北方公司向保险公司报案,声称保险设备于 10 月 1 日在青岛运往莱芜途中,在兰村路段,司机为躲避路上一行人猛打方向盘,致使所载设备由车上甩出而摔坏,现受损设备已被运回青岛。保险公司接到报案后,立即派员去青岛进行查勘、调查,认为属于发货人过失所造成的损失,是保险公司除外责任,即使在没有发生道路交通事故、车辆本身未发生任何故障的情况下,仅仅一次急转弯,就可将货物甩落,这足以说明承运人捆扎不当,承运人应当负全部赔偿责任,因此,保险公司拒赔。

问题:保险公司拒赔是否合理?

案例分析参考答案

# 第七章

# 国际海运物流

## 学习目标

- 了解海运物流基础知识
- 熟知海运物流连线
- 掌握杂货班轮运输的特点与业务流程
- 掌握租船运输的特点与业务流程
- 能够计算或估算海运运费
- 熟悉海运物流的常用单证和海运提单
- 理解国际航运业的国际公约
- 能够处理海运货运事故

在本书第一章中我们从物资输送方式角度将国际物流分为陆运物流(含公路和铁路联运物流)、海运物流、空运物流、多式联运物流、管道物流、邮运物流六种形式,从本章起我们分章阐述这六种国际物流形式中的海运物流、空运物流、铁路联运物流、多式联运物流等主要形式的物流业务运作。本章先阐述国际海运物流的业务运作。

本章阐述:海运物流基础知识;海运物流连线;杂货班轮运输、租船运输代理业务;海运提单以及在国际航运业影响较大的国际公约、海运货运事故的处理。

## 第一节 国际海运物流基础知识

国际海洋货物运输简称海运,是指使用船舶通过海上航道在不同国家和地区的港口之间运送货物的一种方式。海洋运输的特点使海上货物运输基本上适应绝大多数货物的运输,使海洋运输成为国际贸易中最主要的运输方式,国际贸易总运量中的2/3以上通过海运方式来完成。因此,海运物流是国际物流的主要表现形式。国际物流人员要了解海运的特点及相关基础知识和业务操作技能。

在本节我们主要阐述海运的特点及海运物流的相关基础知识,重点阐述国际货物海运的基本流程及国际海运物流连线。

### 一、海运的特点及海运货物的计量

海洋运输成为国际贸易中最主要的运输方式,是由海运的基本特点所决定的。

(一)海运的特点

海洋运输简称海运,其主要特点有五个。

第一,运输量大。船舶货舱与船舶机舱的比例比其他运输工具都大。因此,可以供作货物运输的舱位及载货量均比陆运或空运庞大。以国际最大的超巨型油轮而言,其每次载运原油的数量可以高达60多万吨,而最大的集装箱船,每次可装载集装箱10 000—15 000TEU。一般的杂货轮的装载量也多在五六万吨以上。

第二,单位运输成本低。海运的单位成本约是铁路运输的1/25—1/20,是公路运输的1/100。因此海运是最低廉的运输方式,适用于运输费用负担能力较弱的原材料及大宗货物的运输。

第三,能耗低。对运输1吨货物至同样距离而言,海运所消耗的能源是最低的。

第四,续航能力大。一艘商船出航,所携带的燃料、粮食及淡水,可历时数十日,是其他运输工具难以企及的。且商船具有独立生活的各种设备,如发电、制造淡水、储藏大量粮食的粮仓、油槽等,能够独立生活。

第五,劳动生产率高。由于船舶载运量大,配备船员少,因而其劳动生产率高。一艘20万吨的油轮一般只需要配备20名左右的船员,平均每人运送货物1万吨。

但海运运输速度慢,受港口、水位、季节、气候影响较大,因而一年中中断运输的时间较长,且海上风险较大。此外,水路运输需要其他运输方式的配合和衔接,才能实现“门—门”运输。

海洋运输的特点使海上货物运输基本上适应绝大多数货物的运输要求,使海洋运输成为国际贸易中最主要的运输方式。但由于商船的体积大,水流的阻力大,加之装卸时间长等各种因素的影响,海洋运输的速度较慢,较快的班轮航行速度也仅30海里/小时左右。且由于船舶在海上航行,容易招致海上风险与外来风险,为此,各国纷纷建立了相应的特殊制度以适应海上风险,如共同海损制度、海上保险制度、海上救助制度、承运人责任限制制度、船舶所有人限制制度等。国际海运组织在保证海运安全、建立国际公约和提供海运服务等方面有着重要作用。主要的海运国际组织有:国际海事组织(International Maritime Organization, IMO)、国际海事委员会(Committee Maritime International,CMI)、波罗的海国际海事协会(Baltic and International Maritime Conference, BIMCO)、班轮公会(Freight Conference)与联营体。

由于海运具有速度慢、风险大之弊,因此,对于不宜长期运输的货物以及急用和易受气候条件影响的货物,一般不宜采用海洋运输方式。

海运在具体经营过程中还具有如下国际性的特点。

其一,船公司的业务经营对国际海运市场的依存性高。海运业务量的大小直接取决于国际贸易量的大小,需求产生供给,所以,船公司的业务经营好坏,与国际海运市场的总体供求息息相关。

其二,主要货运单证具有较强的国际通用性。各个与运输相关的国际组织为了促进国际贸易的发展,减少由于各国运输单证的不统一带来的手续和监管上的不便,提高国际货物运输的顺畅性,降低运输成本,都致力于从语言、格式、内容、编码等方面统一国际货物运输中的主要单据,并取得了丰硕的成果。发展到现阶段,主要货运单证都具有国际通用性。

其三,在适用法规方面具有国际统一性。对于国际运输过程中赔偿责任的解释所适用的法规,各国之间若是不同,则对同一件事买卖双方各有不同的解释,势必阻碍贸易的发展。只有统一法规,才能在责任义务的划分等方面取得公平合理的、双方都认可的认识和解释。所以,海运在适用法规方面具有国际统一性。

### (二)海运物流的主要工具

船舶是海运物流的主要工具。

船舶按用途分类,可以分为货船和客船。货船是专门用于货物运输的船舶。

货船按照其用途不同可分为干货船(dry cargo ship)和油槽船(tanker)。干货船主要有杂货船、散装船、多用途船、冷藏船、木材船、集装箱船、滚装船、载驳船等。油槽船是主要用来装运液体货物的船舶。油槽船根据所装货物种类的不同,又可分为油轮、液化天然气船、液体化学品船。

货船按货物的载重量不同,可分为巴拿马型船、超巴拿马型船、灵便型船。

### (三)海运货物的计量

在海运业务中,货物的体积和重量不仅直接影响船舶的载重量和载货容积的利用程度,还关系到有关库场堆放货物时如何充分利用场地面积和仓库空间等问题,而且还可能是确定运价和计算运费的基础,同时与货物的装卸、交接也有直接的关系。

海运货物的计量包括货物丈量和衡重。

1. 货物的丈量。货物的丈量又称量尺,是指测量货物的外形尺度和计算体积。货件丈量的原则是:按货件的最大方形进行丈量和计算,在特殊情况下可酌情予以适当的扣除,某些奇形货件可按实际体积酌情考虑其计费体积。货物的量尺体积是指货物外形最大处的长、宽、高之乘积。用公式表示为:

$$V=L\times W\times H$$

式中:$V$ 为货物的量尺体积(立方米);$L$ 为货物的最大长度(米);$W$ 为货物的最大宽度(米);$H$ 为货物的最大高度(米)。

2.货物的衡重。货物的衡重是指衡定货物的重量。货物的重量可分为净重、皮重和毛重(总重),货物衡重应以毛重计算。货物的重量原则上应逐件衡重,不具备逐件衡量条件时,可采用整批或分批衡重、抽件衡重并求平均值等方法测得重量。货物衡重可使用轨道衡、汽车衡(一种地秤)、吊钩秤、皮带秤、定量秤,对于散装运输的大宗货物还可以采用水尺计重。

海上货物运输中,货物衡重使用的衡制,即货物重量的计重单位为公吨(metric ton,M/T)。美洲国家有时使用短吨(short ton),欧洲国家则有时使用长吨(long ton)。

每一吨货物在正常堆装时实际所占的容积(包括货件之间正常的空隙及必要的衬隔和铺垫所占的空间),称为货物的积载因数(stowage factor,SF),也称积载系数,其单位为立方米/吨(英制为立方英尺/吨),其公式为:

积载因数=体积÷毛重

货物积载因数的大小说明货物的轻重程度,反映一定重量的货物需占据船舶多少舱容,或占多少箱容,甚至仓储时需占多少库容。货物积载因数大于 1 为轻货,小于 1 为重货。

## 二、进出口海运的基本流程

国际海运物流分出口海运物流与进口海运物流。

### (一)出口海运的基本流程

出口货物海运业务,是指根据贸易合同中的运输条件,把售予国外客户的出口货物加以组织和安排,通过海运方式运到国外目的港的一种业务。凡以 CIF 和 CFR 条件签订的出口合同,皆由卖方安排运输。卖方须根据买卖合同中规定的交货期安排运输工作。如凭信用证方式结汇的,卖方须等收到信用证后方可安排运输。

在以 CIF 或 CFR 条件成交,由卖方安排运输时,海运出口货物运输工作一般包括以下八个环节(如图 7-1 所示)。

在图 7-1 所示的八个环节中,除签订装运条款、备货工作一般由货主(出口商)完成外,其他工作货主均可委托国际物流企业代理。为此,国际物流企业一定要与货主签订委托代理合同,填制海运进出口货物代运委托书,国际物流企业按委托代理合同规定的要求和委托项目行事。

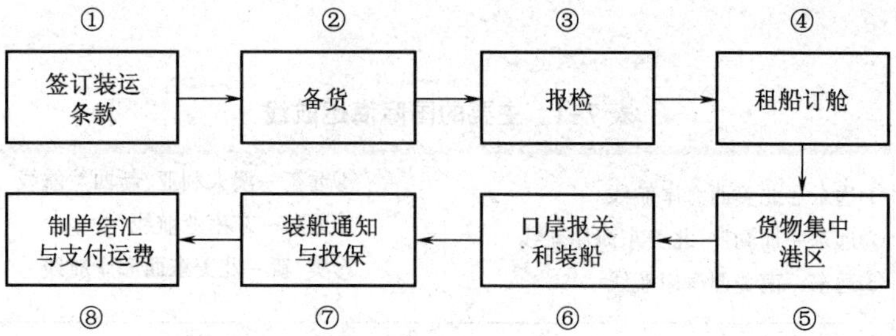


**图 7-1　海运出口货物运输工作流程**

（二）进口海运的基本流程

进口货物海运业务是根据贸易合同中有关的运输条款，将国外货物加以组织安排，通过海洋运输方式运进国内的一种业务。这种业务的程序取决于合同中的贸易条件。按 FOB 条件签订进口合同时，称为“我方派船”，应由我进口方安排船舶，如进口方自己没有船舶，则应负责租船订舱或委托代理办理租船订舱手续，当办妥租船订舱手续后，应及时将船名及船期通知卖方，以便卖方备货装船，避免出现船等货的情况。对 CFR 和 CIF 条件的合同，一般称“对方派船”，由卖方负责订舱配船，安排装运，但由于各种原因，进口货物不一定都能按期交货，为此，我进口方必须督促出口方按期或提前装运。

按 FOB 条件签订进口合同，对进口商来说，进口货物海运业务的流程可总结为：签订装运条款→租船、订舱→投保→收集和整理单证→报检报关→监卸和交接→进口代运→支付运费。其中，租船、订舱、投保、收集和整理单证、报检报关、监卸和交接、进口代运这些环节，货主或者收货人一般委托国际物流企业完成。

## 三、国际海运物流连线

国际海运物流连线具体表现为各种海运航线和海上通道。国际海运航线是国际海上货物流动的路径，是国际物流的主要连线。世界各地水域，在港湾、潮流、风向、水深及地球球面距离等自然条件的限制下，可供船舶航行的一定径路，称为航路。海上运输承运人在许多不同的航路中，根据主客观的条件，为达到最大的经济效益所选定的营运航路被通称为海运航线。

（一）国际海运航线

海运航线从不同的角度有不同的划分方法。按照船舶经营方式区分，有定期航线和不定期航线。按照航程远近，可分为远洋航线（ocean-going shipping line）、近洋航线（near-sea shipping line）和沿海航线（coastal shipping line）①。

1. 世界主要海运航线。世界主要海运航线包括太平洋航线、大西洋航线、印度洋航线、北冰洋航线以及通过巴拿马运河或苏伊士运河的航线等，这些航线贯穿一个或多个大洋，因而又称国际大洋航线。目前国际大洋航线密如蛛网，其中主要的国际海运航线

---

① 远洋航线，是指使用船舶（或其他水运工具）跨越大洋的运输航线。近洋航线，是指本国各港至邻近国家港口间的海上运输航线。沿海航线，是指本国沿海各港口间的海上运输路线。

如表 7-1 所示。

**表 7-1 主要的国际海运航线**

| | | |
|---|---|---|
| 太平洋航线 | ①远东—北美西海岸航线<br>②远东—加勒比、北美东海岸航线<br>③远东—南美西海岸航线 | ④远东—澳大利亚、新西兰航线<br>⑤远东—东南亚航线<br>⑥澳、新—北美东西海岸航线 |
| 大西洋航线 | ①西北欧—北美东海岸航线<br>②西北欧、北美东海岸—加勒比航线<br>③西北欧、北美东海岸—地中海—苏伊士运河—亚太航线 | ④西北欧、地中海—南美东海岸航线<br>⑤西北欧、北美东海岸—好望角—远东航线<br>⑥南美东海岸—好望角—远东航线 |
| 印度洋航线 | ①波斯湾—好望角—西欧、北美航线<br>②波斯湾—东南亚—日本航线<br>③波斯湾—苏伊士运河—地中海—西欧、北美运输线<br>④远东—东南亚—东非航线 | ⑤远东—东南亚、地中海—西北欧航线<br>⑥远东—东南亚—好望角—西非、南美航线<br>⑦澳、新—地中海—西北欧航线<br>⑧印度洋北部地区—欧洲航线 |

**【例】**

我国某货运代理要托运一票货物通过海运去西雅图(Seattle,WA,USA),应走下列(　)航线。

A.远东—北美西岸航线　　B.远东—北美东岸航线

C.远东—欧洲航线　　D.远东—地中海航线

解:应选 A。西雅图位于美国西部华盛顿州,是美国西海岸北边的港口。我国对欧洲而言是远东,所以本题应选 A。

2. 我国开辟的主要海运航线。我国开辟的主要海运航线如表 7-2 所示。

**表 7-2 我国的主要海运航线**

| | | |
|---|---|---|
| 近洋航线 | 中国至朝鲜、韩国航线<br>中国至越南航线<br>中国内地至香港地区航线<br>中国至泰国、柬埔寨航线<br>中国至新加坡、马来西亚航线<br>中国至孟加拉湾航线<br>中国至阿拉伯海、波斯湾航线 | 中国至日本航线<br>中国至俄罗斯远东地区航线<br>中国至菲律宾航线<br>中国至印度尼西亚航线<br>中国至北加里曼丹航线<br>中国至斯里兰卡航线<br>中国至澳、新航线 |
| 远洋航线 | 中国至红海航线<br>中国至西非航线<br>中国至西欧航线<br>中国至南、北美西海岸航线<br>中国至南美东海岸航线 | 中国至东非航线<br>中国至地中海航线<br>中国至北欧航线<br>中国至加勒比、北美东岸航线 |

(二)国际海运连线中的重要通道(海峡、运河)

在国际海运航线中最重要的海峡有:英吉利海峡、马六甲海峡、霍尔木兹海峡、直布罗陀海峡、黑海海峡、曼德海峡、朝鲜海峡、台湾海峡、望加锡海峡、龙目海峡等。其中,以英吉利海峡、马六甲海峡和霍尔木兹海峡为最繁忙的海峡。

国际海运航线中重要的运河有苏伊士运河、巴拿马运河等。目前,苏伊士运河为最繁忙的国际运河,每年通过运河的船只达 2 万艘次以上,而且主要是油船,其中,由中东运往西欧的石油占运河总货运量的60%以上。

(三)世界集装箱海运干线

目前,世界海运集装箱航线主要有:远东—北美航线;北美—欧洲、地中海航线;欧洲、地中海—远东航线;远东—澳大利亚航线;澳、新—北美航线;欧洲、地中海—西非、南非航线。

## 第二节　班轮运输代理业务

按照船公司对船舶经营方式的不同,国际海运可分为班轮运输和租船运输两种方式。根据装载器具技术的不同,班轮运输可分为杂货班轮运输(或称普通海运)和集装箱班轮运输。本节阐述杂货班轮运输的代理业务。关于集装箱班轮运输的基本业务,我们将在第十章中详细阐述。

### 一、班轮运输的特点

班轮运输(liner shipping)又称定期运输,是指在既定的航线上、确定的时间里和规定的港口间从事货物运输,并按班轮运价表的规定计收运费的一种营运方式。班轮运输具有如下特点。

第一,由于船舶具有固定航线、固定港口、固定船期和相对固定的运价,因此,“四固定”是班轮运输最基本的特点。

第二,承运人和货主之间权利、义务和责任豁免通常以承运人签发的提单背面条款为依据并受国际公约的制约,即承运人和货主之间在货物装船之前通常并不签订书面运输合同,而是在货物装船后,由承运人签发提单,提单上记载有关承运人、托运人责任、权利与义务的条款。

第三,承运人对货物所承担的责任期间是“船舷至船舷”或“钩至钩”,即从货物装上船起至货物卸下船止。

第四,承运人负责装货作业、卸货作业和理舱作业及全部费用。

第五,不计算滞期费、速遣费。

### 二、杂货班轮运输的代理业务

班轮运输中,通常会涉及班轮公司、船舶代理人、无船(公共)承运人、海上货运代理人、托运人和收货人等有关货物运输的关系人。根据装载器具技术的不同,班轮运输可分为杂货班轮运输和集装箱班轮运输。杂货班轮运输的优点是能及时、迅速地将货物发送和运达目的港;特别适应小批量零星件杂货对海上运输的需要;能满足各种货物对海上运输的要求,并能较好地保证货运质量;通常由班轮公司负责转运工作。

(一)出口杂货班轮运输的代理业务

1. 出口杂货班轮运输的业务流程。班轮运输中,通常会涉及班轮公司(船公司)、船舶代理人、无船(公共)承运人、海上货运代理人、托运人和收货人等有关货物运输的关系人以及海关、银行、保险公司等。其业务流程十分复杂,下面以图 7-2来简单表示。

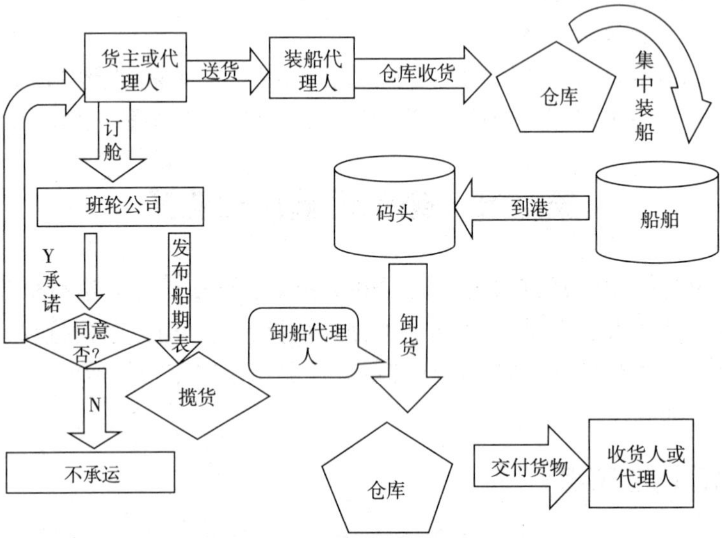


**图 7-2　出口货物杂货班轮运输业务基本流程**

2.出口杂货班轮运输的装运流程。在出口货物杂货班轮运输的业务中,国际物流企业或国际货运代理的工作主要侧重于货物的装运。下面用图 7-3 来表示出口货物杂货班轮运输装运业务流程。

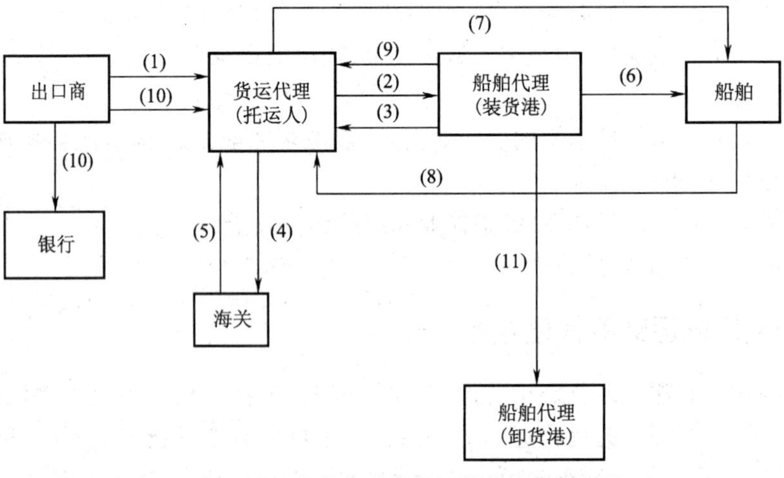


**图 7-3　出口货物杂货班轮运输装运业务流程**

对图 7-3 的 11 个步骤说明如下。

第一步，货主（出口商）与货运代理（或国际物流企业，下同）签订委托代理协议，填制海运出口货物代运委托书，随附商业发票、装箱单、出口货物明细单等必要单据，委托货运代理代办订舱、报检、报关及货物储运等事宜。

第二步，货运代理根据代运委托书和订舱委托书，向船公司或其在装货港的代理人提出货物装运申请，缮制并递交托运单（booking note，B/N），随同商业发票、装箱单等单据一同向船公司或其代理人办理订舱手续。

第三步，船公司或其代理人同意承运后，在托运单上编号（该号将来即为提单号），填上船名、航次，并签署。同时把配舱回单、装货单（shipping order，S/O）等与托运人有关的单据退还给货运代理。

第四步，货运代理备齐装货单及报检、报关所需的全套必要文件，向海关办理货物出口报检、报关手续。

第五步，海关同意放行，则在装货单上盖放行章，并将装货单退还给货运代理人。

第六步，船公司或其代理人根据留底联编制装货清单，送船舶及理货公司、装卸公司。大副（chief mate）根据装货清单编制货物积载计划交代理人分送理货、装卸公司等按计划装船。

第七步，货运代理将经过检验的货物送至指定的码头仓库准备装船。

第八步，货物装船后，理货长将装货单交大副，大副核实无误后留下装货单并签发收货单，大副在收货单上注明所收货物的实际情况（大副批注）。如果货物外部没问题，则注明“表面状况良好”；如果货物包装有破损或数量有问题，则如实注明。理货长将大副签发的收货单即大副收据（mate's receipt，M/R）转交给货运代理人。

第九步，货运代理持大副收据到船公司在装货港的代理人处付清运费（预付运费的情况下）换取正本已装船提单（bill of lading，B/L）。船公司在装货港的代理人审核大副收据无误后，留下大副收据（M/R），签发提单（B/L）给货运代理人。

第十步，货主向货运代理人支付运费，取得全套已装船提单，凭以到银行结汇。

第十一步，货物装船完毕，船公司或其代理人编制出口载货清单（manifest，M/F）送船长签字后向海关办理船舶出口手续，并将出口载货清单交船随带，船舶起航。船公司或其代理人根据提单副本（或大副收据）编制出口载货运费清单连同提单副本、大副收据送交船公司结算代收运费，并将卸货港需要的单证寄给船公司在卸货港的代理人。

3. 国际物流企业在出口货物杂货班轮运输中的主要业务。从上述 11 个步骤来看，对国际物流企业或货运代理来说，其业务主要有：接受货主委托、订舱、装船前的准备工作（包括合理配载、制作装货联单、代理报检报关、代理投保等）、货物集港与装船、船舶离港后的善后工作（包括换取提单并将提单送交发货人、发装船通知等）。这可用图 7-4 来简单表示。

（1）接受货主委托。国际货运代理（或国际物流企业，下同）通过揽货，与货主签订货运委托代理合同后，要与货主签订海运进出口货物代运委托书。海运进出口货物代运委托书（简称委托书，见表 7-3）是委托方（进出口企业）向被委托方（货运代理人）提出的

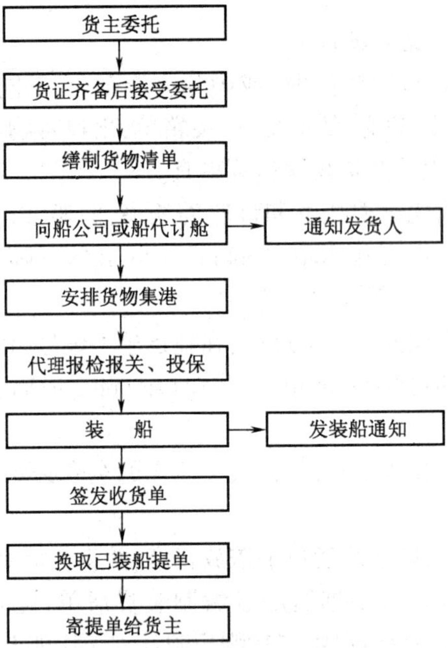


**图 7-4　国际货运代理在出口货物杂货班轮运输中的主要业务**

**表 7-3　海运进出口货物代运委托书**

| | | | | |
|---|---|---|---|---|
| (1)委托编号<br>Entrusting Serial No. | (2)提单号 B/L No. | (3)合同号 Contract No. | | (4)委托日期<br>Date of Application |
| (5)发货人名称地址 Shipper (Full Name & Address) | | | | (8)唛头标记 Marks |
| (6)收货人名称地址 Consignee (Full Name & Address) | | | | |
| (7)通知方名称地址 Notify Party (Full Name & Address) | | | | |
| (9)装货港 Port of Loading | (10)目的港 Port of Destination | | (11)船名 Vessel Name | |
| 货　物　详　细　情　况 Cargo Particulars | | | | |
| (12)编号<br>Number | (13)件数及包装<br>No. & Kind of Packages | (14)货物说明<br>Description of Goods | (15)重量<br>Weight in KG | (16)体积<br>Measurement in CBM |
| | | | | |
| | | | | |
| | | | | |
| (17)装船日期<br>Loading Date | (18)可否转船<br>If Transshipment Allowed | | (19)可否分批<br>If Partial Shipment Allowed | |
| (20)结汇期限<br>L/C Expiry Date | (21)提单份数<br>Copies of B/L | 正本<br>Original | | 副本<br>Copy |
| (22)运费支付地点<br>Freight Payable at | | | | |
| (23)备注<br>Remark | | | | |
| 委托人<br>Entrusting Party | | 承运人签字<br>Signed for the Carrier | | |
| 地址　电话<br>Address & Telephone | | 地址　电话<br>Address & Telephone | | |

一种“要约”,被委托方一经书面确认就意味着双方之间委托代理关系的成立,因此委托书应由委托单位盖章,使之成为有效的法律文件。

海运进出口货物代运委托书要详列托运各项资料和委托办理的事项及工作要求,如:委托编号、提单号、合同号、委托日期、发货人名称地址、收货人名称地址、通知方名称地址、唛头标记、装货港、目的港、船名、货物详细情况、装船日期、可否转船、可否分批、结汇期限、提单份数、运费支付地点等。这些是国际物流人员的工作依据。

(2)订舱。订舱是指托运人(包括其代理人)向班轮公司(即承运人,包括其代理人)洽订班轮舱位、申请货物运输,承运人对这种申请给予承诺的行为。国际货运代理接受委托后,在货物出运前的一定时间内,向船公司或船公司在装货港的代理申请订舱。

①线下订舱。传统的办理订舱手续的程序是:出口商填制海运出口货物订舱委托书[①],随附出口货物明细单、商业发票、装箱单等,委托货运代理订舱,货运代理接受委托后根据商品流向和船期表向船公司或其代理人提出“托运单”(B/N);船公司收到托运单后,根据配载原则安排船只或舱位并签发“装货单”(S/O),运输合同即告成立,俟船只到港后货主或其代理人便可以凭该单发货、报关、装运。

托运订舱的整个过程可用图7-5来表示。

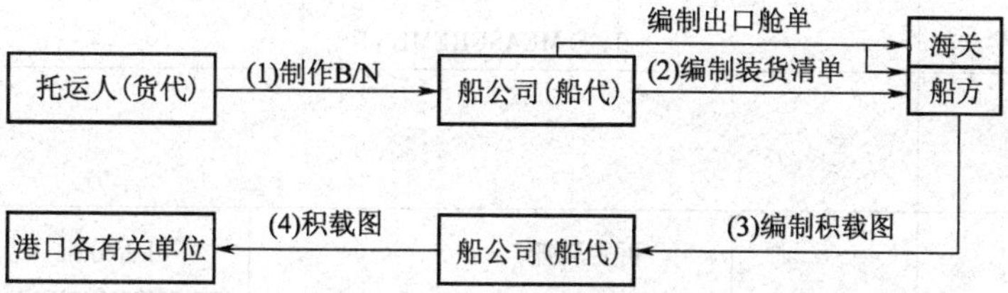


**图7-5 托运订舱的整个过程**

海运出口托运单样本如表7-4所示。

托运单(B/N)是托运人根据贸易合同和信用证条款内容填制的,向承运人或其代理办理货物托运的单据。

托运单的填写必须清楚、具体,内容必须真实、可靠,与货物、信用证规定一致。

②线上订舱。通过电子报文形式订舱的方式称为电子托运。电子托运的基本流程是:托运人在其办公场所将标准结构的托运单电子数据报文,通过终端申报或登录船公司的网站,在“订舱托运”系统中,向船公司计算机系统发送托运电子数据;船公司或其代理收到电子托运数据后安排舱位,一旦船公司确认订舱后,再发送“接受订舱”回执给托运人,将确定的船名、航次、关单号等信息数据传回托运人,完成托运订舱手续。电子托运完成订舱仅需几分钟,这与传统纸质订舱的制单、送单、确认、配载、取单过程相比差错

---

① 订舱委托书是进出口企业委托货运代理订舱的证明文件,其填制必须清楚、具体,内容必须真实、可靠,与货物实体、信用证规定相一致。在实际工作中,订舱委托书大多数已与托运单合二为一。

率降低，订舱效率提高。

**表 7-4　海运出口托运单**

<table>
<tr><td colspan="6">托运人<br>SHIPPER<br>编号　　　　　　　　船名<br>NO.　　　　　　　　S/S<br>目的港<br>TO</td></tr>
<tr><td>标记及号码<br>MARKS & NOS.</td><td>件数<br>QUANTITY</td><td colspan="2">货名<br>DESCRIPTION OF GOODS</td><td colspan="2">重量　千克<br>WEIGHT KILOS.</td></tr>
<tr><td colspan="4" rowspan="4">共计件数(大写)TOTAL NUMBER OF PACKAGES IN WRITING</td><td>净重<br>NET</td><td>毛重<br>GROSS</td></tr>
<tr><td></td><td></td></tr>
<tr><td colspan="2">运费付款方式</td></tr>
<tr><td colspan="2">FREIGHT PREPAID/FREIGHT TO COLLECT</td></tr>
<tr><td>运费<br>FREIGHT</td><td></td><td colspan="2">尺码<br>MEASUREMENT</td><td colspan="2"></td></tr>
<tr><td>备注<br>REMARK</td><td colspan="5"></td></tr>
<tr><td>通知<br>NOTIFY</td><td></td><td>可否转船<br>PARTIAL SHIPMENT</td><td></td><td>可否分批<br>TRANSSHPMENT</td><td></td></tr>
<tr><td rowspan="2">收货人<br>CONSIGNEE</td><td rowspan="2"></td><td>装期<br>DATE OF SHIPMENT</td><td></td><td>有效期<br>DATE OF EXPIRY</td><td></td></tr>
<tr><td>金额<br>SUM</td><td></td><td>提单份数<br>COPIES OF B/L</td><td></td></tr>
<tr><td>配货要求<br>APPEAL</td><td colspan="3"></td><td>信用证号<br>L/C NO.</td><td></td></tr>
<tr><td colspan="6">托运人或代理人签字<br>SIGNED TO THE<br>日期<br>DATE</td></tr>
</table>

当前许多船舶代理公司开发了电子订舱系统，如图 7-6 所示。

电子订舱系统一般能为货运代理用户、船代用户、船东用户、堆场用户等提供网上操作各项功能。对货运代理用户来说，可以进行网上订舱管理、排载管理、申报管理、提单管理、信息查询和系统维护。

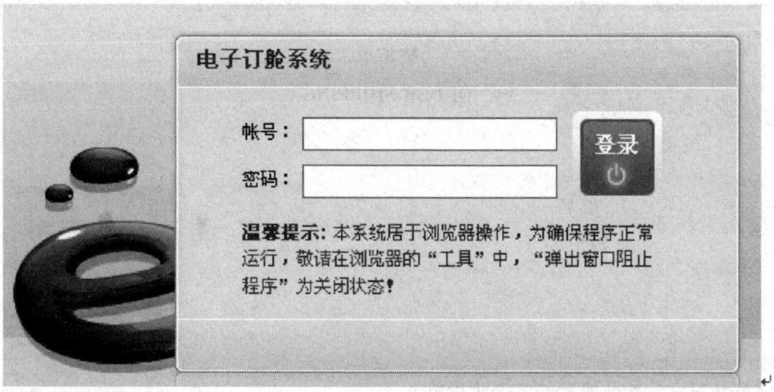


**图 7-6　电子订舱系统登录界面**

网上订舱管理。为货代和船东提供订舱平台，货代可提交订舱申请，查看船东订舱确认，并可作修改订舱申请及得到船东确认。

网上排载管理。为货代和船代提供排载平台，货代可提交已得到船东订舱确认的排载申请，查看船代的排载确认，并可作修改排载申请及得到船代确认。

网上申报管理。为货代和船代提供预申报平台，货代可提交箱号信息和预申报申请，查看船代的预申报确认，并可作修改预申报申请及得到船代确认。

网上提单管理。为货代和船东提供提单核对平台，货代可在提交箱号资料后，提交提单签发信息，并可作提单修改及得到船东的接受。

信息查询管理。方便货代公司查询订舱的基本信息及状态，统计业务量，以及查询各票业务产生的费用情况。

系统维护管理。货代公司可根据需要自行建立和维护本公司的公司信息和用户信息，方便用户的自主管理。

(3)装船前的准备工作。订舱后国际货运代理要做好装船前的准备工作。国际货运代理需要做好的装船前准备工作可能包括：合理配载、制作装货联单、代理报检报关、代理投保等。具体要做的事项则根据货主的委托事项而定。

①合理配载。合理配载，对国际货运代理来说，主要是考虑能够把出口货物安全、准确、迅速、节省、方便地运抵目的港交给收货人，以完成贸易合同；对船方来说，则考虑所配载的货物能使船舶保持满舱满载，尽可能减少亏舱，既充分利用货舱容积，又充分利用船舶载重量，从而提高营运的经济效益，保证船舶适航。

②制作装货联单。国际货运代理将订舱托运单交给船公司或其代理人，并由船公司或其代理人提供提单号、船名、航次，然后制作装货联单。装货联单包括托运单、托运单留底、装货单(见表 7-5)、收货单四联。托运单在有效期内经承运人或其代理人签署并以装货单的形式送到托运人手中，意味着承运人已接受托运事宜，运输合同成立。

**表 7-5　装货单**

装货单

ORDER SHIPPING

托运人

SHIPPER

编号　　　　　船名

NO.　　　　　S/S

目的港

TO

FOR

兹将下列完好状况之货物装船后希签署收货单

Received on board the under mentioned goods apparent in good order and condition and sign the accompanying receipt for the same

| 标记及号码<br>MARKS & NOS. | 件数<br>QUANTITY | 货名<br>DESCRIPTION OF GOODS | 重量<br>WEIGHT | |
|---|---|---|---|---|
| 共计件数(大写)<br>TOTAL NUMBER OF PACKAGES IN WRITING | | | 净重<br>NET | 毛重<br>GROSS |
| | | | | |

日期　　　　　时间

Date　　　　　Time

装入何舱

Stowed

实收

Received

理货员签字　　　　　经办员

Tallied By　　　　　Approved By

装货单俗称下货纸，由于装货单是海关对出口货物进行监管的单证，所以又被称为关单。装货单是接受了托运人装运申请的船公司签发给托运人，凭以命令船长将承运的货物装船的单据。按运输习惯，装货单一般为一式三份：第一份留底，船方凭以缮制装货清单和积载图，缮制出口载货清单、运费清单，结算运费，最后存档备查和作为运费资料。第二份用作船舶据以装船的依据，又作为凭以向海关办理货物出口申报手续的单据之一。第三份用作收货单。签发装货单时，船公司或其代理人会按不同港口分别编制装货单号(有可能成为最终的提单号)，装货单号不会重复，也不会混港编号。签发装货单后，船、货、港等方面都需要一段时间来编制装货清单、积载计划、办理货物报关、查验放行、货物集中等待装船等准备工作。因此，对每一航次在装船开始前的一定时间应截止签发装货单。

收货单(mates receipt)是指某一票货物装上船后，由船上大副(chief mate)签署给托运人的，作为证明船方已收到该票货物并已装上船的凭证。所以，收货单又称为“大副收据”或“大副收单”。收货单是划分承、托双方责任的重要依据①,是据以换取已装船提单的单证。托运人取得了经大副签署的收货单后,即可凭以向船公司或其代理人换取已装船提单。大副在签署收货单时,会认真检查装船货物的外表状况、货物标志、货物数量等情况。如果货物外表状况不良,出现标志不清,有水渍、油渍或污渍,数量短缺,货物损坏等情况,大副就会将这些情况记载在收货单上。此种记载称为“批注”(remark),习惯上称为“大副批注”。

货物装船后,经大副签字的收货单由承运船舶退还给托运人。如系预付运费,托运人在付清须预付的运费后,即可持收货单向承运人换取已装船提单。如果收货单上有大副批注(有大副批注的收货单称为“不清洁收货单”),承运人应如实将大副批注转注在提单上,这种提单就成为不清洁提单。

(4)代理报检、报关、投保。货主如果将货物报检、报关、投保事项委托国际货运代理办理,则国际货运代理可以代货主报检、报关、投保。

(5)货物集港、装船。货运代理将所有订舱托运单按不同港口分别编出提单号,写上船名,并根据订舱托运单上的内容编制成配船清单,并制出清洁提单,再将订舱托运单连同提单一起交船务代理签单,以便船务代理及时缮制出口载货清单。货运代理在装船之前应协同发货人将所有货物集港,以便船舶到港后能及时装船出运。在装船之前,货运代理凭全套报关单据向海关申报,海关核实无误后放行才能装船。

在货物装船时,国际货运代理应派人做好装船现场的监装工作,做好现场记录,掌握进度,及时处理意外事故,维护货主的利益,保证装船的质量。

(6)船舶离港后的善后工作。国际货运代理主要应做好如下船舶离港后的善后工作。

①换取提单并将提单送交发货人。货运代理到船舶代理处交运费和其他费用,凭大副收据换取提单,并及时将提单送交发货人,以保证及时结汇。如果是持有“表面状况良好”的大副收据,则换取的是清洁提单;如果是货物有不良批注的大副收据,则只能换取不清洁提单。由于不清洁提单在出口商办理议付结汇时银行会拒收,故在装船时最好能得到一张“表面状况良好”的大副收据。

②处理退关、短装、漏装货物。如货物没有及时发运,或单证不齐不能报关,需办理退关。在可以分批装运的情况下,部分货物已装船,另外部分货物因缺货或破损等原因没能装上船,称短装。在不可分批或用集装箱运输的情况下,货物没能装上船称漏装。船舶离港后,货运代理应及时将退关、短装或漏装通知书发给发货人,以便发货人及时处理。需再出运的货物,发货人应重新补办托运单订舱。漏装货物应安排最近的航班运出。

③发装船通知。货物装船后,货运代理应及时向国外买方发出“装船通知”,以便买方备款、赎单以及办理货运保险、进口报关和接货手续,做好提货准备。如成交条件为FOB/FCA 或 CFR/CPT 等,货运代理还需要向进口国保险公司发出该通知以便其为进口

① 根据《海牙规则》规定,承运人对货物承担的责任期间是从货物装上船时开始至卸下船时为止。对于货物装船前所发生的损失,承运人是不承担责任的。

商办理货物保险手续。

装船通知(shipping advice)也叫装运通知,或称装运声明(shipping statement),有时也叫 shipment details 或 insurance declaration,是发货人按合同或信用证规定,在货物装船并取得提单后,向买方或其指定的人发出的有关货物装运情况的说明。

在习惯做法上,发货人在装运货物后,应立即(一般在装船后 3 天内)通知买方或收货人有关装运情况,以便其安排具体的接货事宜,如租订仓库、安排接货运输工具、报关等。特别是在 FOB、CFR 等条件下,装船通知又是进口商办理进口货物运输保险的凭证。因此,买方为防止因卖方的疏忽而未及时接到装船通知,经常会在信用证中订明:受益人必须在规定时间内以电传、电报或其他方式将装运情况通知收货人或开证申请人,并凭该电传或电报的副本结汇,此时的电传或电报副本就成为议付或结汇的单据之一。若卖方未及时通知而使买方漏保或没有及时安排接运工具,则货物由此而产生的所有损失,都应由卖方负责。

装船通知以英文制作,一般只提供一份。无统一格式,企业可自行设计。装船通知样本见表 7-6。

**表 7-6 装船通知**

**Shipping Advice**

TO:

INVOICE NO.:__________

L/C NO.:__________

S/C NO.:__________

DEAR SIRS:

WE HEREBY INFORM YOU THAT THE GOODS UNDER THE ABOVE MENTIONED CREDIT HAVE BEEN SHIPPED.THE DETAILS OF THE SHIPMENT ARE STATED BELOW.

COMMODITY:__________________

NUMBER OF PKGS:__________________

INVOICE VALUE:__________________

TOTAL G.W:__________________

MEASUREMENT:__________________

OCEAN VESSEL:__________________

DATE OF DEPARTURE:__________________

B/L NO.:__________________

PORT OF LOADING:__________________

DESTINATION:__________________

SHIPPING MARKS:

BENEFICIARY'S SIGNATURE:

装船完毕,货运代理发出装船通知,托运人凭船公司签发的收货单向船公司或其代理换取已装船提单,这时国内运输段的安排工作即告一段落。国际运输段的安排可由货运代理公司的国外公司或国外代理安排。

④做好航次总结。货运代理应在船舶离港后及时作出航次总结,以备保存和查询。

(二)进口货物班轮运输代理业务

货运代理或国际物流企业在进口货物杂货班轮运输中代理业务的流程如图7-7所示。

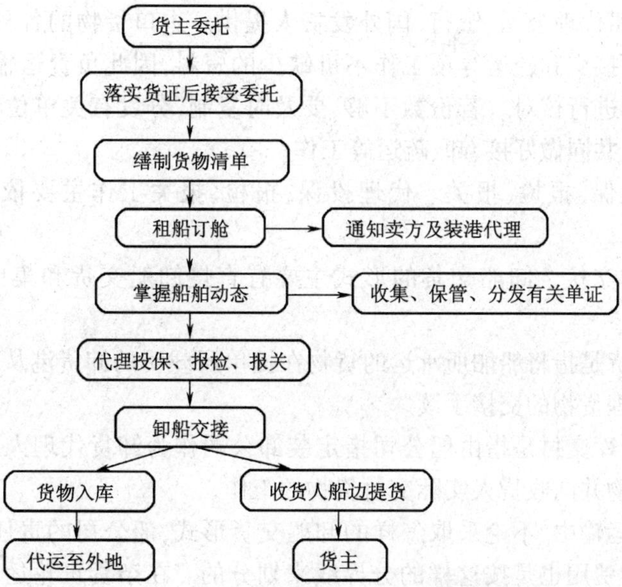


**图7-7 进口货物杂货班轮运输代理业务流程**

从图7-7来看,货运代理(或国际物流企业,下同)主要应做好如下几项工作。

其一,承揽和接受货主的委托。货运代理与进口商达成委托代理合同,接受委托事项。

其二,订舱。进口货物订舱的主要做法是:进口公司收到国外出口商发来的预计装运日期后,先按合同填写"进口订舱联系单",然后将其连同进口合同副本送交货运代理,货运代理对进口订舱联系单认真审核后接受订舱委托,并向船公司办理订舱托运手续。

在FOB条件下,货运代理在办妥订舱手续后,应在规定的期限内将船名、船期、船籍、船舶吃水深度、装载重量、到达港口等事项及时通知卖方,并催告卖方如期装船。

其三,掌握进口船舶动态与收集、整理单证。掌握进口船舶动态、船期对于做好港口工作,及时、合理地安排进口船舶卸货,尽快把货物交到收货人手中极为重要。货运代理应做好填写运输卡片和填写进口船舶动态表的工作。安排船、货时,不论是国内班轮还是国外班轮均需认真按船、按航次填写,以作为船、货安排的根据。运输卡片内容包括船名、船期、各港所配货物的主要货类、数量、实装量、离开装货港和到达卸货港日期以及指定装货港代理的日期和运输过程中的主要情况。

进口船舶动态表主要填写船舶类别、卸港顺序、各港货类、货量、预计抵达国内第一卸货港的时间。如有特殊货物如甲板货、重大件货和危险品货物均需列明,以便卸货港事先做好卸货安排。

进口货物运输单证一般包括商务单证和货运单证两大类。商务单证有贸易合同正本及副本、发票、提单、装箱单、品质证明书和保险单等。

货运单证主要有载货清单、货物积载图、提单等。进口货物运输单证多由装货港口的代理和港口轮船代理公司、银行、国外发货人提供。进口货物的各种单证是港口进行卸货、报关、报检、接交和疏运等项工作不可缺少的资料,因此负责运输的部门收到单证后,应与进口合同进行核对。若份数不够,要及时复制,分发有关单位,以便船只到港后各单位相互配合,共同做好接、卸、疏运等工作。

其四,代理投保、报检、报关。代理投保、报检、报关工作主要依据委托代理合同行事。

其五,卸船和交接。卸船交货的形式主要有直接卸船交货和集中卸船、仓库交付两种。

直接卸船交货是指将船舶所承运的货物在提单所载明的卸货港从船上卸下,在船边交给收货人并办理货物的交接手续。

集中卸船、仓库交付是指由船公司指定装卸公司作为卸货代理人,由卸货代理人总揽卸货和接收货物并向收货人实际交付货物的工作。

在杂货班轮运输中,不论采取怎样的卸船交货形式,船公司的责任都是以船边为责任界限,而且卸货费用也是按这样的分界线来划分的。在杂货班轮运输中,承运人对承运货物的责任期间可以概括为“船舷至船舷”或“钩至钩”。

其六,进口代运。进口货物卸船报关后,由收货人自行到码头提货的叫作自提。各港口接卸单位或货运代理接受用货部门的委托,代为办理进口货物到达国内港口后的国内转运业务,这种业务称为进口代运工作。进口代运工作的做法是:委托单位向货运代理提出长期或临时委托,签订《海运进口货物国内交接、代运协议书》。货到目的地后,收货人应与承运人办理交接手续。

## 三、杂货班轮运输运费

班轮运输的运费是由基本费率(base rate)和附加运费(surcharge, additional rate)构成的。

基本费率,又称基本运费,是承运人依据航线、货物性质与种类、营运成本、港口状况等因素,以地区为标准而制定的各种不同运费率,并以运价本(表)的形式表示。在远洋航线运输中,为了简化计算,通常以地区划分,在同一地区使用同一费率,如北美航线费率、欧洲航线费率等;在近洋航线运输中,一般以运输距离长短决定。班轮公会和班轮公司通常都制定了自己的各种航线的运价本(表)。

附加运费是承运人因某种特殊情况,在基本费率之外另行加收的一种临时性的费用。班轮运输中,常见的附加运费有超重或超长费、转船附加费、选卸港附加费、燃料附

链 接

基本运费的计收标准

基本运费的计收标准,通常按不同商品分为下列几种:

(1)按货物的毛重计收。在运价表中,以"W"字母(weight 的首字母)表示,一般以公吨为计算单位。

(2)按货物的体积计收。在运价表中,以"M"字母(measurement 的首字母)表示,一般以立方米为计算单位。

(3)按货物的毛重或体积计收运费,计收时取其数量较高者。在运价表中以"W/M"字母表示。按惯例凡一重量吨货物的体积超过一立方米或 40 立方英尺者即按体积收费;一重量吨货物其体积不足一立方米或 40 立方英尺者,按毛重计收。

(4)按货物的价格计收运费,又称从价运费。在运价表中以"Ad.val"或"A.V."表示。从价运费(Ad.val)表示该种货物应按其 FOB 价格的某一百分比计算运费。

(5)按货物重量或体积或价值三者中最高的一种计收,在运价表中以"W/M or Ad.val"表示。也有按货物重量或体积计收,然后再加收一定百分比的从价运费,在运价表中以"W/M plus Ad.val"表示。

(6)按货物的件数计收。如汽车、火车按辆(per unit);活牲畜如牛、羊等论头(per head)计算。

(7)对大宗低值货物,如粮食、豆类、煤炭、矿砂等采用船、货双方临时议定运价的办法。

加费、货币贬值附加费、港口拥挤附加费等。

由于班轮运价本(表)的结构不同,运费的计算方法也不同。单项费率运价表只要找到商品列名,也就找到了运价和计算单位,再加上有关的附加费即可求得该批货物的总运价。等级运价表的计算程序较为复杂,应先根据商品的英文名称,从商品名栏内查明商品等级的计收标准,然后根据该商品等级的计收标准从航线港口划分栏内查基本费率,再查明该商品有无附加费用,如有,各为哪些附加费,最后根据基本费率和附加费求出该商品的总运费。用公式表示为:

$$\text{总运费} = \text{基本运费} + \sum \text{附加费}$$

班轮运费的计算公式分三种情况。

其一,在没有任何附加费的情况下班轮运费的计算公式为:

$$F=f \times Q$$

式中:$F$ 为总运费,以下同;$f$ 为基本费率,以下同;$Q$ 为货运量,以下同。

【例】

设A公司向日本出口冻驴肉30吨,共需装1 500箱,每箱毛重25kg,每箱体积为20cm×30cm×40cm。贸易合同中规定每箱FOB30美元。现A公司委托B货运代理公司代理出口运输,代理费为运费的3%。问应如何计算该批货物的运费和代理费?

解:先按冻驴肉的英文(frozen donkey-meat)字母顺序从运价表中查找其属几级货,按什么标准计算。经查该商品属8级货,计收标准为W/M。然后再查出日本航线每一运费吨①的运价为144美元,无其他任何附加费。再次,分清该商品系重货还是轻货,也就是计算该商品的积载系数是大于1,还是小于1。如大于1为轻货,小于1为重货。计算的办法是:0.2×0.3×0.4/0.025=0.96,可见该商品是按重货计算运费。

将以上已知的数据代入公式即得总运费:

$$F=144\times0.025\times1\,500=5\,400(\text{美元})$$

$$\text{该批货物的代理费}=5\,400\times3\%=162(\text{美元})$$

其二,在有各种附加费,而且附加费按基本费率的百分比收取的情况下,运费的计算公式为:

$$F=fQ(1+S_1+S_2+\cdots+S_n)$$

式中:$S_1,\cdots,S_n$ 为各项附加费的百分比。

其三,在各项附加费按绝对数收取的情况下,运费的计算公式为:

$$F=fQ+(S_1+S_2+\cdots+S_n)\times Q$$

式中:$S_1,\cdots,S_n$ 为各种附加费的绝对数。

【例】

设某出口公司向马来西亚出口大型机床1台,毛重为7.5吨,目的港为巴生港或槟城。运送机床去新马航线的基本费率每1运费吨为1 500港元,另加收超重附加费每运费吨为28港元,选港费为20港元。问该机床的运费为多少?

解:将上述已知数据代入公式即得:

$$F=1\,500\times7.5+(28+20)\times7.5=11\,610(\text{港元})$$

即该机床的运费为11 610港元。

## 第三节　租船运输代理业务

租船运输(tramp shipping,carriage of goods by chartering)是通过船舶出租人和承租人之间签订运输合同或船舶租用合同进行货物运输的基本营运方式。在这种方式下,船舶

① 运费吨(freight ton)又称计费吨,是计算运费的一个特殊计算单位,指按一种货物的重量或体积计算运费的单位,分为重量吨和尺码吨。重量吨是按货物毛重计算运费的单位,1重量吨=1长吨=2 240磅;尺码吨是按货物体积计算运费的单位,1尺码吨=40立方英尺。一般情况下,同一货物的重量和体积相比较,以大者为运费吨。

所有人为了赚取运费，把船舶按照事先商定的条件，租给租船人，由租船人支付租金，以完成特定海上运输任务。

租船运输又称不定期运输，是相对于定期船运输的另一种船舶运输方式。它既没有固定的船舶班期，也没有固定的航线和挂靠港，而是按照货源的要求和货主对货物运输的要求，安排船舶航行计划，组织货物运输。

租船运输的特点主要有四个，具体如下。

第一，租船运输是根据租船合同组织运输的，双方事先要签订书面的租船合同。租船合同订明了双方的责任、权利和义务，也是解决争议的依据。

第二，国际租船市场行情影响租金或运费水平的高低。

第三，船舶营运中有关费用的分担取决于不同的租船方式，并在租船合同中订明。

第四，租船运输主要适用于大宗货物的运输，如谷物、矿石、煤炭等。

当货主的货量达到一定规模时则可使用租船运输。租船运输适合大宗散货运输，货物的特点是批量大、附加值低、包装相对简单。因此，租船运输的租金相对班轮运输而言较低。

租船运输与班轮运输的主要区别见表 7-7。

**表 7-7　租船运输与班轮运输的主要区别**

| 项目 | 班轮运输 | 租船运输 |
|---|---|---|
| 市场形态 | 寡头垄断的市场 | 完全竞争的市场 |
| 宏观管理 | 公共运输，管理相对严格 | 私人运输，管理相对宽松 |
| 航线与时间 | 定线、定港、定船期 | 航线、港口和时间由双方约定 |
| 服务对象和承运货物 | 非特定的众多货主，多为批量小、价值较高、要求快速运送的货物 | 特定的大货主，多为批量较大、价值低廉、运费负担能力较低、无须快速运送的货物 |
| 运输合同 | 双方不签署书面合同，多以提单来证明合同的存在 | 双方必须签署书面合同，并辅以提单 |
| 运费、租金 | 运价由船公司事先公布并登记备案，具有公开性、稳定性和费率较高的特点 | 运价或租金由双方根据市场供求状况协商确定，具有秘密性和不稳定性 |
| 港内作业与有关费用 | 这些作业与费用通常包含在运价之中 | 由双方根据合同条款确定 |
| 滞期费与速遣费 | 无此费用 | 通常有此费用 |
| 接收货地点 | 非集装箱货：船至船　集装箱货：港至港 | 船至船 |

## 一、租船的方式

租船方式主要包括定程租船（voyage charter，trip charter）、定期租船（time charter）、光船租船（demise or bareboat charter）和包运租船四种。

(一)定程租船

定程租船又称为程租船或航次租船(voyage charter),是指船舶所有人按双方事先议定的运价与条件向租船人提供船舶的全部或部分舱位,在指定的港口之间进行一个或多个航次运输指定货物的租船业务。定程租船又可分为单航次租船(single voyage charter)、来回航次租船(round voyage charter)、连续航次租船(consecutive voyage charter)、包运合同(contract of affreightment,COA)等形式。

定程租船的主要特点是:

第一,以航次为基础,规定一定的航线和装卸港口,以及装运的货物种类、名称、数量等。

第二,船舶的调度、经营管理由船方负责,船方负担船舶的燃料、物料、修理、港口使用费、淡水以及船员工资等营运费用。

第三,在多数情况下,运价按照货物数量计算或采用包干运费。定程租船的运费一般按装运货物的数量计算,也有按航次包租总金额计算的,至于货物在港口的装卸费用,究竟由船方抑或租方负担,应在租船合同中作出明确规定。

第四,规定一定的装卸期限或装卸率,并计算滞期、速遣费。

第五,船方除对航行、驾驶、管理负有责任外,还应对货物运输负责。在定程租船方式下,船方必须按租船合同规定的航程完成货物运输任务,并负责船舶的经营管理及在航行中的费用开支;租船人则应该支付双方约定的运费。

第六,船方和租方的权利和义务都是以租船合同为准。

(二)定期租船

定期租船(time charter)又称期租船,是指船舶所有人把船舶出租给承租人使用一定时期的租船方式,在此期限内,承租人可以利用船舶的运载能力来安排货运。租期内的船舶燃料费、港口费用以及拖轮费用等营运费用,都由租船人负担;船东只负责船舶的维修、保险、配备船员、供给船员的给养和支付其他固定费用。定期租船的租金在租期内不变,支付方法一般按船舶夏季载重线时的载重吨,每吨每月若干货币单位计算,每30天或每半月预付一次。

(三)光船租船

光船租船方式又称船壳租船。这种租船方式实质上是一种财产租赁方式,船舶所有人不具有承揽运输的责任。在租期内,船舶所有人只提供一艘空船给承租人使用,由承租人为船舶配备船员,负责营运管理和供应,以及负担一切固定或变动的营运费用,船舶所有人在租期内除了收取租金外,对船舶和经营不再承担任何责任和费用。

(四)包运租船

包运租船是指船舶所有人向承租人提供一定吨位的运力,在确定的港口之间,按事先约定的时间、航次周期和每航次较为均等的运量,完成合同规定的全部货运量的租船方式。

各种租船运输与班轮运输的主要区别见表7-8。

表 7-8 各种租船运输与班轮运输的主要区别

| 项目 | | 班轮运输 | 租船运输 | | | |
|---|---|---|---|---|---|---|
| | | | 航次租船 | 定期租船 | 光船租船 | 包运租船 |
| 船员配备与船长任命 | | 船东 | 船东 | 船东 | 承租人 | 船东 |
| 船舶调度与安排 | | 船东 | 船东 | 承租人 | 承租人 | 船东 |
| 揽货 | | 船东 | 船东 | 承租人 | 承租人 | 船东 |
| 运费/租金 | | 运费 | 运费 | 租金 | 租金 | 运费 |
| 订租舱位 | | 部分舱位 | 整船或部分舱位 | 整船舱位 | 整船舱位 | 整船舱位 |
| 承运人 | | 船东 | 船东 | 承租人 | 承租人 | 船东 |
| 有关营运费用的分担 | 船员工资等 | 船东 | 船东 | 船东 | 承租人 | 船东 |
| | 港口使用费 | 船东 | 船东 | 承租人 | 承租人 | 船东 |
| | 燃油费 | 船东 | 船东 | 承租人 | 承租人 | 船东 |
| | 装卸费 | 船东 | 合同约定 | 承租人 | 承租人 | 合同约定 |
| | 船舶维修费 | 船东 | 船东 | 船东 | 承租人 | 船东 |
| | 滞期/速遣费 | 无 | 有 | 无 | 无 | 有 |
| | 检验保险费 | 船东 | 船东 | 船东 | 合同约定 | 船东 |

## 二、租船的程序

租船通常在租船市场上进行。船东(或二船东)向租船人提供的不是运输劳务,而是船舶的使用权。船东和租船人之间所进行的租船业务是对外贸易的一种商业行为。

租船程序与商品贸易程序基本一致,同样需要租方和船方之间通过一定的形式提出自己的条件,经过反复商洽,最后达成租船交易。租船一般也要经过询盘、报盘、还盘、接受和签约等五个环节。

若国际物流企业或货运代理选择租船进行出口货物托运,则可选择适当的租船代理人或经纪人(如中国租船公司),将托运货物的详细资料(种类、数量、装卸港、时间等)告知经纪人,委托其洽租适当的船舶。船公司接到经纪人的询价后,若有意承运,船方将向经纪人提出报价;经纪人接到报价后与国际物流企业或货运代理协商;若国际物流企业或货运代理对船方的报价有不同意见,可通过经纪人向船方还价,直到双方达成一致,订立正式的租船合同。

## 三、租船合同的主要内容与范本

国际物流企业或货运代理与船方订立租船合同时，必须注意租船合同与进出口合同有关装运时间的一致性。租前必须了解和熟悉贸易合同中的有关贸易条件，要做到租船条款与贸易条款相衔接。要了解货物的品名、性质(易燃、易爆、易腐等)、包装、尺码、重量以及其他一些情况，如卡车的重量和尺寸、冷冻货所需的温度、超长超重货的重量和长度等。要了解装卸港口情况、装卸率、价格条件(船边交货还是舱底提货)、备货通知期限等。

租船合同是一种运输契约，本质上是船舶所有人与承租人双方自愿接受法律约束的协议，双方有义务遵守。为方便事后法律问题的处理，一般在租船合同中应对适用的规则、规定、法律予以明确。当租船合同对适用法律没有明确规定时，可根据海事国际私法的原则具体适用船籍国、签约地国、合同所用文字国等的法律。

### (一)租船合同的主要内容

租船合同用得较多的是航次租船合同和期租合同。期租船租赁时间长，且租期内由租方经营管理。期租合同与航次租船合同在内容上有所不同。

期租合同的主要内容有七项，分别为：船舶说明、租期、交船、租金、停租与复租、还船、转租。

航次租船合同的内容因具体业务的货类、航线、贸易条件等而不同，使用的标准租船合同格式的条款也不同。我国《海商法》第 93 条规定：“航次租船合同的内容，主要包括船舶所有人和承租人的名称、船名、船籍、载货重量、容积、货名、装货港和目的港、受载期限、运费、滞期费、速遣费以及其他有关事项。”我们认为航次租船合同的主要内容有九项，分别为：合同当事人、船舶概况、装卸港、受载期与解约日、货物、装卸费用分担、装卸时间、滞期与速遣、运费。

下面选择航次租船合同中有关装卸费用分担、装卸时间、滞期与速遣三大条款进行阐述。

1. 装卸费用分担。装卸费用是指将货物从岸边(或驳船)装入舱内和将货物从船舱内卸至岸边(或驳船)的费用。如果租船合同中没有作出约定，则由船舶所有人负担，但关于装卸费用及风险如何分担的问题，一般租约中都会作出约定，此时应完全依据合同条款的具体约定。常见的约定方法有以下四种。

(1)船方负担装费和卸费，又称“班轮条件”(gross terms；liner terms 或 berth terms)。在这种条件下，费用划分界限一般在船边，承租人把货物交到船边的吊钩下，船方负责把货物装进舱内并整理好；卸货时，船方负责把货物从舱内卸到船边，由承租人或收货人提货。所以，责任和费用的划分以船边为界，由船舶所有人负责雇佣装卸工人，并负担货物的装卸费用。这种条款多用于包装货或木材，而不适用于散装货。

(2)船方管装不管卸(free out，简称 F.O.)。它是指在装货港由船舶出租人负担装货费，在卸货港由承租人负担卸货费。

(3)船方管卸不管装 (free in，简称 F.I.)。它是指在装货港由承租人负担装货费用，在卸货港由船舶出租人负担卸货费用。

（4）船方不管装和卸（free in and out，简称 F.I.O.）。此种方法使用较多，即船舶出租人既不管装也不管卸。采用这一方法，还应明确谁负担理舱和平舱费。一般都规定由承租方负担，即船方不负担装、卸、理舱和平舱费（free in and out，stowed，trimmed，简称 F.I.O.S.T.）。

2. 装卸时间。装卸时间是指合同当事人双方约定的船舶所有人使船舶适于装卸货物，无须在运费之外支付附加费的时间，也可以说是承租人和船舶所有人约定的，承租人保证将合同货物在装货港全部装完以及在卸货港全部卸完的时间之和。

程租船合同中对装卸时间的确定，最为常见的有三种方法。

（1）分开确定装卸时间，即对装货确定一个“允许装货时间”（time allowed for loading）；对卸货确定一个“允许卸货时间”（time allowed for discharging）。

（2）确定总的装卸时间。总的装卸时间又称为“装卸共用时间”，即对装货和卸货确定一个“允许使用的总时间”（total time allowed to use）。例如“许可装卸时间共 20 天”（20 days allowed for loading and discharging）。

（3）许可装卸时间用装卸率表示，如“每天装或卸 1 000 吨”（1 000 tons per day for loading or discharging）。

双方当事人确定装卸时间长短的主要依据是货物种类、货物数量以及船舶所到港的日常装卸率。装卸时间一旦在合同中确定，对双方当事人均有约束力。

由于装卸时间的长短直接影响到船舶的使用周期，对船东来说，在由货方承担装卸责任时，装卸时间无法控制，为保证船期，通常应规定在多少时间内货方应完成装卸作业。

在租船合同中，针对装卸时间往往是用天数来表示的，随着各种各样租船合同的订立，对于天数的表述也是多种多样的。但使用最多的是连续 24 小时晴天工作日（weather working day of 24 consecutive hours）计算法①，即在昼夜作业的港口，须连续工作 24 小时才算一天，如中间有几个小时坏天气不能作业，则应予扣除。例如，周一是好天气，从 9 时开始计算许可时间，则到周二（如果仍是好天气）9 时才是一个工作日。如果在此期间有 3 个小时因坏天气无法作业，则到周二 12 时才算一个工作日。此外，星期日和节假日也应除外。

关于利用星期日和节假日作业是否计入装卸时间的问题在合同中应订明：“星期日和节假日除外”（sundays and holidays excepted，SHEX），“不用不算，用了要算”（SHEX unless used），或“不用不算，即使用了也不算”（SHEX even used）。此外，装货和卸货时间是分别计算还是合并计算也都需要明确规定。

3. 滞期与速遣。滞期费（demurrage money）是指承租人如不能在合同约定的许可装

---

① 24 小时工作日（working day of 24 hours），其含义为累计足够 24 个小时的工作时间作为一个工作日，例如，港口当地实行 8 小时工作制，那么三个工作日才可算作一个 24 小时工作日；24 小时连续工作日（working day of 24 consecutive hours），此时装卸时间是被连续计算的，其含义与工作日基本相同。24 小时晴天工作日这种表示方法与晴天工作日的表述基本相同，但是二者有一个比较小的差别，即在 24 小时连续晴天工作日的条件下，对任何时间当中发生的坏天气，不论是否发生在作业时间，均要进行实扣实消；而在晴天工作日中，如果坏天气不是发生在工作时间，那么不得进行扣减，但如果发生在工作时间，那么需要按照工作时间与 24 小时的比例进行扣减。

卸时间内将货物全部装完或卸完,必须按照合同规定向船东支付的罚款。如果承租人在约定的装卸货时间之前完成装卸作业,船东给承租人的奖励叫速遣费(dispatch money)。一般滞期费定为每天若干金额,不是一天按比例计算。它等于滞期时间和约定的滞期费率的乘积。根据国际航运惯例,速遣费费率通常是滞期费费率的一半(dispatch half demurrage,DHD),除非合同另有明确规定。例如规定:"滞期费每日1 500美元,速遣费每日 750 美元,不足一天按比例计算"(demurrage/despatch USD 1 500/750 per day or pro rata)。

在租船合同中,如无相反规定还应遵循"一旦滞期,永远滞期"(once on demurrage always on demurrage)的原则,也就是只要发生滞期,原本可以扣除的星期天、节假日和坏天气等均不能扣除。在计算速遣时间的问题上,出租人和承租人容易发生争议的问题是在节省的时间中是否扣除星期日、节假日及因不良天气停止工作的时间。为了防止争议,租船合同也常常采用一些含义明确的用语,表明速遣时间的计算,即"节省全部时间"(all time saved)和"节省全部工作时间"(all working time saved)。当合同中没有明确约定采用哪一种用语来计算速遣时间时,通常解释是按"节省全部工作时间"计算,因为按这种用语计算比较合理,实践中采用的也比较多。

在实际工作中,滞期时间与速遣时间是通过实际使用的装卸时间与合同允许使用的装卸时间相比较而计算出来的。如果实际使用的装卸时间减去可用的装卸时间计算出来的是正值,则是滞期时间;如果是负值,则为速遣时间。

链 接

计算滞期费和速遣费时要注意的问题

(1)滞期费和速遣费等于规定的每天的费额乘以实际滞期或速遣的天数。

(2)自许可装卸时间终止时起,至全部货物装卸完毕止为滞期时间;自全部货物装卸完毕至许可装卸时间终止为速遣时间。

(3)如滞期、速遣不足一天,则按比例计算;通常每天滞期费为速遣费的两倍。

(4)如无相反规定,习惯按"一旦滞期则始终滞期"原则办理,也就是滞期后该扣除的周末、法定节假日和坏天气均不再扣除;速遣时间的计算则有节省全部时间和节省工作时间两种不同方法。

(5)计算滞期费和速遣费的依据是"装卸时间计算表"(laydays statement),经船租双方签字生效。

**【例】滞期费与速遣费的计算**

黑龙江龙华货运代理公司托运大豆 14 000 吨,租用一艘程租船装运,租船合同中有关的装运条件如下：

(1)每个晴天工作日(24小时)装货定额为700吨，星期日和节假日除外，如果使用了，按半数时间计入。

(2)星期日和节假日前一日18时以后至星期日和节假日后一日的8时以前为假日时间。

(3)滞期费和速遣费每天(24小时)均为USD1 500。

(4)凡上午接受船长递交的"装卸准备就绪通知书"(notice of readiness)，装卸时间从当日14时起算，凡下午接受通知书，装卸时间从次日8时起算。

(5)如有速遣费发生，按"节省全部工作时间"(all working time saved)计算。

装货记录如表7-9所示。

**表7-9　装货记录**

| 日期 | 星期 | 说明 | 备注 |
|---|---|---|---|
| 4.27 | 三 | 上午8时接受船长递交的通知书 | |
| 4.28 | 四 | 0—24时 | 下雨停工2小时 |
| 4.29 | 五 | 0—24时 | |
| 4.30 | 六 | 0—24时 | 18时以后下雨2小时 |
| 5.1 | 日 | 0—24时 | 节假日 |
| 5.2 | 一 | 0—24时 | 节假日 |
| 5.3 | 二 | 0—24时 | 节假日 |
| 5.4 | 三 | 0—24时 | 8时以前下雨停工4小时 |
| 5.5 | 四 | 0—14时 | |

问题：根据以上条件计算滞期费或速遣费。

解：根据以上条件计算滞期费或速遣费时，可分为以下四步。

第一步，计算使用时间。

4月27日(星期三)为：10小时(当日14时至24时)

4月28日(星期四)为：$24-2=22$(小时)

4月29日(星期五)为：24小时

4月30日(星期六)为：$18+(6-2)\times 1/2=20$(小时)

5月1日(星期日)为：$24\times 1/2=12$(小时)

5月2日(星期一)为：$24\times 1/2=12$(小时)

5月3日(星期二)为：$24\times 1/2=12$(小时)

5月4日(星期三)为：$(24-8)+(8-4)\times 1/2=18$(小时)

5 月 5 日(星期四)为:14 小时

合计:10+22+24+20+12+12+12+18+14=144(小时)=144/24(天)=6(天)

第二步,计算允许装卸时间。

14 000 / 700 = 20(天)

第三步,计算非工作时间。

4 月 30 日的非工作时间为:(6-2)×1/2 = 2(小时)

5 月 1 日的非工作时间为:12 小时

5 月 2 日的非工作时间为:12 小时

5 月 3 日的非工作时间为:12 小时

5 月 4 日的非工作时间为:(8 - 4)×1/2 = 2(小时)

合计:2+12+12+12+2=40(小时)=40/24(天)= 1.67(天)

第四步,计算滞期费或速遣费。由于 6 天+1.67 天=7.67 天<20 天,所以应计算速遣费。

速遣费= USD 1 500×(20-7.67)= USD18 495

(二)租船合同的主要范本

在实务中,为了简化和加速签订租船合同的进程,在国际租船市场上,一些航运集团、大航运公司或贸易集团根据本行业特点,结合货物种类、运输航线以及习惯做法,制定了一些租船合同范本。双方可以根据具体情况和对双方有利的原则,对标准合同格式中的若干条款进行删减或增加,对于没有明确规定的事项可以依照法律或商业习惯处理。

目前航次租船合同范本使用较广的有"标准杂货租船合同"(Uniform General Charter Party,GENCON),简称"金康合同" 或"金康格式"。金康合同 1922 年由国际著名船舶所有人组织波罗的海国际航运协会(BIMCO)公布,分别于 1976 年、1994 年进行修订,可适用于各种航线及各类杂货的航次租船。

《金康合同 1994》(GENCON 94)共 19 条。其主要内容包括:船舶所有人与承租人;船舶所有人责任条款;绕航条款;运费支付;装卸(费用、风险、船吊、装卸工人损害);装卸时间;滞期费;留置权条款;解约条款;提单;互有责任碰撞条款;共同海损和新杰森条款;税收和使费条款;经纪人费用;代理;普通罢工条款;战争风险;普通冰冻条款;法律和仲裁。

金康合同样本见表 7-10。

期租合同范本常用的有中国租船公司拟定的租船合同范本"中国期租 1980"(SINOTIME 1980)、波罗的海国际航运协会的"标准定期租船合同"(Uniform Time Charter,BAITIME)、"纽约土产交易所定期租船合同"(New York Produce Exchange Time Charter Party, NYPE,简称 Time Charter Party)。其中"标准定期租船合同"又称巴尔的摩租船合同。该合同是由波罗的海国际航运协会于 1909 年制定,并由英国航运公会承认的标准定期租船合同格式。自 1909 年制定以来,这一格式几经修改,现行使用的是 1950 年修订的格式。其主要条款有:①船舶说明(description of the ship);②租期(charter period);③交船(delivery of vessel);④租金(hire);⑤停租与复租(off hire/suspension of hire or on hire);⑥还船(redelivery of vessel)。

**表 7-10 航次租船合同——金康格式**

<table>
<tr><td rowspan="2">1.Shipbroker</td><td>RECOMMENDED<br>THE BALTIC AND INTERNATIONAL MARITIME CONFERENCE<br>UNIFORM GENERAL CHARTER(AS REVISED 1922 AND 1976)<br>INCLUDING"F.I.O." ALTERNATIVE, ETC<br>(To be used for trades for which no approved form is in force)<br>CODE NAME:"GENCON" Part I</td></tr>
<tr><td>2.Place and date</td></tr>
<tr><td>3.Owners/Place of business (Cl.1)</td><td>4.Charterers/Place of business (Cl.1)</td></tr>
<tr><td>5.Vessel's name (Cl.1)</td><td>6.GT/NT (Cl.1)</td></tr>
<tr><td>7.DWT all told on summer load line in metric tons(abt) (Cl.1)</td><td rowspan="2">8.Present position (Cl.1)</td></tr>
<tr><td>9.Expected ready to load (abt.) (Cl.1)</td></tr>
<tr><td>10.Loading port or place (Cl.1)</td><td>11.Discharging port or place (Cl.1)</td></tr>
<tr><td colspan="2">12.Cargo (also state quantity and margin in Owners' option, if agreed; if full and complete cargo not agreed state "part cargo") (Cl.1)</td></tr>
<tr><td>13.Freight rate (also state if payable on delivered or in taken quantity) (Cl.1)</td><td>14.Freight payment (state currency and method of payment, also beneficiary and bank account) (Cl.4)</td></tr>
<tr><td>15. Loading and discharging costs (state alternative (a) or (b) of Cl.5, also indicate if vessel is gearless)</td><td rowspan="2">16.Laytime (if separate laytime for load. And disch. is agreed, fill in (a) and (b), if total laytime for load.and disch.fill in (c) only) (Cl.6)<br>(a) Laytime for loading<br>(b) Laytime for discharging<br>(c) Total laytime for loading and discharging</td></tr>
<tr><td>17.Shippers (state name and address) (Cl.6)</td></tr>
<tr><td>18. Demurrage rate (loading and discharging) (Cl.7)</td><td>19.Cancelling date (Cl.10)</td></tr>
<tr><td colspan="2">20.Brokerage commission and to whom payable (Cl.14)</td></tr>
<tr><td colspan="2">21.Additional clauses covering special provisions, if agreed.</td></tr>
<tr><td colspan="2">It is mutually agreed that this Contract shall be performed subject to the conditions contained in this Charter Party which shall include Part I as well as Part II. In the event of a conflict of conditions, the provisions of Part I shall prevail over those of part II to the extent of such conflict.</td></tr>
<tr><td>Signature (Owners)</td><td>Signature (Charterers)</td></tr>
</table>

## 第四节　海运提单

海运提单(bill of lading,B/L)(以下简称“提单”,样本见表 7-11)是承运人签发给托运人的表明货物已被承运人收讫的货物收据,是一种货物所有权凭证(document of title)。谁拥有提单,谁就拥有了货物。提单持有人可据以提取货物,也可凭此向银行押汇,还可在载货船舶到达目的港交货之前进行转让①。提单是承运人与托运人之间运输契约(合同)的证明②。物权凭证、货物收据、运输合同的证明这三个基本功能就是提单在法律上的核心内容。

**表 7-11　海运提单样本**

<table>
<tr><td colspan="2">(1)Shipper</td><td colspan="4" rowspan="6">COSCO<br><br>(4)B/L No.<br>中国远洋运输公司<br>CHINA OCEAN SHIPPING COMPANY<br>Cable:　　Telex:<br>COSCO BEIJING　22264CPCPK CN<br>GUANGZHOU　44080COSCA CN<br>SHANGHAI　33057COSCO CN</td></tr>
<tr><td colspan="2">(2)Consignee</td></tr>
<tr><td colspan="2">(3)Notify Party</td></tr>
<tr><td>(5)Pre-carriage by</td><td>(6)Port of Receipt</td></tr>
<tr><td>(7)Ocean Vessel</td><td>(8)Port of Loading</td></tr>
<tr><td>(9)Port of Discharge</td><td>(10)Place Delivery</td></tr>
<tr><td>(11)Container No.</td><td>(12)Seal No.<br>Marks & Nos.</td><td>(13)No. of<br>Containers or Pkgs.</td><td>(14)Kind of Packages;<br>Description of Goods</td><td>(15)Gross Weight</td><td>(16)Measurement</td></tr>
<tr><td colspan="6">(17)TOTAL NUMBER OF CONTAINERS OF PACKAGES(IN WORDS)</td></tr>
<tr><td>(18)Freight & Charges</td><td>(19)Revenue Tons</td><td>(20)Rate</td><td>(21)Per</td><td>(22)Prepaid</td><td>(23)Collect</td></tr>
<tr><td rowspan="2">(24)Ex.Rate</td><td>(25)Prepaid at</td><td colspan="2">(27)Payable at</td><td colspan="2">(29)Place and Date of Issue</td></tr>
<tr><td>(26)Total Prepaid</td><td colspan="2">(28)No.of Original B(s)/L</td><td colspan="2" rowspan="2">Signed for the Carrier<br>COSCO SHANGHAI<br>SHIPPING CO.,LTD.<br>×××<br><br>(32)COPIES</td></tr>
<tr><td colspan="4">LADEN ON BOARD THE VESSEL<br>(30)Date:<br>(COSCO STANDARD FORM 07)<br>BY: COSCO SHANGHAI SHIPPING CO.,LTD.<br>×××<br>(31)ENDORSEMENT:</td></tr>
</table>

### 一、提单的当事人、关系人和流转程序

#### (一)提单的当事人、关系人

提单的当事人是承运人、托运人。在实际业务中,提单所涉及的主要关系人有收货

① 提单还是一种可以流通的有价证券,作为对价转让的标的物或贷款的抵押品,但提单的转让必须在承运人交货前才有效。提单持有人必须在货物运抵目的港一定时间内把货提走,过期不提,视为无主货物,承运人可对货物行使处置之权。

② 提单本身并不是运输契约,由于运输契约是在装货前商议签订,而提单一般是在装货后签发的,因而提单只是运输契约的证明。

人、提单持有人等。其中，承运人通常是与托运人签订运输合同、承担运输任务的航运公司；托运人是与承运人签订运输合同、送交所运送货物的人；收货人是有权提货的人，常常是买方。以上各方之间的权利、义务关系就构成了提单关系的主要内容。正本提单的合法持有人拥有对货物的请求权，承运人负有向正本提单的合法持有人交付货物的责任。

（二）提单的签发

提单应由承运人或其代理人签发，或者是由船长或其代理人签发。承运人自身签署的要注明 as carrier；如果是代理人签署提单，则代理人须注明被代理人的名称和身份，标明 as agent for the carrier ×××。

签发时间一般要在货物装船以后凭场站收据签发，如果在装船前签发，就构成预借提单①。预借提单既违约又违法，通常被视为欺诈行为，因而可能会给承运人带来许多不必要的麻烦，甚至是很大的损失，在实际业务中，应避免采用。在实际业务中还应避免倒签提单。倒签提单是因实际装船日期迟于信用证规定的装船期限，卖方在来不及改证时，为了安全结汇，可能以出具"保函"的形式，由承运人倒签提单签发日期或装船日期，使之符合信用证的规定。倒签提单是一种既违约又违法的行为，在许多国家都被视为卖方和船方的共同欺诈，一经发现，承运人将不得不与托运人共同赔偿收货人因此而遭受的损失，因此，在实际业务中应尽量避免。

**【案例】**

我国某出口公司先后与伦敦B公司和瑞士S公司签订出售农产品的合同，共计3 500吨，价值8.275万英镑。装运期为当年12月至次年1月。但由于原定的装货船舶出故障，只能改装另一艘外轮，致使货物到2月11日才装船完毕。在我公司的请求下，外轮代理公司将提单的日期改为1月31日，货物到达鹿特丹后，买方对装货日期提出异议，要求我公司提供1月份装船证明。我公司坚持提单是正常的，无须提供证明。结果买方聘请律师上货船查阅船长的船行日志，证明提单日期是伪造的，立即凭律师拍摄的证据，向当地法院控告并由法院发出通知扣留该船，经过4个月的协商，最后，我方赔款2.09万英镑，买方才撤回上诉而结案。

案例分析：

倒签提单是一种违法行为，一旦被识破，产生的后果是严重的。但是在国际贸易中，倒签提单的情况还是相当普遍的。尤其是在延期时间不多的情况下，还是有许多出口商会铤而走险。当倒签的日子较长的情况出现，就容易引起买方怀疑，最终可以通过查阅船长的航行日志或者班轮时刻表等途径加以识破。

对于直接签发船公司提单的货物，一般来说，在开船后一个工作日内货运代理人要与船公司联系领取提单事宜；确定提单份数和领取时间，收到提单后，应核对份数、格式、

① 预借提单是因船舶延期抵港、备货拖延等原因引起船、货衔接不当，信用证中规定的装运期、有效期已到，货物却尚未装船完毕，在这种情况下，托运人为了及时结汇，要求承运人预先签发已装船提单，同时由托运人出具"保函"，保证一旦发生因预借提单引起的买方索赔行为，卖方将承担一切风险责任的提单。

船名、航次、提单号等是否正确,并根据船名、航次按委托单位分类登记,委托单位凭协议确认签章,登记签章后领取提单,并注明发放日期。

由于航线过短,银行传递单据的速度较慢,会出现货到单未到的情形,这时的提单就成为过期提单。银行对于这种由于客观原因造成的过期,将给予接受。但卖方迟于运输单据签发日期 21 天后向银行提交提单,银行将有权拒收,这种过期提单是无效的。

(三)提单的流转

提单流转环节较多,因贸易方式不同,流转环节也不同。以信用证方式结汇的 CIF 买卖,其提单流转的整个过程如图 7-8 所示。

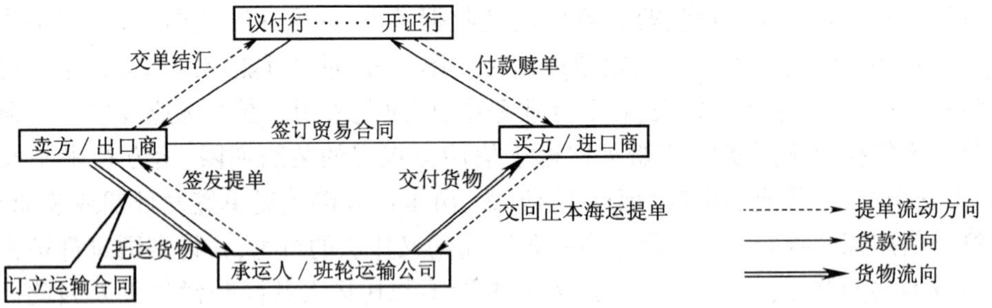


**图 7-8　提单流转示意**

从图 7-8 来看,提单一般流转环节为:起运港承运人或其代理签发→出口商或其货运代理转给托运人→开证银行→收货人(进口商)→目的港承运人或其代理。

从流转环节看,收货人要拿到提单提货,必须通过银行,即收货人必须向开证行付款赎单,否则银行不会将提单交给收货人。

值得注意的是:作为货运代理人,只可将提单交给托运人,千万不可将提单随意交给第三人。目前国外许多收货人在中国设有代表处,有的托运人要求将提单交给收货人的代表,而又缺少必要的委托授权手续,一旦发生贸易纠纷,货运代理人往往难逃其责。在提单流转过程中,提单上的发货人、收货人、受让人都应按要求背书。没有背书的提单,其持有人得到提单的合法性往往会受到怀疑。

在目的港,收货人凭一份正本提单提货后,其余正本提单作废。承运人在目的港之外的地点交货的,应收回全部正本提单,否则难以免除在目的港向正本提单持有人交货的义务。

## 二、提单正面的填写

提单正面填写主要应注意如下项目。

第一,托运人或发货人(shipper)。托运人可以是货主,也可以是货主的代理人或货运代理人。信用证支付方式下一般为信用证中的受益人。如果开证人为了贸易上的需要,要求做第三者提单(third party B/L),也可照办。托收支付方式下的提单发货人栏应按合同规定的卖方填制。

第二,收货人(consignee)。本栏的填法,如是信用证支付方式下的提单,要严格按信用证规定办理。如是托收方式下的提单,本栏一般填"to order"或填"to order of shipper"均可,然后由发货人背书。信用证支付方式下如要求记名提单,则可填上具体的收货公司或收货人名称;如属指示提单,则填为"指示"(order)或"凭指示"(to order);如需在提单上列明指示人,则可根据不同要求,做成"凭托运人指示"(to order of shipper)、"凭收货人指示"(to order of consignee)或"凭银行指示"(to order of ×× bank)。不记名式即在本栏留空不填,或填入"to bearer"(来人抬头)。

本栏注意三点:①本栏若填写 to order 或 to order of shipper 等字样,表示指示提单,可转让,一般通过背书方转让给受让人;②本栏若填写实际收货人,表示记名提单,不可以转让;③承运人不接受一票货物有两个或两个以上的收货人,如有,本栏内填写第一收货人,第二收货人填在被通知人栏内。

**【例】**

已知一笔交易中,各有关当事人的名称为:

卖方:SHANGHAI KANGDA IMP. & EXP. CO., LTD.;其贸易代理为 SHANGHAI PENCHEN IMP.& EXP.CO.,LTD.,货运代理为 SHANGHAI FUYUN FORWARDER CO.。

买方:SPORTARTIKELFABRIK KARL UHT GMBH;其货运代理为 WPP FORWARDER CO.。

请写出以下三种情况的托运人和收货人:(1)SHANGHAI KANGDA IMP.& EXP.CO., LTD.直接托运给 SPORTARTIKELFABRIK KARL UHT GMBH;(2)SHANGHAI KANGDA IMP.& EXP.CO.,LTD.通过其贸易代理直接托运给 SPORTARTIKELFABRIK KARL UHT GMBH;(3)买卖双方均通过其货运代理办理托运。

解:(1)托运人:SHANGHAI KANGDA IMP. & EXP. CO., LTD.;收货人:SPORTARTIKELFABRIK KARL UHT GMBH。(2)托运人:SHANGHAI PENCHEN IMP.& EXP.CO., LTD.;收货人:SPORTARTIKELFABRIK KARL UHT GMBH。(3)托运人:SHANGHAI FUYUN FORWARDER CO.;收货人:WPP FORWARDER CO.。

第三,被通知人(notify party)。被通知人一般是收货人的代理人。在信用证项下,银行作为收货人而显示在提单上,这时的被通知人往往是实际收货人。如信用证上对提单被通知人有具体规定,则必须严格按信用证要求填写。如果是记名提单或收货人指示提单,且收货人又有详细地址的,则此栏可以不填。如果是空白指示提单或托运人指示提单,则此栏必须填列被通知人名称及详细地址,否则船方就无法与收货人联系,收货人也不能及时报关提货。信用证规定的被通知人后如有"only"一词,提单亦应照打,不能省略。托收方式下的提单,本栏可按合同的买方名称填入。

第四,提单号码(B/L No.)。一般列在提单右上角,以便于工作联系和查核。发货人向收货人发送装船通知(shipment advice)时,也要列明船名和提单号码。

第五,船名(name of vessel)。本栏填实际船名,如系班轮有航次号者应注明航次号。

第六,装货港(port of loading)。发货地不一定是装货港,本栏应填实际起运港的具体名称，且必须符合信用证和合同规定。

第七，卸货港（port of discharge）。填列货物实际卸下的最终港口名称。如属转船，第一程提单上的卸货港填转船港，收货人填二程船公司；第二程提单装货港填上述转船港，卸货港填最后目的港，如由第一程船公司出联运提单（through B/L），则卸货港即可填最后目的港，并在提单上列明第一和第二程船名。如经某港转运，要显示"via ××"字样。在运用集装箱运输方式时，目前使用"联合运输提单"（combined transport B/L）的，提单上除列明装货港、卸货港外，还要列明"收货地"（place of receipt）、"交货地"（place of delivery）以及"第一程运输工具"（pre-carriage by）、"海运船名和航次"（ocean vessel，Voy No.）。填写卸货港，还要注意同名港口问题，如属选择港提单，要在此栏中注明。

第八，货名（description of goods）。在信用证项下货名必须与信用证上规定的货名一致。

第九，件数和包装种类（number and kind of packages）。本栏主要填包装数量和包装单位。如果提单项下商品的包装单位不止一种，应分别表示。如 250 箱，其中包括 100 木箱和 150 纸箱，可表示如下：

100 wooden cases

150 cartons

250 packages

如上述多种包装单位分别表示，则毛重和尺码栏亦应分别表示。

如是散装货无件数，则本栏可表示"in bulk"（散装）。

第十，唛头（shipping marks）。信用证有规定的，必须按规定填列，否则可按发票上的唛头填列。

第十一，毛重、尺码（gross weight，measurement）。除信用证另有规定者外，一般以千克为单位列出货物的毛重，以立方米列出货物的体积，小数点后保留三位。若裸装货物没有毛重，只有净重，在净重前加注："N.W."（net weight）。提单的重量应与其他单据的重量一致。

第十二，运费和费用（freight and charges）。一般为预付（freight prepaid）或到付（freight collect）。如 CIF 或 CFR 出口，一般应填上运费预付字样，千万不可漏列，否则收货人会因运费问题提不到货，虽可查清情况，但拖延提货时间也将造成损失。如系 FOB 出口，则可填上"运费到付"字样，除非收货人委托发货人垫付运费。

第十三，提单的签发、日期和份数。提单必须由承运人或船长或他们的代理签发，并应明确表明签发人身份。一般表示方法有"carrier""captain""as agent for the carrier：×××"等。提单份数一般按信用证要求出具，如"full set of"，一般理解成三份正本若干份副本，当其中一份正本完成提货任务后，其余各份失效。提单还是结汇的必需单据，特别是在跟单信用证结汇时，银行要求所提供的单证必须一致，因此提单上所签的日期必须与信用证或合同上所要求的最后装船期一致或先于装船期。如果卖方估计货物无法在信用证装船期前装上船，应尽早通知买方，要求修改信用证，而不应利用"倒签提单""预借提单"等欺诈行为取得货款。

第十四,签单地点和日期(place and date of issue)。签单地点就是承运人经营业务所在的地点,一般承运人多数在装运港设有代理人,所以签单地点多数是承运人接管货物或装运的地点。

## 第五节 海上货物运输的国际公约

关于海上货物运输的国际公约主要是为了统一世界各国关于海运提单的不同法律规定,建立船货双方均等平摊海上运输风险的责任制度,并确认承运人与托运人在海上货物运输中的权利和义务。目前在国际航运业影响最大的国际公约主要有:《关于统一提单的若干法律规则》(简称《海牙规则》,*The Hague Rules*,1931 年 6 月 2 日生效)、《关于修改 1924 年统一提单的若干法律规则的协议书》(简称《维斯比规则》,*The Visby Rules*,1977 年 6 月 23 日生效)、《联合国海上货物运输公约》(简称《汉堡规则》,*The Hamburg Rules*,1992 年 11 月 1 日生效)。

我国虽然尚未加入《海牙规则》《维斯比规则》《汉堡规则》,但是我国《海商法》,特别是其中第四章关于海上货物运输合同的规定,基本上是以《维斯比规则》为基础,吸收了《汉堡规则》中比较成熟和合理的内容。具体而言,关于适航、管理货物、禁止不合理绕航,以及承运人免责和责任限制等,采纳了《维斯比规则》的规定;而承运人责任期间、迟延交付、活动物和甲板货运输、提单、托运人责任、实际承运人等,则参照或吸收了《汉堡规则》。因此,我国《海商法》与国际海商海事实践基本是接轨的。

《海牙规则》共 16 条;《维斯比规则》共 17 条,该公约是在《海牙规则》的基础上稍作修改而形成的;《汉堡规则》分 7 章 34 条,该公约对以《海牙规则》为基础而建立的船货风险承担制度进行了全面的改进,扩大了承运人的责任。总的来讲,这三个国际公约实质上的区别主要表现在以下几个方面。

第一,公约适用范围不同。《海牙规则》只适用于缔约国所签发的提单。因此,如果当事人各方没有事先约定,那么,对同一航运公司所经营的同一航线上来往不同的货物,可能就会出现有的适用《海牙规则》,有的则不能适用《海牙规则》的情况。《汉堡规则》不仅规定公约适用于两个不同缔约国间的所有海上运输合同,而且规定了被告所在地、提单签发地、装货港、卸货港、运输合同指定地点,5 个地点之中任何一个在缔约国的都可以适用《汉堡规则》。

第二,承运人的责任基础不同。《海牙规则》对承运人的责任基础采用了"不完全过失原则"。"不完全过失原则"是相对于"过失原则"(即有过失即负责,无过失即不负责)而言的。《海牙规则》总的规定是要求承运人对自己的过失承担责任,但同时又规定"船长、船员、引航员或承运人的雇佣人员在驾驶或管理船舶上的行为、疏忽或不履行契约"可以要求免责,虽然有过失也无须负责,即不完全过失原则。《维斯比规则》对承运人的责任基础仍然采用了"不完全过失原则"。《汉堡规则》对承运人的责任基础改为了"推定的完全过失原则",从而大大加重了承运人的责任。具体来说,它不仅以是否存在过失来决定承运人是否负责,而且规定举证责任也要由承运人承担。

第三，承运人的责任期间不同。《海牙规则》规定承运人的责任期间是自货物装上船舶开始至卸离船舶为止的一段时间，有人称之为“钩至钩”。《维斯比规则》规定的承运人的责任期间和《海牙规则》一样。《汉堡规则》则将承运人的责任期间扩大为承运人或其代理人从托运人或托运人的代理人手中接管货物时起，至承运人将货物交付收货人或收货人的代理人时止，包括装货港、运输途中、卸货港、集装箱堆场或集装箱货运站在内的承运人掌管的全部期间，简称“港到港”。

第四，承运人的最高责任赔偿限额不同。从《海牙规则》到《汉堡规则》依次提高了对每单位货物的最高赔偿金额。《海牙规则》规定船东或承运人对货物或与货物有关的灭失或损坏的赔偿金额不超过每件或每单位100英镑或相当于100英镑的等值货币。《维斯比规则》将最高赔偿金额提高为每件或每单位10 000金法郎或按灭失或受损货物毛重计算，每千克30金法郎，两者以较高金额的为准。同时明确一个金法郎是一个含有66.5毫克黄金，纯度为900‰的单位。《汉堡规则》再次将承运人的最高赔偿责任增加至每件或每货运单位835特别提款权（special drawing rights，SDRs或称记账单位）或每千克2.5特别提款权，两者以金额高的为准。

第五，对灭失或损害货物的计量方法不同。《海牙规则》是以每件或每单位来计量货物的。《维斯比规则》和《汉堡规则》都规定，如果以集装箱或托盘或类似集装运输工具运送货物，当提单内载明运输工具内货物的包数或件数时，以集装箱或托盘所载货物的每一小件为单位，逐件赔偿；当提单内未载明货物具体件数时，则以一个集装箱或一个托盘作为一件货物进行赔偿。

第六，对货物的定义不同。《海牙规则》对货物定义的范围较窄，将活动物、甲板货都排除在外。《汉堡规则》扩大了货物的定义，不仅把活动物、甲板货列入货物范畴，而且包括了集装箱和托盘等包装运输工具。

第七，对承运人延迟交货责任的规定不同。《维斯比规则》对延迟交货未做任何规定。《汉堡规则》则在第2条规定：“如果货物未能在明确议定的时间内，或虽无此项议定，但未能在考虑到实际情况对一个勤勉的承运人所能合理要求的时间内，在海上运输合同所规定的卸货港交货，即为延迟交付。”承运人要对延迟交付承担赔偿责任。赔偿范围包括：①行市损失；②利息损失；③停工、停产损失。赔偿金额最多为延迟交付货物所应支付运费的2.5倍，且不应超过合同运费的总额。

第八，诉讼时效不同。《海牙规则》的诉讼时效为1年。1年后在任何情况下，承运人和船舶都被解除其对灭失或损害的一切责任。《维斯比规则》规定诉讼时效经当事各方同意可以延长，在1年诉讼时效期满后，仍有3个月的宽限期。《汉堡规则》一方面直接将诉讼时效延长至两年，另一方面仍旧保留了《维斯比规则》90天追赔诉讼时效的规定。

除以上各条外，《汉堡规则》还在海上运输合同的定义、举证责任等多方面有别于《维斯比规则》，加大了承运人的责任范围。

## 第六节　国际海运物流货运事故的处理

货运事故是指运输企业自货物承运验收开始至货物运达目的地向收货人交付为

止，在运输、装卸、保管等过程中所发生的货物灭失、短少、变质、污染、损坏及超期运达等事故。货运质量事故主要表现为货损及货差两个方面。货损一般是指由于责任人原因导致货物的损坏、灭失；在装卸、运输、保管过程中，由于操作不当、保管不善而引起的货物破损、受潮、变质、污染等。货差即由于错转、错交、错装、错卸、漏装、漏卸以及货运手续办理错误原因而造成的有单无货或有货无单等单货不符、件数或重量溢短的差错。

国际海运物流人员要了解海运物流中货运事故的种类，掌握各类货运事故的具体处理过程、货运事故的处理原则和方法，防范责任风险。

## 一、海运货运事故的种类和原因

海运货运事故按照货运事故的性质和损失程度划分，其种类及主要原因见表 7-12。

**表 7-12　海运货运事故的种类和原因**

| 事故种类 | | | 主要原因 |
| --- | --- | --- | --- |
| 货差 | | | 标志不清、误装、误卸、理货错误等 |
| 货损 | 全部损失 | | 船只沉没、搁浅、触礁、碰撞、火灾、爆炸、失踪、偷窃、政府行为、海盗、战争、拘留、货物被扣等 |
| | 部分损失 | 灭失 | 偷窃、抛海、遗失、落海等 |
| | | 内容短缺 | 包装不良或破损、偷窃、泄漏、蒸发等 |
| | | 淡水水湿 | 雨雪中装卸货物、消防救火过程中的水湿、舱内管系泄漏等 |
| | | 海水水湿 | 海上风浪、船体破损、压载舱漏水等 |
| | | 汗湿 | 通风不良、衬垫或隔离不当、积载不当等 |
| | | 污染 | 不适当的混载、衬垫或隔离不充分等 |
| | | 虫蛀、鼠咬 | 驱虫、灭鼠不充分，舱内清扫、消毒不充分，对货物检查不严致虫、鼠被带入舱内等 |
| | | 锈蚀 | 潮湿、海水溅湿、不适当的混载等 |
| | | 腐烂、变质 | 易腐货物未按要求积载的位置装载，未按要求控制舱内温度，湿度过高，换气通风不充分，冷藏装置故障等 |
| | | 混票 | 标志不清、隔离不充分、积载不当等 |
| | | 焦损 | 自燃、火灾、漏电等 |
| | | 烧损 | 温度过高、换气通风过度、货物本身的性质等 |

国际海洋风险多变是造成海运货运事故的主要原因之一。除了表 7-12 中的原因外，还有原装货物数量不足、货物品质与合同不符、货物包装不够、水尺计量不准、海上欺诈等原因。

## 二、海运货运事故的处理

海上运输中发生货运事故的原因有很多,其中大部分是由于承运人的原因所致。但是,实践中还有一些货运事故是由货方(托运人、收货人)、第三方(如港口、集装箱货运站等),甚至由于不可抗力所致。不同原因所导致运输中的货物数量减少、质量变差的损失将由不同当事人所承担,这里的当事人可能是运输合同、买卖合同、保险合同等合同中的当事人。

> **链 接**
>
> 非货运事故
>
> 在国际货物海上运输中,除由于承运人的原因会造成货运事故外,还有一些情况也会使货物发生数量、质量变化,但是,这些情况的发生不属于运输合同下承运人所应承担的责任,而是要根据买卖合同等其他合同条款的规定才能确定由哪一方来承担责任。因此,此时货物虽然发生了数量、质量上的变化,但不能认为是发生了货运事故。

**【案例】**

某国公司以 CIF 鹿特丹出口食品 1 000 箱,即期信用证付款,货物装运后,凭已装船清洁提单和已投保一切险的保险单,向银行收妥货款,货到目的港后经进口人复验发现下列情况:(1)该批货物共有 10 个批号,抽查 19 箱,发现箱内含沙门氏细菌超过进口国的标准;(2)收货人只实收 997 箱,短少 3 箱;(3)有 14 箱货物外表情况良好,但箱内货物共短少 50 千克。(4)目的港工人罢工,18 箱货物被毁。试分析以上情况,进口人应分别向谁索赔,并说明理由是什么?

案例分析:

第(1)种情况应向卖方索赔,因原装货物有内在缺陷;第(2)种情况应向承运人索赔,因承运人签发清洁提单,在目的港应如数交足;第(3)种情况可以向保险公司索赔,属保险单责任范围以内,但如进口人能举证原装数量不足,也可向卖方索赔;第(4)种情况属于不可抗力,买方自行承担。

海运货运事故处理的一般程序是:货运事故调查→审核证明文件→索赔与理赔→货运事故处理总结。

(一)货运事故调查

为进一步查明事故真相、分析原因、划清责任和为事故处理提供可靠的依据,货运代理和承运人要对货运质量事故进行调查和查询,确定最终责任方,以便理赔结案。

对货运质量事故进行调查主要是调查货运各个环节上的有关文字记载、交接清单、积载图以及有关货运方面的票据、单证和发货人声明栏批注。在判定事故原因和损失程度方面,还可借助技术手段进行化验测定、实验等。

为便于货运事故调查,货物在运输和作业过程中发生溢余、灭失、短少、变质、污染、损坏等事故,涉及承运人与托运人、收货人、港口经营人、作业委托人、承运人与港口经营人之间责任的,在交接或交付货物的当时应编制货运事故记录,不得事后补编。货运事故记录反映事故当时的真实情况,原则上只真实、仔细、准确、具体记录,不作结论,不判定责任。货运记录必须使用印有编号的规定格式,按每一张运单编制,并由负责编制记录的人员、收货人或托运人签章。

(二)审核证明文件

收货人向货运代理、承运人等责任人提出索赔和提出货运事故索赔书的同时,应随附货运记录、货运单证和货物损失清单、价格证明文件等。

货运代理、承运人等责任人受理赔偿要求时,应对托运人或收货人提出的赔偿要求及所附的货运记录、货运单证等证明文件进行审核。主要审核赔偿要求时效、赔偿要求人的权利、应附的单证。

经审查,赔偿要求人在法定时效内,而且所附单证完备,赔偿要求人有权提出要求,货运代理、承运人等责任人应予受理并开始接受赔偿的索赔收据,进行立案处理。受理的条件应在赔偿要求登记簿内登记。

(三)索赔与理赔

索赔即货主对因货运事故造成的损失,向货运代理、承运人或船东或其代理人提出赔偿要求的行为。根据法律规定或习惯做法,货主应按照一定的程序提出索赔,并提出能证明事故的原因、责任和损失的单证。理赔即索赔的受理与审核,也就是说,货运代理、承运人或其代理人受理索赔案件后,即须对这一索赔进行审核。通过举证与反举证明确责任,确定损失金额的标准。如果在赔偿上未能达成一致意见,则根据法院判决或决议支付索赔金。

索赔的一般程序是发出索赔通知→提交索赔申请书→举证→确定赔偿金额与赔偿。

1. 发出索赔通知。索赔必须在所适用的有关国际公约、国家立法和交易条款规定的时效范围内提出。如索赔提出已超过时效,则应拒绝受理。我国《海商法》和有关的国际公约以及各国的海商法或海上货物运输法或者提单条款一般都规定,在发生货损案件时,根据运输合同有权提取货物的人,应在承运人或承运人的代理人、雇用人将货物移交给他的当时或规定的时间内,向承运人或承运人的代理人发出关于货损的书面通知,声明保留索赔的权利。

关于索赔人向承运人或其代理人发出索赔通知的时限,我国《海商法》规定,海运货物在货物交付的次日起连续7日内,集装箱货物为交付的次日起连续15日内;《汉堡规则》规定为在交付货物后15日内。索赔方在提出书面索赔通知后,应尽快地备妥各种有关证明文件,在期限内向责任人或其代理人正式提出索赔要求。

2. 提交索赔申请书。索赔申请书或索赔清单(statement of claims)是索赔人向承运人正式要求赔偿的书面文件。索赔申请书主要包括索赔人的名称和地址,船名、航次、抵港日期、装船港及接货地点名称，货物有关情况，货物损害或灭失情况，索赔日期、金额、理由等。

如果索赔方仅仅提出货损通知而没有递交索赔申请书或索赔清单或出具有关的货运单证，则可解释为没有提出正式索赔要求，承运人不会受理货损索赔。索赔方一旦正式向承运人递交索赔申请书或索赔单，则意味着索赔方正式提出了索赔要求。

3. 举证。提出货物索赔和对这种索赔进行抗辩，都通过举证进行。举证包括索赔方的举证和责任方的举证。举证必须据实举证。

举证主要是通过单证证明索赔人是正当的索赔人，证明被索赔方负有赔偿责任，证明索赔人提出的索赔金额是合理的。

4. 确定赔偿金额与赔偿。索赔人应该提交检验报告或带有批注的交付记录，以证明货物的受损程度。为了将已确定的损坏程度换算成为应提出的索赔金额，索赔人还须提出装箱清单(packing list)及发票、拆箱单、修理单、整理货物单证、贬值证明、施救费用、保险单。

货运事故的赔偿金额，原则上按实际损失金额确定。货物灭失时，按灭失货物的价值赔偿；货物损坏时，按损坏所降低的价值或为修复损坏所需的修理费赔偿。索赔金额须在所使用的有关国际公约、国家立法和交易条款规定的责任金额限制范围内。

凡已向保险公司投保的货物发生责任事故，承运人应负责限额内的赔偿，其余由保险公司按承保范围给予经济补偿。

索赔案件通过索赔人和责任人实事求是、友好协商一般都会得到妥善解决，但也有少数案件索赔无效，双方争议差距很大，只得提起诉讼，请求法院裁决。

(四)货运事故处理总结

对货运事故应定期进行分析，以改进工作或采取防范措施；如果是多次重复出现，则有必要对相关的操作程序进行重新评估。

## 复习题

1.名词解释：租船运输、班轮运输、订舱、基本运费、S/O、M/R、B/L、倒签提单、预借提单、货运事故。

2. 简述海运的特点。

3. 图示出口海运的基本流程。

4. 简述分批装运与分期装运的区别。

5. 太平洋航线主要有哪几条？

6. 班轮运输具有哪些特点？

7. 图示出口杂货班轮运输的装运流程。

8. 电子托运订舱如何进行？

9. 班轮基本运费的计收标准有哪些？

10. 租船方式主要包括哪几种？

11.《金康合同1994》主要内容包括哪些？

12. 图示海运提单的流转程序。

13. 简述《海牙规则》《维斯比规则》《汉堡规则》的主要不同点。

14. 简述海运货运事故的处理程序。

## 案例分析

1.上海快达货代公司现要处理以下两笔业务。

第一,受 A 公司委托,运往肯尼亚蒙巴萨港口门锁一批计 1 000 箱,每箱体积为 20 厘米×30 厘米×40 厘米,毛重 25 千克。当时燃油附加费为 30%,蒙巴萨港口拥挤附加费为 10%。门锁属于小五金类,计收标准是 W/M,等级为 10 级,基本运费为每运费吨 443.00 元。

第二,代理上海 W 公司从美国 D 公司进口一批机床,当货到达上海后,上海快达货代公司向 W 公司发出到货通知,要求 W 公司提货。W 公司因不能出示正本提单,就向上海快达货代公司出具了一份"提货担保书"。担保书在保证单位栏上记载:"上述货物是本公司进口货物。如因本公司未凭正本提单先行提货,致使贵公司遭受任何损失,本公司负责赔偿,本公司收到正本提单后立即交还贵公司换回此保证书。"在"提货担保书"上有 W 公司盖章和 W 公司负责人签字。上海快达货代公司接受了 W 公司的担保书,给 W 公司签发了提货单,W 公司凭提货单提取了货物后,称货物质量不符,未到银行付款赎单,提单被退回到美国出口商 D 公司(托运人)。D 公司持正本提单向美国法院以无单放货为由,对上海快达货代公司提出起诉,要求上海快达货代公司赔偿货款损失。

问题:(1)按照船公司对船舶经营方式的不同,国际海运可分为哪两种方式?第一项业务中,上海快达货代公司可采取哪种方式?A 公司应付多少运费?(2)海运提单的性质是什么?第二项业务中,上海快达货代公司是否应该赔偿货款,为什么?

2. A 公司出口某商品 20 吨(净重),装 1 000 箱,每箱单价为 46 美元,委托 B 物流公司代运,B 物流公司取得清洁提单,加一成投保一切险。货到目的港后,买方发现除短少 3 箱外,还短量 680 千克。

问题:A 公司共遭受多少损失?B 物流公司是否负责赔偿?

3. 某货主委托承运人的货运站装载 1 000 箱小五金,货运站收到 1 000 箱货物后,出具仓库收据给货主。在装箱时,装箱单上记载 980 箱,由于提单上记载 1 000 箱,收货人向承运人提出索赔,但承运人拒赔。

问题:承运人是否要赔偿收货人的损失?如果需要赔偿,应赔偿多少箱?

4. 上海 A 钢铁企业向澳大利亚某公司按 FOB 价格购进一批矿产品共 30 000 吨。在贸易合同中规定卖方每天应负责装货 2 000 吨,按晴天工作日计算。上海 A 钢铁企业在运进这批货物的租船合同中规定每天装货 2 500 吨,按连续工作日计算。在上述两个合同中滞期费每天均为 6 000 美元,速遣费每天均为 3 000 美元。结果卖方只用了 13 天(其中包括两个星期天)便将全部货物装完。

问题:是按照贸易合同中的规定有利于卖方,还是按照租船合同中规定的条件有利于卖方？

5. 日本 EC 海运公司于 2019 年 5 月 25 日从日本横滨装运 10 辆汽车到上海，货物装船后，船公司签发了没有批注的清洁提单，提单号为 YS-016，船名“幸福”。该船于 2019 年 6 月 2 日靠上海港 A 作业区 5 号泊位。在卸货时，发现其中 5 辆汽车外表损坏，理货公司制作货物残损单，船公司签字确认。收货人上海 B 汽车进出口公司提货时发现车辆受损。后来上海 B 汽车进出口公司对车辆进行修理，费用为 RMB20 000，有修理发票。收货人欲向船公司索赔，但对索赔等事宜不熟悉。

问题：请你替收货人写一份索赔申请书。

案例分析参考答案

# 第八章

# 国际空运物流

**学习目标**

- 了解国际空运航线
- 理解国际空运物流的主要当事人间的关系
- 掌握国际航空运输代理业务
- 能够计算国际航空运输运费
- 熟悉国际货运托运书、航空货运单
- 掌握《华沙公约》的主要内容
- 掌握航空运输中承运人或其代理的理赔程序

国际空运物流是基于国际航空货物运输方式的一种物流，是随着国际贸易和民用航空运输的发展而发展起来的。国际货物运送速度快，商品和原材料的供应就及时，生产周期就能大幅度缩短，企业的竞争力就会大幅上升，这对货主无疑具有巨大的吸引力。从订货到把货物交付到收货人手里的时间（称为“前置时间”）的角度比较，航空物流无疑具有明显的比较优势。特别是某些对保鲜要求较高的货物如食品、海鲜、鲜花、水果，某些价值昂贵的货物如电脑芯片、电子产品、家用电器，还有某些高档消费品，对运价的承受能力都很好，适用于国际航空物流。

本章阐述国际空运物流的主要当事人间的关系、国际空运物流连线、国际航空运输代理的经营方式及其业务、国际航空运输运费、《华沙公约》的主要内容、航空运输中承运人或其代理的理赔等方面的主要内容。

## 第一节　国际空运物流基础知识

本节阐述国际空运物流的相关基础知识，如：航空货物运输的特点、国际航空运输飞机和集装器、航空货运代码、航空货物运输相关当事人以及国际空运物流连线等。

### 一、航空货物运输的特点

航空运输（air transportation）是使用飞机、直升机及其他航空器运送人员、货物、邮件的一种运输方式。航空货物运输所提供的产品是一种特殊形态的产品——“空间位移”，其产品形态是改变航空运输对象在空间上的位移，在服务、运价、技术标准、经营管理和法律法规的制定实施等方面，都要受国际统一标准的制约和国际航空运输市场的影响。第二次世界大战前，世界航空货运几乎只局限在紧急救援和邮件运输上，航空运输作为一种国际贸易运输方式是在第二次世界大战以后才出现的。现在，航空货物运输已成为国际空运物流的核心功能，是实现货物快捷运输的途径，邮政运输的手段，同时也是实现多式联运的一种重要运输方式。

航空货物运输的优点表现在以下几个方面。

第一，运输速度快。这是航空货物运输最大的优势和主要特点。现代化的运输机是迄今为止最快捷的交通工具。当今国际市场竞争激烈，行情瞬息万变，因此，航空货物运输成为国际市场上强有力的竞争手段。

第二，不受地面条件影响，机动性大。较之火车、汽车、船舶要依附蜿蜒、曲折的铁路、公路或航道行使，航空运输则不受严格限制。飞机一般选择在两点间作直线飞行，受航线条件限制的程度相对较小，可跨越地理障碍将任何两地连接起来。

第三，可以节约包装、保险、利息等费用。采用高速且管理完善的航空运输方式，货物在途时间短，商品周转速度快，可以简化商品包装，大大降低企业存货数量，加快企业资金周转，节约利息费用和仓储费用。

第四，基本建设周期短，投资少。航空货运的基础设施主要有机场、导航设施和飞机，建设周期短，投资少，收效快，不像铁路、公路运输需要在线路上花大量投资。而且空运筹备开航所需的准备时间也短。一般来说,在相距1 000千米的城市间建一条交通线,开设航线只需2年,而铁路的建设周期则为5—7年;回收航空线投资只需4年左右的时间,而铁路回收则需约30多年的时间。

航空货物运输虽然有着其他运输方式无可比拟的优越性,但也有自身的局限性。例如,航空运输运量较小,不适于运送大件货物或大批量货物;运费较高,航空运输的成本高于其他运输方式的成本;飞机飞行会受到气候条件的影响;航空运输业存在较强的周期性,受经济波动和突发事件等的影响大。

总之,航空货物运输的上述特点使得航空货物运输适于高附加值、低重量、小体积的物品运输、急快件货物运输以及时效性和季节性强的货物运输。

## 二、航空货物运输系统

航空货物运输系统主要包括飞机、机场、飞行航线、空中交通管理系统和货运服务站。这四个部分有机结合,分工协作,共同完成航空运输的各项业务活动。

(一)飞机

航空运输的主要工具是民用航空运输飞机和集装器。

1. 民用航空运输飞机。按运输类型的不同,民用飞机可分为运送旅客和货物的各种运输机。在舱位结构方面,一般飞机主要分为两种舱位,即主舱和下舱①。各种飞机也有相应的装载限制,如对货物的重量和体积的限制;每份运单上货物的申明总价值不得超过10万美元等。

民用航空运输飞机的分类方式主要有两种。

(1)按机身的宽窄,飞机可以分为窄体飞机和宽体飞机。

窄体飞机(narrow-body aircraft):窄体飞机的机身宽约3米,旅客座位之间有一个走廊,这类飞机往往只在其下货舱装运散货。

宽体飞机(broad-body aircraft):宽体飞机的机身较宽,客舱内有两条走廊,三排座椅,机身宽一般在4.72米以上,这类飞机可以装运集装货物和散货。

(2)按飞机使用用途来分,民用飞机可划分为全货机、全客机和客货混用机三种。

全货机:主舱(main deck)及下舱(lower deck)全部载货。

全客机:只在下舱载货。

客货混用机:在主舱前部设有旅客座椅,后部可装载货物,下舱内也可装载货物。

2. 航空集装器。航空集装器(unit load device,ULD)是随着航空运输的发展而产生的一种货物集装设备。注册(certified)集装器与飞机匹配,可以看作飞机的一部分;非注册集装器未经有关部门授权生产,与飞机不匹配,不能看成飞机的一部分,一般不允许装入飞机的主货舱,仅适合特定机型的特定货舱。

航空集装器的种类主要有以下几种。

(1)集装板和网套。集装板(pallet)有不同的型号,以适应不同的机型和飞机的不同

---

① 但波音747分为三种舱位,分别为上舱(upper deck)、主舱和下舱。

部位，其四周带有卡锁轨和网带卡锁眼。网套用来固定板上的货物。

(2)集装棚。集装棚(igloo)的目的是用来保护飞机的内壁，分结构式与非结构式。结构式集装棚带有固定在底板上的外壳设备，它实际上形成了一个完整的集装箱。非结构式集装棚就是在集装板和网套之间增加一个非结构的棚罩。

(3)集装箱。集装箱(container)类似于结构式集装棚，主要有三种类型，即空陆联运集装箱、主货舱集装箱、下货舱集装箱。空陆联运集装箱尺寸相对固定，只能装于全货机或装于客机的主货舱内，主要有 20 英尺×8 英尺×8 英尺和 40 英尺×8 英尺×8 英尺两种规格。主货舱集装箱只能用于全货机或客机的主货舱内。下货舱集装箱只能用于宽体飞机的下货舱内。

**链 接**

航空集装器的代码

每个集装器都有国际航空运输协会(IATA)的编号，航空集装器的代码(如 PAP2547CA)代表着集装器的类型、尺寸、外形及注册人等信息，一般位于集装器的面板或四周。航空集装器代码的含义如下。

第一位字母表示集装器的类型。集装器的类型中，A 表示注册集装箱，D 表示非注册集装箱，P 表示注册集装板，R 表示保温集装箱，U 表示非结构集装棚。

第二位字母表示底板尺寸。基本尺寸有七种，其中，A 为 224cm×318cm，B 为 224cm×274cm，E 为 224cm×135cm，G 为 224cm×606cm，K 为 153cm×156cm，L 为 153cm×318cm，M 为 244cm×318cm。

第三位字母表示外形或适配性。

第四至第七位数字表示序号。

第八和第九位字母表示所有人或注册号码，一般为航空公司的 IATA 二字代码。

(二)机场

机场(航空站)是提供飞机起飞、着陆、停驻、维护、补充给养及组织飞行保障活动的场所，也是旅客和货物的起点、终点或转折点。机场是空运货物物流的结点。

机场按航线性质分，可分为国际航线机场(国际机场)和国内航线机场；按机场在民航运输网络中所起作用划分，可分为枢纽机场、干线机场和支线机场；按机场所在城市的性质、地位划分，可分为Ⅰ类机场、Ⅱ类机场、Ⅲ类机场和Ⅳ类机场；按机场最大起飞全重，可分为一、二、三、四级；按照年旅客吞吐量或货物运输吞吐量，可分为小型、中小型、中型、大型、特大型五级。

(三)航线

空运航线是空运货物物流的路径。民航飞机从事运输飞行,必须按照规定的线路进行,这种路线叫作航空交通线,简称航线(air route)。航线由飞行的起点、经停点、终点、航路、机型等要素组成。航线按飞机飞行的路线分为国内航线和国际航线。飞机飞行的线路起讫点、经停点均在国内的称为国内航线,飞机飞行的线路跨越本国国境,通达其他国家的称为国际航线。飞机按照民航管理当局批准的民航运输飞行班期时刻表由始发站起飞按照规定的航线经过经停站至终点站做运输飞行的称为航班(flight service)。

世界重要航空线可分为三种。

其一,西欧—北美的北大西洋航空线。主要往返于西欧的巴黎、伦敦、法兰克福与北美的纽约、芝加哥、蒙特利尔等机场。

其二,西欧—中东—远东航空线。该航线连接西欧各主要机场至远东的香港、北京、东京等各机场。途经的重要航空站有雅典、开罗、德黑兰、卡拉奇、新德里、曼谷和新加坡等。

其三,远东—北美的北太平洋航线。这是远东的北京、香港、东京等主要国际机场经北太平洋上空至北美西海岸的温哥华、西雅图、旧金山和洛杉矶等国际机场,再连接北美大西洋岸的航空中心的航线。太平洋上的檀香山、阿拉斯加的安克雷奇国际机场是该航线的重要中间加油站。

此外,还有北美—南美、西欧—南美、西欧—非洲、西欧—东南亚—澳新、远东—澳新、北美—澳新等重要国际航空线。

目前,我国已有多条国际航线,从北京、上海、广州、昆明、大连、厦门等国际机场启程,可飞往亚洲、非洲、欧洲、大洋洲、北美洲等国家的城市。

(四)空中交通管理系统及空运货运站

空中交通管理系统是为了保证航空器飞行安全及提高空域和机场飞行区的利用效率而设置的各种助航设备和空中交通管制机构及规则。

航空运输的机场一般为客货兼营,在机场内设有空运货运站。空运货运站是空运货物集结、暂存、装卸搬运、信息处理的场所。

## 三、航空货运代码

航空货运代码具有识别容易、简洁明了的特点,方便了单证的制作和业务操作,对航空货运的顺畅运作起到了重要作用。

航空公司在航空货运代码中使用英文字母2字代码[①]或使用数字3字代码。例如,中国国际航空公司(Air China),其2字代码为CA,其3字代码为999。英国航空公司(British Airlines),其2字代码为BA,其3字代码为125。

国家用2字代码表示。例如,中国的代码为CN,美国的代码为US,英国的代码为GB,德国的代码为DE,日本的代码为JP。

① 少数航空公司的2字代码中也使用数字和英文字母的组合。例如:UPS国际快递公司的2字代码为5X。

城市用3字代码表示。例如,北京的代码为GJS,上海的代码为SHA,广州的代码为CAN,伦敦的代码为LON,东京的代码为TYO,巴黎的代码为PAR。

机场用3字代码表示。例如,北京首都国际机场的代码为PEK,上海浦东国际机场的代码为PVG,英国伦敦希斯罗机场的代码为LHR,法国巴黎戴高乐机场的代码为CDG,首尔国际机场的代码为SEL。

## 四、航空货运的主要当事人及其关系

在空运物流运作的各环节中,所涉及的相关当事人主要有:发货人、航空货运代理、航空公司(承运人)、地面运输公司和收货人等。

(一)航空公司

航空公司是航空运输的承运人,它拥有飞机,从事航空运输(包括客运、货运)以及接受办理与其能力相适应的航空运输业务。其主要任务是把所接受委托的客、货,按指定要求从一机场运往另一机场。

《统一航空运输某些规则的公约》(*Convention for the Unification of Certain Rules Relating to International Carriage by Air*),简称《华沙公约》,对承运人的责任作了明确的规定。例如,《华沙公约》第18条第1款规定:"对于交运的行李或货物因毁灭、遗失或损坏而产生的损失,如果造成这种损失的事故发生在航空运输期间①,承运人应负责任。"《华沙公约》第22条第2款规定:"如交运的行李或货物的一部分或者货物中任何物件发生遗失、损坏或者延误,以致影响同一份货运单所列的另一包装件或者其他包装件的价值,在确定责任限额时,另一包装件的总重量也应当考虑在内。"

(二)航空货运代理

航空货运代理又称航空货运公司,是随航空运输的发展及航空公司运输业务的集中化而发展起来的一种服务性组织。

航空货运代理主要从事航空货物在始发站交航空公司前的揽货、接货、报关、订舱及在目的地从航空公司处接货、报关或送货等一系列业务。根据国际航空运输协会的规定,航空货运代理可从航空公司收取订舱佣金(5%)以及运价回扣。按航空公司发布的运价费率代发货人交付运费,并向发货人收取所提供相关服务的手续费。

航空货运代理具有两种职能:一是向货主提供服务,代替货主向航空公司办理托运或提取货物;二是为航空公司服务,部分航空货运代理人还代替航空公司接受货物,出具航空公司的总运单和自己的分运单。因此,航空货运代理不同于传统意义上的货运代理,它在运输过程中具有双重角色。对各个发货人来说,其地位相当于承运人,要承担的是货物的运输责任,而不仅仅是在始发地将货物交给航空公司,在目的地提取货物并转交给不同的收货人;而对航空公司来说,其又是托运人,集中托运一整批货物,而不承担从机场到机场的空中运输责任。

---

① 《华沙公约》所说的航空运输期间"包括行李或货物在承运人保管的期间,不论在航空站内、在航空器上或在航空站外降停的任何地点"。

链 接

航空货运代理人的身份

(1)承运人身份。可作为空运缔约承运人,有空运实际承运人。

(2)托运人身份。当货运代理人以自己的名义与航空公司签订运输合同时,相对于运输合同对方当事人而言,他是托运人,航空公司是承运人。

(3)收货人身份。在目的地,货运代理人可以自己的名义接受货物,同样可以成为收货人。

(4)托运人的代理人。当货运代理人从不同的托运人手中接受货物,以托运人的名义与航空公司签订运输合同时,货运代理人是托运人的代理人,航空公司是承运人。

(5)承运人的代理人。当货运代理人以承运人的名义与托运人签订运输合同并向托运人签发航空货运单时,货运代理人是承运人的代理人。

(三)各有关当事人的关系

航空公司与航空货运代理之间职责分明。航空公司通过航空货运代理接揽货物,增加运量,延伸服务功能;航空货运代理则通过航空公司将货物按委托人旨意运送至收(发)货人,是航空公司与收(发)货人之间联系的纽带。在航空货物运输中,各有关当事人的责任划分,如图 8-1 所示。

**图 8-1　航空货物运输中各有关当事人的责任划分**

为协调航空货物运输中各有关当事人的关系,促进航空货物运输的发展,一些国际航空运输组织相继成立,如国际民用航空组织(International Civil Aviation Organization, ICAO)、国际航空运输协会(International Air Transport Association, IATA)、国际货物发运人协会(International Federation of Freight Forwarders Association, FIATA)等。我国是 ICAO 的理事国。国际航空运输日常工作中所使用的《航空货运价手册》(*The Air Cargo Tariff*)和《ABC 航空货运指南》(*ABC Air Cargo Guide*)都是由 IATA 制定的。中国民航未参加

IATA，但有非正式联系。

## 第二节　国际货物航空运输的经营方式

航空货物运输发展至今，其运输方式主要有班机运输、包机运输、集中托运、航空快递和陆空联运几种。

### 一、班机运输

班机运输（scheduled airline）是指在固定航线上定期开航的有固定始发站、到达站和经停站的飞机运输方式。班机运输有客运航班、货运航班及客货混合航班之分。其中，客货混装是班机运输的主要形式。

班机运输有固定的航线、停靠机场、航班和到港时间，不仅速度快，而且交货时间准确。货物收发货人对贵重物品、市场上急需的商品、鲜活易腐货物的运送一般采用班机运输。但班机运输由于多采用客货混合机型，航班以客运服务为主，货物舱位有限，不能满足大批量货物及时出运的要求，往往只能分批运输。再有，不同季节同一航线客运量的变化也会直接影响货物装载的数量，使得班机运输在货物运输方面存在很大的局限性。随着航空货运市场的发展和航空技术的进步，一些有固定客户且货物运输量大的大型航空公司在一些货源充足的航线上使用全货机，开辟定期的货运航班。

班机运输的经营方式主要有包舱、包板（集装箱）①。

包舱、包板（集装箱）是指托运人根据所运输的货物，在一定时间内需要单独租用航空公司飞机的部分或全部机舱、集装箱、集装板，而由承运人给予事先承诺，并保证舱位的一种运输经营方式。

包舱、包板（集装箱）的实质就是包租固定的舱位。目前在航空货物运输经营中，由于包舱运输给承运人和代理人都带来了不少的好处，因而已成为最常见的一种方式。对于航空公司，因为舱位包租给了他人，飞机的正常营运有了保证，减少了自身的风险；对于货运代理企业，由于它能为航空公司带来稳定的货源，就能在承运人那里获得较低的运价，从而取得更多的利润。包舱业务对于货运代理人来讲，还可以使其在同行的竞争中获得优势，只要有一定数量且固定的货源，就可以获得较大的利益。

### 二、包机运输

包机运输（chartered carrier）主要是不定期运输，是相对班机运输而言的另一种运输形式。由于这种运输方式是针对某批货物或某些有特殊需要的客户，没有固定的航线、时间和起落站，也没有固定的费率，一切都取决于货主与托运人和航空公司洽谈的条件和订立的包机合同。

包机运输分为整架包机和部分包机两种形式。

---

① 人们也将集中托运、航空快递归纳到班机运输中。本书将集中托运、航空快递作为单独的运输方式进行介绍。

整架包机即托运人包租整架飞机，是指航空公司或包机代理公司按照与租机人事先约定的条件和费率，将整架飞机的某个航次包租给包机人，从一个航空站或几个航空站将货物运往指定的目的地。整架包机的特点是运输量比较大，时间比较灵活，运费相对比较低。

部分包机主要有两种形式：一种是由几家航空货运代理公司或多个发货人联合包租整架飞机；另一种是由包机公司把整架飞机包租后，将舱位分租给若干个航空货运代理公司。部分包机适合货量比较大，但不足整架包机的货物运输。

包机运输可以解决班机运输舱位不足的矛盾；包机运输比班机运输更具灵活性，不用中转，可以弥补直达航班的不足；可以减少货损、货差或货物丢失；货物全部由包机运出，可以避免多次发货的手续，节省时间；在空运旺季，可以缓解航班紧张状况；可以解决海鲜品、活动物的运输问题。但包机运输要等待其他货主备妥货物等，往往不能按时起飞。此外，各国政府出于安全的需要，常对从事包机业务的外国航空公司实行各种限制，各国还通过制定复杂烦琐的审批手续来增加他国航空公司包机运输的营运成本，因此目前包机业务并不盛行。

包机运输的运费一般为一次一议，并随着国际市场供求情况的变化而变化。包机运输在原则上按每一飞行千米的固定费率核收费用。如果是单程运输，则要按每一飞行千米费用的80%收取空载费。因此，采用包机运输方式，最好争取来回程都有货载，这样才能降低单位运输成本。在整机包机这种运输方式下，包机人一般要在货物装运前一个月与航空公司联系，以便航空公司安排运载和向起降机场及政府有关部门申请、办理过境或入境的有关手续。

## 三、集中托运

集中托运（consolidation）是指航空货运代理公司将若干批单独发运的货物组成一整批，向航空公司办理托运，采用一份航空总运单集中发运到同一目的站，由集中托运人在目的地指定的代理收货，再根据集中托运人签发的航空分运单分拨给各实际收货人的运输方式。目前这种运输方式是航空货物运输中开展得最为普遍的一种运输方式。

简单点说，集中托运是将从同一始发站运往同一目的地的众多托运人的小件货物，集合成批量货物进行集中运输，其过程如图 8-2 所示。

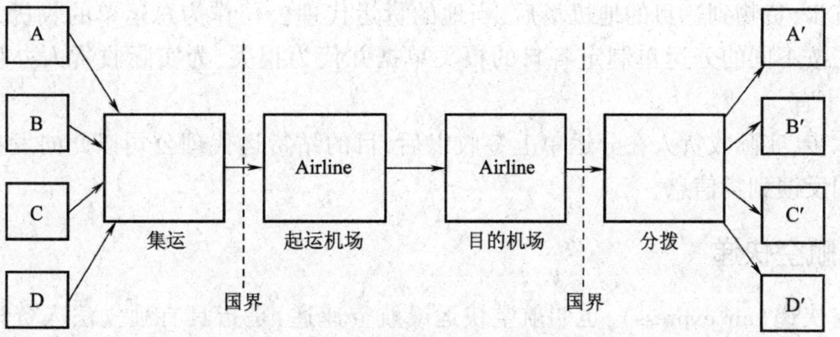


**图 8-2 航空货物集运过程示意**

集中托运实际上是一种代理形式的货运业务。由于航空运价是随货物计费重量的增加而逐步递减的,货物的重量越重,货运代理就可以在航空公司获得越是优惠的运价。在航空运输市场上的运价对代理企业的经营效益起相对重要作用的情况下,集中托运的经营方式是航空代理企业增加收益的重要手段。

在航空集运过程中,向航空公司托运货物的是航空货运代理企业。航空货运代理企业在收取每个托运人的货物时必须出具凭证,这个凭证就是代理企业自己签发的航空货物分运单(house air waybill,HAWB),表明托运人已把货物交给了代理人。代理企业本身没有分运单的也可以用航空公司的运单代替。分运单的托运人栏和收货人栏是实际的托运人或发货人。

代理人在收取众多托运人的货物以后,进行集中托运,需要把来自不同托运人的货物集中起来,交由航空公司运输。代理人与航空公司之间也需要一种凭证,这个凭证就是主运单(master air waybill,MAWB)。主运单上的有关信息就是航空公司进行航空运输的依据。主运单上的托运人和收货人,必须是办理出口集运的航空代理企业和其在进口地的代理企业。

在集中托运的运输方式下,主运单下还要配有集中托运的货物舱单(manifest),主要列明:主运单下每票货物的分运单号、实际的收发货人、运送目的地、件数、重量、体积等具体信息。

对于集中托运货物,必须在每票货物上贴上识别的标签,标明该票货物的主运单和分运单的号码,以便在运输过程中对货物进行核对和清点。

集中托运的具体做法包括如下六步。

第一步,将每票货物分别制定航空运输分运单,即出具货运代理的运单 HAWB(house airway bill)。

第二步,将所有货物区分方向,按照其目的地相同的同一国家、同一城市来集中,制定出航运公司的总运单 MAWB(master airway bill),总运单的发货人和收货人均为航空货运代理公司。

第三步,打出该总运单项下的货运清单(manifest),即此总运单有几个分运单,号码各是什么,其中件数、重量各多少等。

第四步,把该总运单和货运清单作为一整票货物交给航空公司。

第五步,货物到达目的地机场后,当地的货运代理公司作为总运单的收货人负责接货、分拨,按不同的分运单制定各自的报关单据并代为报关,为实际收货人办理有关接货、送货事宜。

第六步,实际收货人在分运单上签收以后,目的站货运代理公司以此向发货的货运代理公司反馈到货信息。

## 四、航空快递

航空快递(air express),也叫航空快运或航空速递,是指具有独立法人资格的企业将进出境的货物或物品从发件人(consignor)所在地,通过自身或代理的网络送达收件人(consignee)的一种快速运输方式。其中,采用这种运输方式进出境的货物、物品被称为“快件”。快件业务又可分为快件文件和快件包裹两大类。快件文件主要指商务文件、资料等无商业价值的印刷品,也包括银行单证、合同、照片、机票等。快件包裹指一些贸易成交的小型样品、返修零配件及一些采用快件运送方式运送的进出口货物和物品。

航空快递企业负责整个过程中除航空运输以外的所有事务,包括到发货人所在地接货、办理货物托运事宜、办理进出境通关手续和将货物送达收货人等。

(一)航空快递的主要业务形式

航空快递的主要业务形式有以下四种。

1. 机场到机场(airport to airport)。在这种快递业务形式下,发件人须将快件送到机场,待快件到达目的地机场后,收件人需自己办理相关手续,并到机场提货。由于这种快递业务不够便捷,现在已较少采用。

2. 门/桌到门/桌(door/desk to door/desk)。在这种快递业务形式下,发件人在需要发件时可电话通知快件公司,快件公司在接到电话后会立即派人到发件人处取件。然后快件公司会将所有收到的快件以其目的地为依据进行分拣、整理、核对、制单、报关,分别赶乘各自最快的航班,发往世界各地,同时,快件公司会利用最为快捷的通信方式(传真或电传)将所运送快件的相关信息通知其在目的地的分公司或代理公司。

3. 门/桌到机场(door/desk to airport)。在这种快递业务形式下,快件公司只负责将快件送达目的地机场。然后由快件公司通知收件人自己去办理清关、提货手续。采用这种快递方式的多是价值较高的或是海关当局有特殊规定的货物或物品。

4. 专人派送(courier on board)。专人派送俗称“手提”。这种快递业务通常是在一些较特殊的时候,为确保货物的安全或交货时间才采用的方式。具体来说,专人派送是指由发件地快件公司指派专人携带快件,在最短时间内采用最便捷的交通方式,将快件直接送到收件人手中。

在上述四种方式中,专人派送最可靠、最安全,同时费用也最高。

经营航空快递的航空快件公司通常以独资或合资的形式将业务深入世界各地,建立起全球网络,并在业务相对集中的地区设立分拨中心(HUB)。航空快件公司在各地的分公司将快件收集起来,按目的地进行分拨,装上飞机。当晚各地飞机飞到分拨中心,各自交换快件后返回原地。交换后的快件再由各地分公司用汽车送到收件人办公桌上。

航空货运使用的是航空货运单,而航空快递使用的是交付凭证(proof of delivery, POD)。POD 除具有商务合同作用外还具有结算作用。它是航空快递中最重要的单据,共有四联。第一联作为出口报关的单据,留存始发地;第二联贴在货物包装(成组器)上随货同行,作为收件人核收货物的依据;第三联留存发货地快递公司,作为结算费用的依据;第四联作为发件凭证留存发件人处。

(二)航空快递进出口业务流程

国际航空快递业务的流程如图 8-3 所示。

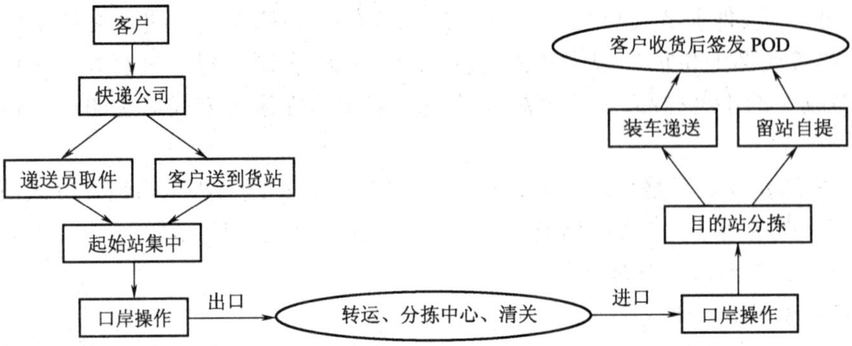


**图 8-3　国际航空快递业务的进出口作业流程**

## 五、陆空联运

陆空联运是指包括空运在内的两种以上运输方式的联合运输。陆空运输的主要形式有以下三种。

火车—飞机—卡车（train—air—truck,TAT）。

火车—飞机（train—air,TA）。

卡车—飞机（truck—air,TA）。

我国空运出口货物往往采用陆空联运方式。用火车、卡车、轮船等运输工具将货物运到国际航空港口岸,再采用航空运输方式,将货物转运到目的地。采取这种运输方式的最大好处是节省了运费。因为我国幅员辽阔,而国际航空港口岸主要有北京、上海、广州等。虽然省会城市和一些主要城市每天都有班机飞往上海、北京、广州,但班机所带货量有限,费用比较高。如果采用国内包机,费用更贵。因此在货量较大的情况下,往往采用陆运至航空口岸,再与国际航班衔接。由于汽车具有机动灵活的特点,在运送时间上更可掌握主动,因此一般都采用 TAT 方式组织出运。

我国长江以北的外运公司多采用火车或卡车将货物送至北京、上海航空口岸出运。我国长江以南的外运公司目前办理陆空联运的具体做法是用火车、卡车或船将货物运至香港,然后利用香港航班多、到欧洲及美国运价较低的条件(普遍货物),把货物从香港运到目的地,或运到中转地,再通过当地代理,用卡车送到目的地。

陆空联运货物发运前,空运代理要事先与在香港的收转人联系,满足香港的收转人对单证的要求,便于提前订舱。各地发货时,可使用空运代理的航空分运单,也可使用承运货物收据。有关单据上要注明是转口货,要加盖“陆空联运”字样的标记,以加速周转。

# 第三节　国际货物航空运输代理业务

下面从出口、进口两方面分别阐述国际航空运输代理业务。

## 一、出口货物国际航空运输代理业务

出口货物空运业务流程可用图 8-4 来简单表示。

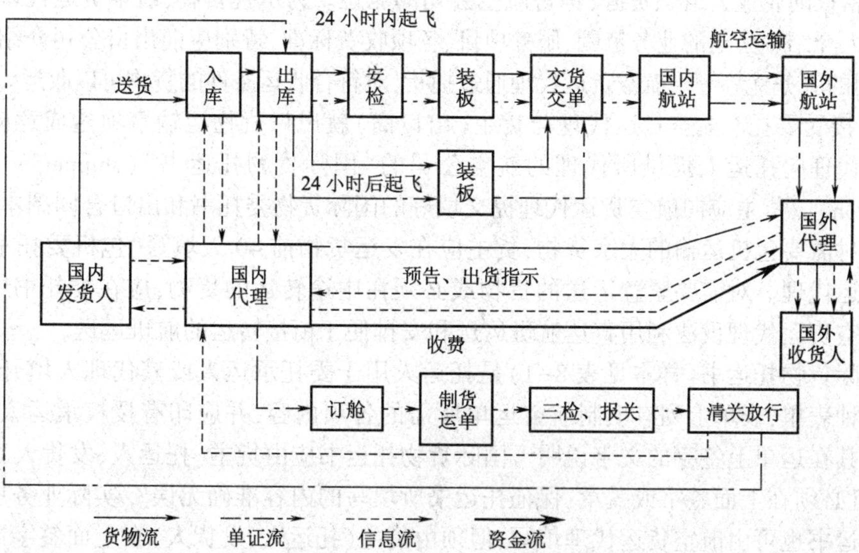


**图 8-4　出口货物空运业务流程**

出口货物航空货运代理作业是指航空货运代理从发货人手中接到货物并将货物交到航空公司发运的一系列活动,主要业务环节如图 8-5 所示。

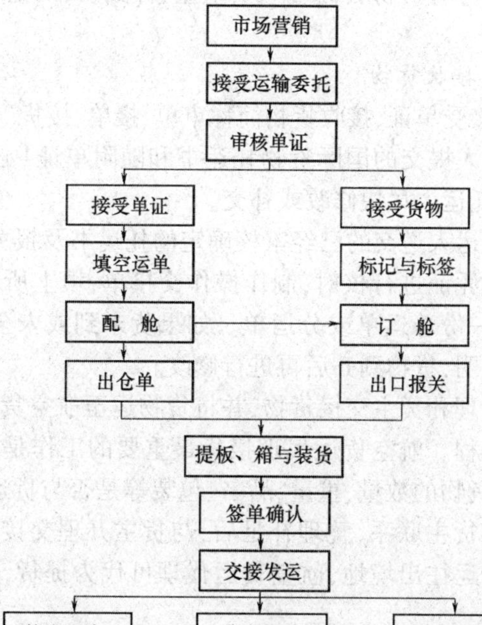


**图 8-5　出口货物国际航空运输代理业务流程**

下面就图 8-5 中的一些主要业务环节进行阐述。

(一)市场营销与接受运输委托

1. 市场营销。这里所说的市场营销就是通常所说的揽货，是指航空货运代理到有进出口经营权的企业去组织货源，销售航空公司的舱位。为承揽货物，航空货运代理需及时向托运人介绍本公司的业务范围、服务项目、各项收费标准，特别应向出口公司介绍优惠运价、公司的服务优势等。航空货运代理通过揽货，对符合收运条件的货物可以收运。

2. 接受委托。航空货运代理与货主(出口商)就出口货物运输事项达成意向后，航空货运代理向托运人提供所代理的航空公司的“国际货物托运书”(shipper's letter of instruction)。货主应向航空货运代理提交填好的国际货物委托书和出口合同副本及有关单证。对需要包机运输的大宗货物，货主应在发运货物前 40 天填写“包机委托书”送交航空货运代理。对需要紧急运送的货物或必须在中途转运的货物，应在委托书中说明，以便航空货运代理设法利用直达航班运送和安排便于衔接转运的航班运送。

国际货物托运书(样本见表 8-1)是托运人用于委托承运人或其代理人填开航空运单的一种表单，表单上列有填制航空运单所需的各项内容，并应印有授权承运人或其代理人代其在运单上签字的文字说明。国际货物托运书应由货主(托运人、发货人)自己填写，而且必须在上面签字或盖章，保证托运书所填写的内容准确无误。实际业务中，国际货物托运书也可由航空货运代理填写，但须由货主(托运人、发货人)在上面签字或盖章。航空货运代理在接受托运人委托后，要对托运书中的价格、航班日期等进行审查，审核无误后必须在托运书上签字并写上日期以表示确认。航空货运代理确认后，航空货运代理与托运人双方的委托关系即确立。

国际货物托运书上要写明货物名称、体积、重量、件数、目的港和要求出运的时间等内容。

(二)审核、接受单证、接收货物

航空货运代理审核、接受单证、接收货物简称审单、接单、接货。

航空货运代理对托运人提交的国际货物托运书和随附单证[①]必须进行审核，如发现单证不符或缺少，应要求托运人尽快修改或补交。

航空货运代理接受托运人送交的已经审核确定的托运书及报关单和收货凭证后，与电脑中的收货记录和收货凭证进行核对，制作操作交接单，填上所收到的各种报关单证的份数，给每份交接单配一份总运单或分运单。如果货未到或未全到，可以按照托运书上的数据填入交接单并注明，货物到齐后再进行修改。

接货就是航空货运代理和货主交接货物，并将货物运至航空货运代理公司仓库或直接运至航空公司仓库的过程。航空货运代理接货最重要的工作是根据货主提供的发票和装箱单清点货物，核对货物的数量、重量、品名、包装等是否与货运单据上列明的一致。如有遗漏或破损要及时与货主联系，整理补足后，与货主办理交接手续。如果货主通过空运或铁路从内地将货物运往出境地，航空货运代理可代为提货，如货主已在当地办理

① 根据货物的不同种类，托运人应提供以下有关文件：①进出口货物过境海关所需文件；②货物的内容清单；③托运危险品、动物证明；④在国际航协 3 区和 1 区之间托运指定商品时，必须提供商业发票。

了清关手续,则应要求对方提供当地海关的关封。

**表 8-1 国际货物托运书**

<table>
<tr><td colspan="6">中国民用航空局<br>THE CIVIL AVIATION ADMINISTRATION OF CHINA<br>国际货物托运书<br>SHIPPER'S LETTER OF INSTRUCTION<br>货运单号码<br>No. OF AIR WAYBILL</td></tr>
<tr><td rowspan="4" colspan="2">托运人姓名及地址<br>SHIPPER'S NAME AND ADDRESS</td><td rowspan="4" colspan="2">托运人账号<br>SHIPPER'S ACCOUNT NUMBER</td><td colspan="2">供承运人用<br>FOR CARRIER USE ONLY</td></tr>
<tr><td>航班/日期<br>FLIGHT/DAY</td><td>航班/日期<br>FLIGHT/DAY</td></tr>
<tr><td></td><td></td></tr>
<tr><td></td><td></td></tr>
<tr><td colspan="2">收货人姓名及地址<br>CONSIGNEE'S NAME AND ADDRESS</td><td colspan="2">收货人账号<br>CONSIGNEE'S ACCOUNT NUMBER</td><td colspan="2">已预留吨位<br>BOOKED</td></tr>
<tr><td colspan="4">代理人的名称和城市<br>ISSUING CARRIER'S AGENT NAME AND CITY</td><td colspan="2" rowspan="2">运费<br>CHARGES</td></tr>
<tr><td colspan="4">始发站<br>AIRPORT OF DEPARTURE</td></tr>
<tr><td colspan="4">到达站<br>AIRPORT OF DESTINATION</td><td colspan="2">另请通知<br>ALSO NOTIFY</td></tr>
<tr><td colspan="3">托运人声明的价值<br>SHIPPER'S DECLARED VALUE</td><td rowspan="2" colspan="2">保险金额<br>AMOUNT<br>OF INSURANCE</td><td rowspan="2">所附文件<br>DOCUMENTS TO<br>ACCOMPANY<br>AIR WAYBILL</td></tr>
<tr><td colspan="2">供运输用<br>FOR CARRIAGE</td><td>供海关用<br>FOR CUSTOMS</td></tr>
<tr><td colspan="6">处理情况(包括包装方式、货物标志及号码等)<br>HANDLING INFORMATION (INCL. METHOD OF PACKING IDENTIFYING MARKS AND NUMBERS. ETC.)</td></tr>
<tr><td>件数<br>NO. OF PACK-AGES</td><td>实际毛重(千克)<br>ACTUAL GROSS WEIGHT(KG.)</td><td>运价类别<br>RATE CLASS</td><td>收费重量<br>CHARGEABLE WEIGHT</td><td>费率<br>RATE/CHARGE</td><td>货物品名及数量(包括体积或尺寸)<br>NATURE AND QUANTITY OF GOODS (INCL. DIMENSIONS OR VOLUME)</td></tr>
<tr><td colspan="6">托运人证实以上所填全部属实并愿遵守承运人的一切载运章程<br>THE SHIPPER CERTIFIES THAT THE PARTICULARS ON THE PAGE HEREOF ARE CORRECT AND AGREES TO THE CONDITIONS OF CARRIAGE OF THE CARRIER<br>托运人签字 SIGNATURE OF SHIPPER　日期 DATE　经手人 AGENT　日期 DATE</td></tr>
</table>

航空货运代理接货后要填写收货单。收货单是客户与航空货运代理之间收交货物的凭证,也是货运单上数据更改的依据。收货单的主要内容包括:客户名称、进仓编号、分运单号、货物目的地、收货日期、货物件数、重量、体积、收货人签名等。收货单分客户、仓库和出口业务部三联。

(三)填制航空运单

航空货运代理根据发货人提供的国际货物托运书,缮制航空运单,包括总运单,也称主运单(master air waybill,MAWB)(样本见表8-2)和分运单(house air waybill,HAWB)。

**表8-2 航空运单样本**

<table>
<tr><td>999</td><td colspan="2"></td><td colspan="12">999 –</td></tr>
<tr><td colspan="3" rowspan="2">Shipper's Name and Address</td><td colspan="4" rowspan="2">Shipper's Account Number</td><td colspan="8">NOT NEGOTIABLE 中国民航 CAAC<br>AIR WAYBILL(AIR CONSIGNMENT NOTE.<br>ISSUED BY: THE CIVIL AVIATION ADMINISTRATION OF CHINA BEIJNG CHINA)</td></tr>
<tr><td colspan="8">Copies 1,2 and 3 of this Air Waybill are originals and have the same validity</td></tr>
<tr><td colspan="3">Consignee's Name and Address</td><td colspan="4">Consignee's Account Number</td><td colspan="8">It is agreed that the goods described herein are accepted in apparent good order and condition(except as noted) for carriage SUBJECT TO THE CONDITIONS OF CONTRACT ON THE REVERSE HEREOF. THE SHIPPER'S ATTENTION IS DRAWN TO THE NOTICE CONCERNING CARRIER'S LIMITATION OF LIABILITY. Shipper may increase such limitation of liability by declaring a higher value for carriage and paying a supplemental charge if required<br>ISSUING CARRIER MAINTAINS CARGO ACCIDENT LIABILITY INSURANCE</td></tr>
<tr><td colspan="7">Issuing Carrier's Agent Name and City</td><td colspan="8" rowspan="3">Accounting Information</td></tr>
<tr><td colspan="3">Agent's IATA Code</td><td colspan="4">Account No.</td></tr>
<tr><td colspan="7">Airport of Departure (Addr. of First Carrier) and Requested Routing</td></tr>
<tr><td rowspan="2">to</td><td rowspan="2">by First Carrier</td><td rowspan="2">Routing and Destination</td><td rowspan="2">to</td><td rowspan="2">by</td><td rowspan="2">to</td><td rowspan="2">by</td><td rowspan="2">Currency</td><td rowspan="2">Chgs Code</td><td colspan="2">WT/VAL</td><td colspan="2">Other</td><td rowspan="2">Declared Value for Carriage</td><td rowspan="2">Declared Value for Carrige</td></tr>
<tr><td>PPD</td><td>COLL</td><td>PPD</td><td>COLL</td></tr>
<tr><td colspan="2">Airport Destination</td><td>Flight/Date</td><td colspan="4">for Carrier Use only</td><td>Flight/Date</td><td colspan="2">Amount of Insurance</td><td colspan="5">INSURANCE if carrier offers insurance, and such insurance is requested in accordance with conditions on reverse hereof, indicate amount to be insured in figures in box marked amount of insurance</td></tr>
<tr><td colspan="15">Handling Information<br>(for USA only) Those commodities licensed by U. S. for ultimate destination…Diversion contrary to U. S. law is prohibited</td></tr>
</table>

续表

| No. of Pieces RCP | Gross Weight | kg/ lb | Rate Class Commodity Item No. | Chargeable Weight | Rate/ Charge | Total | Nature and Quantity of Goods(incl. Dimensions or Volume) |
|---|---|---|---|---|---|---|---|
| | | | | | | | |

| | | |
|---|---|---|
| Prepaid / Weight Charge / Collect | | Other Charge |
| Valuation Charge | | |
| Tax | | |
| Total Other Charges Due Agent | | |
| Total Other Charges Due Agent<br>Total Other Charges Due Carrier | | Shipper certifies that the particulars on the face hereof are correct and that insofar as any part of the consignment contains dangerous goods, such part is properly described by name and is in proper condition for carriage by air according to the applicable Dangerous Goods Regulations<br>------------------------------<br>Signature of Shipper or His Agent |
| | | |
| Total Prepaid | Total Collect | |
| Courrency Conversion Rates | CC Charges in Dest. Currency | ------------------------------<br>Executed on(date) at(place) Signature of Issuing Carrier or His Agent |
| For Carriers Use only at Destination | Charges at Destination | Total Collect Charge    999 - |

1. 航空运单的作用。航空运单是托运人和承运人之间在承运人的航线上运输货物所订立运输契约的凭证，是托运人或其代理人所使用的最重要的货运文件，其作用有：一是承运人与托运人之间缔结运输契约的凭证；二是承运人收运货物的证明文件；三是运费结算凭证及运费收据；四是承运人在货物运输组织的全过程中运输货物的依据；五是国际进出口货物办理清关的证明文件；六是保险证明。

2. 航空运单的特点和国际惯例如下。

(1)一张货运单只能用于一个托运人在同一时间、同一地点托运的，由承运人承运的、运往同一目的站、同一收货人的一件或多件货物。

(2)航空运单可以代表航空公司身份，该货运单由航空公司印制。航空运单还可以是非航空公司印制的不代表任何一个航空公司的中性运单。

(3)运单的右上端印有“不可转让”(not negotiable)字样,其意义是指航空运单仅作为货物航空运输的凭证,所有权属于出票航空公司,与可以转让的海运提单恰恰相反。因此,任何 IATA 成员都不允许印制可以转让的航空运单,运单上的“不可转让”字样不可删去或篡改。

(4)空运交货方式下的航空运单不同于海运提单,不能通过转让单据来转让货物所有权。航空货运单不是货物所有权的凭证,也不能通过背书转让。收货人提货不是凭航空货运单,而是凭航空公司的提货通知单。

(5)《UCP600》规定,航空运单只有在特别要求实际发运日期时,才以运单批注的发运日期为装运日期,否则均以签发日期作为装运日期。因此,航空运单签发日期不能超过交单的限期,否则会违反信用证的规定。

3. 航空运单的填制责任。根据《华沙公约》《海牙议定书》和承运人运输条件的条款规定,托运人有责任填制航空运单。其明确指出,托运人应自行填制航空运单,也可以要求承运人或承运人授权的代理人代为填制。托运人对货运单所填各项内容的正确性、完备性负责。由于航空运单所填内容不准确、不完全,致使承运人或其他人受到损失,托运人负有责任。托运人在航空运单上的签字,证明其接受航空运单正本背面的运输条件。

在实务中,航空运单一般由托运人的货运代理或承运人或其代理代为填开。货主所托运的货物是直接发给国外收货人的单票托运货物,货运代理填写航空公司总运单即可。但如果货物属于以国外货代为收货人的集中托运货物,则货运代理必须先为每票货物填写分运单,再填写总运单,以便国外代理对总运单下的各票货物进行分拨。总运单下有几份分运单时,需制作航空货物清单,总运单上货物的件数必须与相对应的几份分运单的件数相同。

4. 我国的航空运单。我国国际航空运单由一式 12 联组成,包括 3 联正本、6 联副本和 3 联额外副本。3 联正本中,第一联正本交给货主;第二联由承运人(航空公司)留存,为运费账单和发票,作为各方费用结算的凭证;第三联注有“original for the consignee”字样,作为随机单据,到目的地后交收货人,作为核收货物的依据,此联也是收货人报关的主要凭证之一。

(四)做标记与标签、配舱、订舱

1. 刷上标记和贴上标签。在航空货物运输中一定要刷上标记和贴上标签。

标记是在货物外包装上刷上有关事项和记号,如托运人和收货人的姓名、地址、联系电话、传真、合同号、运输操作事项等内容。

标签是承运货物的标志。航空货运代理必须为每件货物拴挂或粘贴上有关的标签。对于一票货物,如果航空货运代理公司出具了分运单,则除了航空公司主标签外,还要加挂航空货运代理公司的分标签,对需要特殊处理或照管的货物要粘贴指示性标签。

2. 配舱。航空货运代理配舱时要核对托运书上预报的数量与货物的实际件数、重量、体积的差异,根据预订的舱位、板箱合理搭配,按照各航班机型、板箱型号、高度、数量进行配载,对货物晚到、未到情况以及未能顺利通关放行的货物进行调整处理,为制作配舱单作准备。

3. 订舱。订舱是指航空货运代理公司将所接收的空运货物向航空公司正式提出运输申请并订妥舱位。首先,航空货运代理接到托运人的发货预报,向航空公司吨控部门领取并填写订舱单,同时提供相应信息,包括货物的名称、体积、重量、件数、目的地、要求出运的时间及其他运输要求。其次,航空公司接受订舱后,签发舱单,同时给予装货集装箱领取凭证,以表示舱位已订妥。航空货运代理在订舱时,应依照托运人的要求选择最佳的航线和最佳的承运人,为托运人争取最低、最合理的运价。

(五)出口货物报检、报关

在发运货物之前,发货人或代理人要先申报报关单,向起运地或出境地海关办理出口货物报检报关手续。报检、报关工作可由航空货运代理代为办理。海关放行后,航空货运代理要将运单与货物一起交给航空公司,航空公司验收单、货无误后在交接单上签字。

(六)编制出仓单,提板、箱与装货

配舱方案确定后,就可编制出仓单。出仓单用于仓库安排货物出库计划及供装板、装箱部门作为仓库提货的依据和仓库交货的凭证,同时也是制作《国际货物交接清单》的依据。出仓单上应载明出仓日期、承运航班日期、装载板箱形式及数量、货物进仓顺序编号、总运单号、件数、重量、体积、目的地三字代码和仓库交货的凭证。

一般情况下,航空货物均以集装箱或集装板形式装运,因此,航空货运代理要根据订舱计划向航空公司申请板、箱并办理相关手续。提板、箱时,应领取相应的塑料薄膜和网,对使用的板、箱要登记、销号。

(七)签单、交接发运

1. 签单。航空货运代理在货运单盖好海关放行章后,还应到航空公司签单,航空公司审核确定运价使用是否正确以及货物性质是否适合航空运输。只有签单确定后才允许将单、货交给航空公司。

2. 交接发运。交接发运是指航空货运代理向航空公司交单交货,航空公司接货,并安排运输。

交单就是将随机单据和应由承运人留存的单据交给航空公司,随机单据包括第二联航空运单正本、发票、装箱单、产地证明、品质鉴定书等。交货就是将与单据相符的货物交给航空公司。航空货运代理交货之前,必须粘贴或拴挂货物标签。交货时要清点和核对货物,填制货物交接清单。大宗货、集中托运货,以整板、整箱称重交接。零散小货按票称重,计件交接。航空公司核对清点后,在交接清单上签收。

航空公司接单接货后,将货物存入出口仓库,单据交吨控部门,以便缮制舱单、吨位控制与配载。航空公司制定配舱方案后编制出仓单。

货物装机完毕,由航空公司签发航空总运单,货运代理公司签发航空分运单。

(八)航班跟踪、结算费用等发运后的事宜

1. 航班跟踪与信息服务。单、货交给航空公司后,航空公司可能会因为各种原因不能按预定时间运出,所以航空货运代理从单、货交给航空公司后就需对航班、货物进行跟踪。

航空货运代理从接受发货人委托开始,就须在多个方面为客户做好信息服务。航空货运代理应向委托人提供的信息主要有:订舱信息、审单情况、报关信息(货主委托航空货代报关的情况下)、称重信息、仓库收货信息、集中托运信息、单证信息、一程及二程航班信息等。

2. 变更运输。由于托运人的原因改变运输,称为自愿变更运输。根据《华沙公约》,"托运人在履行运输合同所规定的一切义务的条件下,有权在始发地航空站或目的地航空站将货物退回,或在途中经停时中止运输,或在目的地或运输途中交给非航空货运单上所指定的收货人,或要求将货物退回始发地航空站,但不得因行使这种权利而使承运人或其他托运人遭受损失,并应偿付由此产生的一切费用"。

由于天气、机械故障、货物积压、禁运和承运人的其他原因而改变已订妥的航班和运输路线,称为非自愿变更运输。

3. 结算费用。货主(出口商)凭航空货运代理签发的分运单向银行办理结汇。航空货运代理发货后与货主结算航空运费和地面服务费。航空货运代理在收讫运费后,在规定的时间内与航空公司结算航空运费。

4. 发出装运通知。货物装机后,货主即可向买方发出装运通知,以便对方准备付款、赎单、办理收货。

## 二、进口货物国际航空运输代理业务

进口货物空运业务流程可用图 8-6 简单表示。

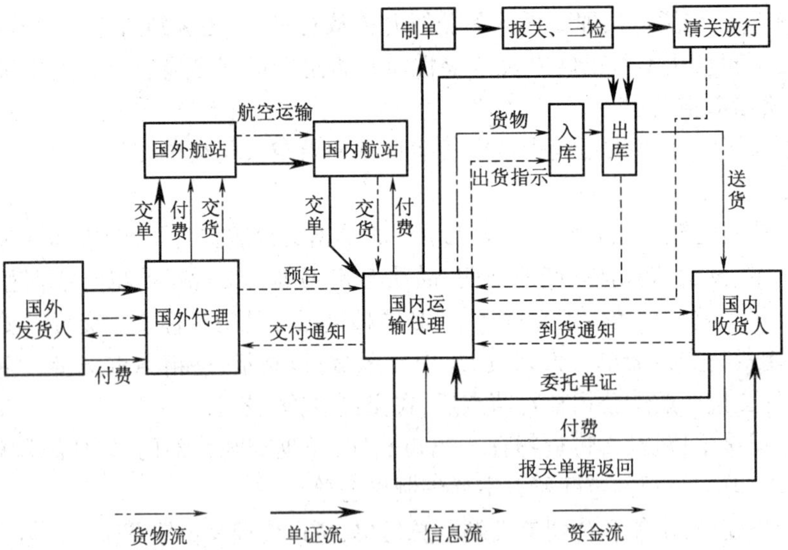


**图 8-6　进口货物空运业务流程**

进口货物航空货运代理业务是指航空货运代理接受收货人委托办理接货手续,完成货物从入境到提取或转运整个流程的各个环节所需办理的手续及准备相关单证的全过程。其主要业务环节如图 8-7 所示。

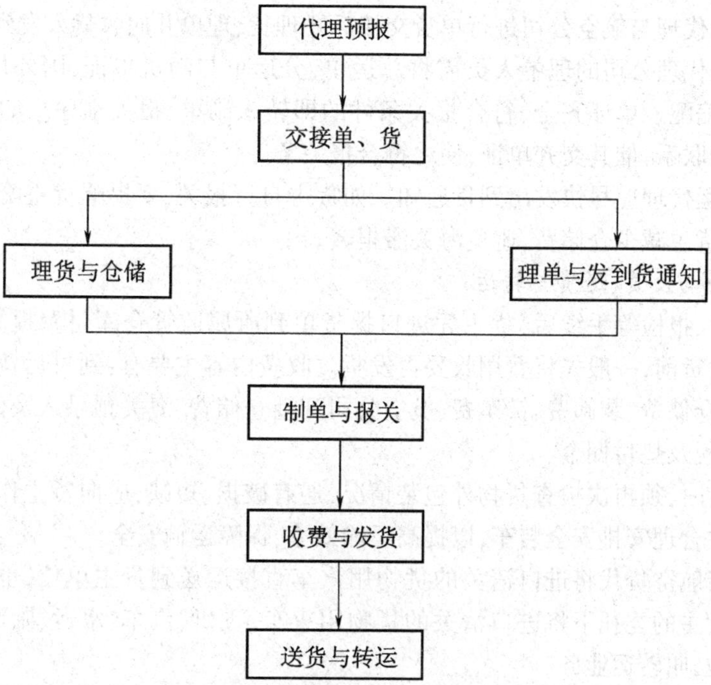


**图 8-7　出口货物国际航空运输代理业务流程**

下面就图 8-7 中的主要业务进行阐述。

(一)代理预报与交接单、货

在进口货物发运之前,航空货运代理的国外代理将运单、航班、件数、重量、品名、实际收货人名称及地址、联系电话等内容通过传真或电子邮件发给国内目的地的航空货运代理。

货物到达后,航空货运代理接到航空公司的到货通知时①,应从机场或航空公司营业处或航空公司的地面代理取单②(指航空运单第三联正本——original for the consignee)。航空公司的地面代理向航空货运代理交接的有国际货物交接清单、总运单、随机文件与货物。航空货运代理与航空公司交接时要单单核对、单货核对。

航空货运代理提取货物,未提出异议,即视为货物已经在完好状态下按照运输合同有效交付。交货时如发现缺少、残损等情况,航空货运代理应向航空公司索取商务记录,然后交货主向航空公司索赔,也可根据货主委托代办索赔。如货物包装外表完好,但内部货物的质量或数量有问题,则属于“原残”,应由货主向商检部门申请检验出证并向国外发货人交涉赔偿。此外,承运人按适用的法律,已将货物交付给海关或者其他行政当

① 货物运达目的地后,承运人应当及时向收货人发出货物到达通知,对未收到或者未按时收到此通知的,承运人不承担责任。

② 航空公司免费保管货物的期限为 3 天,超过此限取单应付保管费。

局的,应当视为有效交付。

(二)理货与仓储、理单与发到货通知及制单与报关

航空货运代理与航空公司进行单货交接后要理货、理单并向收货人发到货通知。

航空货运代理公司的理单人员需将总运单、分运单与随机单证、国外代理先期寄达的单证审核、编配。单证齐全、符合报关条件的即转入制单、报关程序。如果单证不齐,应立即与货主联系,催其交齐单证,使之符合报关条件。

同时,货运代理应尽快发出到货通知。如货主自行报关,要提醒货主配齐有关单证,尽快报关,为货主减少仓储费,避免海关滞报金。

(三)收费与发货、送货与转运

办完报关、报检等手续后,货主凭进口提货单到所属监管仓库付费提货。航空货代公司仓库在发货前,一般先将费用收妥再发货。收费内容主要有:到付运费及垫付佣金、单证报关费、仓储费、装卸费、铲车费、航空公司到港仓储费、海关预录入及商检费等代收代付费用、关税及垫付佣金。

仓库发货时,须再次检查货物外包装情况,遇有破损、短缺,应向货主作出交代,应指导并协助货主合理安排安全装车,以提高运输效率,保障运输安全。

送货是指航空货代将进口清关的货物用汽车直接运送到货主单位,也叫送货上门。航空货代在货主的委托下将进口清关的货物用火车、飞机、汽车、水运、邮政等方式转运到货主所在地,叫转运业务。

如一张运单上有两个或两个以上的收货人,则航空货运代理应按照合同或分拨单上的品名、数量、规格、型号,开箱办理分拨与分交。收货人应向航空货运代理出具收货证明并签字、注明日期。

## 第四节　航空货物运输运价与运费

航空运价又称费率(rates),是指承运人为运输货物对规定的重量单位(或体积)收取的费用,特指机场与机场间的空中费用,不包括承运人、代理人或机场收取的其他费用。运费(transportation charges)是根据适用运价计得的发货人或收货人应当支付的每批货物的运输费用。

航空公司按国际航空运输协会(IATA)所制定的三个区①划费率收取国际航空运费。计算货物的运费公式为:

货物运费=适用的运价×计费重量

计算空运货物运费时主要应考虑三个因素,即计费重量、运价种类、货物的声明价值

① IATA划分的三个区域为IATA一区、IATA二区、IATA三区3个区域。IATA一区包括:全部南、北美洲大陆及临近岛屿,格陵兰,百慕大,西印度群岛及加勒比海岛屿,夏威夷群岛(包括中途岛和巴尔米拉环礁)。IATA二区包括:欧洲(包括俄罗斯联邦的欧洲部分)及临近岛屿冰岛,北大西洋的亚苏尔群岛,全部非洲及临近岛屿,南大西洋的阿森松岛,亚洲西部地区(含伊朗)。IATA三区包括:除IATA二区部分以外的全部亚洲地区及临近岛屿,东印度群岛,澳大利亚、新西兰及临近岛屿,太平洋岛屿(属IATA一区部分除外)。

及其他规定。

## 一、航空运输计费重量

计费重量是指用以计算货物航空运费的重量。航空运费中货物的计费重量分为实际毛重、体积重量、计费重量三种。

实际毛重是货物净重与包装件重量的总和,以0.1kg为计算单位。

由于货舱空间体积的限制,一般对于低密度的货物,即轻泡货,其体积重量可能会成为计费重量。体积重量用货物的体积按一定的比例折合成重量,以0.1kg为计算单位。国际航空货物运输组织规定在计算体积重量时,以7 000$cm^3$折合为1kg。我国民航则规定以6 000$cm^3$折合1kg为计算标准。

不论货物的形状是否为规则的长方体或正方体,计算货物体积时,均应以最长、最宽、最高的三边的厘米长度计算。长、宽、高的小数部分按四舍五入取整,体积重量的折算,换算标准为每6 000$cm^3$折合1kg,其公式为:

$$体积重量(kg)=货物体积\div 6\ 000cm^3$$

在货物体积小、重量大时,按实际重量计算;在货物体积大、重量小时,按体积计算。在集中托运时,如果一批货物由几件不同的货物组成,有轻泡货,也有重货,其计费重量则采用整批货物的总毛重或总的体积计量,按两者之中较高的一个计算。计费重量以0.5kg为最小单位,重量尾数不足0.5kg的,按0.5kg计算;0.5kg以上不足1kg的,按1kg计算。例如:105.001kg计为105.5kg,105.501kg计为106.0kg。

**【例】**

某批货物两箱,包装尺寸分别为:100×80×80($cm^3$),90×82×70($cm^3$),总体积为1 156 600$cm^3$。该批货物的毛重为167kg。按6 000$cm^3$折合1kg,计得体积重量为192.77kg。计费重量取实际重量和体积重量的高者,故计费重量应取192.77kg。0.5kg以上不足1kg按1kg计算,故最终计费重量应为193kg。

## 二、运价的种类及使用方法

航空运价的特点有:①运价是指从一机场到另一机场,而且只适用于单一方向。②运价不包括其他额外费用,如提货、报关、接交和仓储费用等。③运价一般以运输始发地的本国货币公布,有的国家以美元代替其本国货币公布。④运价一般以千克或磅为计算单位。⑤航空运单中的运价是按出具运单之日所适用的运价。

按运价制定的途径划分,国际航空货物运价可分为协议运价和国际航协(IATA)运价。

协议运价是指同行的双方或几方航空公司通过磋商达成协议,并且报请各国政府获得批准后共同使用遵守的运价。

国际航协运价是指IATA在航空货运价手册(The Air Cargo Tariff,TACT)上公布的运价。

按照IATA货物运价公布的形式划分，国际航协运价可分为公布直达运价和非公布直达运价。公布直达运价分普通货物运价、指定商品运价、等级货物运价、起码运价。如从始发地至目的地无公布直达运价可以使用，那么采用非公布直达运价。方法有二：其一是比例运价构成全程运价；其二是分段相加运价构成全程运价①。

上述国际货物运价的使用原则是：①优先使用协议运价；②其次使用公布直达运价；③最后使用非公布直达运价，即比例运价、分段相加运价；④使用的运价应为填开运单之日的有效运价；⑤使用时要注意运输路线的方向性，不得使用反方向运价。

（一）普通货物运价（GCR）

不含有贵重元素，并按普通货物运价收取运费的货物称普通货物。为普通货物制定的运价称为普通货物运价（general cargo rate，GCR）。普通货物运价也称一般货物运价。

普通货物运价的代号为：

*N*——标准运价（45kg以下普通货物运价）（normal rate）。

*Q*——45kg以上普通货物运价（quantity rate）。

普通货物运价以45kg（或100磅）为划分点，45kg以上较45kg以下的运价低。普通货物运价还公布有"*Q*45""*Q*100""*Q*300"等不同重量等级分界点的运价。"*Q*45"表示45kg以上（包括45kg）普通货物的运价，依此类推。

普通货物运费计算方法是：货物的计费重量乘以相应重量等级的运价所得的运费，与较高重量等级的起始重量乘以相应的运价所得的运费进行比较，取其低者②。

**【例】**

从北京到荷兰阿姆斯特丹空运一批货（Bamboo Basket），其毛重为38.6kg，体积为101×58×32（$cm^3$），公布运价如下，请计算该批货物的运费。

| | | |
|---|---|---|
| BEIJING | CN | BJS |
| Y.RENMINBI | CNY | KGS |
| AMSTERDAM NL | *M* | 320.00 |
| | *N* | 50.22 |
| | *Q*45 | 41.53 |
| | *Q*300 | 37.52 |

解：（1）按实际重量计算：

体积：$101\times58\times32cm^3 = 187\ 456cm^3$

计费重量：$187\ 456cm^3 \div 6\ 000cm^3/kg = 31.24kg = 31.5kg$（不足0.5kg的按0.5kg计算）

毛重：38.6kg

① 美国和加拿大不使用比例运价，而只能使用分段相加运价。

② 由于45kg以上较45kg以下的运价低，所以对不足45kg的货物计算运费时要比较按实际重量计算的运费与采用较高重量分界点的运价计算的运费，取运费较低者为实际运费。

计费重量:39.0kg(0.5kg 以上不足 1kg 按 1kg 计算)

适用运价:$N$ 为 50.22 CNY/kg

运费:39.0×50.22=1 958.58(元)

(2)采用较高重量分界点的较低运价计算:

计费重量:45.0kg

适用运价:$Q$ 为 41.53CNY/kg

运费:41.53×45.0=1 868.85(元)

(1)与(2)比较,取运费较低者。

运费应为 1 868.85 元,而不是 1 958.58 元。

本题应填开运单如表 8-3 所示。

**表 8-3　航空运单主要栏目**

| No.of Pieces RCP | Gross Weight | kg/lb | Rate Class | | Chargeable Weight | Rate/Charge | Total | Nature and Quantity of Goods (Incl. Dimensions or Volume) |
|---|---|---|---|---|---|---|---|---|
| | | | $Q$ | Commodity Item No. | | | | |
| 1 | 38.6 | k | | | 45 | 41.53 | 1 868.85 | Bamboo Basket DIMS; 101×58×32cm$^3$ |

运用下列公式,可求得在两个相邻重量分界点之间,按较高重量分界点的起始重量与相应运价计算运费的起码重量。

$$W_x = W_2 \times A_2 / A_1$$

式中:$W_2$ 为较高重量等级的起始重量,单位为 kg;相邻重量等级的运价,$A_1$ 为较低重量等级,$A_2$ 为较高重量等级,单位为元/千克。

正由于航空运费按计费重量大小,分成几个等级,航空货运代理就可以从运价级差中获利。例如,代号为 M 表示 5kg 以下,代号为 N 表示 45kg 以下,代号为 Q 表示 45kg 以上。级次越高,费率越低;计费重量越大,费率越低。航空运输以 1 张运单作为计算运费单位,如果有 3 批各为 35kg 计费重量的货物运往西雅图,分制 3 张运单,则每批都按 N 级运价 49.12 元计费。若把这 3 批货物合在一起做成 1 张运单,则按 100kg 以上运价34.41元计费。但 1 张运单只能是 1 个收货人,因此,有些货运代理把收集起来运往同一目的地不同收货人的多批货物,用 1 张运单送给目的地的货运代理,货物运抵目的地后由其按不同货物标记,分交不同的收货人,这样,运输代理就可以从运价级差中获利。

总之,航空运费的计算步骤主要有如下三步。

第一步,求出货物的体积,除以 6 000cm$^3$ 折合成体积重量。

第二步,将体积重量与实际毛重比较,选择两者之中的高者作为计费重量。

第三步,应用计算公式,航空运费=计费重量×费率。

(二)特种货物运价(SCR)

特种货物运价(special cargo rate, specific commodity rate, SCR),也称指定货物的运

价，通常是承运人根据在一定航线上经常性运输某一类货物的托运人的请求，或为促进某地区间某一货物的运输，经 IATA 同意所提供的优惠运价。这种运价通常低于一般货物运价。

特种货物运价的代号为 C。就目前我国出口商品的特点，采用航空运输方式的特种货物主要是纺织品、食品、海产品、药品等。国际航空运输协会公布特种货物运价时将货物编为一个对应的组号，如 0850、9999 等。

在航空运输中使用特种货物运价时，所运输的货物满足如下三个条件，运输始发地和运输目的地就可以直接使用特种货物运价：一是运输始发地至目的地之间有公布的特种货物运价，例如，目前北京至美国、加拿大和日本的一些货物就有指定商品运价；二是托运人所交运的货物，其品名与有关特种货物运价的货物品名相吻合；三是货物的计费重量满足特种货物运价使用的最低重量要求。

**链　接**

普通货物运价和特种货物运价的使用

(1)两地间既有普通货物运价，又有特种货物运价，优先使用特种货物运价。

(2)既有确指品名运价，又有泛指品名运价，优先使用确指品名运价(即使泛指品名运价较低也不能使用)。

(3)如果用特种货物运价计得的运费，高于用普通货物运价计得的运费，那么取其低者。

(4)货物的计费重量要满足特种货物运价使用的最低重量要求，例如 100kg，如果货量不足 100kg，而托运人又希望适用特种货物运价，那么货物的计费重量就要以所规定的最低运量为准。

**【例】**

北京运往大阪的蘑菇两批，分别为 150kg 和 50kg，试计算航空运费（蘑菇适合编号为 0850 的指定商品运价）。

| | | |
|---|---|---|
| *M* | | 200 元 |
| *N* | | 38.69 元/kg |
| *Q*45 | | 29.04 元/kg |
| 0850 | 100 | 14.89 元/kg |
| 0850 | 500 | 13.83 元/kg |

解：所托运的第一批货物 150kg 符合 0850 运价使用的最低要求，第二批货物没有达到指定商品的最低重量要求。

第一批重量符合指定商品运价：运费 = 14.89×150 = 2 233.50（元）。

第二批按照指定商品运价：运费 = 14.89×100 = 1 489（元）。

按照普通货物运价计算:运费=29.04×50=1 452(元)。

比较得出:第一批货物运费为 2 233.50 元;第二批货物运费为 1 452 元。

(三)等级货物运价(CCR)

等级货物运价(class cargo rate,CCR),是指适用于规定的地区或地区之间的少数货物的运价。等级货物运价是在一般货物运价的基础上增加或减少一定百分比而构成的,起码重量规定为 5kg。

适用等级货物运价的货物有两种:一是在一般货物运价基础上增加百分比的货物,如我国至世界各地的贵重货物,按照普通货物 45kg 以下运价的 200%收费。活动物、贵重物品、尸体等一般用"S"表示高于普通货物运价的等级货物运价(surcharge)。二是在一般货物运价基础上降低百分比的货物,如出土文物、行李、出版物等,一般用"R"表示低于普通货物运价的等级货物运价,即折扣货物运价(reduction)。

(四)起码运价(MR)

起码运价(minimum rate,MR)是航空公司运输一批货物所能接受的最低运价,即不论货物的重量或体积多少,在两点间运输一批货物应收取的最低金额。一批货物计算运费时,使用计费重量乘以所适用的运价,不管使用哪一种运价,运费不能低于公布的起码运价。不同地区有不同的起码运价。

总之,在上述这几种运价中,运费只选择其中之一计算。

如遇两种运价均适用,则首先应选用特种货物运价,其次是等级货物运价,最后才是普通货物运价。

如果一批货物既没有可适用的等级运价,也没有特种货物运价,就须使用普通货物运价。

在使用特种货物运价时,首先是决定货物属于哪一类特种货物,然后再查阅在所要求的航线上有哪些特种货物运价,进而查阅《航空货物运价表》上的《货物明细表》,选择与货物一致的号码。如果该货物号码有更详细的内容,则选择最合适的细目。最后,根据适用该货物的起码重量,选择合适的特种货物运价。

**【例】**

有一票热带鱼,毛重 120kg,体积 0.504m³。需从我国某地空运至韩国首尔,问应如何计算其运费(设一般货物运价:45kg 以上,每千克为 9 港元;等级货物运价:每千克为 16.70港元;特种货物运价:每千克为 7.59 港元)?

解:根据上述运价进行比较计算。

按 GCR 运价,应为:9×120=1 080(港元)。

按 CCR 运价,应为:16.70×120=2 004(港元)。

按 SCR 运价,应为:7.59×120=910.8(港元)。

可见,此票热带鱼应选用 SCR 运价算。

## 三、货物的声明价值和其他规定

根据《华沙公约》的规定,由于承运人的失职而造成货物损坏、丢失或延误等,承运人应承担责任，其最高赔偿限额为每千克（毛重）20 美元或每千克 7.675 英镑或等值的当地货币。如果货物的实际价值每千克超过上述限额，且发货人要求在发生货损货差时全额赔偿，则发货人在托运货物时就应向承运人或航空货运代理声明货物的价值。如果发货人不办理声明价值，则应在运单的有关栏内填上“N.V.D”（no value declared）字样，这种情况下，承运人的最高赔偿额为毛重每千克不超过 20 美元。

**【例】**

8 月，一票货物 5kg，无运输声明价值，在目的地遗失，该货物在目的地的实际价值为人民币 1 500 元，但民航部门最高赔偿限额为 100 美元。

当声明的价值毛重每千克超过 20 美元时，承运人将向托运人收取一定的费用，这个费用称为声明价值附加费。该附加费为声明价值毛重每千克超过 20 美元部分的0.5%。声明价值附加费的最低收费为人民币 10 元。其计算公式为：

声明价值附加费 =（声明价值 − 实际毛重 × 20 美元）× 0.5%

托运人自愿办理声明价值，其声明价值一般不超过 10 万美元。若超过 10 万美元，货运代理可以按下列方法办理：第一，请托运人分票办理；第二，和有关的承运人事先取得联系，待证实后方可收运。

除声明价值附加费外，航空公司还可能收取运费到付服务费、货运单费、中转手续费和地面运输费等。

运费到付服务费（charge collect fee），是由发货人与承运人之间预先安排，然后由承运人在货物运到后交给收货人的同时收回运单上列明的金额。这项金额由发货人填入运单货到付款栏内，在金额前填上相应的货币名称。

运费到付服务费的收取方法如下：凡是运费到付的货物，按货运单上按重量计算的运费和声明价值附加费总额的 2% 向收货人收取运费到付服务费。最低运费到付服务费为 10 美元。

## 第五节　有关航空运输的国际条约

有关航空运输的国际条约，影响比较大的主要有 1929 年的《华沙公约》、1955 年的《海牙议定书》和 1961 年的《瓜达拉哈拉公约》等。在这些文件中，《华沙公约》是最基本的，随后的各项议定书都是在其基础上进行补充或修改的，形成的文件合称为华沙体系。

《华沙公约》共计 41 条，全称为《统一航空运输某些规则的公约》（*Convention for the Unification of Certain Rules Relating to International Carriage by Air*）。我国于 1958 年 7 月宣布参加该公约，同年 10 月，该公约对我国正式生效。其主要条款涉及如下四方面。

其一，运输凭证。

运输凭证包括客票、行李票和航空货运单，分别适用于运送旅客、行李和货物。航空货运单（air consignment note，ACN）是订立契约、接受货物和承运条件的证明，所以，它也就是双方当事人订立的运输合同。

其二，承运人的责任。

《华沙公约》第18条第1款规定："对于交运的行李或货物因毁灭、遗失或损坏而产生的损失，如果造成这种损失的事故发生在航空运输期间，承运人应负责任。"《华沙公约》所说的航空运输期间"包括行李或货物在承运人保管的期间，不论在航空站内、在航空器上或在航空站外降停的任何地点"。

《华沙公约》第22条第2款规定："如交运的行李或货物的一部分或者货物中任何物件发生遗失、损坏或者延误，以致影响同一份货运单所列的另一包装件或者其他包装件的价值，在确定责任限额时，另一包装件的总重量也应当考虑在内。"

《华沙公约》对承运人的责任限制也作了规定，并明确规定："企图免除承运人的责任，或定出一个低于本公约规定的责任限制的任何条款都属无效。"承运人对每一旅客的责任以125 000法郎为限，对行李或货物的责任以每千克250法郎为限，对旅客自己保管的物品以每件5 000法郎为限。

承运人在下列情况下，可免除或减轻责任：①证明承运人自己和代理人为了避免损失的发生，已经采取了一切必要的措施，或不可能采取这些措施时；②证明损失的发生是由于驾驶上、航空器的操作或领航上的过失；③证明损失的发生是由于受害人的过失引起或助成的，法院可按照法律规定，免除或减轻承运人的责任。

**【案例】**

一票航空运输的货物，从新加坡经北京中转到天津，运输的是机器设备，货运单号555-89783442，3件货物重178千克，计费重量共206kg，从新加坡运往北京采用的是飞机运输，再从北京转运天津时，使用卡车航班，但在高速公路上，不幸发生车祸，设备全部损坏。试问：(1)航空公司是否应赔偿？(2)理由何在？(3)如果赔偿，应赔偿多少？

案例分析：

(1)航空公司应该赔偿。

(2)《华沙公约》第18条第1款规定："对于交运的行李或货物因毁灭、遗失或损坏而产生的损失，如果造成这种损失的事故发生在航空运输期间，承运人应负责任。"航空运输期间包括行李或货物在承运人保管的期间，不论在航空站内、在航空器上或在航空站外降停的任何地点。此票货物的损害虽然是在公路上发生的，但是在承运人的保管期间。

(3)航空公司应赔偿USD $20\times178=$ USD 3 560。

其三，托运人和收货人的权利和义务。

托运人应对在航空货运单上所填写有关货物的各项说明和声明的正确性负责。托运人还应提供各种必需的资料，以便在货物交付收货人以前完成海关、税务或公安手续。这些必需的有关证件应附在航空货运单的后面。

托运人在履行契约规定的一切义务的条件下，有权在起运地航空站或目的地航空站将货物提回；或在途中经停时中止运输；或在目的地或运输途中将航空运单交给非航空货运单上所指定的收货人；或要求将货物退回起运地航空站。

收货人在货物到达目的地，并交付了应付款项和履行运单上规定的运输条件后，有权要求承运人移交货运单并发给货物。

其四，索赔和诉讼时效。

对于索赔时效，《华沙公约》分货物损害和货物延迟的情况区别对待。前者的索赔时效是7天，后者为14天。以上任何异议应在规定的期限内写在运输凭证上或以书面提出，否则就不能再向承运人索赔。诉讼时效为两年。

## 第六节　国际空运物流中货运事故的处理

货运事故和货运质量事故出现的原因是多方面的，可能由货主所致，也可能在承运人的保管与运输下产生，当然也有可能是航空货运代理的责任。出现货运事故和货运质量事故后，航空货运代理要谨慎处理。

国际空运物流中货运事故的处理程序与海运货运事故的处理程序大致相同，这里主要阐述国际空运物流中货运事故的索赔与理赔。

### 一、处理好客户的索赔

在航空货运代理过程中，货运代理经常会接到客户由于货物发生延误或遗失而向货运代理提出的索赔要求，索赔事宜如不及时妥善处理将严重影响与客户的关系，甚至失去客户，但在处理过程中，货运代理的利益往往与客户的利益或要求是相矛盾的，解决矛盾就成了处理索赔的关键。

对此，货运代理首先应该明确哪些索赔是货运代理受理范围内的。其次，要处理好两个关系。

一是国际贸易与国际货物运输的关系。国际运输是国际贸易过程中的重要环节之一，但就其索赔程序来说，与贸易索赔程序是分开的，具有独立性，因为它们援引的法律依据是不同的，是各自独立的。货运代理在处理索赔时经常会收到托运人以“收货人在收到货后发现货损或货物延误等理由拒付部分或全部货款，或取消今后的订单”等为由，向货运代理提出部分或全部的贸易损失。这实质上是一种贸易风险的转嫁，货运代理应该要求托运人运用国际贸易方面的法律来保护其自身的利益。即使托运人或收货人合法享有向对方提起贸易索赔的权利，也不应该将索赔的解决作为解决贸易问题的前提，并以此向货运代理提出非索赔范围内的要求。运输与贸易两者本不适用同一法律范畴，托运人在货运中的权利并不影响有关贸易法律规定中的权利，两者可以同时进行，也可以先行处理贸易索赔。

二是运费的收取与索赔的关系。运费是托运人托运货物时应当支付给承运人或承运代理人的费用，这是事前的行为与责任，而索赔是在货物运输过程中，或货物到达目的地后事后的行为与权利的要求，托运人将受到国际运输法有关规定的合理保护，若托运人以索赔未成或未解决为由拒付货运代理运费是没有依据的。

## 二、向承运人或其代理的索赔

托运人、收货人或其代理在始发站、目的站或损失事故发生的中间站均可以书面形式或在运输凭证上注明,向承运人或其代理提出索赔要求。

对于索赔时效,《华沙公约》分成货物损害和货物延迟的情况区别对待。前者的索赔时效是7天,后者为14天。以上任何异议应在规定的期限内写在运输凭证上或以书面提出,否则就不能再向承运人索赔。诉讼时效为两年。

在上述规定时限内,托运人、收货人或其代理应书面向承运人或其代理提出赔偿要求,索赔人应开具“索赔清单”,详细说明货物损坏、短缺、遗失、延误的情况,并随附货运单、商业发票、装箱单的影印件。

## 三、承运人或其代理的理赔

受理赔偿的部门根据要求首先应备制有关文件,如货运单、舱单、货物事故调查报告等。其次提出合理的赔偿金额,如果货物没有办理声明价值,则承运人按照实际损失的价值进行赔偿,最高赔偿限额为20美元/千克;如托运人已办理声明价值并交付声明价值附加费,则赔偿金额以不超过声明价值为限。

理赔的程序一般如下。

第一,货物运输事故签证。航空地面代理在卸货时发现货物破损,即由航空公司或代理填写《货物运输事故签证》,该签证主要是在目的站货物出现问题的一个证明。在填写这份签证之前,收货人需要进一步确认内装物的受损程度,可以同航空公司的货运人员共同开箱检查,确认货物的具体受损程度。《货物运输事故签证》由航空公司的货运部门签字后,再由收货人签字,其中一份由航空公司留存,另一份由收货人留存。

第二,提出索赔申请书。自发现货物出现问题后,货运代理要按照规定的赔偿时限提出赔偿要求,向航空公司提出书面索赔申请书。

第三,航空公司审核所有的资料和文件。包括:正式索赔函、货运单正本或副本、货物商业发票、装箱清单、货物舱单、货物运输事故签证、商检证明、运输事故记录、来往电传等文件。

第四,填写航空货物索赔单。由航空公司填写航空货物索赔单,索赔人签字盖章,表明航空公司正式认可索赔的有关事项。

第五,航空公司核批货物索赔审批单。航空货物的索赔根据货物的金额不同,需要各级领导审批。

第六,签订责任解除协议书。在索赔人收到索赔款时签署责任解除协议书,即放弃诉讼权及进一步的索赔权。

如货运代理人或收货人欲对承运人起诉,起诉地点应为承运人的所在地,或签约的所在地或目的地的法院。诉讼应在航空器到达目的地之日起,或应该到达之日起,或运输停止之日起2年内提出,否则便丧失追诉权。

## 复习题

1.名词解释:IATA、集中托运、航空快递、POD、航空运价、GCR、SCR、CCR、起码运价。

2. 世界重要航空线有哪几条?

3. 简述航空货物运输相关当事人及其责任关系。

4. 简述航空货代的优势与两种主要职能。

5. 简述出口货物航空货运代理作业的主要内容。

6. 我国国际航空运单为一式几联?其中包括几张正本?其主要作用有哪些?

7. 简述空运运单的特点。

8. 进口货物航空货运代理作业主要有哪几个环节?

9. 简述航空快递出口业务的主要步骤。

10. 计算空运货物运费时主要应考虑哪些因素?

11. 简述 GCR、SCR、CCR 主要运价的使用规则。

## 案例分析

1.青岛某货主将一批价值 USD 10 000,计 10 箱的丝织品通过 A 航空公司办理空运经北京出口至法国巴黎。货物交付后,由 B 航空公司的代理人 A 航空公司于 1 月1 日出具了航空货运单一份。该货运单注明:第一承运人为 B 航空公司,第二承运人为 C 航空公司,货物共 10 箱,重 250 千克。货物未声明价值。B 航空公司将货物由青岛运抵北京,1 月 3 日准备按约将货物转交 C 航空公司时,发现货物灭失。为此,B 航空公司于当日即通过 A 航空公司向货主通知了货物已灭失。为此,货主向 A 航空公司提出书面索赔要求,要求 A 航空公司全额赔偿。

问题:(1)本案中,A、B、C 航空公司的法律地位是什么?(2)谁应当对货物的灭失承担责任?(3)货主要求全额赔偿有无依据?(4)航空公司应该赔偿的数额是多少?

2. 一票从上海运往泰国的整套流水线机器,货运单号 777-89783442,由于机器比较庞大,用了 6 个箱子,每件重量 60 千克,整套机器的价值 USD 6 000,无声明价值,在终点站接货时,发现一个箱子开裂,经检验,这个箱子的机器已完全受损,其他 5 个箱子完好。

问题:航空公司应如何赔偿?

3. KD 货运代理公司揽货后发现有四笔精密仪器都需从北京空运香港。它们的重量分别为 10kg,20kg,35kg,40 kg。从北京空运香港,一般货物的起码运费为 65 港元,45 千克以下每千克 3 港元,45 千克以上每千克 2.5 港元。

问题:如果单纯从运费角度考虑,KD 货运代理公司是采取分别托运,还是采取集中托运?

4. 上海运往旧金山的普通货物两批,第一批 30kg,第二批 40kg,分别计算两批货物的航空运费。

运价资料：上海—旧金山

| | |
|---|---|
| *M* | 420 元 |
| *N* | 51.59 元/千克 |
| *Q*45 | 38.71 元/千克 |

案例分析参考答案

# 第九章

# 国际铁路物流

## 学习目标

- 了解国际铁路物流中的主要运输干线
- 理解国际联运合同
- 熟悉国际货物铁路联运的特点和业务类别
- 掌握国际货物铁路联运货运代理的程序
- 了解国际货物铁路联运的规章与公约
- 掌握国际铁路货物联运费用的计算和核收原则

铁路运输(rail transportation)的运行速度较快、载运量较大且在运输中遭受的风险较小。它一般能保持终年正常运行,具有高度的连续性,运输成本较低。铁路运输是国际货物运输中仅次于国际海运的一种主要的运输方式。国际铁路运输目前在我国的国际物流中起着非常重要的作用。我国通过铁路把欧、亚大陆连成一片,从而为发展我国与亚洲、欧洲各国之间的经济贸易联系提供了十分有利的条件;铁路也是我国内地与港、澳地区进行贸易的重要运输方式。在国际铁路物流中,一般涉及两个或两个以上国家铁路运送。因此,国际铁路物流主要表现为国际铁路货物联运物流。国际铁路运输线及大陆桥运输线是国际铁路货物流动的重要路径之一。

本章阐述国际货物铁路联运的特点和业务类别、世界主要铁路货物运输干线及我国通往邻国的铁路干线、国际联运合同、国际货物铁路联运货运代理的程序、国际铁路货物联运费用的计算和核收原则、国际货物铁路联运的规章与公约、对港澳地区的铁路货物运输以及国际货物铁路联运的运费计算。

## 第一节　国际铁路物流中的主要运输干线

各国铁路车站是国际铁路物流的重要结点,而国际铁路运输线及大陆桥运输线则是国际铁路货物流动的重要路径。

### 一、世界主要铁路货物运输干线

世界主要铁路货物运输干线有以下四条。

#### (一)西伯利亚大铁路干线

西伯利亚大铁路干线东起俄罗斯远东日本海之滨的海参崴(符拉迪沃斯托克),经伯力、赤塔、伊尔库茨克、新西伯利亚、鄂木斯克、车里雅宾斯克、古比雪夫,止于莫斯科,全长9 300多千米。之后东端又延伸到东方港和纳霍德卡港。

在西伯利亚大铁路干线的东段与之连接的其他干线有:①海参崴(符拉迪沃斯托克)—清津港—咸兴—平壤铁路;②大连—沈阳—长春—哈尔滨—赤塔铁路;③广州—长沙—武汉—郑州—北京—大同—乌兰巴托—乌兰乌德铁路。

西伯利亚大铁路干线西端的连接干线有:①莫斯科—圣彼得堡—赫尔辛基—斯德哥尔摩—奥斯陆铁路;②莫斯科—华沙—柏林—科隆—布鲁塞尔—巴黎铁路;③莫斯科—罗斯托夫—第比利斯—卓勒法—德黑兰铁路。

我国与独联体、东欧国家及伊朗之间的贸易,主要通过西伯利亚大铁路干线进行。

#### (二)加拿大连接东西两大洋的铁路干线

加拿大连接东西两大洋的铁路干线主要有两条。

其一,鲁珀特港—埃德蒙顿—温尼伯—魁北克(加拿大国家铁路)。

其二,温哥华—卡尔加里—温尼伯—散德贝—蒙特利尔—圣约翰—哈利法克斯(加拿大太平洋大铁路)。

（三）美国连接东西两大洋的铁路干线

美国连接东西两大洋的铁路干线主要有四条。

其一，西雅图—斯波坎—俾斯麦—圣保罗—芝加哥—底特律（北太平洋铁路）。

其二，洛杉矶—阿尔布开克—堪萨斯城—圣路易斯—辛辛那提—华盛顿—巴尔的摩（圣菲铁路）。

其三，洛杉矶—图森—帕索—休斯敦—新奥尔良（南太平洋铁路）。

其四，旧金山—奥格登—奥马哈—芝加哥—匹兹堡—费城—纽约（联合太平洋铁路）。

（四）中东—欧洲铁路干线

中东—欧洲铁路干线从伊拉克的巴士拉，向西经巴格达、摩苏尔、叙利亚的穆斯林米亚、土耳其的阿达纳、科尼亚、厄斯基色希尔至博斯普鲁斯海峡东岸的于斯屈达尔，过博斯普鲁斯大桥至伊斯坦布尔，接巴尔干铁路，向西经索菲亚、贝尔格莱德、布达佩斯至维也纳，连接中、西欧铁路网。

## 二、我国通往邻国的铁路干线及中欧班列运行线

（一）我国通往邻国的铁路干线

我国通往邻国的铁路干线主要有如下九条。

1. 滨洲线。滨洲线自哈尔滨起向西北至满洲里，该线经满洲里可直通替秩，与西伯利亚大铁路相连接。由于我国与独联体国家的铁路轨距不同，对外贸易货物需要在国境车站换装后才能继续运送。

2. 滨绥线。滨绥线自哈尔滨起，向东经绥芬河与俄罗斯远东地区铁路相连接。绥芬河车站是滨绥线的终点站，是我国对俄罗斯远东地区和库页岛进出口货物的国境交换站和换装站。

3. 集二线。集二线自京包线的集宁站，向西北到二连浩特。进出口货物的换装作业在二连站进行。从北京到莫斯科，经由二连比经由满洲里可缩短 1 141 千米的路程。

4. 沈丹线。沈丹线自沈阳至丹东，越过鸭绿江与朝鲜铁路相接。由于中朝两国铁路轨距相同，车辆无须换装，原车过轨。

5. 长图线。长图线自吉林长春起，向东至图们，横过图们江，与朝鲜铁路相连接。

6. 梅集线。梅集线自吉林省梅河口至集安，越过鸭绿江直通朝鲜满浦车站。

7. 湘桂线。湘桂线自湖南衡阳起，经广西柳州、南宁到达终点站凭祥。货物须在凭祥车站办理换装。

8. 昆河线。昆河线自云南昆明经碧色寨到河口。由于此线的中越铁路轨距相同，车辆无须换装，可原车过轨。

9. 北疆线。北疆线自乌鲁木齐到阿拉山口。该线连接连云港和鹿特丹两大亚欧港口，是新亚欧大陆桥的重要枢纽。因两国轨距不同，货物需要换装（出口在友谊站，进口在阿拉山口），才能进行运送。

我国通往邻国的铁路干线、国境站站名、货物和车辆的交换地点如表 9-1 所示。

**表 9-1　我国通往邻国的铁路干线、国境站站名、货物和车辆的交换地点**

| 我国与邻国 | 我国铁路干线 | 我国国境站站名 | 邻国国境站站名 | 交接、换装地点 | |
|---|---|---|---|---|---|
| | | | | 出口 | 进口 |
| 中俄间 | 滨洲线 | 满洲里 | 后贝加尔 | 后贝加尔 | 满洲里 |
| | 滨绥线 | 绥芬河 | 格罗迭科沃 | 格罗迭科沃 | 绥芬河 |
| | 珲马线 | 珲春 | 卡梅绍娃亚 | 卡梅绍娃亚 | 珲春 |
| 中哈间 | 北疆铁路 | 阿拉山口 | 德鲁日巴 | 德鲁日巴 | 阿拉山口 |
| 中蒙间 | 集二线 | 二连 | 扎门乌德 | 扎门乌德 | 二连 |
| 中朝间 | 沈丹线 | 丹东 | 新义州 | 新义州 | 丹东 |
| | 长图线 | 图们 | 南阳 | 南阳 | 图们 |
| | 梅集线 | 集安 | 满浦 | 满浦 | 集安 |
| 中越间 | 湘桂线 | 凭祥 | 同登 | 凭祥 | 凭祥 |
| | 昆河线 | 山腰 | 老街 | 老街 | 山腰 |

### (二)中欧班列运行线

中欧班列(China Railway Express,CR express)是由中国国家铁路集团有限公司组织,按照固定车次、线路、班期和全程运行时刻开行,运行于中国与欧洲以及“一带一路”沿线国家间的集装箱铁路国际联运列车。中国国家铁路集团有限公司按照“六统一”,即统一品牌标志、统一运输组织、统一全程价格、统一服务标准、统一经营团队、统一协调平台,强化机制和装备保障的原则,由集装箱公司全面推进中欧班列服务平台建设,设立单证中心和客户服务中心,统一向中欧班列客户提供单证服务,定点定时向客户推送班列追踪信息和客户服务,加强境内外营销组织,为客户提供优质的全程物流服务。

依托新亚欧大陆桥和西伯利亚大陆桥,我国已形成西、中、东三条中欧铁路运输通道:西部通道由我国中西部经阿拉山口(霍尔果斯)出境,中部通道由我国华北地区经二连浩特出境,东部通道由我国东南部沿海地区经满洲里(绥芬河)出境。主要班列运行线如下:

1. 中欧班列(重庆—杜伊斯堡)。从重庆团结村站始发,由阿拉山口出境,途经哈萨克、俄罗斯、白俄罗斯、波兰至德国杜伊斯堡站,全程约 11 000 千米,运行时间约 15 天。

2. 中欧班列(成都—罗兹)。从成都城厢站始发,由阿拉山口出境,途经哈萨克斯坦、俄罗斯、白俄罗斯,至波兰罗兹站,全程 9 965 千米,运行时间约 14 天。

3. 中欧班列(郑州—汉堡)。从郑州圃田站始发,由阿拉山口出境,途经哈萨克斯坦、俄罗斯、白俄罗斯、波兰至德国汉堡站,全程 10 245 千米,运行时间约 15 天。

4. 中欧班列(苏州—华沙)。从苏州站始发,由满洲里出境,途经俄罗斯、白俄罗斯至波兰华沙站,全程 11 200 千米,运行时间约 15 天。

5. 中欧班列(武汉—捷克、波兰)。从武汉吴家山站始发,由经阿拉山口出境,途经哈萨克斯坦、俄罗斯、白俄罗斯到达波兰、捷克斯洛伐克等国家的相关城市,全程 10 700

千米左右，运行时间约 15 天。

6. 中欧班列（长沙—杜伊斯堡）。始发站在长沙霞凝货场，实行“一主两辅”运行路线。“一主”为长沙至德国杜伊斯堡，通过新疆阿拉山口出境，途经哈萨克斯坦、俄罗斯、白俄罗斯、波兰、德国，全程 11 808 千米，运行时间 18 天。“两辅”：一是经新疆霍尔果斯出境，最终抵达乌兹别克斯坦的塔什干，全程 6 146 千米，运行时间 11 天；二是经二连浩特（或满洲里）出境后，到达俄罗斯莫斯科，全程 8 047 千米（或 10 090 千米），运行时间 13 天（或 15 天）。

7. 中欧班列（义乌—马德里）。从义乌铁路西站到西班牙马德里，通过新疆阿拉山口口岸出境，途经哈萨克斯坦、俄罗斯、白俄罗斯、波兰、德国、法国、西班牙，全程 13 052 千米，几乎横贯整个欧亚大陆，运行时间约 21 天。

8. 中欧班列（哈尔滨—俄罗斯）。班列全程运行 6 578 千米，经滨洲铁路（1 004 千米）到达满洲里口岸站出境，再经俄罗斯西伯利亚大铁路（5 574 千米）到达比克良站。

9. 中欧班列（哈尔滨—汉堡）。班列东起哈尔滨，经满洲里、俄罗斯后贝加尔到赤塔，转入俄西伯利亚大铁路，经俄罗斯的叶卡捷琳堡和莫斯科到波兰的马拉舍维奇至终点德国汉堡，全程 9820 千米。

10. 中欧班列（西宁—安特卫普）。从青海省西宁市双寨铁路物流中心发出，前往位于比利时的欧洲第二大集装箱港口安特卫普，运行全程约需 12 天，主要运输藏毯、枸杞等青海当地特色产品。

11. 中欧班列（广州—莫斯科）。从广州大朗站始发，由经满洲里出境，直达俄罗斯莫斯科。全程 11 500 千米，用时 15 天。

12. 中欧班列（青岛—莫斯科）。从青岛多式联运海关监管中心出发，经满洲里口岸出境，直达俄罗斯莫斯科。班列全程 7 900 千米，运行时间约 22 天。

亚欧之间的物流通道主要包括海运通道、空运通道和陆运通道，中欧班列以其运距短、速度快、安全性高的特征，以及安全快捷、绿色环保、受自然环境影响小的优势，已经成为国际物流中陆路运输的骨干方式，并已成为丝绸之路经济带发展战略的重要组成部分。

## 三、大陆桥运输线

大陆桥（land bridge）是指把海与海连接起来的横贯大陆的铁路。目前广泛使用的大陆桥有西伯利亚大陆桥、新亚欧大陆桥和北美大陆桥（包括美国大陆桥和加拿大大陆桥）。

### （一）西伯利亚大陆桥

西伯利亚大陆桥（Siberian land bridge，SLB）把太平洋远东地区与波罗的海、黑海沿岸及西欧大西洋岸连接起来，为世界最长的大陆桥。十几年来，这条大陆桥运输路线的西端已从英国延伸到了包括西欧、中欧、东欧、南欧、北欧的整个欧洲大陆和中东各国，其东端也不只是到日本，而是发展到了韩国、菲律宾、中国内地和中国香港等地。从西欧到远东，经大陆桥为 13 000 千米，比海上经好望角航线缩短约 1/2 的路程，比经苏伊士运河航线缩短约 1/3 的路程,同时,运费要低 20%—25%,时间也可节省3—5天。西伯利亚大陆桥的运输线路如图 9-1 所示。

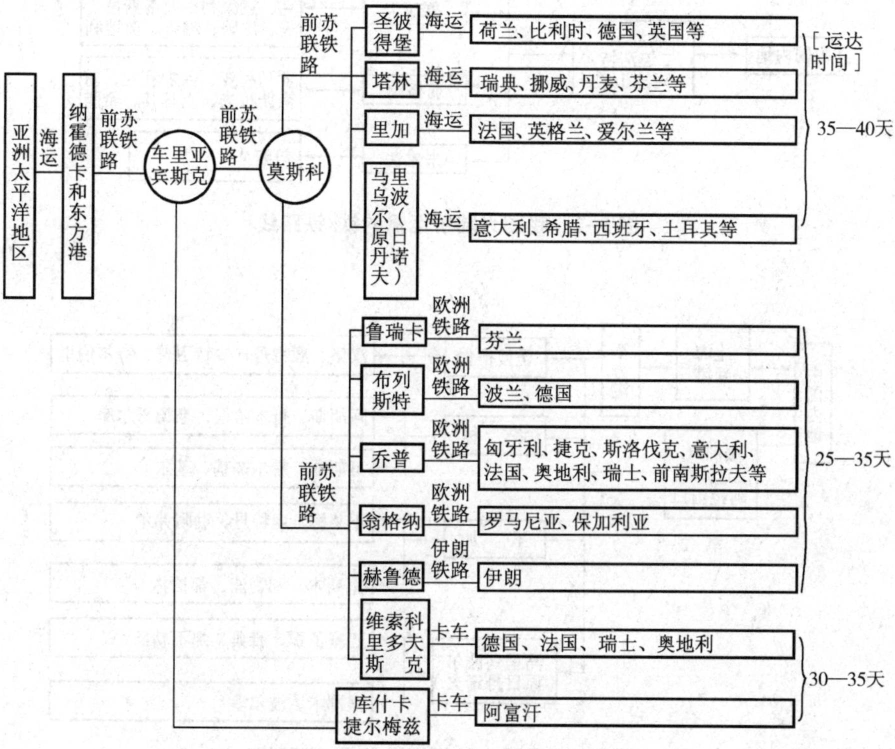


**图 9-1　西伯利亚大陆桥的运输线路**

目前,经过西伯利亚往返于欧亚之间的大陆桥运输路线主要有三条。

1. 铁/铁路线。铁/铁路线即由日本、中国等地用船把货箱运至俄罗斯的纳霍德卡和东方港,再用火车经西伯利亚铁路运至白俄罗斯西部边境站,然后继续运至欧洲和伊朗或相反方向。

我国开办大陆桥运输业务主要是铁/铁路线(如图 9-2 所示),即从国内各车站至满洲里或二连浩特、阿拉山口出口,通过俄罗斯后贝加尔站或通过蒙古扎门乌德站至纳乌什基站,利用西伯利亚铁路转至亚洲的伊朗、阿富汗或东欧、西欧铁路再运至欧洲等地或相反方向的运输。

2.铁/海路线。铁/海路线是用船把货箱运至东方港,再用火车运到波罗的海和黑海的港口,装船运至北欧、西欧、巴尔干地区的港口,最终交收货人。或由国内各火车站经满洲里至俄罗斯后贝加尔站或由二连浩特至蒙古扎门乌德站、俄罗斯纳乌什基站,利用西伯利亚铁路运至波罗的海和黑海港口,再装船转运至西欧、北欧和巴尔干地区的主要港口及相反方向的运输。我国大陆桥运输的铁/海路线如图 9-3 所示。

3.铁/卡路线。铁/卡路线即用船把货箱运至东方港,再用铁路运至俄罗斯西部边境

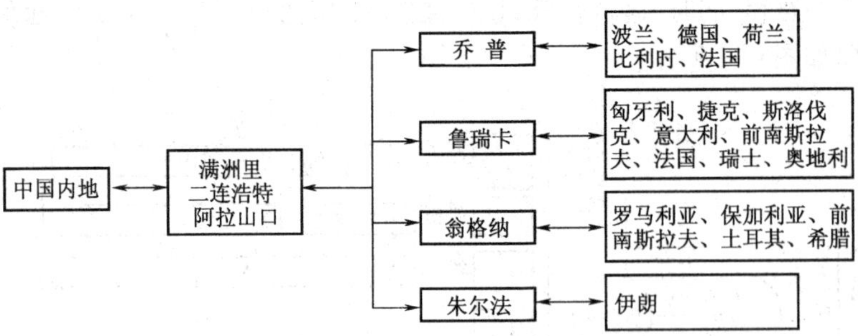


**图 9-2 我国大陆桥运输的铁/铁路线**

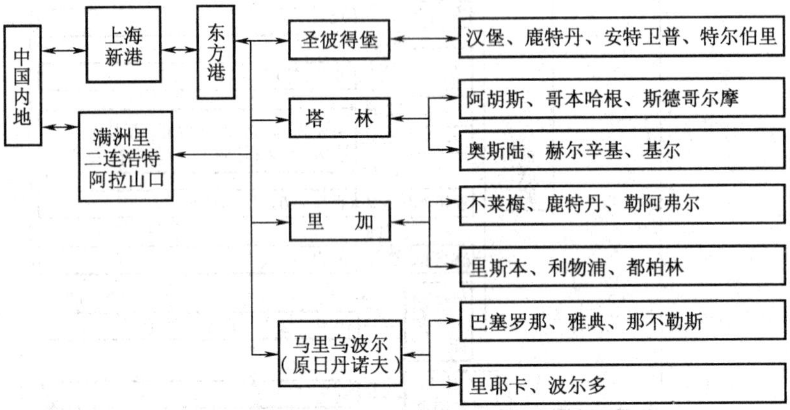


**图 9-3 我国大陆桥运输的铁/海路线**

布列斯特附近的奥托布列斯特,再用卡车把货箱运至德国、瑞士、奥地利等国。或由国内各车站经满洲里或二连浩特、阿拉山口出口,通过蒙古、俄罗斯铁路再转至俄罗斯奥托布列斯特转公路运至欧洲各地及相反方向运输。我国大陆桥运输的铁/卡路线如图 9-4 所示。

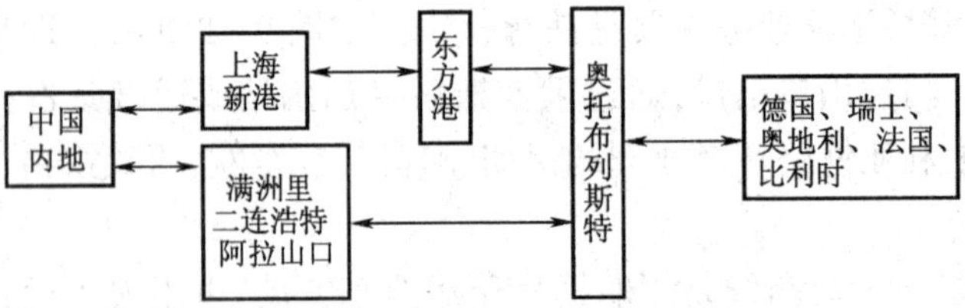


**图 9-4 我国大陆桥运输的铁/卡路线**

(二)新亚欧大陆桥

新亚欧大陆桥(A-E.land bridge)东起中国的连云港,经陇海线、兰新线、北疆铁路,出阿拉山口,最终抵达荷兰的鹿特丹,全长 10 800 千米,途经中国、哈萨克斯坦、俄罗斯、白俄罗斯、波兰、德国、荷兰 7 国,辐射 30 多个国家和地区,比西伯利亚大陆桥缩短 2 000 千米、节省运费约 30%,与海运比较,可节省运输时间 60%左右。

除西伯利亚大陆桥、新亚欧大陆桥外,国际货物大陆桥运输中还有美国小陆桥(U.S. mini-land bridge)、美国微型路桥(U.S.micro-land bridge)或半路桥(semi-land bridge)。美国小陆桥路线为:远东、日本—美国西海岸—美国东海岸或墨西哥湾港口—目的地。这条小陆桥路线避免了绕道巴拿马运河,可以享受铁路集装箱专用列车优惠运价,从而降低了成本,缩短了路程,运输方式为海—铁。

## 第二节　国际货物铁路联运的货运代理

在国际铁路物流中,一般涉及两个或两个以上国家铁路运送。在两个或两个以上国家铁路运送中,使用一份运送票据,并以连带责任办理货物的全程运送,并且在由一国铁路向另一国铁路移交货物时,无须发货人、收货人参加,这种运输方式称为国际铁路货物联运(international through railway transport, international railway through goods traffic)。国际铁路联运是我国国际货物铁路运输的主要方式。

### 一、国际铁路货物联运的特点及业务类别

国际铁路货物联运作为国际货物运输的重要运输方式之一,在我国改革开放的进程中,处于更加重要的位置。特别是在与周边国家的经济交流中,国际铁路联运更是我国不可缺少的主要货物运输方式。在我国与周边国家的对外经贸交往中,援外项目和海外投资项目越来越多,也由于周边国家虽然经济较为落后,但多是资源富集国家,如蒙古的铁矿、煤矿、铜矿,哈萨克、土库曼斯坦的原油、天然气,乌兹别克的棉花、短绒等产品。中国企业会越来越多的去投资建矿、建厂,建立我国的能源和原料基地。这样,通过国际铁路货物联运的货运量会迅速增长,成为我国国际物流企业的主要业务。

与国内铁路运输相比,国际铁路货物联运有自己的特点。国际铁路货物联运的办理种别分为整车、零担和大吨位集装箱货物运输,以及货物随旅客列车挂运。

(一)国际铁路货物联运的特点

与国内铁路运输相比,国际铁路货物联运有以下几个特点。

第一,涉及面广。每运送一批货物都要涉及两个或两个以上国家、几个国境站。

第二,运输条件高。要求每批货物的运输条件(如包装、转载、票据的编制,添附文件及车辆使用)都要符合有关国际联运的规章、规定。

第三,办理手续复杂①。货物必须由两个或两个以上国家的铁路部门参加运送,在办理国际铁路联运时,其运输票据、货物、车辆及有关单证都必须符合有关规定和一些国家的正当要求。

第四,用一份铁路联运票据完成货物的跨国运输。

---

① 但国际铁路货物联运免除了货主和托运人的繁多的手续和环节,由参加国际铁路货物联运协定的国家铁路承担连带责任,把货物运送到另一国家的目的地(到达站)。

第五,运输责任方面采用统一责任制。按国际货协运单承运货物的铁路部门,负责完成货物运送全程的运输合同,直到在到站交付货物时为止;如将货物转发送到未参加国际货协铁路的国家,则负责完成到按另一种国际铁路直通货物联运协定的运单办完运送手续时为止。每一继续运送的铁路部门,自接收附有运单的货物时起,即认为参加了这项运输合同,并承担由此而产生的责任和义务。国际铁路货物联运的上述责任也被称为国际铁路货物联运的连带责任。

目前,国际铁路联运主要应用于我国内地出口芬兰、俄罗斯、阿富汗、蒙古、朝鲜和越南的货物运输。这种运输方式的最大缺陷在于,由于俄罗斯和蒙古铁路的轨距与我国不同,因此在边境口岸需要进行货物换装业务。

(二)国际铁路货物联运办理种别

国际铁路货物联运的办理种别分为整车、零担和大吨位集装箱货物运输,以及货物随旅客列车挂运。

1. 整车货物运输。根据《国际铁路货物联运协定》(*Agreement on International Railroad Through Transport of Goods*,简称《国际货协》)第7条,凡按一张运单办理的需要单独车辆运送的一批货物,即为整车货物。托运货物时,发货人必须在运单“办理种别”栏内,注明“整车或零担”。整车货物运输装载量大,运输费用较低,运输速度快,能承担的运量也较大,是铁路的主要运输形式。

2. 零担货物运输。凡按一张运单办理的重量不应超过5 000千克的,并按其体积又不需要单独车辆运送的一批货物,即为零担货物。对零担货物,应在每件货物上做出标记。

中朝铁路相互间和从朝鲜通过中国运往越南、蒙古及相反方向运送的零担货物,不受《国际铁路货物联运协定》第7条有关每批零担货物重量不应超过5 000千克的规定限制。

3. 集装箱货物运输。根据《国际铁路货物联运协定》附件第5号,联运集装箱分为:小型集装箱、大型集装箱以及其他铁路集装箱。容量1—3立方米、总重小于2.5吨的集装箱为小型集装箱。容量超过3立方米、总重2.5—5吨的集装箱为大型集装箱。用其他的铁路集装箱,其中包括专用集装箱运送货物时,只有在参加运送的各铁路商定后,才准许办理。

4. 慢运、快运和整车货物随旅客列车挂运。国际铁路联运货物按运送速度可分为慢运和快运。根据《国际铁路货物联运协定》的规定,慢运整车每昼夜应为200运价千米,零担应为每昼夜150运价千米;快运整车应为每昼夜320运价千米,零担应为每昼夜200运价千米,挂旅客列车运送的整车每昼夜应为420运价千米。

根据有关铁路间的商定,整车货物可随旅客列车挂运。

## 二、国际铁路联运合同与国际铁路货物运输代理合同

参加国际铁路联运的国家主要分两个集团:一个是以英、法、德等32个国家组成并签订有《关于铁路货物运输的国际公约》的“货约”集团;另一个是以苏联为首的12个国家组成并签订有《国际铁路联运协定》的“货协”集团。尽管“货协”中的苏联政体在20世纪90年代解体了,但铁路联运业务并未终止,原“货协”的运作制度仍被沿用。“货协”

的东欧国家又是"货约"的成员国,这样"货协"国家的进出口货物可以通过铁路转运到"货约"的成员国去,这为沟通国际铁路货物运输提供了更为有利的条件。我国1953年加入"货协",是"货协"的成员国,凡经由铁路运输的进出口货物均按"货协"的规定办理。

自苏联解体以来,国际铁路货物联运业务变化很大,其中一个重要变化是,《国际货协》各铁路之间的普通车运输和由原来的各路之间相互清算改为由铁路认可的各货运代理人之间清算,由此导致国际铁路货物联运中法律关系的变化。原来只有一个法律关系,即国际联运承运人与托运人之间的国际联运合同关系;变化之后有两个法律关系,即原来的国际铁路联运合同关系和新产生的国际铁路货物运输代理人与货主之间的国际货物铁路运输代理合同关系。

(一)国际铁路联运合同

1. 国际铁路联运合同的当事人。国际铁路联运合同的当事人有两方,即承运人和托运人。承运人是所有参加运送货物的各国经批准的铁路企业;托运人是指本人或者委托他人以本人名义或者委托他人为本人与承运人订立国际联运合同的人,一般称为发货人。收货人并不是国际联运合同的当事人,而是合同一方当事人或托运人的关系人。

2. 国际联运合同的性质及特征。国际联运合同属于国际运输合同,是托运人同国际联运承运人签订的就国际铁路货物联运明确有关各方权利和义务的协议。它的标的是跨国运送货物的行为,该合同的履行必须以货物交付收货人为终点,发货人和/或收货人应按规定付给承运人运费。

3. 国际联运合同的形式。国际联运合同是以书面形式表现的联运运单和必要的添附文件,具有格式合同的特点。

联运运单是承运人与托运人之间缔结的运送契约,它规定了参加联运各国铁路和发/收货人在货物运送整个过程中的权利和义务,对各方当事人具有法律约束力。

必要的添附文件主要有:出口货物报关单,品质证明书,商品检验证书,动、植物检验证书,装箱单,化验单。我国出口货物必须填附"出口货物明细单"和"出口货物报关单"以及"出口外汇核销单"。另外,根据有关规定及合同的要求还要添附出口许可证、品质证明书、检验证、卫生检疫证、动植物检验检疫证以及装箱单、磅码单、化验单、产地证和发运清单等有关单证。

4. 合同的订立。联运合同订立的一般程序是:托运人向承运人提报联运计划;取得代表承运人的发送路对该计划同意后,由发货人按照联运运单要求认真填写所要求的各项内容并签字;发货人再将运单连同货物以及必要的文件一起交发送路有资格的发送站,经该站审核无误,确认符合国际联运条件后,在运单上加盖承运戳,并把运单副本交发货人,合同即成立并同时生效。

(二)国际铁路货物运输代理合同

1. 国际铁路货物运输代理合同的当事人。国际铁路货物运输代理合同有两方当事人,即代理人和被代理人。此外,该代理关系还涉及代理行为的相对人。

我国的国际铁路货运代理人必须是经商务部审批,并经铁道部认可的从事国际铁路货物运输代理业务的合法企业,被代理人是国际联运的发货人或收货人。代理行为的相对人是国际联运的承运人。在实践中,该承运人一般不是参加运送货物的所有各国铁路,而是参加运送货物的一个或两个国家铁路。

2. 国际铁路货物运输代理合同的性质及特征。国际铁路货物运输代理合同属于委托代理合同,它是代理人与被代理人之间订立的由代理人代替被代理人从事某些国际联运行为的协议。

代理人以被代理人的名义向承运人支付运费,该项运费以被代理人名义支付,在实践中,主要体现在国际联运运单第20栏("发货人负担下列过境铁路的费用")的记载上;代理人在代理合同规定的权利范围内独立行使代理行为,代理人在具体如何及何时代理支付运费上具有独立性;代理人支付运费行为的法律后果归属于被代理人,如果代理人未能履行代理支付运费的义务,承运人依据联运运单有权要求发货人或收货人(被代理人)而不是代理人支付运费。当然,由于代理人的过失给被代理人造成损失的,代理人应承担相应责任。

我国国际铁路货物运输代理合同的形式、订立、履行、变更和解除、违反合同的法律责任适用我国《民法通则》及有关规定。

(三)国际联运合同与国际铁路货物运输代理合同之间的联系

国际联运合同与国际铁路货物运输代理合同有着明显区别;同时,两个合同又联系紧密,相互依赖。国际联运合同是国际铁路货物运输代理合同存在的基础,没有国际联运合同,国际铁路货物运输代理合同不能存在;另一方面,国际铁路货物运输代理合同又是国际联运合同得以履行的保障,没有国际铁路货物运输代理合同,联运运费的正常支付就会出现问题,国际联运合同也就无法得到正常履行。

因此,作为两个合同关系当事人的托运人(被代理人)尤其要处理好两个合同之间的关系,其中任何一个合同不能履行或不能很好地履行,都将对最终结果产生不利影响。

## 三、国际铁路联运业务

国际铁路联运的流程可简单归纳为图9-5。

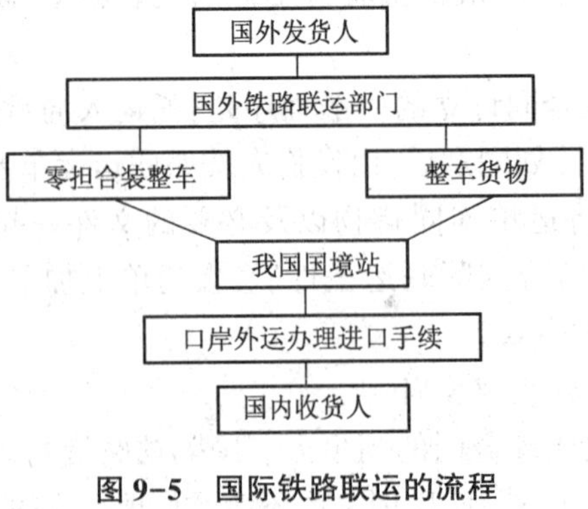


**图9-5　国际铁路联运的流程**

下面对进出口货物的国际铁路联运进行分别阐述。

(一)出口货物国际铁路联运

我国出口货物国际铁路联运运输组织工作的流程主要包括:铁路联运出口货物运输计划的编制→货物托运和承运→国境站的交接→出口货物的交付等。对货主(出口商或发货人)来说,主要就是货物的托运。对货运代理来说,主要应完成如下工作。

1. 接受货主委托,向铁路部门提出要车计划。货运代理办理出口货物国际铁路联运事宜,首先要接受货主委托书。

凡发送整车货物,均需具备铁路部门批准的月度要车计划和旬度要车计划。因此,货运代理要根据货主的贸易合同、备货和国际市场的需要等情况,按所在地铁路部门规定的月度要车计划提出时间,填写印有"国际联运"的月度要车计划表,向铁路局(分局、站)提出下月要车计划。

货运代理要制定装车方案,铁路部门要制定配载装车表。

2. 代理货物的托运。货物的托运可由货主办理,也可由货运代理代为办理。在托运前必须将货物的包装和标记严格按照合同中的有关条款以及国际货协等规定的有关条款办理。货物包装应能充分防止货物在运输中灭失和腐坏,保证货物多次装卸而不致毁坏。货物标记、标示牌及运输标记、货签等字迹均应清晰,不易擦除,保证多次换装中不致脱落。

(1)整车货托运的基本程序。整车货托运主要有如下四步。

第一步,向铁路车站填报国际铁路联运运单。国际铁路联运运单(international through railway bill)是参加国际铁路货物联运的铁路与发货人、收货人之间缔结的运输合同。它体现了参加联运的各国铁路和发货人、收货人之间在货物运送上的权利、义务、责任和豁免,对铁路和发货人、收货人都具有法律效力。运单签发即表示承运人已收到货物并受理托运,装车后加盖承运日戳即为承运。运单正本随同货物送至终点站交收货人,是铁路同收货人交接货物、核收运杂费用的依据。运单副本加盖日戳后是卖方办理银行结算的凭证之一。国际铁路联运运单与提单及航空运单不同,它不是物权凭证,因此不能转让。

国际铁路联运运单一式五联。第一联为"运单正本",它随货走,到达终点站时连同第五联和货物一并交收货人;第二联为"运行报单",亦随货走,是铁路部门办理货物交接、清算运送费用、统计运量和收入的原始凭证,由铁路部门留存;第三联为"运单副本",由始发站盖章后交发货人凭以办理货款结算和索赔用;第四联为货物交付单,随货走,由终点站铁路部门留存;第五联为"到达通知单",由终点站随货物交收货人。

国际铁路联运运单必须记载的内容包括:到站名称;收货人名称和地址;货物名称;货物重量;零担货物件数;包装标志;发货人负责装车时的车号及私有车辆的自重;单证明细表;发货人名称和地址。

国际铁路联运运单根据需要记载的内容包括:货物交付方式;适用的运价规程;货物交付利息的金额数;发货人负责支付的费用;现款交付和运费的金额;发送国和各过境国的出口国境站,如有可能从出口国境站通过邻国的几个进口国境站办理货物运送,则应注明运送所要通过的进口国境站；发货人和收货人相互间关于办理海关手续的约定；发货人关于收货人不得变更合同的声明；押运情况。

国际铁路联运运单可附加记载的内容仅供收货人参考，对铁路无约束力，用以向收货人提示有关货物的情况，如货物的来向、去向及运输方、货物的保险等。

国际铁路联运运单正面未划粗线的各栏由发货人填写。发货人应对其在运单中所填报和声明的事项的正确性负责。由于记载和声明事项不正确、不确切或不完备，以及由于未将应报事项记入运单而发生的一切后果，均由发货人负责。铁路有权检查发货人在运单中所做的记载是否正确，但途中检查货物内容，仅限于在海关和其他规章有规定的情况下，以及为保证途中行车安全和货物完整。

第二步，车站接到运单后进行审核，对整车货物检查是否有批准的月度、旬度货物运输计划和要车计划，检查货物运单各项内容是否正确，如确认可以承运，给予签证。车站在运单上签订货物应进入车站的日期或装车日期，即表示受理托运。

第三步，按签证指定的日期将货物搬入车站或指定的货位。

第四步，车站根据运单查对货物，如无问题，待装车后由始发站在运单上加盖承运日期戳，负责发运。对棚车、保温车、罐车必须施封，由发货人装车的由发货人施封，由铁路部门装车的由铁路部门施封。铅封内容有站名、封志号、年、月、日。

整车货物一般在装车完毕后，由发站在货物运单上加盖承运日期戳，即为承运。承运是铁路部门负责运送货物的开始，表示铁路部门开始对发货人托运的货物承担运送义务，并负运送上的一切责任。

（2）零担货物的托运程序。与整车货物不同，零担货物的托运不需要编制月度、旬度要车计划，即可凭运单向车站申请托运。车站受理托运后，发货人应按签证指定的日期将货物搬进货场，送到指定的货位上，经查验、过磅后，即交由铁路部门保管。当车站将发货人托运的货物，连同货物运单一同接受完毕，在货物运单上加盖承运日期戳时，即表示货物业已承运。铁路部门对承运后的货物负保管、装车发运责任。

3. 报检、报关。在货物发运前，货运代理要查验发货人提供的报检报关文件，随车递交口岸站或在发站报检、报关。铁路车站承运后，应在货物报关单上加盖站戳，货物报关单与运单一同随货同行，以便国境车站向海关办理申报。

国际铁路联运货物的进口申报手续有边境口岸报关和到达站报关两种形式。一般国际铁路联运货物在边境口岸报关和交纳海关应收、代收的税款。如在到达站设有驻在海关，或有海关监管条件，在向海关提出申请后，可办理监管转关运输，运抵到达站报关，办理进口通关手续和缴纳税费。

4.办理发运后事项。铁路部门对承运后的货物负有保管、装车发运、在国境站的交接责任，货运代理要办理好发运后的事项。主要的发运后事项如下。

（1）登记。在发货后，要将发货经办人员的姓名和货物名称、数量、件数、毛重、净重、发站、到站、经由口岸、运输方式、发货日期、运单号、车号及运费等项目，详细登记在发运货物登记表内，作为原始资料。

（2）信息传递。例如，将车号等信息通知口岸代理和国外代理，向货主递送运单三正

☞ 链 接

国际铁路货物联运中海关监管的特殊规定

(1)可以在发运车站报关,报关后,以铁路车辆作为监管运输工具,加封后发往边境铁路口岸,边境铁路口岸海关及联检办在核对关封及电子数据无误后,即予交接出境。还可以在发运站按铁路国际联运货物发运,发运站使用国际货协运单施封运输,车辆到达国境站后,在边境口岸海关查验、报关后交接出境。

(2)国际铁路联运中的货物报关,以一辆铁路车辆为单位(即一车一票),每一铁路车辆使用一套报关单据。

(3)在内地发运站报关时,铁路车票可以作为监管运输工具使用,由海关加封后准予监管运输到国境站出境。

(4)在发运站报关后海关准予放行(但此时货物还在铁路车辆运至国境站途中,并未出境)。

三副以对外结汇,向国外代理递送运单副本一份,口岸代理办理货物交接时通知发货人交接时间,通知收货人等。

(3)与国外代理结算。根据协议与国外代理结算费用,向货主通报货物在国外的交付信息。

(二)进口货物国际铁路联运

进口货物国际铁路联运的发运工作是由国外发货人根据合同规定,向该国铁路车站办理的。根据国际货协的规定,我国从参加国际货协的国家通过铁路联运进口货物,凡国外发货人向其所在国铁路部门办理托运,一切手续和规定均按国际货协和该国国内规章办理。我国国内有关进口商及货运代理处理联运进口货物的工作主要包括:联运进口货物在发运前编制运输标志;审核联运进口货物的运输条件,向国境站寄送合同资料;国境站交接、分拨、交付进口货物给收货人以及运到逾期计算;等等。

对货运代理来说,要做好如下工作。

1. 接受货主委托。货运代理要与货主(收货人)签订代理协议,沟通运输细节。收货人应提出确切的到达站的车站名称和到达路局的名称,注明货物经由的国境站,即注明货物是经二连还是满洲里抑或阿拉山口进境。

2. 编制运输标志。我国规定联运进口货物在订货工作开始前,由国家统一编制向国外订货的代号,作为收货人的唛头,进口商必须按照统一规定的收货人唛头对外签订合同。

**【例】**

运输标志的编制。(1)2019 年,中国机械进出口总公司受轻工业部门的委托以第003 号合同向法国订购计算机,其运输标志应为:17MHG-47003CF。(2)2019 年,中国船舶工业公司受北京市物资局委托代向英国订购船用设备,合同号为 005,其运输标志应

☞ 链 接

收货人唛头的排列

收货人唛头由七个部分组成，按下列顺序排列。

(1) 订货年度代号，如 2019 年签订的进口贸易合同，即以“17”为年度代号。

(2)承办订货进出口贸易公司代号，如由中国机械进出口总公司订货，即以“M”为代号。

(3)订货部门(即收货人)代号，如由有关部门委托订货，即以“KF”为代号。

(4)间隔号，外贸为“–”，工贸为“/”。

(5)商品类别代号，如“44”即代表有线电设备。

(6)合同编号或卡片编号，即采用进口合同所编的顺序号码。

(7)供货国别地区代号，按照同我国建立外交和贸易关系的国家和地区，分别用两个拉丁字母作为一个国家和地区的代号，如“CF”代表法国，“MR”代表美国等。

为：19GMRT/382005CE。

解析：上述标志中的“19”为订货年度代号；“M”“GM”是进口单位代号；“HG”“RT”是收货人代号；“47”“382”是商品代号；“003”“005”是进口合同的顺序编号；“CF”“CE”是贸易国别的代号；间隔号“–”“/”，前者用于由外贸公司代购的进口商品，后者用于由工贸公司代购的进口商品。

3. 向国境站外运机构寄送合同资料。货运代理应及时将贸易合同的副本、附件、补充协议书、变更申请书、确认函电、交货清单等寄送国境站外运机构。在这些资料中有合同号、订货号、品名、规格、数量、单价、经由国境站、到达路局、到站、唛头、包装及运输条件等内容。事后如有某种变更事项也应及时将变更资料抄送外运机构。

4. 代理报检、报关。在口岸站委托报检报关代理办理报检、报关、换装、运输等事宜，并将代理费和关税交报检报关代理或海关。

5. 进口货物在国境站的交接与分拨。联运进口货物的交接程序与做法是：我国国境站根据邻国国境站货物列车的预报和确报，通知交接所及海关做好到达列车的检查准备工作。进口货物列车到达后，铁路部门会同海关接车，由双方铁路部门进行票据交接，然后将车辆交接单及随车带交的货运票据呈交接所，交接所根据交接单办理货物和车辆的现场交接。海关则对货物列车执行实际监管。我国国境站交接所通过内部联合办公，开展单据核放、货物报关和验关工作，然后由铁路部门负责将货物调往换装线进行换装作业，并按流向编组向国内发运。

货运代理要根据国外发货人提供的发货运输信息在口岸站安排接运事宜。货物到站向收货人发到货通知；收货人接到通知向铁路部门付清运送费用后，铁路部门将其背面已由铁路部门记载各段运输情况,并盖有各种运输戳记的运单第五联交给收货人或货运代理,收货人或货运代理凭运单第五联办理提货,在取货时应在运单上加盖收货戳记。提货时如发现货物部分或全部灭失或毁损,必须要求铁路部门编制商务记录。货运代理根据收货人的委托可办理国内运输,将货送交收货人。

6. 运费核收。货运代理要在国内到站核收口岸至到站的运费和口岸站产生的换装费用。

进口货物国际铁路联运还涉及运到逾期的问题。铁路部门承运货物后,应在最短期限内将货物运至最终到站,货物从发站至到站所允许的最大限度的运送时间,即为货物运到期限。货物运到期限,应从承运货物的次日零时起开始计算,不足 1 天按 1 天计算。如承运的货物在发送前需预先保管,运到期限则从货物指定装车的次日零时起开始计算。货物实际运到天数超过规定的运到期限天数,表示该批货物运到逾期。如果货物运到逾期,造成逾期的铁路部门应按该部门收取的运费的一定比例,向收货人支付逾期罚款。逾期罚款的规定及计算方法如下:

$$逾期罚款=运费\times罚款率$$

$$逾期百分率=(实际运送天数-\frac{按规定计算}{运到期限天数})\div\frac{按规定计算}{运到期限天数}\times 100\%$$

☞ 链 接

《国际铁路联运协定》对运到逾期罚款率的规定

逾期不超过总运到期限 1/10 时,为运费的 6%;逾期超过总运到期限 1/10,但不超过 2/10 时,为运费的 12%;逾期超过总运到期限 2/10,但不超过 3/10 时,为运费的 18%;逾期超过总运到期限 3/10,但不超过 4/10 时,为运费的 24%;逾期超过总运到期限 4/10 时,为运费的 30%。

【例】

某公司从保加利亚进口一批机器,该批货物按规定计算的运到期限天数为 60 天。保加利亚瓦尔纳港口站于某年 3 月 10 日以慢运整车承运。该批货物经由鲁塞东/翁格内、后贝加尔/满洲里,5 月 16 日到达北京东站。铁路部门所收运费为 8 000 欧元。问题:你认为该批货物是否运到逾期?假如逾期,铁路部门应向收货人支付多少逾期罚款?

解:(1)计算该批货物从 3 月 11 日至 5 月 16 日的实际运送时间为 67 天(从承运货物的次日零时起开始计算,不足一天按一天计算)。该批货物按规定计算的运到期限天数为 60 天,因此,该批货物运到逾期。

(2)计算逾期百分率:

$$逾期百分率=(67-60)/60\times 100\%=11.67\%$$

逾期百分率按公式计算为 11.67%(1.167/10)。

(3)逾期罚款率是根据逾期百分率决定的，其逾期超过总运到期限的1/10，但不超过2/10时，逾期罚款率按运费的12%支付。

(4)按逾期罚款公式计算，逾期罚款＝8 000欧元×12%＝960欧元，运到逾期的铁路部门对该批货物应支付逾期罚款960欧元。

## 四、国际铁路货物联运费用的计算和核收

国际铁路货物联运运送费用的计算和核收，必须遵循《国际货协》、《国际铁路货物联运统一过境运价规程》(简称《统一货价》)和中华人民共和国铁道部《铁路货物运价规则》(简称《国内价规》)的规定。联运货物运送费用包括货物运费、押运人乘车费、杂费和其他费用。

(一)运送费用核收的规定

1. 参加国际货协各铁路间运送费用核收的原则如下。

发送路的运送费用——在发站向发货人或根据发送路国现行规定核收。

到达路的运送费用——在到站向收货人或根据到达路国现行规定核收。

过境路的运送费用——按《统一货价》在发站向发货人或在到站向收货人核收。

2. 国际货协参加路与非国际货协铁路间运送费用核收的规定如下。

发送路和到达路的运送费用与上同。

过境路的运送费用，按下列规定计收。

其一，参加国际货协并实行《统一货价》各过境路的运送费用，在发站向发货人(相反方向运送则在到站向收货人)核收；但办理转发送国家铁路的运送费用，可以在发站向发货人或在到站向收货人核收。

其二，过境非国际货协铁路的运送费用，在到站向收货人(相反方向运送则在发站向发货人)核收。

其三，在港口站所发生的杂费和其他费用，在这些港口站向发货人或收货人的代理人核收。

(二)国际铁路货物联运国内段运送费用的计算

根据《国际货协》的规定，我国通过国际铁路联运的进出口货物，其国内段运送费用的核收应按照我国《铁路货物运价规则》进行计算。运费计算的程序如下。

第一，根据货物运价里程表确定从发站至到站的运价里程。

第二，根据运单上填写的货物品名查找货物品名检查表，确定适用的运价号。

第三，根据运价里程和运价号，在货物运价率表中查出相应的运价率。

第四，按《铁路货物运价规则》确定的计费重量与该批货物适用的运价率相乘，算出该批货物的运费。

运费计算公式如下：

$$\text{整车货物每吨运价(运价率)}=\text{发到基价}+\text{运行基价}\times\text{运价千米}$$

$$\text{运费}=\text{运价率}\times\text{计费重量}$$

重量以吨为单位，吨以下四舍五入。

【例】

某公司从国外进口一整车的矿石，该货物的品名分类代码为“04”，经查该商品的运价号为“4”，按照《铁路货物运价规则》的规定，使用矿石车、平车、砂石车经铁路局批准装运“铁路货物运输品名分类与代码表”中“01”“0310”“04”“06”“081”“14”类货物按40吨计费，国内段从发站至到站的运价里程为200千米，试根据表9-2所示的运价表核算该票货物的国内段运费？

表9-2 铁路货物运价率

| 办类别 | 运价号 | 发到基价 | | 运行基价 | |
|---|---|---|---|---|---|
| | | 单位 | 标准 | 单位 | 标准 |
| 整车 | 1 | 元/吨 | 7.40 | 元/吨千米 | 0.056 5 |
| | 2 | 元/吨 | 7.90 | 元/吨千米 | 0.065 1 |
| | 3 | 元/吨 | 10.50 | 元/吨千米 | 0.070 0 |
| | 4 | 元/吨 | 13.80 | 元/吨千米 | 0.075 3 |
| | 5 | 元/吨 | 15.40 | 元/吨千米 | 0.084 9 |
| | 6 | 元/吨 | 22.20 | 元/吨千米 | 0.114 6 |

解：计算如下。

第一步，根据商品的运价号为“4”，从表9-2可以确定该批货物的发到基价为13.80元/吨，货物的运行基价为0.075 3元/吨千米

第二步，该批货物整车货物每吨运价=发到基价+运行基价×运价千米

=13.80+0.075 3×200=28.86(元/吨)

第三步，总运费=运价率×计费重量

=28.86×40=1 154.40(元)

该票货物的国内段运费为1 154.40元。

(三)国际铁路货物联运过境运费的计算

国际铁路货物联运过境运费是按照《统一货价》的规定计算的。其运费计算的程序如下。

第一，根据运单记载的应通过的国境站，在《统一货价》过境里程表中分别找出货物所通过的各个国家的过境里程。

第二，根据货物品名，查阅《统一货价》中的通用货物品名表，确定所运货物应适用的运价等级。

第三，根据货物运价等级和各过境路的运送里程，在《统一货价》中找出符合该批货物的运价率。

第四，《统一货价》对过境货物运费的计算是以慢运整车货物的运费额为基础的(即

基本运费额），其他种别的货物运费则在基本运费额的基础上分别乘以不同的加成率。

运费计算公式如下：

总运费＝基本运费额×加成率

基本运费额＝货物运价率×计费重量

## 第三节 国际铁路货物联运的规章或国际公约

国际铁路联运的国际公约主要有：以英、法、德等32个国家组成的“货约”集团所制定的《关于铁路货物运输的国际公约》（简称《国际货约》，也称《伯尔尼货运公约》）；以苏联为首的12个国家组成的“货协”集团所制定的《国际铁路联运协定》（简称《国际货协》）。我国是“货协”的成员国，凡经由铁路运输的进出口货物均按“货协”的规定办理。

### 一、办理国际铁路货物联运时主要适用的规章

办理国际铁路货物联运时主要适用下列规章。

其一，《国际铁路货物联运协定》（简称《国际货协》）。

其二，《国际铁路货物联运协定办事细则》（简称《货协细则》）。

其三，《国际铁路货物联运统一过境运价规程》（简称《统一货价》）。它规定了参加《统一货价》的铁路，按照《国际货协》的条件，利用铁路运送过境货物时，办理货物运送的手续、过境运送费用的计算、货物品名分等表、过境里程表和货物运费计算表等内容，对铁路和发货人与收货人都适用。新的《统一货价》自1991年7月1日起施行。

其四，《国际联运车辆使用规则》（简称《车规》）。

其五，《国际旅客联运和铁路货物联运清算规则》（简称《清算规则》）。

其六，《国境铁路协定》和《国境铁路会议议定书》。《国境铁路协定》是由相邻国家签订的，它规定了办理联运货物交接的国境站、车站及货物交接条件和方法、交接列车和机车运行办法及服务方法等内容。根据国境协定的规定，两个相邻国家铁路定期召开国境铁路会议，对执行协定中的有关问题进行协商，签订国境铁路会议议定书，其主要内容为双方铁路之间关于行车组织、旅客运送、货物运送、车辆交接以及其他有关问题。我国与苏联、蒙古、朝鲜、越南各铁路均分别签订有国境铁路协定和议定书。

其七，我国《铁路货物运价规则》（简称《国内价规》）。它是办理国际铁路货物联运时国内段货物运送费用计算和核收的依据，规定了在各种不同情况下计算货物运输费用的基本条件，各种货物运费、杂费和其他费用的计算方法及国际铁路联运货物国内段的运输费用的计算方法等。

其八，我国《国际铁路货物联运办法》（简称《联运办法》）。

### 二、《国际铁路货物联运协定》的内容

《国际铁路货物联运协定》签订于1951年11月1日（我国在1954年1月1日加入），目前，参与签字国有中、俄、越、蒙、哈等22个国家，铁路总长26万多千米。《国际铁

路货物联运协定》是缔约各国发货人、收货人以及过境办理货物联运所共同遵循的基本文件。《国际铁路货物联运协定》共设8章40条。主要内容包括:适用范围、运输契约缔结、托运人的义务和权利、承运人权利和义务、赔偿请求与诉讼时效等。下面重点介绍《国际铁路货物联运协定》的主要内容,详细规定可网上查阅与学习。

### (一)适用范围

《国际铁路货物联运协定》适用于缔约国之间铁路方面的国际直通货物联运,协定对铁路部门、发货人、收货人都有约束力。但不适用:①发、到站都在同一国内,而用发送国列车只通过另一国家过境运送货物;②两国车站间,用发送国或到达国列车通过第三国过境运送的;③两邻国车站间,全程都用某一方列车,并据这一铁路的国内规章办理货物运送时。

### (二)运输契约缔结

发货人托运时,要填写运单和运单副本。

运单是发货人与铁路之间缔结的运输契约,是铁路向收货人收取运杂费用和点交货物的依据。它规定了铁路、发货人和收货人在货运中的权利、义务和责任,因此,运单对上述当事人均有法律约束力。同时,运单又是铁路运输的凭证。但运单不是物权凭证,不能转让,亦不能凭以提货。运单随同货物从始发站至终点站全程附送,最后交给收货人。联运运单副本是贸易双方结算货款的依据。当所运货物或票据丢失时,副本可作为向铁路索赔的证件。运单副本加盖戳记后,证明铁路运输合同订立,并交付发货方凭以结汇。

### (三)托运人的权利、义务

托运人包括发货人和收货人,其主要权利和义务如下。

1. 发货人对运单记载和声明事项的正确性承担义务,否则,承担相应的一切后果。
2. 发货人对货物包装、标记符合要求负责。
3. 按规定计算、支付运费。即发送路铁路国内运价由发货人支付;到达路发生的运费按到达国国内运价由收货人在到站支付;过境铁路运费按《国际铁路联运协定》统一的过境运价规程计算,在发站或到站由收货人支付。
4. 货到站后,收货方应付清运费并领取货物。
5. 货物发生重大质变,不能按原用途使用时,收货人有拒绝领取货物的权利。
6. 发货人和收货人都有对运送契约变更一次的权利。发货人在发站领回货物;变更到站;将货物返还发站。收货人也可在到达国范围内变更到站或收货人,但变更申请必须在货物尚未从到达国境站上发出时作出,否则,一旦从国境站发出,申请变更无效。变更运输合同应在国内(发出或到达国)按规定交纳一定费用。

### (四)铁路(承运人)的权利和义务

铁路(承运人)的权利和义务主要如下。

1. 收取运送费用和其他费用,并交付货物和运单。
2. 有权检查运单中记载事项的正确性,并对不完全、不准确记载和声明核收罚款。
3. 对非承运人过失而引起的货物灭失、损坏、短量不负责任。

4. 铁路对于按《国际铁路联运协定》办妥联运手续的货物负全程运输责任。

5. 如果货物发往非《国际铁路联运协定》国，铁路应负责按另一种有关协定的运单要求办理运送手续。

(五)赔偿请求与诉讼时效

对赔偿请求和诉讼时效的规定如下。

1. 托运人有权据合同提出赔偿请求。赔偿请求应采用书面形式。由全权代理人、代表提出时，应有发货人或收货人的委托证明书方可。

2. 列明具体赔偿金额。当请求人是发货人时，则向发送路局提出；如由收货人提赔，则应向到达站提出。

3. 索赔不能得到合理解决时，可起诉。

4. 提赔和诉讼时效为：9 个月内提出或诉讼，但逾期的请求赔偿和诉讼应在 2 个月内提出。部分灭失、损坏以及逾期索赔，自交付货物之日起算；全部灭失赔偿，自货物运到期限届满后 30 日内计算。

## 复习题

1.名词解释：国际铁路联运、零担货物、整车货物、中欧班列、大陆桥、运到逾期、国际铁路联运运单。

2. 经过西伯利亚往返于欧亚之间的大陆桥运输路线主要有哪几种?

3. 简述国际铁路货物联运的特点。

4. 国际铁路货物联运的种别有哪些?

5. 简述整车货托运的基本程序。

6. 进口货物铁路联运向国境站外运机构寄送合同资料主要包括哪些内容?

7. 简述参加国际货协各铁路间运送费用核收的原则。

## 案例分析

1.有一票货从郑州通过国际联运普通车经满洲里/后贝加尔(Manzhouli/Zabaikalask)运往莫斯科，郑州的托运人承担全程运输费用。该托运人与北京的一货运代理人订立了国际铁路货物运输委托代理协议，约定由代理人代替托运人支付从满洲里至莫斯科区段的运费。同时，托运人与承运人订立了国际联运合同。此后货物从郑州某车站发出，并顺利通过满洲里，不久抵达莫斯科某车站。到达站通知收货人货物已到，并要求收货人支付俄罗斯区段运费，否则留置该货物。经调查得知，联运运单第 20 栏关于俄罗斯区段运费支付人的记载因被涂抹而模糊不清。托运人因此与代理人发生纠纷，欲通过诉讼解决，于是，托运人向郑州铁路运输中级人民法院(郑铁中院)起诉。托运人向郑铁中院起诉的理由是：(1)代理人没有全面履行委托代理协议和《国际货协》规定的支付运费的义务,导致货物被留置;(2)郑州是国际联运的始发地。

问题:(1)托运人向郑铁中院提起诉讼正确吗?(2)结合案例阐述国际联运合同与国际铁路货物运输代理合同之间的区别与联系。

2. 蒙古国A公司从日本购买了一批重100吨的钢管,从日本经过海运到我国天津新港,然后过境中国铁路从二连运到蒙古。此批货物按装一个敞车运送,通过我国铁路的过境运送费用为:天津新港至二连站的过境运价里程为903千米,钢管37类1级,按实际重量计算。运价率为4.58瑞士法郎/100千克。整车货物一等的加成率为0.5。

问题:这批货物的铁路过境运费为多少?

3. 北京某机械公司从罗马尼亚进口一批农机具,该批货物按规定计算的运到期限天数为75天。罗马尼亚车站于某年4月15日以慢运整车承运。该批货物经由翁格内、满洲里等地,6月18日到达北京东站。

问题:你认为该批货物实际运送时间为多少天?是否运到逾期?

4. 武汉A公司出口100吨钢管到俄罗斯,并与武汉M货运代理公司订立了国际铁路货物运输委托代理合同,武汉M货运代理公司与铁路部门订立了国际联运合同,采用整车运输,在武汉M货运代理公司的努力下,不久,该批钢管顺利抵达莫斯科。

问题:(1)该批货物可以采用哪条运输线路?(2)武汉M货运代理公司如何实施这批货物的运输?(3)这批货物会涉及哪些运输费用?

**案例分析参考答案**

# 第十章

# 集装箱与国际多式联运物流

## 学习目标

- 掌握集装箱运输的特点与业务流程
- 能够计算或估算集装箱海运运费
- 熟悉集装箱海运物流的常用单证
- 掌握多式联运的优点、组织形式及一般业务流程集装箱运输是以集装箱作为运输单位进行货物运输的一种先进的现代化运输方式。随着集装箱运输的发展,国际多式联运也迅速发展了起来。集装箱货物、成组托盘货物、一般的散杂货均可适用国际多式联运。

本章阐述国际货物集装箱运输与国际多式联运的代理实务。

## 第一节　集装箱运输代理业务

集装箱运输自 1956 年 4 月开始在美国用于海上运输后,满足了货主快速、安全、准确、直达的运输要求,在国际贸易运输中得到了广泛应用,目前集装箱运输的应用领域仍在不断扩大。这表现在:一是从海上逐渐扩展到陆地和天空;二是从外贸运输扩展至内贸运输;三是集装箱运输的货物已超越了传统的件杂货的范围,一些大宗散货如矿石、煤炭的装箱率也在不断提高。目前我国内地沿海港口集装箱运输的发展大体形成了三个区域:一是以深圳为龙头的珠江三角洲地区;二是以上海为中心的长江三角洲地区;三是以青岛、天津、大连为代表的环渤海湾地区。

集装箱运输除具有杂货班轮运输的优点外,还比杂货班轮运输速度更快、货运质量更高。目前,世界主要航线上的班轮运输,除少部分货载仍使用杂货班轮经营外,班轮运输已基本上发展为集装箱班轮运输。

### 一、集装箱运输的特点及运输的关系人

集装箱运输具有杂货班轮运输无法比拟的优越性和特点,是多部门的联合运输。在集装箱运输中,货物由物流中心汇集起来,按发货人的要求,通过集装箱配送专车把集装箱送到集装箱码头或集装箱货运站,再通过各种集装箱运输方式把货物送到收货人所在地的物流中心或直接送到收货人处。集装箱运输的最大成功在于其产品的标准化以及由此建立的一整套运输体系,并且以此为基础逐步实现全球范围内的船舶、港口、航线、公路、中转站、多式联运相配套的物流系统。

(一)集装箱的特点

集装箱(container)是用钢、铝、胶合板、玻璃钢或这些材料混合制成的大型装货容器,是具有一定规格和强度,专为周转使用的大型货箱。国际标准化组织(ISO)对集装箱下的定义为“集装箱是一种运输设备”。集装箱在我国香港称为“货箱”,在我国台湾称作“货柜”。

集装箱按用途分有:干货集装箱(dry container)、冷冻集装箱(reefer container)、挂衣集装箱(dress hanger container)、开顶集装箱(open top container)、框架集装箱(flat rack container)、罐式集装箱(tank container)等。

按尺寸①分,目前国际标准集装箱的宽度均为 8 英尺(ft);高度有 8 英尺、8 英尺 6 英寸、9 英尺 6 英寸和小于 8 英尺 4 种;长度有 40 英尺、30 英尺、20 英尺和 10 英尺

① 集装箱外尺寸是确定集装箱能否在船舶、底盘车、货车、铁路车辆之间进行换装的主要参数。集装箱内尺寸决定集装箱内容积和箱内货物的最大尺寸。

4种。此外,还有一些国家颁布的各自标准下所使用的集装箱。目前,在海上运输中,经常使用的是国际标准化组织IAA型和ICC型集装箱,在实际使用中常以不同长度作为区别的标准,如6.1m(20ft)、12.2m(40ft)集装箱就是指ICC、IAA型集装箱。

同一规格的集装箱,由于结构和制造材料的不同,其内容积略有差异。为使集装箱箱数计算统一化,人们把20ft集装箱作为一个计算单位,简称标箱,即TEU(twenty-foot equivalent units),40ft集装箱作为两个计算单位,以利于统一计算集装箱的营运量。

> **链 接**
>
> 集装箱的尺寸与容积
>
> 20英尺货柜:内容积为5.69m×2.13m×2.18m,配货毛重一般为17.5吨,有效容积约为25立方米。
>
> 40英尺货柜:内容积为11.8m×2.13m×2.18m,配货毛重一般为22吨,有效容积约为54立方米。
>
> 40英尺高柜:内容积为11.8m×2.13m×2.72m,配货毛重一般为23吨,有效容积约为68立方米。

集装箱具有坚固、密封和可以反复使用等优越性,这是任何运输包装都无法与之比拟的。集装箱放在船上等于是货舱,放在火车上等于是车皮,放在卡车上等于是货车,因此,无论在单一运输方式下或多式运输方式下均不必中途倒箱。集装箱的内部容量较大,而且易于装满和卸空,在装卸设备配套的情况下它能迅速搬运。

(二)集装箱运输的特点

集装箱运输就是以集装箱作为运输单位进行货物运输的一种先进的现代化运输方式。它具有如下几个特点。

第一,在全程运输中,可以将集装箱从一种运输工具上直接方便地换装到另一种运输工具上,而无须接触或移动箱内所装货物。

第二,货物在发货人的工厂或仓库装箱后,可经由海、陆、空不同运输方式一直运至收货人的工厂或仓库,实现"门到门"运输而中途无须开箱倒载和检验,大大减少了中间环节,简化了货运手续,加快了货运速度,缩短了货运时间,从而减少了商品在途时间。

第三,集装箱由专门的运输工具装运,装卸快,效率高,质量有保证。

第四,一般由一个承运人负责全程运输。

(三)集装箱运输的关系人

随着集装箱运输的逐步发展、成熟,与之相适应的、有别于传统运输方式的管理方法和工作机构也相应地发展起来,形成一套适应集装箱运输特点的运输体系。集装箱运输系统包括海运、陆运、空运、港口、货运站以及与集装箱运输有关的海关、检验检疫、船舶代理公司、货运代理公司等众多机构。它们相互配合,在整个运输过程中发挥着各自不同的作用。除货主及其代理人外,集装箱运输的关系人还主要包括以下几个。

1. 经营集装箱货物运输的实际承运人。经营集装箱货物运输的实际承运人包括经营集装箱运输的船公司、联营公司、公路集装箱运输公司、航空集装箱运输公司等。

2. 无船承运人。在集装箱运输中,经营集装箱货运的揽货、装箱、拆箱、内陆运输及经营中转站或内陆站业务,但不掌握运载工具的专业机构,称为无船承运人。它在承运人与托运人之间起着中间桥梁的作用。

3. 集装箱租赁公司。集装箱租赁公司(container leasing company)是随集装箱运输发展而兴起的一种新兴行业,它专门经营集装箱的出租业务。

4. 集装箱码头(堆场)经营人。集装箱码头(堆场)经营人(container terminal operator)是拥有码头和集装箱堆场(container yard,CY)经营权(或所有权),从事集装箱交接、装卸、保管等业务的服务机构。它受托运人或其代理人以及承运人或其代理人的委托提供各种集装箱运输服务。

集装箱码头的基本要求:具有供集装箱船舶安全进出港的水域和方便装卸的泊位;具有一定数量技术性能良好的集装箱专用机械设备;具有宽敞的堆场和必要堆场设施;具有必要的装拆箱设备和能力;具有完善的计算机生产管理系统;具有通畅的集疏运条件;具有现代化集装箱运输专业人才。

在国际海运物流链中,集装箱码头具有装卸、存储、集疏运和通关、检验功能,是集装箱货物海运与陆运的连接点,是海陆多式联运的枢纽,是集装箱货物换装转运的中心。

海运货物包括集装箱货物在港口要进行装卸与换装作业。集装箱运输的高效率是以集装箱码头生产作业的高效率为基础的。集装箱码头物流系统由数个相互关联的物流系统组成,系统构成如图 10-1 所示。

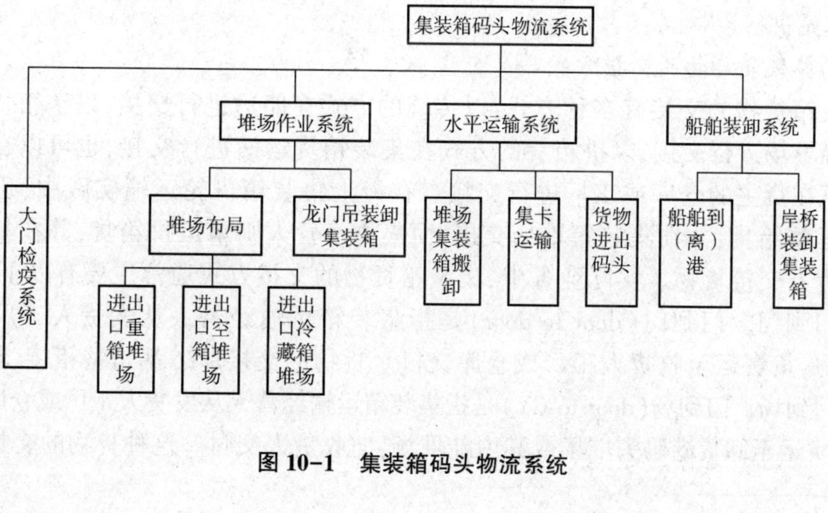


**图 10-1 集装箱码头物流系统**

集装箱码头物流系统总体上来看可分为:大门检疫系统、堆场作业系统、水平运输系统和船舶装卸系统。这四个子系统之间相互关联,构成了集装箱港口码头物流系统,共同为完成检疫、货物进港、集装箱分类、堆场作业运作、集装箱卡车外运、装船离港或进港卸货等功能服务。

集装箱码头物流系统涉及的作业流程主要有:大门检疫至堆场作业流程、堆场作业流程、堆场至前沿码头作业流程、码头装卸船作业流程。

5. 集装箱货运站。集装箱货运站(container freight station,CFS)是在内陆交通比较便利的大中城市设立的提供集装箱交接、中转或其他运输服务的专门场所。一般可分为集装箱内陆货运站及港口货运站。

## 二、集装箱货物的装箱方式与交接方式

集装箱货物的运输有不同的集散方式和流转程序。

### (一)集装箱货物的装箱方式

在集装箱货物的流转过程中,其流转形态分为两种:一种为整箱货;另一种为拼箱货。

1. 整箱货。整箱货(full container cargo load,FCL)是指发货人或其代理人把经报关、检验的货物自行装箱、签封①后,以箱为单位进行托运和交付。习惯上整箱货只有一个发货人和一个收货人。

2. 拼箱货。拼箱货(less than container cargo load,LCL,或 consolidated Cargo),是指承运人或货运代理人接受货主托运的数量不足整箱的小票货运后,根据货类性质和目的地进行分类整理,把去同一目的地的货集中到一定数量,拼装入箱的货物。由于一个箱内有不同货主的货拼装在一起,所以叫拼箱。这种情况在货主托运的货物数量不足装满整箱时采用。习惯上拼箱货涉及多个发货人或多个收货人。拼箱货的分类、整理、集中、装箱(拆箱)、交货等工作均在承运人码头集装箱货运站(container freight station)或内陆集装箱转运站进行。

### (二)集装箱货物的交接方式

集装箱货物的交接有多种方式:以传统的方式在船边进行交接,以整箱货的方式在集装箱堆场进行交接,以拼箱货的方式在集装箱货运站进行交接,也可以在多式联运方式下在货主的仓库或工厂进行交接。在海上集装箱班轮运输实践中,班轮公司通常承运整箱货,并在集装箱堆场交接;而集拼经营人则承运拼箱货,并在集装箱货运站与货方交接货物。实际业务中,集装箱货物的交接方式通常主要有以下几种。

1. 门到门。门到门(door to door)是指集装箱运输经营人从发货人工厂或仓库接受货物,负责运至收货人工厂或仓库交付。货物的交接形态都是整箱接、整箱交。

2. 门到场。门到场(door to CY)是指集装箱运输经营人从发货人工厂或仓库接受货物,并负责运至卸货港码头堆场或其内陆堆场,向收货人交付。这种货物的交接形态也

---

① 在整箱货物运输中,交货时只要货箱铅封完好无损,承运人即完成运输义务,但对箱内货物不承担责任。

都是整箱接、整箱交。

3. 门到站。门到站(door to CFS)是指集装箱运输经营人在发货人工厂或仓库接受货物,并负责运至卸货港码头的集装箱货运站或其在内陆地区的货运站,经拆箱后向各收货人交付。这种货物的交接形态是整箱接、拆箱交。

4. 场到门。场到门(CY to door)是指集装箱运输经营人在码头堆场或其内陆堆场接受发货人的货物(整箱货),并负责把货物运至收货人的工厂或仓库向收货人交付。这种货物的交接形态是整箱接、整箱交。

5. 场到场。场到场(CY to CY)是指集装箱运输经营人在装货港的码头堆场或其内陆堆场接受货物(整箱货),并负责运至卸货港码头堆场或其内陆堆场,在堆场向收货人交付(整箱货)。这种货物的交接形态是整箱接、整箱交。

6. 场到站。场到站(CY to CFS)是指集装箱运输经营人在装货港的码头堆场或其内陆堆场接受货物,并负责运至卸货港码头集装箱货运站或其在内陆地区的集装箱货运站,经拆箱后向收货人交付。这种货物的交接形态是整箱接、拆箱交。

7. 站到门。站到门(CFS to door)是指集装箱运输经营人在装货港码头的集装箱货运站及其内陆的集装箱货运站接受货物,拼箱后,运至收货人的工厂或仓库交付。这种货物的交接形态是拼箱接、整箱交。

8. 站到场。站到场(CFS to CY)是指集装箱运输经营人在装货港码头或其内陆的集装箱货运站接受货物,经拼箱后运至卸货港码头或内陆地区的堆场交付。这种货物的交接形态是拼箱接、整箱交。

9. 站到站。站到站(CFS to CFS)是指集装箱运输经营人在装货港码头或内陆地区的集装箱货运站接受货物,经拼箱后,运至卸货港码头或其内陆地区的集装箱货运站,拆箱后,向收货人交付。这种货物的交接形态是拼箱接、拆箱交。

集装箱的交货方式可归纳为表10-1。

**表10-1 集装箱的交货方式**

| 交货地点 | 装箱方式 |
|---|---|
| 门到门(Door to Door)<br>场到场(CY to CY)<br>门到场(Door to CY)<br>场到门(CY to Door) | 整箱货与整箱货的交接(FCL-FCL) |
| 站到门(CFS to Door)<br>站到场(CFS to CY) | 拼箱货与整箱货的交接(LCL-FCL) |
| 门到站(Door to CFS)<br>场到站(CY to CFS) | 整箱货与拼箱货的交接(FCL-LCL) |
| 站到站(CFS to CFS) | 拼箱货与拼箱货的交接(LCL-LCL) |

## 三、出口货物集装箱运输

集装箱运输在集装箱运输的港站以及与货代、船代、运输公司、银行、保险、监管等部门的业务活动中，围绕着集装箱的验收、提取、装卸、堆存、装箱、拆箱、收费、检验检疫、报关等，存在着错综复杂的作业环节，伴随着众多的单证的处理要求。

集装箱货物的运输一般是将分散的小批量货源预先在内陆的某几个点加以集中，等组成大批量货源后，通过内陆运输或内河运输，将其运至集装箱码头装船，然后通过海上运输，到达卸船港卸货，再通过内陆运输或内河运输，将集装箱货物运到最终目的地。其货运的一般流程可用图 10-2 简单表示。

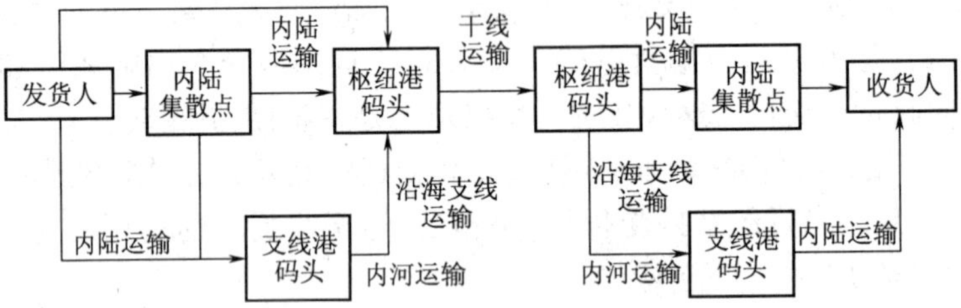


**图 10-2　集装箱货运的一般流程**

### (一)出口货物集装箱运输流程

对出口货物集装箱运输流程来说，我们用图 10-3 简单表示。

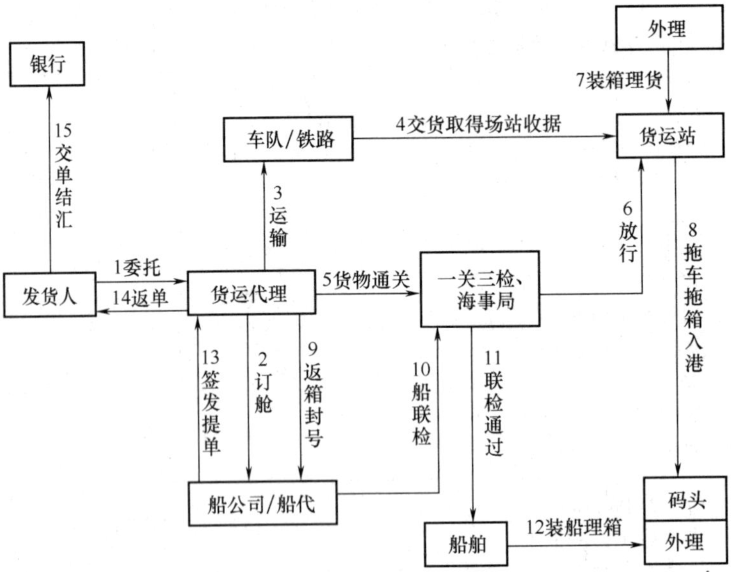


**图 10-3　出口货物集装箱运输流程**

从国际物流企业或货运代理的角度,出口货物集装箱运输的流程可简化为如下步骤:揽货接单、签订代理协议→接受委托、索取出口单证→订舱配载→提取空箱→货物报检、报关、保险→整/拼箱操作→制作提单→集港交货→港口装船→换取提单→装船通知→费用结算→单证整卷归档。从操作内容来说,涉及货物与单证等;从关联部门来说,涉及客户、船公司、集装箱码头、海关等。下面对一些主要环节进行阐述。

1.订舱配载。集装箱班轮运输下的托运手续与程序,与非集装箱班轮运输基本一致,只是场站收据与装箱单以及集装箱货物交接方式有一定的差别,其他手续与程序两者基本相同。

订舱配载的程序是货运代理根据发货人的贸易合同或信用证条款或委托书的规定,在货物托运前的一定时间内填好集装箱托运单①(container booking note),注明要求配载的船只、航次等,向船公司或其代理人在截单期②前申请订舱。船公司或其代理人审核货名、重量、尺码、卸货港等后可予接受,即在托运单上填写船名、航次、提单号,抽留其需要各联并在集装箱装货单上盖好签单章,连同其余各联退回货运代理人作为对该批货物订舱的确认。

船公司或其代理公司根据自己的运力、航线等具体情况考虑货运代理的要求,决定接受与否,若接受申请就着手编制订舱单,然后分送集装箱堆场(CY)和集装箱货运站(CFS),据以安排空箱及办理货运交接。

货运代理还应向船公司或船代递交装货单。集装箱准备妥当之后,要进行配载,制定积载方案,编制出配载单或装箱明细单。配载时,应充分利用集装箱的载重量和容积。

货运代理在取得船公司的配舱回单后,分船归类立卡,做好每批货物的记录,这种记录称为船卡(shipping list by vessel)。

2. 提取空箱。通常整箱货货运的空箱由货运代理到集装箱码头堆场领取,有的货主有自备箱;拼箱货货运的空箱由集装箱货运站负责领取。

3. 整/拼箱操作。整/拼箱操作一般由发货人指定的或货代选择的装箱站操作,但发货人和货运代理可监督装箱。

拼箱货装箱由货运站根据订舱单和场站收据负责装箱,然后由装箱人编制集装箱装箱单(container load plan)。

整箱货一般由发货人或货运代理负责装箱,并将已加海关封志的整箱货运到货运站。货运站根据订舱单,核对集装箱场站收据(dock receipt, D/R)及装箱单并验收货物。

货运站在验收货物和/或箱子后,即在场站收据上签字,并将签署后的D/R交还给发

---

① 集装箱货物托运单的填制与杂货班轮货物托运单基本相同,但除应填写与杂货班轮托运单相似的栏目外,还应标明托运货物的交接方式,如CY-CY、CFS-CFS等以及集装箱货物的种类如普通、冷藏、液体等。

② 截单期即是该船接受订舱的最后日期,超过截单期如舱位尚有多余或船期因故延误,船公司同意再次接受订舱,称为"加载"。截单期一般在预定装船日期前几天,以便进行报关、报检、装箱、集港、制单等项工作。

货人或货运代理。

4. 换取提单。杂货班轮运输下的货运提单,是在货物实际装船完毕后,经船方在收货单上签署,表明货物已装船,发货人据经船方签署的收货单(大副收据)交船公司或其代理公司换取已装船提单。而集装箱运输下的货运提单则是以码头收据换取的,它与杂货班轮运输下签发的已装船提单不同,是一张收货待运提单。所以,在大多数情况下,船公司根据发货人的要求,在提单上填注具体的装船日期和船名后,该收货待运提单也便具有了与已装船提单同样的性质和作用。

发货人或货运代理凭 D/R 向集装箱运输经营人或其代理换取提单,然后去银行办理结汇。

5. 发装船通知。集装箱装卸区根据装货情况,制订装船计划,并将出运的箱子调整到集装箱码头前方堆场,待船靠岸后,即可装船出运。货运代理要对大宗货箱掌握装船进度,船开后代出口人向国外卸港代理发送装船通知。

(二)出口货物集装箱运输的主要单证

在集装箱货物进出口业务中,除采用了与传统的散杂货运输中相同的商务单证(如商业发票、报关单、检验检疫证书、磅码单、装箱单、货物托运单、装货单、提单等各种单证)以外,在运输单证中根据集装箱运输的特点,还采用了空箱提交单、设备交接单、集装箱装箱单、场站收据、提货通知书、到货通知书、交货记录、卸货报告和待提集装箱报告等。

集装箱运输出口单证在各当事人间的流转见图 10-4。

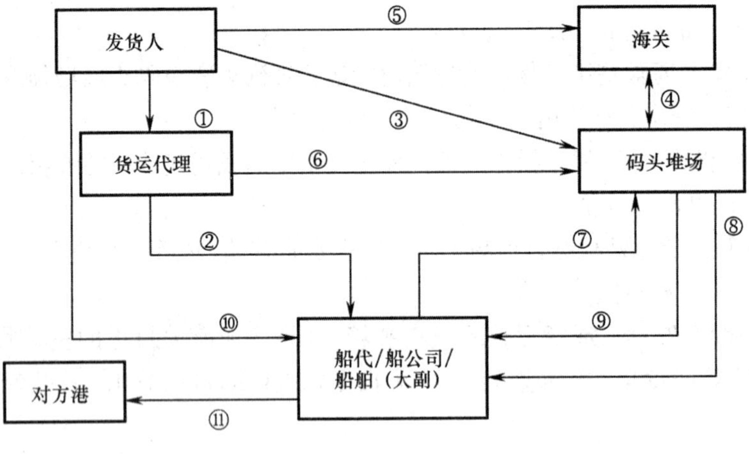


**图 10-4 集装箱运输出口单证的流转流程**

图 10-4 中各流程涉及的具体单证如下:①货运委托书、报关委托书;②订舱单;③设备交接单、装箱单;④堆存信息/查验、监管信息;⑤装货单、商业发票、出口许可

证、商品说明书等；⑥装货单、大副收据、场站收据；⑦预配清单、预配船图、危险品清单、温控箱清单、危险品货物积载申报单等；⑧配载图、装船顺序单；⑨外轮理货计数单、实际积载图；⑩场站收据；⑪实际积载图、舱单、危险品清单、温控箱清单、残损箱清单等。

下面主要介绍出口货物集装箱运输中的场站收据联单、集装箱装箱单、集装箱设备交接单。

1. 场站收据联单。与传统件杂货班轮运输所使用的托运单证相比，场站收据联单是一份综合性的单证。为了提高集装箱货物托运的效率，场站收据联单把货物托运单（订舱单）、装货单（关单）、大副收据、理货单、配舱回单、运费通知等单证汇成了一份。

场站收据联单是由承运人发出的证明已收到托运货物并开始对货物负责的凭证。场站收据一般是在托运人口头或书面订舱，与船公司或船代达成了货物运输的协议，船代确认订舱后，由船代交托运人或货代填制，在码头堆场、集装箱货运站或内陆货运站收到整箱货或拼箱货后签发生效，托运人或其货运代理人可凭场站收据，向船代换取已装船或待装船提单。

货运代理去船公司订舱的时候用的就是场站收据联单（十联单[①]），内容如下。

第一联：集装箱货物托运单[②]（货主留底）（B/N）（样本见表 10-2）。

第二联：集装箱货物托运单（船代留底）。

第三联：运费通知(1)。

第四联：运费通知(2)。

第五联：场站收据（装货单）（S/O）（样本见表 10-3）。

第五联副本：缴纳出口货物港务费申请书。

第六联：大副联（场站收据副本）。

第七联：场站收据（dock receipt，D/R）（样本见表 10-4）。

第八联：货代留底。

第九联：配舱回单(1)。

第十联：配舱回单(2)。

---

① 场站收据十联单中前三联是给船公司的，订好舱后，由船公司拿走。后三联（第五、第六、第七联）是报关用的。第五联在报关完成后，海关在上面盖放行章，作为放行之用。第六联交各港口外轮理货。第七联就是场站收据联，场站收据又称码头收据，相当于传统杂货班轮运输的大副收据，是证明船公司收到了上船的箱子，盖上场站收据章后，拿回来给操作部门，作为签发提单之用。第九、第十联用于送货进仓。目前，有的口岸将其简化为七联单：第一联，集装箱货物托运单，船代留底；第二联，装货单，场站收据副本；第三联，场站收据副本，大副联；第四联，场站收据正本；第五联，装箱理货留底；第六联，货代留底；第七联，配舱回单。

② 集装箱货物托运单的填制与杂货班轮货物托运单基本相同，但除应填写与杂货班轮托运单相似的栏目外，还应标明托运货物的交接方式，如 CY-CY、CFS-CFS 等以及集装箱货物的种类如普通、冷藏、液体等。

**表 10-2 集装箱货物托运单**

Shipper （发货人）

Consignee （收货人）

Notify Party （通知人）

Pre Carriage by(前程运输) Place of Receipt(收货地点)

Ocean Vessel(船名) Voy.No.(航次) Port of Loading(装货港)

第一联

D/R No.(编号)

## 集装箱货物托运单

货主留底

Particulars Furnished by Merchants

| Port of Discharge (卸货港) Place of Delivery(交货地点) | | | | Final Destination for Merchant's Reference(目的地) | |
|---|---|---|---|---|---|
| Container No.(集装箱号) | Seal No.(封志号) Marks & Nos.(标记与号码) | No. of Containers or Pkgs.(箱数或件数) | Kind of Packages. Description of Goods(包装种类与货名) | Gross Weight 毛重(千克) | Measurement 尺码(立方米) |
| | | | | | |

| Total Number of Containers or Packages(in Words) 集装箱数或件数合计(大写) | | | |
|---|---|---|---|

| Freight & Charges (运费与附加费) | Revenue Tons(运费吨) | Rate(运费率) Per(每) | Prepaid(运费预付) | Collect(到付) |
|---|---|---|---|---|
| | | | | |

| Ex Rate:(兑换率) | Prepaid at(预付地点) | Payable at(到付地点) | Place of Issue(签发地点) |
|---|---|---|---|
| | Total Prepaid(预付总额) | No.of Original B(s)/L(正本提单份数) | |

| Service Type on Receiving | Service Type on Delivery | Reefer Temperature Required(冷藏温度) | ℉ | ℃ |
|---|---|---|---|---|
| □-CY.□-CFS. □-DOOR | □-CY.□-CFS. □-DOOR | | | |

| Type of Goods (种类) | □Ordinary (普通) □Reefer (冷藏) □Dangerous (危险品) □Auto (裸装车辆)<br>□Liquid (液体) □Live Animal (活动物) □Bulk (散货) □________ | 危险品 | Glass:<br>Property:<br>IMDG Code Page:<br>UN No. |
|---|---|---|---|

| | |
|---|---|
| 可否转船: | 可否分批: |
| 装　　期: | 效　　期: |
| 金额: | |
| 制单日期: | |

表 10－3　集装箱货物装货单

Shipper　（发货人）

Consignee　（收货人）

Notify Party　（通知人）

Pre Carriage by（前程运输）Place of Receipt（收货地点）

Ocean Vessel（船名）Voy. No.（航次）Port of Loading（装货港）

D/R No.（编号）

**装　货　单** 第五联

场站收据副本

Received by the carrier the total number of containers or other packages or units stated below to be transported subject to the terms and conditions of the Carrier's regular form of Bill of Lading（for combined transport or port to port shipment）which shall be deemed to be incorporated hereinDate（日期）

场站章

| Port of Discharge（卸货港） | Place of Delivery（交货地点） | Final Destination for Merchant's Reference（目的地） |
|---|---|---|

Particulars Furnished by Merchants

| Container No.（集装箱号） | Seal No.（封志号）Marks & Nos.（标记与号码） | No. of Containers or Pkgs.（箱数或件数） | Kind of Packages. Description of Goods（包装种类与货名） | Gross Weight 毛重（千克） | Measurement 尺码（立方米） |
|---|---|---|---|---|---|
| | | | | | |
| Total Number of Containers or Packages（in Words）集装箱数或件数合计（大写） | | | | | |

Container No.（箱号）Seal No.（封志号）Pkgs.（件数）Container No.（箱号）Seal No.（封志号）Pkgs.（件数）

Received（实收）by Terminal Clerk（场站员签字）

| Freight & Charges | Prepaid at（预付地点） | Payable at（到付地点） | Place of Issue（签发地点） |
|---|---|---|---|
| | Total Prepaid（预付总额） | No. of Original B(s)/L（正本提单份数） | Booking Approved by（订舱确认） |

| Service Type on Receiving | Service Type on Delivery | Reefer Temperature Required（冷藏温度） | ℉ | ℃ |
|---|---|---|---|---|
| □-CY. □-CFS. □-DOOR | □-CY. □-CFS. □-DOOR | | | |

| Type of Goods（种类） | | 危险品 | |
|---|---|---|---|
| | □Ordinary（普通）□Reefer（冷藏）□Dangerous（危险品）□Auto（裸装车辆） | | Glass:<br>Property:<br>IMDG Code Page:<br>UN No. |
| | □Liquid（液体）□Live Animal（活动物）□Bulk（散货）□______ | | |

**表 10－4　集装箱货物场站收据**

| | |
|---|---|
| Shipper　（发货人） | D/R No.（编号）<br>**场站收据**<br>DOCK RECEIPT<br>第七联 |
| Consignee　（收货人） | Received by the carrier the total number of containers or other packages or units stated below to be transported subject to the terms and conditions of the Carrier's regular form of Bill of Lading (for combined transport or port to port shipment) which shall be deemed to be incorporated herein<br>Date（日期）： |
| Notify Party　（通知人） | |
| Pre Carriage by（前程运输）Place of Receipt（收货地点） | |
| Ocean Vessel（船名）Voy. No.（航次）Port of Loading（装货港） | 场站章 |

| Port of Discharge（卸货港） | Place of Delivery（交货地点） | Final Destination for Merchant's Reference（目的地） |
|---|---|---|

Particulars Furnished by Merchants

| Container No.（集装箱号） | Seal No.（封志号）Marks & Nos.（标记与号码） | No. of Containers or Pkgs.（箱数或件数） | Kind of Packages. Description of Goods（包装种类与货名） | Gross Weight 毛重（千克） | Measurement 尺码（立方米） |
|---|---|---|---|---|---|
| Total Number of Containers or Packages (in Words) 集装箱数或件数合计（大写） | | | | | |

| | | | | | |
|---|---|---|---|---|---|
| Container No.（箱号） | Seal No.（封志号） | Pkgs.（件数） | Container No.（箱号） | Seal No.（封志号） | Pkgs.（件数） |
| | | | Received（实收） By Terminal clerk（场站员签字） | | |

| Freight & Charges | Prepaid at（预付地点） | Payable at（到付地点） | Place of Issue（签发地点） |
|---|---|---|---|
| | Total Prepaid（预付总额） | No. of Original B(s)/L（正本提单份数） | Booking Approved by（订舱确认） |

| Service Type on Receiving | Service Type on Delivery | Reefer Temperature Required（冷藏温度） | ℉ | ℃ |
|---|---|---|---|---|
| □-CY. □-CFS. □-DOOR | □-CY. □-CFS. □-DOOR | | | |

| Type of Goods（种类） | | 危险品 | |
|---|---|---|---|
| | □Ordinary（普通） □Reefer（冷藏） □Dangerous（危险品） □Auto（裸装车辆） | | Class:<br>Property:<br>IMDG Code Page:<br>UN No. |
| | □Liquid（液体） □Live Animal（活动物） □Bulk（散货） □______ | | |

场站收据十联单的流转程序如图 10-5。

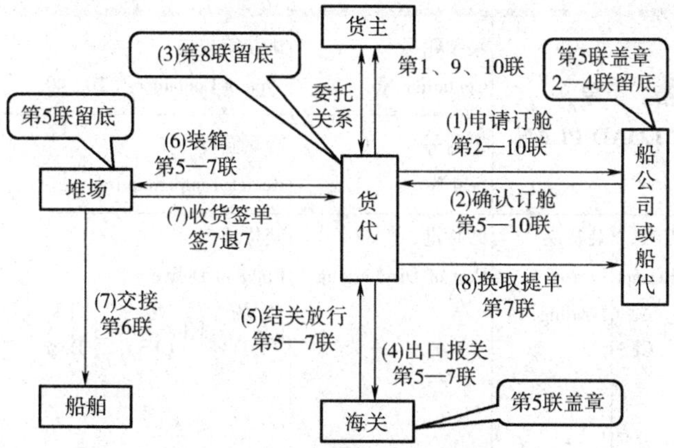


**图 10-5　场站收据十联单的流转**

2.集装箱装箱单。集装箱装箱单是记载集装箱内所有装载货物的名称、重量、尺码、数量等内容的单证，它是装箱人根据实际装入箱内的货物制作的。

(1)传统纸质集装箱装箱单。集装箱装箱单(样本见表 10-5)每一个集装箱一份，一式五联，其中，码头、船代、承运人各一联，发货人、装箱人两联。

**链　接**

场站收据联单的填制要求

(1)场站收据由发货人填制，由发货人或其代理人交船舶代理确认订舱。场站收据中的收货人、通知人、箱号、封志号、箱数、收货方式和交货方式应如实申报，不允许一票场站收据上同时出现两种收货方式、两种交接方式。

(2)对填制栏目内容如有任何变更或整票退关，应向船公司或船舶代理人和其他有关单位分送更正通知单。

(3)发货人或其代理人应在海关放行后将货物装箱。各装箱点应将每票场站收据的箱号、封志号、箱数及时报告发货人或其代理人，发货人或其代理人应在场站收据正本和副本的相应栏目上填明箱号、封志号、箱数。

(4)场站业务员在集装箱进场时，重点核对场站收据装货单上的海关放行章、箱号、封志号、箱数等栏目，在实收栏目内批注、签字，在签章栏目注明签章日期，加盖场站章。

表 10-5 集装箱货物装箱单

<table>
<tr><td colspan="3" rowspan="2">**装 箱 单**<br>**CONTAINER LOAD PLAN**</td><td colspan="2">集装箱号<br>Container No.</td><td colspan="3">集装箱规格<br>Type of Container: 20 40</td></tr>
<tr><td colspan="2">铅封号<br>Seal No.</td><td colspan="3">冷藏温度 ℉ ℃<br>Reefer.Temp.Required</td></tr>
<tr><td>船名<br>Ocean Vessel<br>航次<br>Voy.No.</td><td>收货地点<br>Place of Receipt<br>□-场 CY □-站 CFS<br>□-门 Door</td><td>装货港<br>Port of Loading</td><td colspan="2">卸货港<br>Port of Discharging</td><td colspan="3">交货地点<br>Place of Delivery<br>□-场 CY □-站 CFS □-门 Door</td></tr>
<tr><td>箱主<br>Owner</td><td>提单号码<br>B/L No.</td><td>1.发货人<br>Shipper<br>2.收货人<br>Consignee<br>3.通知人<br>Notify Party</td><td>标志和号码<br>Marks & Numbers</td><td>件数及包装种类<br>No. & Kind of Pkgs.</td><td>货 名<br>Description of Goods</td><td>重 量(千克)<br>Weight (kg.)</td><td>尺码(立方米)<br>Measurement (Cu.M.)</td></tr>
<tr><td></td><td></td><td colspan="2">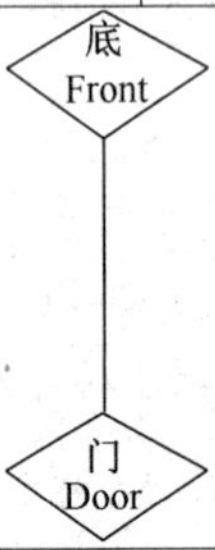<br></td><td></td><td><br>总件数<br>Total Number of Packages<br>重量及尺码总计<br>Total Weight & Measurement</td><td></td><td></td></tr>
<tr><td rowspan="3">危险品要注明危险品标志分类及闪点<br>In case of dangerous goods, please enter the label classification and flash point of the goods</td><td colspan="2">重新铅封号<br>New Seal No.</td><td>开封原因<br>Reason for Breaking Seal</td><td colspan="2">装箱日期 Date of Vanning..........<br>装箱地点 at:..........<br>(地点及国名 Place & Country)</td><td></td><td>皮 重<br>Tare Weight</td></tr>
<tr><td>出口<br>Export</td><td>驾驶员签收<br>Received by Drayman</td><td>堆场签收<br>Received by CY</td><td colspan="2" rowspan="2">装箱人<br>Packed by:<br>发货人 货运站<br>(Shipper/CFS)<br>........<br>(签署)Signed</td><td></td><td>总毛重<br>Gross Weight</td></tr>
<tr><td>进口<br>Import</td><td>驾驶员签收<br>Received by Drayman</td><td>货运站签收<br>Received by CFS</td><td colspan="2">发货人或货运站留存<br>I.SHIPPER/CFS<br>(1)一式十份 此栏每份不同</td></tr>
</table>

集装箱货运站装箱时由装箱的货运站缮制;由发货人装箱时,由发货人或其货运代理的装箱货运站缮制。集装箱装箱单填制准确与否直接关系到出口货物进港、装船、运输的安全及效率。集装箱装箱单是发票的补充单据,它列明了信用证(或合同)中买卖双方约定的有关包装事宜的细节,在信用证有明确要求时,就必须严格按信用证约定制作。

集装箱装箱单记载内容必须与场站数据保持一致;所装货物如品种不同必须按箱子前部到箱门的先后顺序填写。

集装箱装箱单是记载出口货物信息的重要单证之一,其作用主要表现在以下几方面。

其一,是船公司了解集装箱内所装货物的明细表。

其二,是计算船舶吃水和稳定性的基本数据来源。

其三,是集装箱装、卸两港编制装、卸船计划的依据。

其四,是作为发货人、集装箱货运站与集装箱堆场之间货物交接的依据。

其五,是便于国外买方在货物到达目的港时供海关检查和核对货物的依据。

其六,是作为办理保税内陆运输,以及办理货物从码头堆场运出手续,并作为集装箱货运站办理掏箱、分类、交货的依据。

其七,是处理货损、货差索赔时的重要单据之一。

(2)电子装箱单系统。电子装箱单是出口集装箱进港前,由货运代理、仓库、运输公司将装箱数据先行预录并送给码头的电子单证,该电子单证便于码头及时了解进港集装箱的装箱信息,提高码头进箱效率。同时,在集装箱进港后,码头根据用户提供的电子装箱单数据生成运抵报告发送给海关,作为用户报关的依据之一。电子装箱单系统满足了码头、海关、用户的需求,并备有手机客户端应用,解决了集装箱深夜进港无人预录的业务难题。

3.集装箱设备交接单。集装箱设备交接单(equipment interchange receipt,EIR)是集装箱进出港区、场站时,用箱人、运箱人与管箱人及其代理人之间交接集装箱的凭证。纸质的设备交接单共 6 联,进场和出场各 3 联,分别为管箱人(船公司、船代)联;码头/堆场联;用箱人/运箱人联。集装箱设备交接单是证明双方交接时集装箱状态的凭证和划分双方责任的依据。设备交接单为一单一箱,即一份设备交接单只能用于一个自然箱。设备交接单的主要内容有:船名航次、提箱地点、返回/收箱地点、订舱号、箱型、箱主或营运人、用箱人/运箱人、出厂目的/状态、进场目的/状态等。设备交接单分进场(IN)(样本如表 10-6)和出场(OUT)两种。设备交接单中各栏目必须如实填写,正确无误。码头工作人员审核的内容有:船名、航次、箱号、箱型、提箱及收箱地点、箱的外表状况、运输集卡牌号等。

集装箱设备交接单(EIR)在规范集装箱作业方面发挥了重要作用,但随着信息化程度的提高,纸质单证模式已成为提升港口物流效率和降低成本的阻碍。近年来,我国一些港口加快 EIR 电子化公共平台(e EIR 系统)建设,全面实行 EIR 电子化,使得集装箱信息得以高速流转,降低了大量人力和物流成本。下面以上海口岸 e EIR 平台为例阐述 EIR 的电子化。上海口岸 e EIR 平台(http://eeir.sipg.com.cn)是上港集团在上海口岸服务办公室牵头组织下,设计开发的集装箱设备交接单(EIR)电子化公共平台。目前,该平台已完成业务标准化、标准接口开发和基础传输平台搭建,实现所有业务实体信息接入和共享的全流程操作。其业务功能如图 10-6 所示。

IN 进场

No.

## 表 10-6　集装箱设备交接单
## EQUIPMENT INTERCHANGE RECEIPT

| 用箱人/运箱人(CNTR.USER/HAULIER) | 提箱地点(PLACE OF DELIVERY) |
|---|---|
| | |
| 来自地点(WHERE FROM) | 返回收箱地点(PLACE OF RETURN) |
| | |

| 船名/航次(VESSEL/VOYAGE No.) | 集装箱号(CNTR.No.) | 尺寸/类型(SIZE/TYPE) | 营运人(CNTR.OPTR) |
|---|---|---|---|
| | | | |

| 提单号(B/L.No.) | 危品类型(IMCO CLASS) | 铅封号(SEAL.No.) | 免费期限(FREE TIME PERIOD) | 运载工具牌号(TRUCK WAGON BARG No.) |
|---|---|---|---|---|
| | | | | |

| 货重(CARGO W.) | 出场目的/状态(PPS OF GATE OUT/STATUS) | 进场目的/状态(PPS OF GATE-IN/STATUS) | 进场日期(TIME-IN) |
|---|---|---|---|
| | | | 月　日　时 |

| 进场检查记录(INSPECTION AT THE TIME OF INTERCHANGE) | | | |
|---|---|---|---|
| 普通集装箱(CP.CNTR.) | 冷藏集装箱(RF.CNTR.) | 特种集装箱(SPL.CNTR.) | 发电机(GEN.SET) |
| □正常(SOUND)<br>□异常(DEFECTIVE) | □正常(SOUND)　设定温度(SKT)<br>□异常(DEFECTIVE)　记录温度(RECORDED) | □正常(SOUND)<br>□异常(DEFECTIVE) | □正常(SOUND)<br>□异常(DEFECTIVE) |

损坏记录及代号(DAMAGE & CODE)

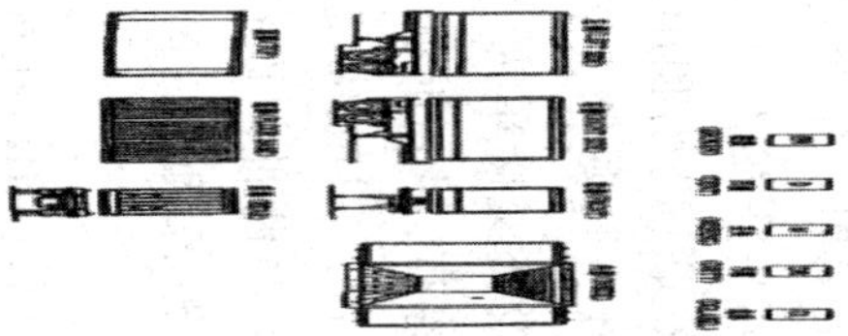

如有异状,请注明程度及尺寸(REMARK)

除列明者外,集装箱设备交接时完好无损,铅封完整无误。

CONTAINER EQUIPMENT INTERCHANGED IN SOUND CONDITON AND SEAL INTACT UNLESS OTHERWISE STATED

用箱人/运箱人签署
(CONTAINER USER/HAULIER'S SIGNATURE)
______年____月____日

码头/堆场值班员签署
(TERMINAL/DEPOT CLERK'S SIGNATURE)
______年____月____日

GB/T 1656—1996 格式印制

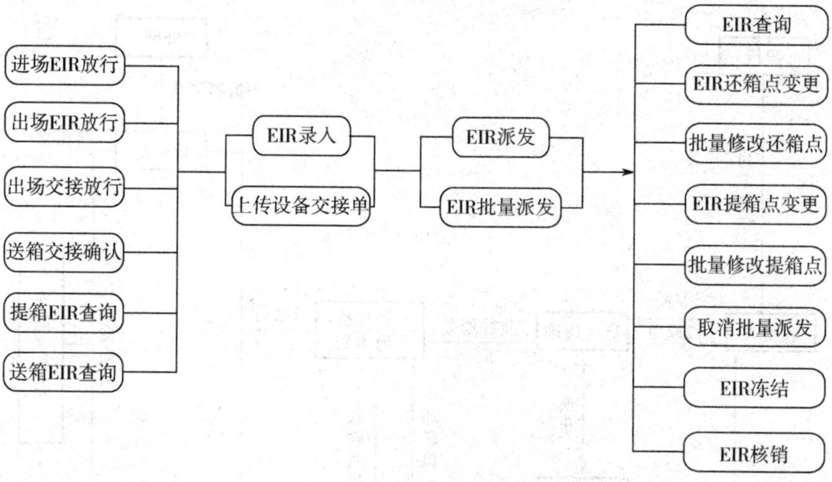


**图 10-6　上海口岸 e EIR 平台功能**

## 四、进口货物集装箱运输

我们分进口货物集装箱运输业务和货运单证两部分来阐述进口货物集装箱运输。

(一)进口货物集装箱运输业务

进口货物集装箱运输流程如图 10-7 所示。

从货运代理的角度,进口货物集装箱运输的流程可简化为如下步骤:办理订舱、洽船公司①、国外港口接货→收集整理进口单证②(包括商务单证和货运单证)→保险(接到装船信息后立刻投保)→换单(船到卸货后凭正本提单和到货通知书向船代换取提货单和交货记录)→报检报关③→凭海关放行的提货单提取整箱→拼箱拆箱(凡拼箱货物填写拆箱申请单,货箱运至货运站拆箱)→提取拼箱货物(凭正本提单和到货通知书换取交货记录和提货单,办理海关手续后在货运站提取货物④)→索赔(货物灭失或损坏属于船公司

① 如果货物以 FOB 等价格术语成交,货运代理接受收货人委托后就负有订舱或租船的责任,并有将船名、装船日期通知发货人的义务。

② 这一步骤具体为:①起运港的船公司或其代理寄送资料。起运港的船公司或其代理应在货轮抵港前(近洋 24 小时前,远洋 7 天前)采用传真或电传或邮寄的方式向卸货港的船公司或其代理提供提单副本、舱单、装箱单、积载图、危险货物集装箱清单、危险货物说明书、冷藏箱清单等有关的必要的卸船资料。②分发单证。卸货港的船公司或其代理应及时地将起运港寄来的有关货运单证分别送给有关的进口货代或收货人、堆场和货运站,以便各有关单位在货轮抵港前做好各项准备工作。③发到货通知。船公司或其代理应向进口货代或收货人预告货轮抵港日期,并应于船舶到港后发正式到货通知。

③ 进口货物入境后,一般在港口报关放行后再内运,但经收货人要求,经海关核准也可运往另一设关地点办理海关手续,称为转关运输货物,属于海关监管货物。

④ 货运代理向货主交货有两种情况:一是象征性交货,即以单证交接,货物到港经海关验收,并在提货单上加盖海关放行章,将该提货单交给货主,即为交货完毕;二是实际性交货,即除完成报关放行外,货运代理负责向港口装卸区办理提货,并负责将货物运到货主指定地点,交给货主。集装箱整箱货运输中通常货代还应负责空箱的还箱工作。以上两种交货,都应做好交货工作的记录。

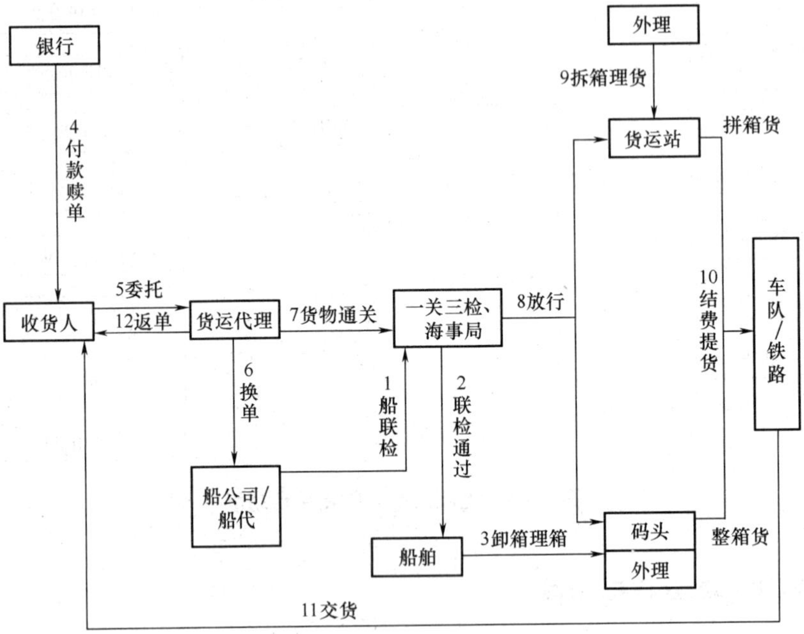


**图 10-7　进口货物集装箱运输流程**

责任的,向船公司或保险公司提出索赔,属于发货人责任的,由收货人提赔)→单证整卷归档。

(二)进口货物集装箱运输的主要运输单证

集装箱运输进口单证在各当事人间的流转见图 10-8。

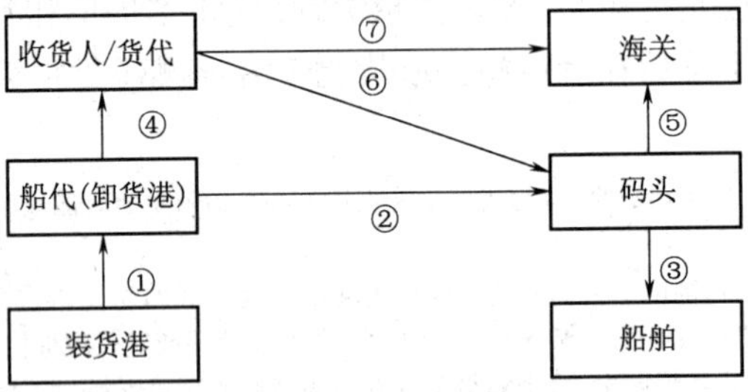


**图 10-8　集装箱运输进口单证的流转流程**

图 10-8 中各流程涉及的具体单证如下:①实际配载图、舱单、特种箱清单等;②同上,船代同时提供海关舱单;③卸船顺序单、进口船图,卸船后,外轮理货提供理货计数单;④到货通知书(提单换提货单);⑤堆存信息,查验监管等;⑥设备交接单、提货单;⑦进口货物海关报关单。

下面仅阐述进口货物集装箱运输的主要运输单证——交货记录联单。交货记录联单共五联:到货通知书一联,提货单一联,费用账单二联,交货记录一联。

1. 交货记录联单各单据的作用如下。

(1)到货通知书(arrival notice)。到货通知书是在卸货港的船舶代理人在集装箱卸入集装箱堆场,或移至集装箱货运站,并办好交接准备后,向收货人发出的要求收货人及时提取货物的书面通知。

到货通知书是在集装箱卸船并做好准备后,将五联单中的第一联(到货通知联)寄交收货人或通知人。收货人持正本提单和到货通知书到船公司或船代处付清运费,换取其余四联。

(2)提货单(delivery order)。提货单是船公司或其代理人指示负责保管货物的集装箱货运站或集装箱堆场的经营人,向提单持有人交付货物的非流通性单据。

收货人或其货运代理凭到货通知和正本提单换取费用账单两联、盖章后的提货单一联和交货记录一联,共四联,随同进口货物报关单到海关办理货物进口通关。海关核准放行后,在提货单上盖海关放行章。收货人或其货运代理再持单到集装箱堆场或货运站,场站留下提货单和二联费用账单,在交货记录上盖章,收货人凭交货记录提货。

(3)交货记录(delivery record)。交货记录是承运人将集装箱货物交给收货人或其代理时双方共同签署的,证明货物已经交付,以及该批货物交付时情况的单证。交货记录在签发提货单的当时交给收货人或其代理人,再出示给集装箱货运站或集装箱堆场经营人。

在收货人提取集装箱货物时,堆场或货运站的发货人员凭交货记录发放集装箱货物,收货人在交货记录上签收,堆场或货运站留存。

在集装箱运输中,船公司的责任从接受货物开始到交付货物为止。因此,场站收据是证明船公司责任开始的单据,而交货记录是证明责任终了的单据。

(4)费用账单。费用账单是场站凭此向收货人结算费用的单据。收货人或其代理人凭其结算港口费用,提取货物。

2. 交货记录联单的流转。交货记录联单的流转如下。

(1)在船舶抵港前,由船舶代理根据装货港航寄或传真得到的舱单或提单副本,制作交货记录一式五联。

(2)在集装箱卸船并做好交货准备后,由船舶代理向收货人或其代理人发出到货通知书。

(3)收货人凭正本提单和到货通知书向船舶代理换取提货单、费用账单、交货记录共四联,对运费到付的进口货物结清费用,船舶代理核对正本提单后,在提货单上盖专用章。

(4)收货人持提货单、费用账单、交货记录共四联随同进口货物报关单一起送海关报关,海关核准后,在提货单上盖放行章,收货人持上述四联送场站业务员。

(5)场站核单后,留下提货单联作为放货依据,费用账单由场站凭此结算费用,交货记录由场站盖章后退收货人。

(6)收货人凭交货记录提货,提货完毕时,交货记录由收货人签收后交场站留存。

3. 交货记录联单的填制要求。交货记录在船舶抵港前由船舶代理依据舱单、提单副本等卸船资料预先制作。到货通知书除进库日期外，所有栏目由船舶代理填制，其余四联相对应的栏目同时填制完成。提货单盖章位置由责任单位负责盖章，费用账单剩余项目由场站、港区填制，交货记录出库情况由场站、港区的发货员填制，并由发货人、提货人签名。

## 五、集装箱运输的集拼业务

有条件①的国际货运代理或国际物流公司一般承办集拼业务。集拼（consolidation，简称 consol，承办者称为 consolidator）是指接受客户尺码或重量达不到整箱要求的小批量货物，把不同收货人、同一卸货港的货物集中起来，拼凑成一个 20 英尺或 40 英尺整箱的货运的做法。

图 10-9 简单表示了集拼业务的一般流程。

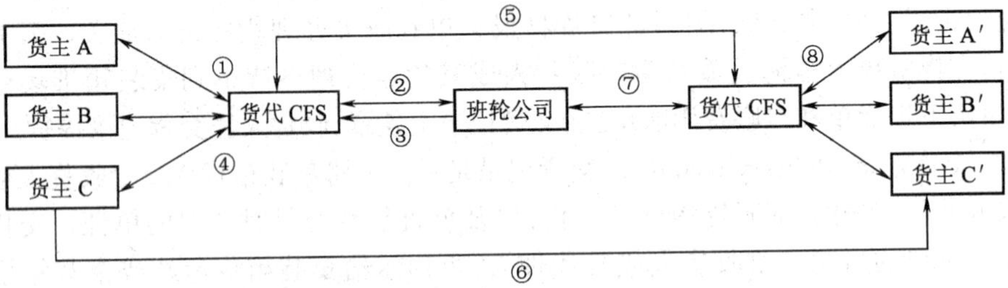


**图 10-9　集拼业务的一般流程**

图注：①A，B，C 等不同货主（发货人）将不足一个集装箱的货物（LCL）交给货运代理（即集拼经营人）。②货运代理将拼箱货拼装成整箱后，向班轮公司办理整箱货物运输。③整箱货装船后，班轮公司签发 B/L 或其他单据（如海运单）给货运代理。④货运代理在货物装船后签发自己的提单（house B/L）给每一个货主。⑤货运代理将货物装船及船舶预计抵达卸货港等信息告知其卸货港的机构或其代理人，同时还将班轮公司 B/L 及货运代理的 house B/L 的复印件等单据交卸货港代理人，以便向班轮公司提货和向收货人交付货物。⑥货主之间办理包括 house B/L 在内的有关单据的交接。⑦货运代理在卸货港的代理人凭班轮公司的提单提取整箱货。⑧A′，B′，C′等不同货主（收货人）凭 house B/L 在 CFS 提取拼箱货。

从事集拼业务的国际货运代理具有双重身份，对货主而言，国际货运代理虽不是国际贸易合同的当事人，但由于其签发了自己的提单（house B/L），要受该提单条款约束。国际货运代理因与货主订立运输合同而对货物运输负有责任，故通常被货主视为承运人。然而，对真正运输货物的集装箱班轮公司而言，国际货运代理又是货物托运人，国际货运代理本人不拥有海上运输工具。

集拼业务的操作比较复杂，先要区别货种，合理组合，待拼成一个 20 英尺或 40 英尺箱时，可以向船公司或其代理人订舱。

集拼的每票货物各缮制一套托运单（场站收据托运联），附于一套汇总的托运单（场

---

① 这些条件一般包括具有集装箱货运站（CFS）装箱设施和装箱能力；与国外卸货港有拆箱分运能力的航运或货运代理企业建有代理关系；经政府部门批准有权从事集拼业务并有权签发自己的仓至仓提单（house B/L）。

站收据)上。例如,有4票货物拼成一个整箱,这4票货物须分别按其货名、数量、包装、重量、尺码等各自缮制托运单(场站收据),另外缮制一套总的托运单(场站收据),货名可做成"集拼货物"(consolidated cargo),数量是总的件数(packages),重量、尺码都是4票货的汇总数,目的港是统一的。关单(提单)号也是统一的编号,但4票分单的关单(提单)号则在这个统一编号之尾缀以A、B、C、D以区分。货物出运后船公司或其代理人按总单签一份海运提单(ocean B/L),托运人是货代公司,收货人是货代公司的卸货港代理人,然后,货代公司根据海运提单,按4票货的托运单(场站收据)内容签发4份海运代理人的仓至仓提单(house B/L),house B/L编号按海运提单号,尾部分别缀以A、B、C、D,其内容则与各该托运单(场站收据)相一致,分发给各托运单位供银行结汇之用。如图10-10所示。

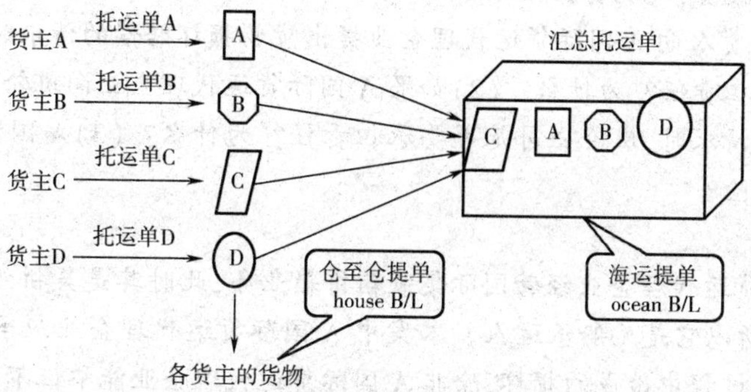


**图10-10 货代公司集拼业务的操作**

另一方面,货代公司须将船公司或其代理人签发的海运提单正本连同自签的各house B/L副本快递给其卸货港代理人,卸货港代理人在船到时向船方提供海运提单正本,提取该集装箱到自己的货运站(CFS)拆箱,通知house B/L中各个收货人持正本house B/L前来提货。

海运提单(ocean B/L)与仓至仓提单(house B/L)的区别见表10-7。

**表10-7 海运提单与仓至仓提单的区别**

| 项目 | 海运提单 | 仓至仓提单 |
|---|---|---|
| 发货人 | 出口地的无船承运人(货代) | 真正的发货人 |
| 收货人 | 无船承运人(货代)进口地的代理人 | 真正的收货人 |
| 承运人 | 班轮公司 | 无船承运人(货代) |
| 流转方式 | 通过快递邮寄 | 通过银行 |
| 运输条款 | CY—CY | CFS—CFS |
| 可否用来银行结汇 | 不可以 | 可以 |
| 可否用来向船公司提货 | 可以 | 不可以 |

【案例】

A国际货运代理企业经营国际集装箱拼箱业务。某年9月15日,A国际货运代理企业在Kobe港自己的货运站(CFS)将分别属于6个不同发货人的拼箱货装入一个20英尺的集装箱,然后向某班轮公司托运。该集装箱于9月18日装船,班轮公司签发给A国际货运代理企业CY/CY交接的FCL条款下的master B/L一套;A国际货运代理企业然后向不同的发货人分别签发了CFS/CFS交接的LCL条款下的house B/L共6套,所有的提单都是清洁提单。9月23日载货船舶抵达提单上记载的卸货港。第二天,A国际货运代理企业从班轮公司的CY提取了外表状况良好和铅封完整的集装箱(货物),并在卸货港自己的CFS拆箱,拆箱时发现两件货物损坏。9月25日收货人凭A国际货运代理企业签发的提单前来提货,发现货物损坏。

请问:(1)收货人向A国际货运代理企业提出货物损坏赔偿的请求时,A国际货运代理企业是否要承担责任?为什么?(2)如果A国际货运代理企业向班轮公司提出集装箱货物损坏的赔偿请求时,班轮公司是否要承担责任?为什么?(3)A国际货运代理企业如何防范这种风险?

案例分析:

(1)A国际货运代理企业经营国际集装箱拼箱业务,此时其是集拼经营人,由于其签发自己的提单,所以它是无船承运人。本案中A国际货运代理企业应承担责任,因为货物肯定是在拼箱过程中造成的损坏,除非A国际货运代理企业能举证不属于他的责任。

(2)班轮公司可不负责,因集装箱外表状况良好,铅封完整,而且货物是由A国际货运代理企业装箱的。

(3)A国际货运代理企业在接货后签发场站收据(D/R)之前,对货物要仔细检查,装箱时应特别慎重,以防积载不当造成货损。

## 六、集装箱海运的运费

集装箱海运运价实质上也属于班轮运价的范畴。我国现行集装箱海运运输下的拼箱货运费计收,与普通杂货班轮运输下的件杂货运费计收方法基本相同。整箱货有最高运费和最低运费的计收规定,而且,集装箱货物最低运费的计收不是规定某一金额,而是规定了一个最低运费吨,又称计费吨。这一概念与杂货班轮运输下最低运费的规定是不同的。

### (一)集装箱海运的运费构成

集装箱货物在进行门到门运输时,一般通过多种运输方式完成整个运输过程,该过程可分出口国内陆运输、装船港运输、海上运输、卸船港运输、进口国内陆运输五个组成部分。集装箱运费构成可参见图10-11。

总体来说,集装箱的运费主要包括海运运费、港区服务费、集散运费。

集装箱海运运费是指海上运输区段的费用,包括基本海运运费及各类海运附加费,是集装箱运费收入最主要部分。一般由集装箱运输承运人根据班轮公会或班轮公司运

| 内陆运输 | 港区运输 | 海上运输 | 港区运输 | 内陆运输 |
|---|---|---|---|---|
| ① | ② | ③ | ④ | ⑤ |

**图 10-11　集装箱的运费构成**

图注：①发货地国家内陆运输费和有关费用。
②发货地国家港区(码头堆场)费用。
③海上运费。
④收货地国家港区(码头堆场)费用。
⑤收货地国家内陆运输费和有关费用。

价本的规定,向托运人或收货人计收。

港区服务费包括集装箱码头堆场服务费和货运站服务费。堆场服务费或称码头服务费,包括图 10-11 中的②及④两部分,即装船港堆场接收出口的整箱货,以及堆存和搬运至港口码头装卸桥下的费用;同样在卸船港包括在装卸桥下接收进口箱,以及将箱子搬运至堆场和堆存的费用,并包括在装卸港的单证等费用。货运站服务费指拼箱货物经由货运站作业时的各种操作费用,包括提还空箱、装箱、拆箱、封箱、做标记的费用,以及在货运站内货物的正常搬运与堆存,签发场站收据、装箱单,必要的分票、理货与积载等费用。

集散运费分为经由水路和陆路集散的运费。水路支线运费是指将集装箱货物由收货地经水路(内河、沿海)集散港运往集装箱堆场的集装箱运费,或由集装箱堆场经水路(内河、沿海)集散港运往交货地的集装箱运费。内陆运输费指经陆路(公路或铁路)将集装箱货物运往装船港口的运输费用或将集装箱货物经陆路(公路或铁路)运往交货地之间的运输费用。

集装箱不同交接方式下的运费构成见表 10-8。

**表 10-8　不同交接方式下的运费构成**

| 交接方式 | 交接形态 | 费用结构 | | | | | | |
|---|---|---|---|---|---|---|---|---|
| | | 发货地集散运费 | 装港码头货运站服务费 | 装港码头堆场服务费 | 海运运费 | 卸港码头堆场服务费 | 卸港码头货运站服务费 | 收货地集散运费 |
| 门到门(Door/Door) | FCL/FCL | √ | | √ | √ | √ | | √ |
| 门到场(Door/CY) | FCL/FCL | √ | | √ | √ | √ | | |
| 门到站(Door/CFS) | FCL/LCL | √ | | √ | √ | √ | √ | |
| 场到门(CY/Door) | FCL/FCL | | | √ | √ | √ | | √ |
| 场到场(CY/CY) | FCL/FCL | | | √ | √ | √ | | |
| 场到站(CY/CFS) | FCL/LCL | | | √ | √ | √ | √ | |
| 站到门(CFS/Door) | LFC/FCL | | √ | √ | √ | √ | | √ |
| 站到场(CFS/CY) | LCL/FCL | | √ | √ | √ | √ | | |
| 站到站(CFS/CFS) | LCL/LCL | | √ | √ | √ | √ | √ | |

船公司通常负责出口国集装箱货运站或码头堆场至进口国码头堆场或集装箱货运站的运输,这一范围通常是集装箱运输所包括的范围。这一点与普通船仅从事海上运输的部分,并按海运运费计收有较大区别。由于船公司支付了集装箱货物在运输过程中的全部费用,所以,集装箱货物的运费构成包括海上运输费用、内陆运输费用及各种装卸费用、搬运费、手续费、服务费等。上述费用一般被定为一个计收标准,以确保船公司在整个运输过程中的全部支出均能得到相应的补偿。

(二)集装箱海运运费的计收

集装箱海运运费是海上运输的费用,包括基本运费及各类附加费,其结构与传统杂货班轮运费类似。但由于集装箱运输的特殊性,一般根据交接方式不同,把集装箱货物分为整箱货(FCL)及拼箱货(LCL)两种,它们的运费计收方式也有所不同。

1. 整箱货运费的计收。整箱货一般按箱计收运费①。包箱运价(freight for all kinds, FAK),是指集装箱运输的基本费率,它不分货类、不计货量,统一按货柜的大小,每一个货柜收若干运费。按箱计收运费的费率即包箱费率,它又分为商品包箱费率和均一包箱费率两种。

商品包箱费率,是按不同商品和不同类型、尺寸的集装箱规定不同的包箱费率。按不同货物等级制定的包箱费率,其等级的划分与杂货班轮运输的货物等级分类基本相同,但是集装箱货物大多数分为 4 个级别费率,比如:1—7 级,8—10 级,11—15 级,16—20 级,或 1—8 级,9 级,10—11 级,12—20 级等,还有的分为 3 个等级费率。

均一包箱费率,是每个集装箱不细分箱内所装货物种类,不计货物重量或尺码(重量在限额之内),统一收取的运费。

在普通杂货班轮运输中没有最高运费的概念,承运人按托运人托运货物的数量及规定的费率计收运费。但在集装箱整箱货运输的情况下,如果采用按普通杂货班轮运输海运运费的计算方法计收运费,当托运人使用承运人的集装箱装货时,承运人计收的整箱货运费则有最低运费和最高运费的计算方法。

最高运费是指即使托运人实际装箱的货物尺码超出对集装箱规定的计费吨,承运人仍按对集装箱规定的计费吨收取运费,超出部分免收运费。

例如,某 20ft 干货集装箱最高计费吨为 21.5 立方米,而箱内实载 10 级货物 28 立方米,超出 6.5 立方米,则其最高运费=21.5×10 级货物运费率。

使用最高运费作为集装箱运费计算的一种方法,其目的在于鼓励托运人采用集装箱装运货物,并能最大限度地利用集装箱的内容积。为此,在海上集装箱运输的运费计算中,航运公会或班轮公司多为各种类型和规格的集装箱制定一个按集装箱内容积折算的最高运费吨。最高运费吨通常是按集装箱内容积的 85%计算。最高运费的计算仅适用于按尺码吨计算运费的体积货物,而不适用于按重量计算运费的重量货物。

① 集装箱运输中以箱计费的特点,使集装箱运输的计费方式实现了统一化和简单化,大大方便了运输经营人和货主。集装箱港口装卸费一般也是以箱为单位计收的,大多采用包干费形式(装卸包干费与中转包干费)。另外,集装箱在运输全程中,在起运地、中转地、终到地堆场存放超过规定的免费堆存期时收取的滞期费一般也都是按箱天数计收的。

集装箱运输下整箱货的最低运费规定，不是普通船运输下所规定的最低运费金额，而是规定一个最低运费吨，也叫计费吨，它是计收每一种货物运费时所使用的计算单位。不同的船公司对不同类型、不同用途的集装箱分别确定了各自的最低运费吨。规定最低运费吨的目的在于，如货物是由货主自己装载，箱内所装货物又没有达到所规定的最低运费吨，则货主需支付亏箱运费，以确保承运人的利益。显然，最低运费吨乘上费率得出的全部运费中已包括了亏箱运费。

例如，某箱最低运费吨规定为 21.5 立方米，由货主装箱，实际装箱尺码吨为 18 立方米，运费计算则仍按 21.5 立方米计收，其得出的全部运费中已包括 3.5 立方米的亏箱运费。

2. 拼箱货运费的计收。拼箱货按所运货物的计费吨计收运费，这与传统的件杂货班轮运费计收方式颇为类似，只是费率水平不同。其计算公式为：

拼箱货海运运费＝基本运费＋各项附加费＝基本运价×计费吨＋各项附加费

式中：基本运价参照各航线不同结构（等级）的运价率；计费吨按运价本规定的计费标准确定；附加费以运价本的规定为标准计收。

拼箱货附加费有超重附加费、超长附加费等，但不存在拼箱货的选港附加费与变更卸货港附加费。

此外，拼箱货也规定起码运费，如运价表规定，每一提单不足 1 运费吨时，则按 1 运费吨计收运费。

（三）基本运费的估算

在进口交易中，采用 FOB 贸易术语成交的条件下，进口商往往请货运代理核算海运运费。

采用包箱费率的计费方法计算集装箱海运基本运费十分方便，即只需要根据具体航线、货物等级（或不分等级）及箱型的费率乘以箱数就可得出基本运费。

在核算海运运费时，首先要根据进口数量算出产品体积，再查找到对应于该批货物目的港的运价。如果进口数量正好够装整箱（20 英尺或 40 英尺），则直接取其运价为海运运费；如果不够装整箱，则用产品总体积乘以拼箱的价格来算出海运运费。

**【例】**

商品 A，从加拿大进口，卸货港是大连新港。商品 A 的体积是每纸箱 0.164$m^3$，每箱装 60 只。试分别计算进口数量为 5 000 只和 9 120 只的海运运费。

解：

第 1 步，计算产品体积。

进口数量为 5 000 只，总体积＝5 000÷60×0.164＝13.667（$m^3$）。

进口数量为 9 120 只，总体积＝9 120÷60×0.164＝24.928（$m^3$）。

第 2 步，查运价。

查得蒙特利尔港口运至大连新港的海运运费分别是：每 20 英尺集装箱 USD1 350，每 40 英尺集装箱 USD2 430，拼箱每立方米 USD65。

20英尺集装箱的有效容积为$25m^3$,40英尺集装箱的有效容积为$55m^3$。根据第1步计算出的体积结果来看,5 000只的运费宜采用拼箱,9 120只的海运运费宜采用20英尺集装箱。

进口数量为5 000只,海运运费=13.667×65=888.36(美元)。

进口数量为9 120只,海运运费=1 350(美元)。

## 第二节　国际货物多式联运

到20世纪80年代,集装箱运输已进入多式联运时代。与传统的运输方式相比,多式联运在经营管理、运输技术、运输法规、运输单证、运输责任划分等方面都有较大的区别与变化。国际多式联运是一种利用集装箱进行联运的、新的运输组织方式,具有自身的特点和优越性。

### 一、国际多式联运的优点及组织形式

运输领域内的集装箱化运动的发展促进了运输载体的标准化发展,使各种运输方式能够有机地结合在一起,充分发挥其在整个物流领域内的特殊作用。由两种或两种以上的交通工具相互衔接、转运而共同完成的运输过程统称为复合运输,我国习惯上称之为多式联运(multimodal transport)。它通常是以集装箱为运输单元,将不同的运输方式有机地组合在一起,构成连续的、综合性的一体化货物运输。例如,我国内贸集装箱联运常用的形式有:公路—近海—公路;公路—铁路—公路;公路—近海—铁路—公路;公路—内河—公路;等等。

多式联运不仅仅是不同运输工具进行的联合运输,更重要的是在全程运输中只有一份运输合同,由多式联运经营人作为合同承运人统一组织全程运输,负责将货物从接货地运往交货地。因此,多式联运在本质上不同于分段联运,它是一种以实现货物整体运输的最优化效益为目标的联运组织形式。多式联运主要用于国际货物的运输,因而主要表现为国际多式联运。

所谓国际多式联运(multimodal transport),按照《联合国国际货物多式联运公约》的定义,是指多式联运经营人按照多式联运合同,以至少两种不同的运输方式,将货物从一国境内接管货物的地点运至另一国境内指定交付货物的地点的运输方式。

根据《联合国国际多式联运公约》对国际多式联运定义的描述,国际多式联运表现出以下特征。

第一,要有一个多式联运合同,明确规定多式联运经营人(承运人)和联运人之间的权利、义务、责任、豁免的合同关系和多式联运的性质。

第二,必须使用一份全程多式联运单证(multimodal transport documents,M.T.D.),即证明多式联运合同及证明多式联运经营人已接管货物并负责按照合同条款交付货物所签发的单据。

第三,必须是两种或两种以上不同运输方式的连贯运输。《联合国国际货物多式联

运公约》对运输方式的种类未作限制,可以由陆海、陆空、海空等运输方式组成,但我国《海商法》规定必须有一程为海运。

第四,必须是国际货物运输,这是区别于国内运输和是否适用国际法规的限制条件。

第五,必须有一个多式联运经营人对全程运输负总的责任,这是多式联运的一个重要特征,由多式联运经营人去寻找分承运人实现分段的运输。

第六,必须对货主实现全程单一运费费率。多式联运经营人在对货主负全程运输责任的基础上,制定一个货物发运地至目的地的全程单一费率,并以包干形式一次性向货主收取。

(一)国际多式联运的优点

国际多式联运是一种利用集装箱进行联运的、新的运输组织方式。它采用海、陆、空等两种以上的运输手段,完成国际的连贯货物运输,从而打破了过去海运、铁路、公路、航空等单一运输方式互不连贯的传统做法。国际多式联运将传统的国际海运"港到港"运输发展成为"门到门"运输(如图 10-12 所示)。

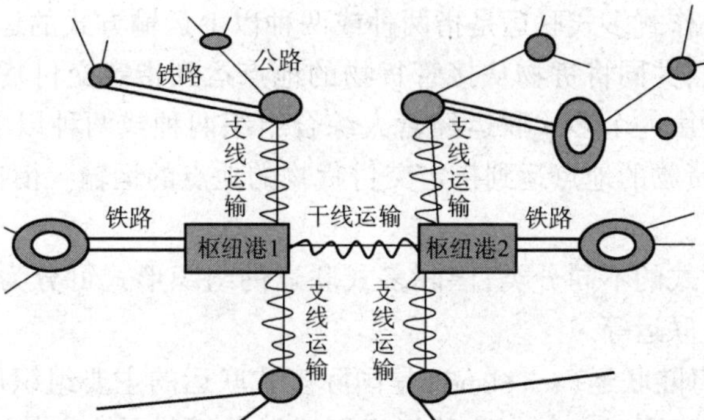


**图 10-12　国际多式联运运输网络**

其优越性主要表现在以下几个方面。

1. 简化托运、结算及理赔手续,节省人力、物力和有关费用。在国际多式联运方式下,无论货物运输距离有多远,由几种运输方式共同完成,且不论运输途中货物经过多少次转换,所有一切运输事项均由多式联运经营人负责办理。而托运人只需办理一次托运、订立一份运输合同、支付一次费用、办理一次保险,从而省去托运人分别与不同承运人办理托运手续的许多不便。同时,由于多式联运采用一份货运单证,统一计费,因而也可简化制单和结算手续,节省人力和物力。此外,一旦运输过程中发生货损货差,都由多式联运经营人对全程运输负责,从而也可简化理赔手续,减少理赔费用。

2. 缩短货物运输时间,减少库存,降低货损货差事故,提高货运质量。在国际多式联运方式下,各个运输环节和各种运输工具之间配合密切、衔接紧凑,货物所到之处中转迅速、及时,大大减少了货物在途停留的时间,从而从根本上保证了货物安全、迅速、准确、及时地运抵目的地,因而也相应地降低了货物的库存量和库存成本。同时,多式联运系通过集装箱为运输单元进行直达运输,尽管货运途中须经多次转换,但由于使用专业机械装卸,且不涉及箱内货物,因而货损货差事故大为减少,从而在很大程度上提高了货物的运输质量。

3. 降低运输成本,节省各种支出。由于多式联运可实行门到门运输,因此对货主来说,在货物交由第一承运人以后即可取得货运单证,并据以结汇,从而提前了结汇时间。这不仅有利于加速货物占用资金的周转,而且可以减少利息的支出。此外,由于货物是在集装箱内进行运输的,因此,从某种意义上来看,可相应地节省货物的包装、理货和保险等费用的支出。

4. 提高运输管理水平,实现运输合理化。对于区段运输而言,由于各种运输方式的经营人各自为政、自成体系,因而其经营业务范围受到限制,货运量相应也有限。而一旦由不同的运输经营人共同参与多式联运,经营的范围可以大大扩展,同时可以最大限度地发挥其现有设备的作用,选择最佳运输线路组织合理化运输。

(二)国际多式联运的组织形式

按组织方式和体制分类,国际多式联运的组织形式可分为协作式多式联运和衔接式多式联运两大类。协作式多式联运是指两种或两种以上运输方式的运输企业,按照统一的规章或商定的协议,共同将货物从接管货物的地点运到指定交付货物的地点的运输。衔接式多式联运是指由一个多式联运经营人综合组织两种或两种以上运输方式的运输企业,将货物从接管货物的地点运到指定交付货物的地点的运输。衔接式多式联运是多式联运的主要形式。

按联合的运输方式的不同分类,国际多式联运的组织形式可分为海陆联运、大陆桥运输、海空联运、陆空联运等。

1. 海陆联运。海陆联运(sea-land)是国际多式联运的主要组织形式,也是远东/欧洲多式联运的主要组织形式之一。这种组织形式以航运公司为主体,签发联运提单,与航线两端的内陆运输部门开展联运业务,与大陆桥运输展开竞争。

具体的做法是,内陆地区的托运人或收货人与航运企业或无船承运人签订由内陆出口地到内陆进口地的国际多式联运协议,托运人在内陆集装箱场站将货物转交承运人控制,得到多式联运提单。或者多式联运经营人派遣车辆将空的海运集装箱调拨到托运人内陆仓库,装上货物,签发多式联运提单。随后,货物通过铁路运输或公路运输运抵海运段的装货港,在装货港(也可以在内陆出口地)完成出口报关,装上远洋船舶运到预定的卸货港,再转由铁路或公路送达收货人仓库(当然也可以由收货人到港口自提货物)。

2. 大陆桥运输。在国际多式联运中,大陆桥运输是远东/欧洲国际多式联运的主要形式。大陆桥运输(land bridge transport)是指采用集装箱专用列车或卡车,把横贯大陆的铁路或公路作为中间"桥梁",使大陆两端的集装箱海运航线与专用列车或卡车连接起来的海—陆—海的一种连贯运输方式①。

① 严格地讲,大陆桥运输也是一种海陆联运形式。只是因为其在国际多式联运中的独特地位,人们将其单独作为一种运输组织形式。人们把使大陆两端的集装箱海运航线与专用列车连接起来的海—陆的连贯运输方式又称为小陆桥运输(mini-land bridge transport)。

3. 海空联运。海空联运(sea-air)又被称为空桥运输(air-bridge transport)。在运输组织方式上,空桥运输与陆桥运输有所不同:陆桥运输在整个货运过程中使用的是同一个集装箱,不用换装,而空桥运输的货物通常要在航空港换入航空集装箱。不过,两者的目标是一致的,即以低费率提供快捷、可靠的运输服务。

这种方式兼有海运的经济性和空运的速度,可以在控制运输成本的基础上缩短运输时间,因而受到了某些货主的欢迎。在远东、欧洲、中南美洲等的国际贸易中运用越来越广泛,适用于电器、电子产品、计算机和照相器材等高价值商品以及玩具、时装等季节性需求较强的商品的运输。不过,由于航空运输与海运的巨大差异,特别是海运集装箱和空运集装箱的不兼容性,导致海空联运受到一定的限制。

4. 陆空联运。长途运输(尤其是国际长途运输)中,航空与公路/铁路运输的联合十分常见,行包运输和件杂货运输,就常使用该种联合方式。在欧洲和美国,很多航空货物由卡车经长途运输到达各大航空公司的基地,再由飞机运往目的地。欧洲的许多大型航空公司为此建立了卡车运输枢纽作为公路运输经营的据点。

陆空联运(air-land)方式既弥补了全程空运费用高的弊端,又巧妙利用了航空运输枢纽的有利地位,提高了运送速度。如内地的货物首先通过公路/铁路运输方式到达香港,再借助香港航线多的优越条件利用空运转运到北美、欧洲等。

## 二、国际多式联运的经营人

在开展多式联运业务时,货物从发货人仓库到收货人仓库及到海、陆、空等运输区段,必须有人负责整个全程运输的安排、组织、协调与管理工作,这个负责人就是联运经营人,或称契约承运人。国际多式联运的经营人(multimodal transport operator,MTO)是指本人或委托他人以本人名义与托运人订立一项国际多式联运合同并以承运人身份承担完成此项合同责任的人。国际多式联运的经营人是多式联运的总承运人,对全程运输负责,对货物灭失、损坏、延迟交付等均承担责任。国际多式联运的经营人既不是发货人的代理或代表,也不是承运人的代理或代表,而是一个独立的法律实体(签订多式联运合同且负有履行责任的法人)。他们具有双重身份,对货主来说他们是承运人,对实际承运人(分承运人)来说他们又是托运人。他们一方面与货主签订多式联运合同,另一方面又与实际承运人签订运输合同。

### (一)国际多式联运的经营人应具备的技术条件

开展国际多式联运应具备比单一运输方式更为先进、更为复杂的技术条件。这些条件主要包括以下几个。

1. 建立国际多式联运线路与集装箱货运站。国际多式联运的线路,从理论上说,可以从某一国的任何一地到另一国的任何一地。但事实上这是不可能的,世界上许多经营多式联运的公司通常只能是重点办好几条多式联运线路。确定建立一条多式联运线路,首先需要进行国际货物流向、流量的调查,在此基础上,选择货物流量较大且较稳定的路线;其次要考虑联运线路的全程应具备适当规模的运输能力。此外,由于国际多式联运通常以集装箱运输为主,所以联运线路需要有一定的装卸、运送集装箱的设备条件。

2. 建立国内外联运网点。国际多式联运是跨国运输，不可能仅由一国一家完成，需要国内外有关单位的共同合作才能进行有效的联合运输。因此，经营国际多式联运必须根据业务的需要建立国内外业务合作网，不仅要在国内外的沿海、沿江港口有自己的分支机构或代理，而且在国内外的内陆大城市也要有自己的分支机构或代理，负责办理国内外运输、交接手续。多式联运经营人只有具备这样的网络才能把两种或两种以上的不同运输方式联成一体以完成一批货物的连贯运输。

3. 制定多式联运单一费率。采用单一费率是国际多式联运的基本特征之一，因此，经营多式联运要制定一个单一的联运包干费率。由于多式联运环节多，费率又是揽取业务的关键，所以制定单一费率是一个复杂而又重要的问题，需要综合考虑各种因素，使制定的费率具有竞争性，以利于联运业务的顺利进行。国际集装箱多式联运全程运费主要由运输费用（国内外内陆段运费、海运段运费或国际铁路、航空运费）、经营管理费用以及利润三大部分组成，该单一费率因货物的交接地点和业务项目的不同而异。

4. 制定国际多式联运单据。作为国际多式联运经营人，必须有自己的多式联运单据或提单。多式联运单据是经营人与货主之间运输合同的证明，它具有有价证券的性质，可以进行转让和向银行抵押贷款。

在多式联运中，当多式联运经营人收到托运人交付的货物时，应当向托运人签发多式联运单证。所谓多式联运单证，就是证明多式联运合同存在及多式联运经营人接管货物并按合同条款提交货物的证据。它由承运人或其代理人签发。

☞ 链 接

国际多式联运单证系统的组成

(1)在国际多式联运经营人与货主（托运人、收货人）之间流转的单证。由于没有可适用的国际公约，并不存在国际上认可的、统一的多式联运单证，实务中使用的多式联运单证是通过订立合同产生的，它既可以是可转让的，也可以是不可转让的，但目前以使用可转让的多式联运提单最为常见。

(2)国际多式联运经营人与各区段实际承运人之间流转的单证。这部分单证采用该区段运输方式所使用的运输单证。

关于多式联运单证的表现形式，目前并没有统一的格式。实践中，多式联运单证可以各种不同的格式、名称出现，其记载的内容和特点也可能有差别。常见的有菲亚塔的FBL（1992）、FWB（1997）以及波罗的海航运公会1995年缮制的多式联运提单，此外，很多联合运输单据，甚至联运单据的单证也时常出现在多式联运中，履行着多式联运单证的职能。

多式联运单证一般包括以下15项内容：货物品类、标志、危险特征的声明、包数或者件数、重量；货物的外表状况；多式联运经营人的名称与主要营业地；托运人名称；收货人名称；多式联运经营人接管货物的时间、地点；交货地点；交货日期或者期间；多式联运单据可转让或者不可转让的声明；多式联运单据签发的时间、地点；多式联运经营人或其授权人的签字；每种运输方式的运费、用于支付的货币、运费由收货人支付的声明等；航线、运输方式和转运地点；关于多式联运遵守公约的规定的声明；双方商定的其他事项。以上一项或者多项内容的缺乏，不影响单据作为多式联运单证的性质。

在实际业务中，多式联运提单和各区段实际承运人的货运单证的缮制大多交由多式联运经营人的各区段代理负责，多式联运经营人主要充当全面控制和发布必要指示的角色。图 10-13 以一程是公路运输、二程是海上运输、三程是铁路运输的多式联运为例，说明了多式联运经营人签发的多式联运提单及各区段实际承运人签发的运输单证的流转程序。

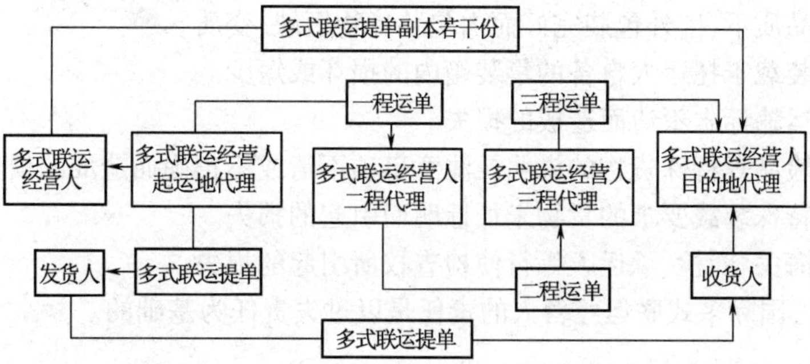


**图 10-13　多式联运提单及各区段单证的流转程序**

(二)国际多式联运经营人的责任

国际多式联运经营人的责任期间是从接受货物之时起到交付货物之时为止，在此期间，其对货主负全程运输责任。但在责任范围和赔偿限额方面，根据目前国际上的做法，可以分为统一责任制、网状责任制。此外，在某些特定情况下，多式联运经营人可免责。

1. 统一责任制。统一责任制(uniform liability system)又称同一责任制，是多式联运经营人负货物损害责任的一种赔偿责任制度。按照这种制度，统一由签发联运提单的承运人对货主负全程运输责任，即货损货差不论发生在哪一个运输阶段，都按同一的责任内容负责。如果能查清发生损害的运输阶段，联运经营人在赔偿以后，可以向该段运输的实际承运人追偿。

2. 网状责任制。网状责任制(network liability system)又称分段责任制，是多式联运经营人负货物损害责任的一种赔偿责任制度。按照这种制度，签发联运提单的承运人虽然仍对货方负全程运输的责任，但对损害赔偿不像统一责任制那样，而是按发生损害的运输阶段的责任内容负责。例如，对损害发生在海上运输阶段的，按国际货运规则办理；如损害发生在铁路或公路运输阶段，则按有关国际法或国内法处理。

具体来说，国际多式联运经营人在从接受货物起到交付货物止的过程中，主要责任有以下几项。

(1)托运人委托多式联运经营人负责装箱、计数的，后者应对箱内货物不是由于商品自身包装和质量问题而造成的污损和灭失负责。

(2)托运人委托装箱时,多式联运经营人对未按托运人要求,因积载不当、衬垫捆扎不良而造成的串味、污损、倒塌、碰撞等货损负责。

(3)多式联运经营人对在责任期间内因责任事故导致的货物损坏或灭失负责。

(4)多式联运经营人对货物的延迟交付负责。

3. 国际多式联运经营人的免责。对下述原因造成的货损或灭失,国际多式联运经营人不负责。

(1)托运人所提供的货名、种类、包装、件数、重量、尺码及标志不实,或由于托运人的过失和疏忽而造成的货损或灭失,均由托运人自行承担责任。如对多式联运经营人或第三者造成损失,即使托运人已将多式联运单证转让,托运人仍应承担责任。

(2)发生损失的货物是由托运人或其代理装箱、计数或封箱的。

(3)货物品质不良,外包装完好而内包装货物短缺、变质。

(4)货物装载于托运人自备的集装箱内的损坏或短少。

(5)由于运输标志不清而造成的损失。

(6)对危险品等特殊货物的说明及注意事项不清或不正确而造成的损失。

(7)对有特殊装载要求的货物未加标明而引起的损失。

(8)由于海关、商检、承运人等行使检查权所引起的损失。

由上可见,国际多式联运经营人的责任是以过失责任为基础的。

**【案例】**

某年1月18日,某工贸公司委托某货运代理办理一批参加巴拿马国际博览会的展品货物的出口运输,并向其递交了一份出口货物托运单。1月22日,货运代理签发了一份全程多式联运提单,提单载明:海运船舶为驶往巴拿马的定期班轮"N"轮。货物由汽车运往香港,装上"N"轮,中途曾被卸下,由他船转运至巴拿马。货物运抵巴拿马,已超过合同约定的期限,未能参展。该工贸公司遂向法院提起诉讼,认为:由于被告擅自转船,导致货物迟延交付,错过了参展日期,因此,要求被告赔偿其经济损失。法院审理认为:被告擅自将承运的货物转船运输,是导致货物延期运到的根本原因,被告不能证明有转船的必要,应承担不合理转船造成货物延误的责任。

案例分析:

本案中,被告某货运代理以自己的名义签发全程多式联运提单,其作为多式联运经营人的地位是毫无异议的。尽管货运代理对于转船无实际过错,但这并不能免除其作为多式联运经营人对全程运输应负的责任。

## 三、国际多式联运的业务运作

国际货物多式联运业务主要包括:与发货人订立多式联运合同,组织全程运输,完成从接货到交付过程的合同事项等基本内容。由于多式联运是依托不同运输方式、跨国跨地区的物流业务,是不同运输方式的组合,其具体业务运作也不尽相同。

例如,CIF 条件下国际集装箱铁—海多式联运[1]出口业务主要包括如下环节:接受托运申请,订立多式联运合同→编制作业计划,(向铁路部门、船公司)订车、租船订舱→提取空箱,安排货物进库场→办理货物装车→报检报关→签发全程多式联运提单→传递货运信息和寄送相关单证→办理货物在中转港的海关手续及制作货运单据→货交船公司,船公司签发提单→传递货运信息及寄送相关单证→提取货物与交付货物→货物事故处理。

(一)国际多式联运经营人的出口运作

总体来说,国际多式联运经营人的出口运作大致需要经过:营销揽货→接受托运申请,订立多式联运合同→编制作业计划,(向铁路部门、船公司、航空公司)订车、租船订舱→接货、空箱发放、提取、装箱、运送→出口报检报关→办理货物保险→签发多式联运提单,组织完成货物的全程运输→单证寄送→办理运输过程中的海关业务→货物交付→货物事故处理等环节。

1. 营销揽货。营销揽货环节的工作内容就是向货主承揽运输业务。经过与竞争者的费率进行比较,调整各种费用报价,访问货主拟委托的业务项目并向货主提出报价单,报价经货主接受后,双方签订协议书,正式成交。

2. 接受托运申请,订立多式联运合同。多式联运经营人根据货主提出的托运申请和自己的运输线路等情况,判断是否接受该托运申请。如果能够接受,则双方协定有关事项后,签订多式联运合同。

3. 编制作业计划,订车、租船订舱。多式联运经营人接受货主委托后安排相关作业。例如:

其一,总承运人与分承运人及运输的各连接点之间签订合同,与船公司、航空公司、铁路部门、具体作业的部门、仓库、港口、商检、理货签订合同。合同可以有不同的方式,有的签订正式合同,有的延用已有的协议,有的办理委托手续,或填写委托书、申请表。

其二,收集托运人出口所需的各种单证。

其三,编制作业计划,填制作业安排书。作业计划应包括货物的运输线路、区段的划分、各区段实际承运人的选择确定及各区段间衔接地点的到达、起运时间等内容。货物运输计划的安排必须科学并留有余地。工作中应相互联系,根据实际情况调整计划,避免彼此脱节。

其四,国际多式联运经营人根据具体情况向合适的实际区段的承运人租船、订舱或要求列车车皮进行货物运输。多式联运经营人向分承运人租船订舱或订车是经营人独立的业务活动,与货主无关。

4. 接货、空箱发放、提取、装箱、运送。国际多式联运经营人按托运人的托运要求,安排运输线路、接货,安排内陆运输、仓储。多式联运中使用的集装箱一般应由经营人提供。这些集装箱的来源可能有三个:一是经营人自己购置使用的集装箱;二是向租箱公

---

① 这里所说的国际集装箱铁—海多式联运出口,是指货方采取铁—海联运方式,在内地口岸将出口集装箱装上铁路集装箱班列,由铁路集装箱班列将货物运至集装箱码头后,换装海运船舶,由海运船泊继续将集装箱运至目的港,并交付收货人。

司租用的集装箱,这类集装箱一般在货物的起运地附近提箱而在交付货物地点附近还箱;三是由全程运输中的某一分运人提供,这类集装箱一般需要在多式联运经营人为完成合同运输,与该分运人(一般是海上区段承运人)订立分运合同后方可获得使用权。

如果双方协议由发货人自行装箱,则多式联运经营人应签发提箱单或者租箱公司或分运人签发的提箱单交给发货人或其代理人,由他们在规定的日期到指定的堆场提箱并自行将空箱托运到货物装箱地点,准备装货。如发货人委托,亦可由经营人办理从堆场到装箱地点的空箱托运(这种情况需加收空箱托运费)。

如是拼箱货(或是整箱货但发货人无装箱条件而不能自装)时,则由多式联运经营人将所用空箱调运至接受货物的集装箱货运站,做好装箱准备。

若是发货人自行装箱,发货人或其代理人提取空箱后在自己的工厂和仓库组织装箱。装箱工作一般要在报关后进行,并请海关派员到装箱地点监装和办理加封事宜。如需理货,还应请理货人员现场理货并与之共同制作装箱单。如是拼箱货物,发货人应负责将货物运至指定的集装箱货运站,由货运站按多式联运经营人的指示装箱。

无论装箱工作由谁负责,装箱人均需制作装箱单,并办理海关监装与加封事宜。

由货主自装箱的装箱货物被运至双方协议规定的地点,多式联运经营人或其代表(包括委托的场站业务员)在指定地点接收货物。如是拼箱货,经营人在指定的货运站接收货物。验收货物后,代表联运经营人接收货物的人应在堆场收据正本上签章并将其交给发货人或代理人。

国际多式联运经营人按托运人的托运要求将货物送至实际承运人指定的车站、堆场或港口,实际承运人向多式联运经营人签发提单或运单。

5. 出口报检报关。若联运从港口开始,则在港口报检报关;若从内陆地区开始,应在附近的内陆地点办理报检报关。出口报检报关事宜一般由发货人或其代理人办理,也可委托多式联运经营人代为办理。

6. 办理货物保险。在发货人方面,应投保货物运输险。该保险由发货人自行办理,或由发货人承担费用由多式联运经营人代为代理。货物运输保险可以是全程,也可分段投保。

在多式联运经营人方面,应投保货物责任险和集装箱保险,由经营人或其代理人负责办理。

7. 签发多式联运提单,组织完成货物的全程运输。多式联运经营人的代表收取货物后,经营人应向发货人签发多式联运提单。在把提单交给发货人前,应注意按双方协定的付费方式及内容、数量,向发货人收取其全部应付费用。

多式联运经营人有完成和组织完成全程运输的责任和义务。在接收货物后,要组织各区段实际承运人、各派出机构及代表人共同协调工作,完成全程中各区段的运输、各区段之间的衔接工作以及运输过程中所涉及的各种服务性工作,并做好运输单据、文件及有关信息等的组织和协调工作。

国际多式联运经营人要做好货物运输过程中的跟踪监管,定期向发货人或收货人发布货物位置等信息,通知其货物抵达目的地的时间,并要求目的地代理人办理货物进口手续。

8. 单证寄送。货物装船(车、飞机)发运后,国际多式联运经营人将船名(车号、航空运单号)、集装箱、发运日期、中转地、目的地等项内容,先以电传通知国外代理,然后填制发运单或指示(shipping notification, shipping instruction),连同联合运输单据副本、承运单证、装箱单等有关发运单据寄国外代理,由其凭以办理接货、交货或转运工作。

9. 办理运输过程中的海关业务。按照国际多式联运的全程运输(包括进口国内陆段运输)均应视为国际货物运输,因此,该环节工作主要包括货物及集装箱进口国的通关手续、进口国内陆段保税(海关监管)运输手续及结关等内容。如果陆上运输要通过其他国家海关和内陆运输线路,则还应包括这些海关的通关及保税运输手续。

这些涉及海关的手续一般由多式联运经营人的派出机构或代理人办理,也可由各区段的实际承运人作为多式联运经营人的代表代为办理。由此产生的全部费用,应由发货人或收货人负担。

如果货物在目的港交付,则结关应在港口所在地海关进行。如在内陆地交货,则应在口岸办理保税(海关监管)运输手续,海关加封后方可运往内陆目的地,然后在内陆海关办理结关手续。

10. 货物交付。当货物运至目的地后,由国际多式联运经营人在目的地的代理通知收货人提货。收货人需凭多式联运提单提货,多式联运经营人或其代理人需按合同规定,收取收货人应付的全部费用,收回提单并签发提货单(交货记录),提货人凭提货单到指定堆场和地点提取货物。如是整箱提货,则收货人要负责至拆箱地点的运输,并在货物取出后将集装箱运回指定的堆场,运输合同方告终止。

11. 货运事故处理。如果全程运输中发生了货物灭失、损害和运输延误,无论是否能确定损害发生的区段,发(收)货人均可向多式联运经营人提出索赔。多式联运经营人根据提单条款及双方协议确定责任,并作出赔偿。如果确知事故发生的区段和实际责任者,多式联运经营人则可向其进一步进行索赔。不能确定事故发生的区段时,一般按在海运段发生处理。如果已对货物及责任投保,则存在要求保险公司赔偿和向保险公司进一步追索的问题。如果受损人和责任人之间不能取得一致意见,则需通过在诉讼时效内提起诉讼和仲裁来解决。

### (二)国际多式联运经营人的进口运作

国际多式联运经营人的进口运作的业务主要包括一些环节:接受托运申请,订立多式联运合同→向船公司、铁路部门或航空公司申请订车、租船订舱→收货人通知托运人准备集装箱装船等事宜→签发全程多式联运提单和收取海运提单→传递货运信息和寄送相关单证→办理货物在中转港的海关转关手续及制作货运单据→办理海关手续,提取货物与交付货物。

## 四、国际多式联运运费

国际多式联运路线长、环节多,费率的构成很复杂,但一般都制定单一的费率,向托运人一次收取即可。费率的制定主要考虑如下因素。

其一，两种以上运输方式各区段的运费。如海空陆联运，需支付海运费、空运费、陆运费。

其二，装运港包干费。装运港包干费主要包括：内陆运费，如公路费用（包括过桥过境费）等；市内运费，如提箱费、仓库到仓库、仓库到机场、港口、码头等费用；仓储费；装拆费；报关费；港建费、港杂费；服务费；等等。包干费率有大包干和小包干之分。例如，国际多式联运经营人从南京托运人仓库接货到上海港货物装船为止，所需费用总称为大包干费；货物从南京托运人仓库由托运人将货物送至上海国际多式联运经营人仓库，以后由上海国际多式联运经营人安排货物直至港口装上船为止所需的费用称为小包干费。无论大包干费还是小包干费，其费率的构成内容是一样的。

其三，中途港的中转费用，包括目的地交货前的费用。也就是说货物到了中转港，由一种运输方式转移至另一种运输方式所产生的各种费用。这种费用主要有中途运费、堆存费、吊卸吊装费，必要时还有拆装箱费、服务费等。

其四，特殊费用与适当利润。

## 复习题

1.名词解释：集装箱运输、CFS、FCL、LCL、截单期、集拼、包箱运价、国际多式联运、统一责任制、网状责任制。

2. 简述集装箱运输的特点。

3. 除货主及其代理人外，集装箱运输的关系人还主要包括哪些？

4. 列举集装箱货物的交接方式（5种以上）。

5. 从货运代理的角度，简述出口货物集装箱运输的流程。

6. 分别阐述集拼进出口业务的做法。

7. 简述集装箱运输的运费构成。

8. 国际多式联运有何特点？

9. 国际多式联运的经营方式主要有哪几种？

10. 简述国际多式联运出口业务。

## 案例分析

1.某轮从广州港装载杂货——人造纤维，体积为20立方米、毛重为17.8吨，运往欧洲某港口，托运人要求某货运代理选择卸货港 Rotterdam 或 Hamburg，Rotterdam 和 Hamburg 都是基本港口，基本运费率为 USD80.00/ft，三个以内选卸港的附加费率为每运费吨加收 USD3.0，“W/M”。

问题：(1)该托运人应支付多少运费（以美元计）？(2)如果改用集装箱运输，海运费的基本费率为 USD1 100.00/TEU，货币附加费 10%，燃油附加费 10%。改用集装箱运输时，该托运人应支付多少运费（以美元计）？（3）若不计杂货运输和集装箱运输两种运输方式的其他费用，货运代理从节省海运费的角度考虑是否应改用集装箱运输？

2.广西某进口公司与香港一家公司达成交易，购买镀锌铁皮 150 吨，由香港装船，条件为 CIF 黄埔。该 150 吨铁皮装在 9 个 20 尺集装箱内，装船以后，卖方取得清洁提单向在香港的中国银行结汇，银行核对单证与信用证相符，给予结汇。该船到黄埔卸货，进口公司提货时，集装箱铅封完整，但拆箱后发现装的是旧铁桶，铁桶内装的不是镀锌铁皮而是污水，当即经商品检验局检验，并作出检验报告。进口公司一方面立即电话通知香港中国银行要求停付，但该批货款早已提走；另一方面派人去香港找卖方公司索赔，也早已人去楼空。该进口公司又向船公司提出索赔。

问题：船公司有无责任？广西某进口公司从本案中应取得哪些教训？

3. 新疆 A 畜产品进出口公司有一批山羊绒出口到英国利物浦，价值为 199 463.30 英镑。国际多式联运方式运输，自发货到收到提单用了 17 天，国际多式联运运费折合人民币 10 794.73 元。

新疆 B 畜产品进出口公司同样出口一批山羊绒到英国利物浦，价值也为 199 463.30 英镑。采用先铁路运输到上海再海运方式运输，自发货到收到提单用了 35 天，运费折合人民币为 15 818.72 元。

新疆 A 畜产品进出口公司由于比新疆 B 畜产品进出口公司提前议付结汇 18 天，还节省了货款利息人民币 2 084.63 元。

问题：结合上述资料，分析国际多式联运的优越性。

4. 甘肃某多式联运经营人从天水车站发运一个 20 英尺的集装箱，箱内装有艺术陶瓷，经满洲里去波兰华沙。货物发运后 1 年，国外收货人尚未收到货，经多式联运经营人及其总公司多次与国外代理联系查找，尚无货物下落。多式联运经营人哈萨克斯坦代理虽电传答复货在俄罗斯段，但又说不清在俄罗斯段何处。这样造成国外收货人拒付货款，直接经济损失 5 万美元。

问题：在责任一时不能查清的情况下，该多式联运经营人是否应该进行赔付？如果需要赔付，它该如何减少其损失？

案例分析参考答案

# 第十一章

# 保税物流、跨境电商物流

## 学习目标

- 了解保税货物的分类、特点及海关监管特征
- 理解保税物流的特点及保税物流的主要业务功能
- 了解我国保税物流的发展过程及我国保税物流的结构体系
- 了解我国保税物流的主要形式及相关业务运作
- 掌握保税仓库和出口监管仓库、保税物流中心、区港联动—保税物流园区和保税港区、综合保税区、自贸试验区各自的功能、政策优势和监管要求
- 掌握跨境电商的基本做法及其物流运作

国际物流的流体即国际贸易货物,进入一国海关时,因监管方式不同,主要分为一般贸易货物和保税货物。保税物流是国际物流与国内物流的“接力区”物流,是国内物流和国际物流在海关特殊监管区域及场所的延续。

随着“互联网+”的发展,以跨境电子商务(简称跨境电商)为代表的新型贸易近年来发展加快,鉴于保税区的功能和政策优势,保税区发货成为跨境电商企业的主要业务方式。

本章主要阐述:保税货物与保税物流的含义与特点;保税物流的体系以及主要形式的业务运作;区港联动—保税物流园区、保税港区;自贸区的政策优势、功能与业务运作;跨境电商的运作与物流模式。

## 第一节　保税货物与保税物流

“保税”,从字面上理解,即海关对货物“保留征税权”,是指经海关批准,对进口货物暂不征税,而采取保留征税予以监管,货物进口后,暂不缴纳相应关税的一种状态。保税制度①,是指经海关批准的境内企业所进口的货物,在海关监管下在境内指定的场所储存、加工和装配,并暂缓缴纳各种进口税费的一种海关监管业务制度。保税制度能够使出口企业简化出口手续,减少因纳税而造成的资金占用和利息成本,有利于国内出口加工企业的开办和经营,也有利于实行保税制度的口岸城市的繁荣。

**链　接**

保税“保”的是什么税

按照我国现行海关制度和关税制度,保税主要保的税是进口环节税,包括关税、反倾销税、进口环节增值税以及特殊商品的消费税四个税种。

海关对进口货物是否要征税,要依据进口货物的最终流向而定,一般包括三种情况:进口货物实行保税后,经过仓储加工等物流活动后,复运出口即运离我国国境的,进行核销处理,办结海关核销手续,不发生进口环节税收;经过仓储加工等物流活动后把产品内销的(即销往我国国内),要按照国家规定交验进口货物所需的相关批准文件并缴纳进口环节税收;虽然保税货物销往国内,但是销给可以免税进口货物的企业或单位,由进口该货物的企业单位向海关申请免税进口,取得免税进口许可,该货物可以免税内销。

① 保税制度最早产生于中世纪诸侯分立的欧洲。在16世纪中期,意大利的里窝那港口成为世界上第一个实行保税制度的城市,并产生了最初的保税形式——保税储存制度。

## 一、保税货物的特点、分类及海关监管

《中华人民共和国海关法》(以下简称《海关法》)对“保税货物”(bonded goods)的定义是:“经海关批准未办理纳税手续进境,在境内储存、加工、装配后复运出境的货物。”海关对保税货物进境时暂缓征税,待货物进境储存或加工后的去向确定,再决定征税或免予征税。如果储存或加工的成品在海关规定的期限内复运出境,则免税;如转为在境内销售,海关则补征税款(如图 11-1 所示)。

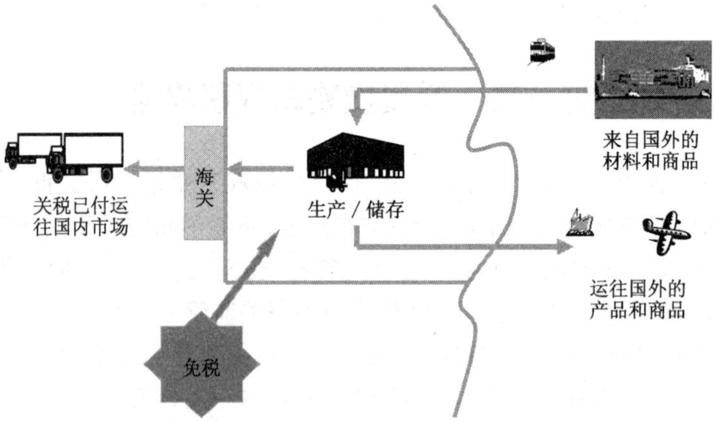


**图 11-1　保税货物的海关监管示意**

(一)保税的形式

海关保税制度的形式主要有两种:一是海关保税储存制度;二是保税加工制度。在这一制度下,货物暂准进口的目的虽各不相同,但原则上都要复运出口,既可加工为新产品出口,也可原状复出口。保税的形式主要分为保税储存和保税加工。

1. 保税储存。保税储存是指进口货物在海关监管下储存于指定场所,并暂缓缴纳进口税的一种保税形式。保税储存的目的在于使进口货物在暂缓缴纳进口税的状态下暂时存放于保税仓库,等待最终进入贸易或生产环节。因此,保税储存是一种以仓库为依托,以储存为基础的保税形式。

2. 保税加工。保税加工是指拟用于制造、加工的货物在海关监管下暂缓缴纳进口税,作为原料、材料、辅料、零部件、元器件、配套件和包装物料及半成品临时进口,经加工后复运出口的一种保税形式。

(二)保税货物的基本特点

1. 特定目的。我国《海关法》将保税货物限定于依两种特定目的而进口的货物,即进行贸易活动(存储)和加工制造活动(加工、装配)。将保税货物与为其他目的暂时进口的货物(如工程施工、科学实验、文化体育活动等)区别开来。

2. 暂免纳税。《海关法》第 43 条规定:“经海关批准暂时进口或暂出口未离境的货

物,以及特准进口的保税货物,在货物收货人、发货人向海关缴纳相当于税款的保证金或者提供担保后,准予暂时免纳关税。”保税货物未办理纳税手续进境,属于暂时免纳,而不是免税,待货物最终流向确定后,海关再决定征税或免税。若经批准转为内销,则必须缴纳进口关税和进口环节税,保税加工货物还须加收缓税利息。

3. 复运出境。复运出境是构成保税货物的重要前提,保税加工货物一般必须复运出境,经批准方可转为内销。

4. 在境内储存或加工、装配。保税加工货物必须依照我国对保税加工货物的管理规定,在境内加工装配后复运出口。一般不允许未经加工、装配原状复出口,无正当理由且未经批准办理有关内销手续,不允许内销。

5. 保税货物是海关监管货物。保税货物必须经海关批准。海关对符合保税货物条件的,核发加工贸易电子账册或电子化手册;批准设立保税仓库、出口监管仓库、保税物流中心、保税工厂和保税集团;核准保税仓库、出口监管仓库、保税物流中心、保税区、出口加工区、保税物流园区和保税港区、综合保税区的保税业务等。

(三)保税货物的分类

根据我国海关保税制度的以上两种形式,保税货物按货物流通的目的以及是否改变基本物质形态来划分,可以划分为保税物流货物和保税加工货物(见图 11-2)。

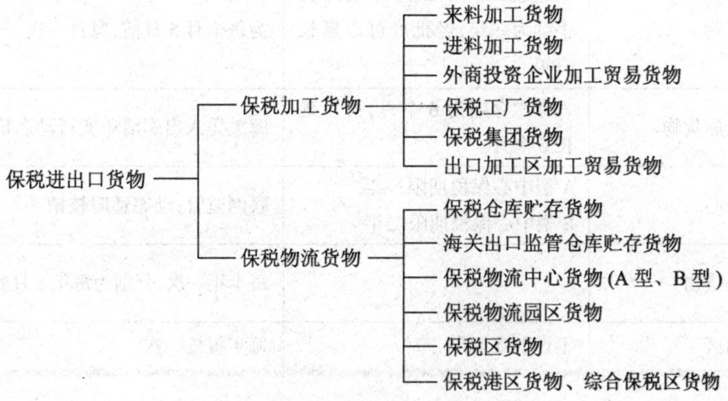


图 11-2 保税货物的分类

保税物流货物,是指经海关批准未办理纳税手续进境,在境内储存后复运出境的货物,也称为保税仓储货物,这类货物保税存储期间不得进行实质性的加工。

保税加工货物,基本上是专为开展实质性的加工贸易而进口的料件、包装物和半成品,以及加工后的产成品,但其通关手续以及会计处理要比保税物流货物复杂。

(四)保税货物的监管特征和报关的基本程序

1. 保税货物的监管特征和要求。保税货物的海关监管特征可以概括为批准保税、暂缓纳税、监管延伸和核销结关。其监管要求如图 11-3 所示。

保税加工货物、保税物流货物的保税期限和核销期限如表 11-1 所示。

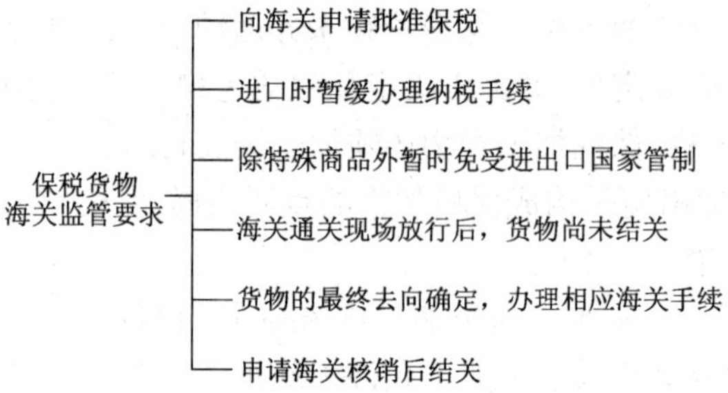


**图 11-3　保税货物的监管要求**

**表 11-1　保税加工货物、保税物流货物的保税期限及核销期限**

| 保税货物种类 | | 保税期限 | 核销期限 |
|---|---|---|---|
| 保税加工 | 加工贸易保税货物 | 一般保税期限为一年,经批准可以延长一年 | 按照保税期限到期后 30 天内或合同期满或最后一批成品出口后 30 天内 |
| | 出口加工区保税货物 | 从进境区起至出区出境或出区结海关手续止 | 每半年一次,分别每年 6 月底和 12 月底以前 |
| 保税物流 | 保税仓储货物 | 从进境入库至出库办结海关手续为一年,经批准可以延长一年 | 为每个月 5 日前,每月一次 |
| | 出口监管仓库货物 | 入库贮存期为 6 个月,可以延长 6 个月 | 海关凭入出库清单实行动态核销 |
| | 保税物流中心 | A 型中心保税期限一年<br>B 型中心保税期限二年 | 联网监管,动态适时核销 |
| | 保税区保税货物 | | 每半年一次,分别为每年 6 月底和 12 月底前 |
| | 保税物流园区 | 不设贮存期限 | 每年报核一次 |

2.保税货物的基本报关程序。保税货物的通关与一般进出口货物不同,其报关程序除了与一般进出口报关程序同样有进出境报关阶段以外,还有海关前期监管阶段(即备案申请保税阶段)、海关后续监管阶段(即申请报核结案阶段)。

保税货物的报关程序可以概述为三大步骤:备案申请保税→进出境报关→报核申请结案。

(1)备案申请保税。备案是保税货物向海关办理的第一个手续,须在保税货物进口前办妥。它是保税业务的开始,也是经营者与海关建立承担法律责任和履行监管职责的法律关系的起点。

(2)进出境报关。保税货物从境外进入境内时,在海关进出境现场监管阶段,享受的是暂缓征税的待遇,海关放行后在加工储存期间仍是海关监管货物。当其最后的流向是运往境外时,海关免于征税;当其最后的流向是进入境内销售时,应按照用途向海关办理相应的报关手续。因此,保税货物的进出境报关分为两种情况:第一,保税货物与境外间的进出境报关;第二,保税货物与境内间视同进出口报关。

【案例】保税货物报关

上海KB机械设备有限公司,是上海外高桥保税区内一家从事数控机床制造的有限公司。某年5月,从日本进口一批数控芯片用于生产加工。当年10月,因少数国外客户临时取消订单,公司决定将区内生产的其中18台机械设备成品转售至山西MT公司。那么,上海KB机械设备有限公司和山西MT公司应办理哪些报关手续?

案例分析:

本案中KB机械设备有限公司应当办理企业生产设备从境外入区报关和货物出区内销报关手续。山西MT公司应办理一般进口货物报关手续。

(1)企业生产设备从境外入区报关。从境外入区的区内企业生产所需的机器设备,海关免征进口关税和进口环节海关代征税,免交进口许可证件。报关的主要内容如下:

货物到港前使用金关二期海关特殊区域管理系统办理物流账册备案手续(备料号、商品名称、单价、原产国、币值),制作进口核注清单。进口核注清单生成进口货物报关单;查询运抵信息,处于预报状态后,即可通过海关特殊区域管理系统向海关申报进口报关手续;舱单运抵信息为确报状态后,海关查验放行,将打印的进口报关单及放行通知书加盖报关专用章后,传给港口操作代理供办理港口提货手续;货物由普通车辆从码头承运至保税区内;通过海关特殊区域管理系统制作核放单,货物入区。

(2)货物出区内销报关。保税区加工贸易成品转为内销的,按照一般进口货物办理进口手续,海关按照内销时的实际状态或者该批货物折算的料件进口时的状态征收进口关税,按货物进口时实际状态征收增值税和进口环节代征税,并交验许可证件。报关的主要内容如下:

使用金关二期海关特殊区域管理系统制作出口核注清单向海关申报,上传相关商业单证、运输单证、审批单证、许可证件及其他海关认为必要时需交验的有关单证和资料;海关审批通过后,由出口核注清单关联生成进口货物报关单,发送海关;办理缴税(电子支付)手续,海关放行;制作核放单,货物出区。

(3)山西MT公司报关。区外山西MT公司作为机械设备的进口方,需向保税区海关申请报关,按照一般进口货物办理报关手续。

(3)报核申请结案。保税货物应在海关规定的时限内向海关办理核销结案手续,这是海关后续管理阶段的监管内容。具体办理核销结案的环节是:企业申请报核→海关受理→实施核销→结关销案。

## 二、保税物流

保税物流是国际物流的重要组成部分,是指保税状态下货物在保税监管区域、场所或网点间的流动以及为实现这一流动而进行的计划、管理和控制过程。保税物流活动包括保税货物在供应销售链上的采购、存储、简单加工、增值服务、检测、维护、配送、分拨、分销、运输、流转和调拨等,不含加工贸易企业生产链上的物流和传统的口岸通关物流。企业享受海关实行的“境内关外”制度以及其他税收、外汇、通关方面的特殊政策。

保税物流的运作解决了跨国企业的国际采购与销售问题,可以实现四流(信息流、资金流、单证流、物流)合一。保税物流的产生其实就是国际化分工的结果,是制造、研发、采购、销售分离的结果,同时也是国际税负(包括关税、增值税、消费税)不均衡造成的结果。

## 三、保税物流的特点和功能

保税物流与一般的国际物流没有本质区别,同样追求降低运营成本、提高运作效率与反应速度。但货物在进出口过程中处于保税状态,在海关的监管下进行运输、存储和加工等物流活动。

### (一)保税物流的主要特点

1. 属于制度物流。保税物流是因保税制度引致的物流,因保税制度的建立发展而产生发展,是物流的一种特例,其活动要符合国家的保税管制规范。

2. 系统边界交叉。保税物流货物在地理上是在一国的境内(领土),从移动的范围看应属于国内物流,但保税物流却具有明显的国际物流的特点,例如,保税区、保税物流中心及区港联动皆具有“境内关外”的性质,所以可以认为保税物流是国际物流与国内物流的“接力区”物流,是国内物流和国际物流在海关特殊监管区域及场所的延续。保税物流的活动区域是海关特殊监管区域及场所,是国际物流与国内物流的特殊连接点。

3. 流体特殊。国际物流的流体即国际贸易货物,进入一国海关时,因监管不同,分为一般贸易货物和保税货物。一般贸易货物在进境结关后即可自由流动,而保税物流的流体是保税货物,虽然通关放行了,但因缓税缓征,属于尚未结关的货物,还是海关监管的货物。所以,保税物流是不完全自由的物流,其货物的运输、仓储、加工和增值服务等活动,以及为上述物流活动提供的设施等均要经海关审批,向海关申报,接受海关监管。

4. 流向既定。保税货物从口岸海关验货场经海关验放放行后,处于保税状态,尚未缴纳关税,尚未办结海关手续,但可以在一定的保税条件下继续流转,这“一定条件”就是指必须在海关监管下进行物流,只能在海关监管区域或场所进行物流活动。其流动范围仅限于海关监管的区域场所,包括进口货物在口岸与海关特殊监管区域、海关保税场所之间或在海关特殊监管区域与海关保税监管场所内部和这些区域、场所之间,以及境内区外出口货物与海关特殊监管区域、海关保税监管场所之间流转。

5. 全过程管理。一般贸易货物的通关基本程序包括申报、查验、征税和放行,是“点式”管理,而保税货物是从入境、储存或加工到复运出口的全过程,货物入关是起点,核销结案是终点,是全过程的“线性”管理。

6. 物流要素扩大化。物流的要素一般包括运输、仓储、信息服务和配送等,而保税物流除了具有这些物流的基本要素外,还包括海关监管、口岸、保税、报关和退税等关键要素。这些要素紧密结合构成完整的保税物流体系。保税物流是加工贸易企业供应物流的末端和销售物流的发端。保税物流的运作效率直接关系到企业的正常生产与供应链的正常运作,构建通畅、高效率的保税物流系统是海关、物流企业和口岸等高效协作的结果。完善的政策体系、一体化的综合物流服务平台必不可少,例如,集成商品流、资金流和信息流的保税物流中心或保税物流园区是发展保税物流的主要模式之一。

7. 需要海关审批备案和海关监管。保税货物必须经海关批准或备案,按海关要求进行储存和加工等物流活动。储存或加工保税货物的企业及其仓库和管理制度都有特殊要求,达到海关监管条件,并要经过海关批准和验收方可接受保税业务。保税物流的运输企业和运输工具要向海关备案,接受海关监管,承担保税货物运输途中非不可抗力因素引起货物毁损灭失的缴税义务等;而普通物流的运输企业和运输工具,只要符合所装运货物的物理要求即可投入营运。

(二)保税物流的主要业务功能

保税物流主要是保税加工货物、保税仓储货物和出口监管货物的物流活动,是以保税加工和仓储为目的在海关监管区域或场所进行的物流活动,其主要业务功能包括:保税运输;保税仓储;保税加工;流通性简单加工(增值服务);国际贸易、转口贸易和国际中转;进口分拨;国际采购、分销和配送;商品展示服务;检测、维修服务等加工和物流活动。

保税运输又称监管运输,是指经海关批准的保税货物可以在保税监管区域或场所之间(仅限于这些场所间)原封不动地运输,即在海关监管下保税货物的运送活动。保税运输的主要功能是为了提高保税仓库的利用率并保证保税货物的移动。

保税仓储是指进出口货物在保税状态下,运至保税监管区域或场所进行保管、储存或流通性加工的经营活动。在保税储存期间,不征收进口关税,免交进出口批文,不受配额及许可证限制,可以节约大量税金,增加资金流动性。

保税加工是指经营企业进口全部或者部分原辅材料、零部件、元器件和包装物料(以下简称料件),经加工或者装配后,将制成品复出口的经营活动,包括来料加工和进料加工。

流通性简单加工(增值服务)是指对货物进行分级分类、分拆分拣、分装、计量、组合包装、打膜、加刷唛码、刷贴标志、改换包装和拼装等辅助性简单作业的总称。

国际转口贸易是指进口货物在保税区存储或经简单加工后,即转手出口到其他目的国和地区;充分利用保税区内免领进出口许可证、免征关税和进口环节增值税等优惠政策,利用国内外市场间的地区差、时间差、价格差和汇率差等,在保税仓内实现货物国际转运流通、加工刷唛、贴标签、再包装和打膜等,最终再运输到目的国。

国际中转是指由境外启运,经中转港换装国际航线运输工具后,继续运往第三国或地区指运口岸的货物。

进口分拨是指从世界各地进口的货物(包括国内转至保税仓的货物)可以暂存在保税区,进行分拣、简单加工和拆拼箱后,根据国内采购商的需求进行批量送货,以减轻收货人的进口税压力及仓储负担。

国际采购又称全球采购,是指在全球范围内寻找供应商,寻找质量最好、价格最合理的产品,是利用全球资源的贸易活动。

商品展示服务是指国外大宗商品如设备及原材料等,可存放在保税区域或保税仓库,进行保税存放,并可常年展示。展示结束后可以直接运回原地,可以避免高昂的关税和烦琐的报关手续。

检测、维修服务是指发往国外的货物因品质或包装问题退运,须返回工厂检测或维修的。检测维修服务可利用保税区域或保税仓库的保税功能,简化报关程序,不需缴纳进口税,待维修完毕后,直接复出口。

## 第二节 保税物流的形式与体系

我国保税物流发展很快,基本形成了保税仓库和出口监管仓库、出口加工区、跨境工业区、保税区、保税物流中心(A 型、B 型)、保税物流园区、保税港区、综合保税区、自由贸易试验区等多种海关特殊监管区域和保税物流场所,并初步形成了"以区港联动为龙头、以保税物流中心为枢纽,以优化的公共型、自用型保税仓库和出口监管仓库为网点"的多元化保税仓储物流监管体系。

### 一、我国保税物流的发展

我国保税物流的发展过程如图 11-4 所示。

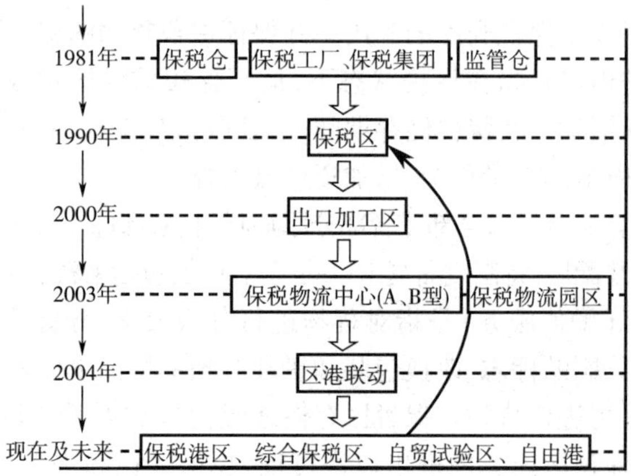


图 11-4 我国保税物流的发展

从图 11-4 看,我国保税物流是随着海关保税监管区域或场所的发展与改革创新而逐步成长起来的,其发展可以划分为传统保税物流与现代保税物流两个阶段。

传统保税物流阶段(20 世纪 80 年代初至 2002 年),我国的保税物流主要表现为保税仓库、出口监管仓库、保税区和出口加工区等形式。

现代保税物流阶段(2002 年至现在),我国的保税物流主要表现为区港联动—保税物流园区、保税物流中心和保税港区、综合保税区、自由贸易试验区等形式。

### 二、我国保税物流的体系

从我国保税物流发展的历史沿革看,保税物流的发展有三个特点:一是保税物流的发展与加工制造业的发展密切相关;二是海关以监管的主动转型来适应外界形势发展的不断变化;三是我国保税物流的发展呈现出需求旺、变化快、新情况多的特点,正进入发展的快速成长期。

(一)我国保税物流的结构体系

目前,我国已基本建立起以保税加工、保税仓储和区域保税为主要内容的具有中国特色的保税制度,形成了保税仓库、出口监管仓、跨境工业区、保税区、出口加工区、保税物流园区、保税物流中心(A 型和 B 型)和保税港区、综合保税区、自由贸易试验区等多种海关特殊监管区域和保税物流场所。目前我国的保税物流体系结构如图 11-5 所示。

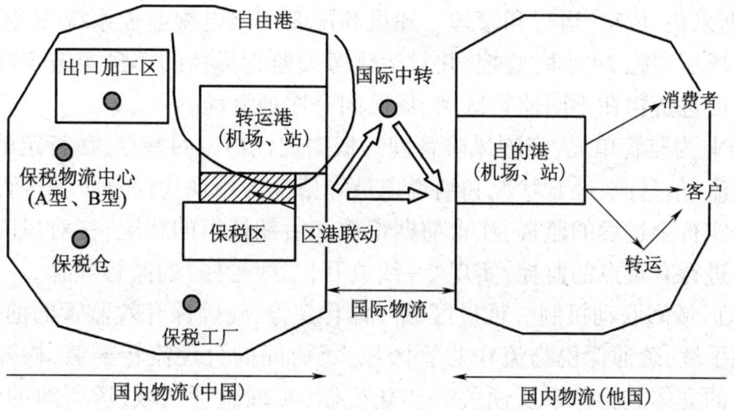


图 11-5　中国保税物流体系结构

(二)我国保税物流的监管体系

《海关法》第 34 条规定:“经国务院批准在中华人民共和国境内设立的保税区等海关特殊监管区域,由海关按照国家有关规定实施监管。”

保税监管是海关依据法律、行政法规和部门规章,对享受保税政策的进出口货物或物品在保税状态下研发、加工、装配、制造、检测和维修等生产链全过程,以及采购、运输、储存、包装、刷唛、改装、组拼、集拼、分销、分拨、中转、转运、配送和调拨等简单加工及增值服务等供应链的全过程,实施备案、审核、核准、查验、核查和核销等监管的行政执法行为。

1. 保税物流的监管法规。现代物流的跨越式发展离不开相关立法和政策的配套跟进,保税物流的发展也同样如此。我国海关对特殊监管区域的主要法律、法规和规章有《海关法》《海关对保税货物和保税仓库监管暂行办法》《海关对出口监管仓库及所存货物的管理办法》《保税区海关监管办法》《海关对出口加工区监管的暂行办法》《海关对保税物流中心的暂行管理办法》《海关对保税物流园区监管的暂行办法》《海关保税港区暂行管理办法》《中国(上海)自由贸易试验区管理办法》等。

2. 保税物流的监管体制。我国对特殊监管区域的管理沿用的是中央和所在城市政府两级管理体制。特殊监管区域的运营机构——管理委员会作为地方政府的派出机构负责特殊监管区域的行政管理、投资开发和财政活动,协助海关、边防、商检和外汇等行政管理机构的监管、服务活动，依法行政，确保区内的商业秩序。管理委员会一般组建承担土地开发、特殊监管区域原有公共设施运营的经济实体，实行商业化运作。

3. 保税物流的监管手段。我国主要通过流程再造（通过简化、同步和自动化等方法对各类流程进行改造）、建设一体化的物流中心，以及应用新技术（主要包括监控智能化、数据采集自动化、数据传输电子化、业务审批网络化和建设区域性物流信息平台）进行创新型的保税物流监管。

（1）建设封闭式的物流监管运行模式。按照统一、规范的原则建设和完善卡口的集装箱号识别系统、车牌识别系统、电子地磅系统和U卡识别系统等通道式智能系统，实现自动信息数据采集、传输、运行和管理。建设和配套闭路电视监控系统和全球定位系统，对监管区域、场所实施24小时监控，并对运输海关监管货物的车辆实施全球定位系统的全过程监控，促进货物在不同监管区域、场所间有序地流动。

（2）以企业为监管单元，实施风险管理。根据现代物流的特点，在特定的时间内对企业物流、资金流、信息流、经营状况和纳税记录等情况运用现代信息技术进行分析和开展稽查，对企业实行全过程的监督，注重前期审核和后期核销的状况，在对风险信息分析运用的基础上，进行有重点的监控，实现“一线放开，二线管住”的监管理念。

（3）建立区域间联动机制。推进区域一体化建设，在确保有效监管的前提下，整合作业流程，简化手续，疏通保税物流在监管区域、场所间的合理流转渠道，构建保税物流全方位、多层次的立体监管体系及通关一体化机制，实现监管区域、场所间的整体联动，通过优势互补，提高区域竞争力，适应保税物流的发展。

（4）以信息化建设为基础，对保税货物物流进行动态监管。我国不断完善保税物流信息监控系统（见图11-6），实现监管区域、场所的物流企业和加工贸易企业与海关联网，及时了解保税货物进、出、转、存等物流信息，对保税货物物流进行全过程、动态的监管。

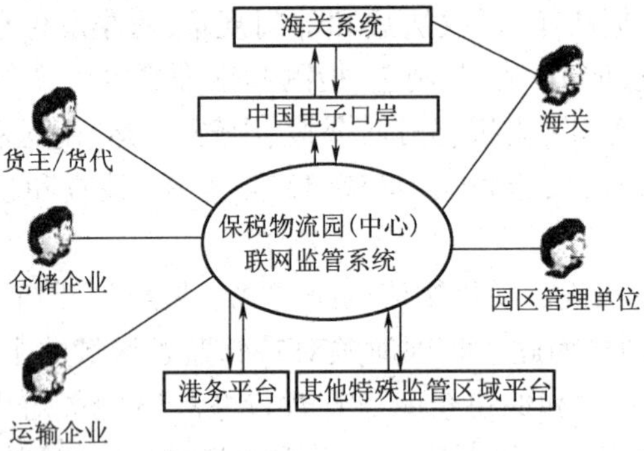


**图 11-6　我国保税物流信息监控系统**

## 三、我国保税物流的主要形式

保税物流的活动区域是海关特殊监管区域及场所，按海关特殊监管区域及场所划分。我国保税物流的主要形式见表11-2。

表 11-2 我国保税物流的主要形式

| 形式 | 两仓 | | 保税物流中心 | | 区港联动—保税物流园区 | 保税港区综合保税区 | 自由贸易试验区 |
|---|---|---|---|---|---|---|---|
| | 保税仓库 | 出口监管仓库 | 保税物流中心（A型） | 保税物流中心（B型） | | | |
| 功能定位 | 存放进口保税货物 | 存放出口货物 | 保税仓库和出口监管仓库的整合、优化、提升 | B型是A型的集约化监管 | 依托保税区和港口,发挥保税区和港口的功能优势 | 加工、贸易、仓储、展示 | 国际贸易、金融服务、航运服务、物流服务、专业服务、高端制造 |
| 退税政策 | 无 | 货物离境退税 | 入中心退税 | | 入区退税 | 入港(区)退税 | 实施促进投资和贸易的税收政策,对涉及的所得税、进口环节税收、出口退税采取特殊的税收政策 |
| 审批权限 | 直属海关 | | 海关总署 | | 国务院 | | 全国人民代表大会授权国务院 |

(一)保税仓库和出口监管仓库

保税仓库和出口监管仓库(简称“两仓”)是我国最基本、应用最广泛的保税物流形式之一,是我国保税区(bonded area)的主要代表。目前,我国约有700家保税仓库和出口监管仓库。

1. 保税仓库。保税仓库是指经海关批准设立的专门存放保税货物及其他未办结海关手续货物的仓库。存入保税仓库的保税货物,进库时以及在库存期间,海关不征税;出库时,如转运出口或转加工贸易也不征税,如转为内销,则在出库环节办理缴税手续。

保税仓库分为公用型保税仓库、专用型保税仓库和自用型保税仓库三种。其功能与政策优势如下。

(1)保税仓储:货物在进入保税仓库环节以及存储期间,海关不征收进口税。

(2)简单加工:货物可以在保税仓库进行包装、分级分类、加刷唛码、分拆和拼装等流通性加工。

(3)转口贸易:进口货物在保税仓库存储后不经加工即转手出口到其他目的国和地区。

2. 出口监管仓库。出口监管仓库是指经海关批准设立,对已办结海关出口手续的货物进行仓储、保税物流配送、提供流通性增值服务的海关专用仓库。出口监管仓库是海关监管场所。存入出口监管仓库的货物,视为正式出口货物。出口货物存入出口监管仓库后,货物所有权属外商。

出口监管仓库的功能与政策优势如下。

(1)保税仓储:货物在出口监管仓库存储期间,海关不征进口税或出口税。

(2)简单加工:货物可以在仓库内进行品质检验、分级分类、加刷唛码、刷贴标志、打膜和改换包装等流通性加工。

(3)国际配送:对国内货物进行分拣、分配或进行简单的临港增值加工后向国内外配送。

(4)出口监管仓库之间、出口监管仓库与保税港区、保税区、出口加工区、保税物流园区、保税物流中心和保税仓库等特殊监管区域、场所之间可以进行货物流转。

(5)出口退税:对经批准享受入仓即予退税政策的出口监管仓库,海关在货物入仓结关后签发出口货物报关单证明联;对不享受入仓即予退税政策的出口监管仓库,海关在货物实际离境后签发出口货物报关单证明联。

3. 保税仓库和出口监管仓库业务运作。“两仓”业务主要有进口分拨、转口贸易和收购出口(一般出口)。

(1)进口分拨业务。进口分拨包括进口保税分拨和出口聚集分运。

①进口保税分拨是先从国际市场批量进货,经海关备案后运入“两仓”,在“两仓”保税仓储,根据市场行情分批报关进口。进口分拨业务流程如图11-7所示。

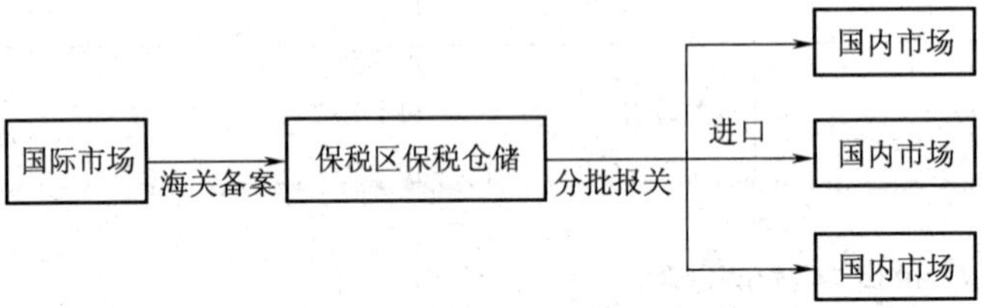


**图11-7 进口分拨业务流程**

②出口聚集分运是先将中国国内货物报关出口至“两仓”,并聚集仓储,然后根据国外客户订单情况及时分运出境,其操作流程如图11-8所示。

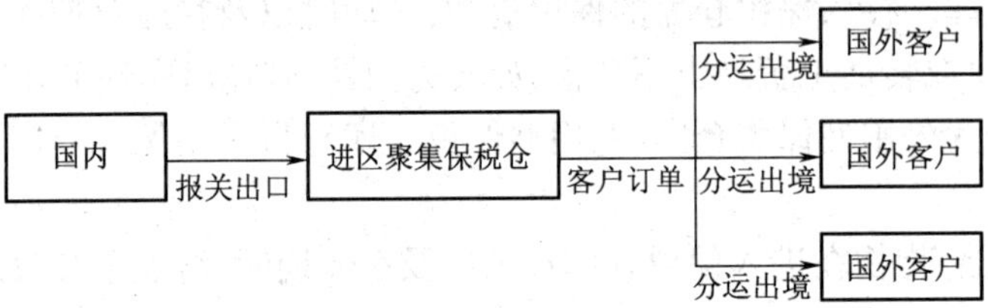


**图11-8 出口聚集分运流程**

(2)转口贸易。转口贸易是在国际市场价格较低时买进货物,经海关备案后进入“两仓”内进行仓储,或利用“两仓”劳动力成本较低的优势进行适当加工,待国际市场行情看好或产品升值后再售往国际市场,其操作流程如图11-9所示。

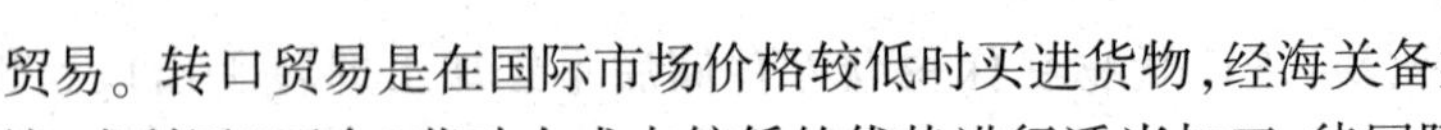


**图11-9 转口贸易操作流程**

链　接

进口保税分拨的比较优势

进口保税分拨的比较优势有：①大批量进货，分批报关进口，既降低单位货物采购成本和运输费用，又可延期缴纳进口关税和进口环节税；②货物进区后进行保税仓储，通过提供看样订货、货物展览等服务，可有效地避免国内其他区域直接进口仅凭单证流转的贸易风险；③仓储费用较低，且无仓储期限限制；④可根据客户需要进行简单再加工，如拆装、拼装、重新包装、分级和分类等。

(3)收购出口(一般出口)。收购出口是在中国国内厂家或批发商处收购货物，向海关报关后进入"两仓"进行仓储，然后根据国外客户订单要求分运出口。在已经拿到国外订单的情况下也可不经"两仓"仓储过程直接出口。

(二)保税物流中心

由于"两仓"受政策限制且功能较为单一，相互分离，无法适应现代物流运作和加工贸易发展的需求，保税物流中心应运而生。保税物流中心主要以整合"两仓"功能为基础，打破保税仓库和出口监管仓库分别专门存放进境、出口货物且相互分离的状态，实行"两仓"合一，集成口岸、商检、税务和外汇结算等功能，解决了对外贸易的四个问题：①一般贸易出口商品入区退税问题；②一般贸易进口商品保税问题；③加工贸易中深加工接转货物"境外一日游"[①]；④物流与保税功能结合。我国批准的保税物流中心有：苏州工业园区保税物流中心、南京龙潭保税物流中心、天津经济技术开发区保税物流中心、上海西北物流园区保税物流中心、东莞保税物流中心、武汉东西湖保税物流中心、南宁保税物流中心和北京亦庄保税物流中心等。

保税物流中心分 A 型和 B 型两种。A 型保税物流中心，是指经海关批准，由中国境内企业法人经营、专门从事保税仓储物流业务的海关监管场所；B 型保税物流中心，是指经海关批准，由中国境内一家企业法人经营，多家企业进入并从事保税仓储物流业务的海关集中监管场所。下面主要以 B 型保税物流中心为例，阐述保税物流中心的功能与业务。

1. 可以存入保税物流中心的货物包括：①国内出口货物；②转口货物和国际中转货物；③外商暂存货物；④加工贸易进出口货物；⑤供应国际航行船舶和航空器的物料、维修用零部件；⑥供维修外国产品所进口寄售的零配件；⑦未办结海关手续的一般贸易进

① 我国保税区采用"离境退税"的原则，境内保税区区外企业通过保税区出口货物，必须要在货物全部实际离境后才能办理出口退税。在不能确保进入保税区的所有货物完全离境前，退税将无法实现。因此，区外企业为了实现出口退税，解决退税难题，往往采用"出口复进口"的方式，即所谓的货物"境外一日游"，例如，很多加工企业通过"香港一日游"解决退税难题。

口货物;⑧经海关批准的其他未办结海关手续的货物。

2. 保税物流中心的功能。保税物流中心是封闭的海关监管区域,具备口岸功能,其主要功能有国际中转、国际配送、国际采购和国际转口贸易。

保税物流中心的定位应为跨国企业的“采购中心、配送中心、分销中心”,有利于吸引跨国公司将其地区总部、研发中心、采购中心和分拨中心等迁移到我国境内。

3. 保税物流中心经营企业的业务。保税物流中心经营企业可以开展以下业务:①保税存储进出口货物及其他未办结海关手续的货物;②对所存货物开展流通性简单加工和增值服务;③全球采购和国际分拨、配送;④转口贸易和国际中转业务;⑤经海关批准的其他国际物流业务。

4. 保税物流中心的政策优势主要包括:①境外货物进入保税物流中心,海关给予保税。②境内货物进入保税物流中心视同出口,享受出口退税政策,并在进入中心环节退税。③物流中心与境外间进出的货物,一般不实行进出口配额和许可证管理。④物流中心内货物出保税物流中心进入境内的,视同出口,海关根据货物出保税物流中心状态和贸易方式,按照进口货物的有关规定办理报关验放手续;维修所需零部件,国际船舶和航空器的物料等特定货物从物流中心进入境内时免征关税和海关代征税。⑤保税物流中心内的货物可以在保税物流中心企业之间,保税物流中心与保税区、出口加工区、保税物流园区、保税仓库、出口监管仓库和其他保税物流中心等海关监管区域、场所之间进行自由转移。⑥保税物流中心不得开展保税区和出口加工区的加工贸易业务,也不享受两区的税收优惠政策。

## 第三节　区港联动—保税物流园区、保税港区和自贸区

区港联动—保税物流园区是指经国务院批准在保税区的规划面积或者毗邻保税区的特定港区内设立的、专门发展现代国际物流业的海关特殊监管区域。区港联动试点一般以保税物流园区命名,因此,区港联动—保税物流园区也简称保税物流园区,其定位为国际中转、国际配送、国际采购和国际转口贸易等。我国区港联动试点在功能政策、管理方式和开放程度等方面与自由贸易区有较多差异,具有明显的过渡性,将逐步过渡到保税港区和自由港。

### 一、区港联动—保税物流园区

区港联动是指整合保税区的政策优势和港区的区位优势,在保税区和港区之间开辟直接通道,将物流仓储的服务环节移到口岸环节,拓展港区功能,实现口岸增值,推动转口贸易及物流业务的发展。从系统科学的角度分析,“区港联动”属于协同学的概念,是保税区与港口两个子系统整体协同的组织过程。就其内涵而言,可以用“政策叠加、优势互补、资源整合、功能集成”十六字概括,体现了保税区与港区在区域、资产、信息和业务等方面的联动发展。

区港联动—保税物流园区,简称“保税物流园区”,是指经国务院批准,在保税区规划

区域内或者毗邻保税区的特定港区内设立的、专门发展现代国际物流业的海关特殊监管区域，是在保税区和港区之间开辟直接通道，在保税区的政策优势和港口的区位优势互补的基础上，拓展港区功能而建立起来的。

**【案例】**

南宁保税物流园区距离广西三大优良港口——防城港、北海港、钦州港均在200千米以内，而这一运距正是港口公路集疏运的最佳运距。北海港、钦州港和防城港作为中国—东盟自由贸易区中重要的外贸港口，将是南宁保税物流园区货物进出的主要通道。

南宁与钦州保税港区、凭祥综合保税区和北海出口加工区一同构建起完善的广西北部湾经济区保税物流体系，实现了南宁与钦州、北海、防城港的区港联动。区港联动后，货物在南宁报关后就已视同出口，再去钦州出口海外时则不需要再进行查验或抽检，可以直接办理登船手续。这意味着"口岸分拨、多点申报、一次放行"的大通关、大物流模式成为现实。

（一）保税物流园区的功能

保税物流园区的功能如图11-10所示。

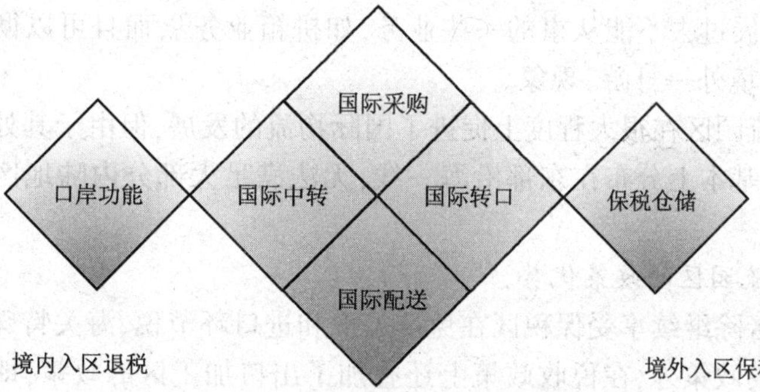


**图11-10 保税物流园区的功能**

保税物流园区主要具备国际中转、国际配送、国际采购和国际转口贸易四大核心功能，以及保税仓储、口岸功能和其他一些功能。

1. 口岸功能。企业可直接在保税物流园区所在地主管海关报关。

2. 国际采购。保税物流园区为跨国公司在中国从事国际采购业务提供了低成本、高效率的解决方案。我国以前的国际采购业务都是由各供应商直接从最临近的口岸出口至国外，运至当地物流中心后进行上架前的准备工作。对于供应商来说，必须等到货物离境后才能完成货权的转移和取得退税凭证。现在通过物流园区的政策应用和功能开发，重点引进跨国公司采购中心，依托经济腹地的地理优势和国际枢纽港的口岸优势，由各供应商集中运至物流园区即实现货权的转移并取得退税凭证，便于国际物流供应商将跨国采购中的增值服务转移到物流园区，以园区为结点开展门到门的国际物流全程服务。

3. 国际中转。区港联动为整合国际中转、转运和转口贸易相结合的复合型业务提供了操作平台。中转集装箱在园区内可以自由拆拼箱,并且堆存无时间限制,有利于吸引支线箱源和国际中转箱源的集散。园区的国际中转功能较好地解决了“出口复进口业务”,即过去的“境外一日游”业务。过去的“境外一日游”业务,大多通过香港等地来完成,现在通过物流园区中转,不仅节约了时间,又降低了成本。货物可以从国内进入物流园区,然后再进入国内。

4. 国际转口贸易。园区企业可以开展进出口贸易、转口贸易,园区与境外之间的货物贸易及服务贸易。

5. 国际配送。进入园区的境外和国内货物,经进出口集运的综合处理或增值加工,向境内外分销和配送。

6. 保税仓储。园区可以保税存储进出口货物及其他未办结海关手续的货物。

7. 其他物流服务。这主要包括对所存货物开展流通性简单加工和增值服务、设备检测与维修服务、商品展示服务、经海关批准的其他国际物流业务。

从功能优势上分析,保税物流园区充分考虑了现代国际物流的特点和需求,具有保税区和出口加工区的政策叠加优势,在一定程度上具备了国际上自由贸易区“境内关外”的基本特征,即实行“一线放开、二线管住、区内自由、入区退税”。利用保税物流园区的政策,企业可以开展过去不能从事的一些业务,如拼箱业务①,而且可以彻底改变以往加工贸易中存在的“境外一日游”现象。

尽管保税物流园区在很大程度上促进了国际物流的发展,但由于其处于设有保税区的港口区域,而且基本上分布在东部沿海一线,无法满足大部分内陆地区发展国际物流的需求。

### (二)保税物流园区的政策优势

保税物流园区除继续享受保税区在免征关税和进口环节税、海关特殊监管等方面的政策及港区原有的政策外,在税收政策上还叠加了出口加工区的政策,即实现国内货物的进区退税,从而改变了保税区现行的“离境退税”方式,降低了企业的运营成本。在中转集拼方面,中转集装箱在保税物流园区可以进行拆拼箱,改变中转集装箱在港区只能整箱进出的现状。集装箱在保税物流园区堆存无时间限制,改变集装箱在港区有 14 天报关期限的现状。政策叠加的结果对货物的流动来说,“一线放得更开,二线管得严密”,区内真正实现货物的自由流动。

### (三)保税物流园区的业务运作

图 11-11 简明地显示了保税物流园区的业务运作。

出口货物在保税物流园区可实行进区出口退税、分拆、集拼和集运离境的物流运作:国内采购货物以视同出口方式先进入物流园区实现退税(增值税、消费税),经过货物的

---

① 拼箱业务是指从境外起运的国际集装箱中转货物,在中转港存放期间由保税物流园区企业或保税仓库经营企业根据收发货人指令进行流通性简单加工和增值服务,或者与中转港所在国、地区的其他进口或者出口的原材料、半成品和成品等货物,汇集至物流园或保税仓库存储,再按销售合同组合成不同的集装箱后,再次装船集中运往境外客户指定目的港的物流活动。

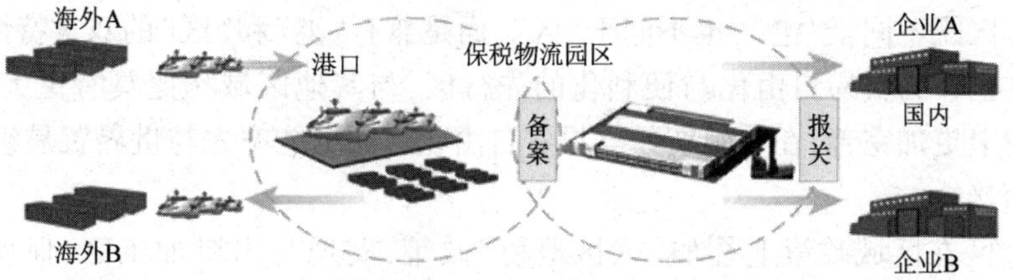


境外货物进出物流园区：
（一线放开）
1. 进境备案、出入自由；
2. 免证、免征；
3. 国际中转及转口贸易；
4. 分拆集拼、集运离境。

物流园区内：
（区内自由）
1. 区内贸易自由；
2. 货物存放无时间限制；
3. 分批出区、集中报关；
4. 保税仓储；
5. 简单增值加工；
6. 分拣分拨配送；
7. 分拆集拼、拆箱重组。

国内货物进出物流园区：
（视同出口）
1. 进区退税（增值税、消费税）；
2. 提前报关、货到检验；
3. 凭手册出区、保税加工；
4. 分拆集拼、集运出区；
5. 国内出口中转。

**图 11-11　保税物流园区的业务运作**

物流增值服务和综合处理，通过园区外卡口的海运直通道装船离境。

## 二、保税港区

保税港区是指“经国务院批准，设立在国家对外开放的口岸港区和与之相连的特定区域内，具有口岸、物流、加工等功能的海关特殊监管区域”。这一定义涵盖了保税港区的性质、审批权限、区位和功能四个要素。

保税港区是我国在对外开放进程中的一种海关特殊监管模式，是自由港的雏形。保税港区是我国目前开放程度最高、政策最优惠、功能最齐全和区位优势最明显的海关特殊监管区。保税港区享有保税区、出口加工区、保税物流中心和保税仓叠加的优惠政策。

我国保税港区的设立与发展不仅是国家打造国际航运中心战略的产物，也是海关特殊监管区域进行整合的产物。保税港区成为我国对外开放中最重要的窗口，对区域经济产生重要的“增长极”作用。国务院先后正式批准设立了上海洋山保税港区、天津东疆保税港区、大连大窑湾保税港区、海南洋浦保税港区、宁波梅山保税港区、广西钦州保税港区、厦门海沧保税港区、青岛前湾保税港区、深圳前海湾保税港区、广州南沙保税港区、张家港保税港区、重庆两路寸滩保税港区和烟台保税港区等，初步实现了在长三角、环渤海、华南沿海、西南沿海和东南沿海设立保税港区的构架设想，从南到北的中国保税港区战略布局已基本完成。

（一）保税港区的功能

“保税区”与“保税港区”虽一字之差，但内涵相去甚远。从功能上讲，保税港区叠加了保税区、出口加工区、保税物流园区和港口各项功能，保税港区实现了保税区域与港口的实质联动。

保税港区以发展现代物流作为区和港之间的结合点，具备港口、物流和加工三大基本功能，重点发展港口作业、保税仓储、国际贸易、国际中转、国际配送、国际采购、加工制造、检测维修和商品展示等功能性业务，并拓展金融贸易、信用保险等相关功能。

(二)保税港区的政策优势

保税港区既不同于“港”,也不同于“区”,而是兼有“港”和“区”的双重特性。

保税港区作为贸易自由化与便利化的先行区,与其他区域相比具有更大的开放度,在免征关税上更加完善,在实施贸易与投资自由化方面更能率先与世界贸易组织(WTO)的规则全面接轨。

保税港区在区域政策上叠加“入区退税”政策,实现与出口加工区、保税物流园区在政策上的统一,享有保税区、出口加工区、保税物流中心和保税仓的优惠政策叠加。

保税港区主要税收政策是“境内关外、适当放开”:国外货物进入保税港区保税,国内货物进入保税港区退税,货物在区内交易不征增值税和消费税。

保税港区的政策优势主要表现在五个方面。

1. 保税港区实行备案制管理。货物可自由地从境外运入区内或由区内运往境外,货物进出时只需向海关备案。

2. 区内享受免税政策。生产所需的机器、设备、模具及其维修用零配件以及建设厂房、仓储设施所需的基建物资予以免税。

3. 不限投资企业性质。对入区企业无资本金、来源地和股权比例等歧视性或差别性政策待遇。

4. 税收优惠,无配额制。境外入区和销往境外的货物免征关税和消费税,区内生产和加工的产品免征增值税和消费税,区内销售的货物免征增值税和消费税;区外货物入区退税,境内区外采购的国产料件入区加工组装时不影响退税。境外货物进出区而不进关时,不实行进出口配额和许可证管理。

5. 仓储转口便利。利用免税、免证和保税仓储时间不设限等政策,国外产品既可快速进入中国国内市场,又可方便地转口,发往其他国家。

从运作实践看,保税港区为现代物流业的发展提供了一个良好的政策空间,顺应了航运、港口和现代物流一体化的发展趋势,满足了跨国公司普遍采用的零库存、及时生产和供应商管理库存等现代化的生产方式、管理方式、运输方式、营销方式和贸易方式,推动了港口和现代物流业的协调发展。

(三)保税港区的业务运作

保税港区作为国际物流和航运中心,可以通过推动区港联动,实现一体化运作。在保税港区内提供现代的、专业化的物流服务,适应现代物流和供应链管理发展的需要,帮助跨国公司降低经营成本,产生的聚集效应能带动区内仓储业、运输业、海运服务业、贸易业、金融业、保险业和信息业等多种现代服务业的发展。

保税港区的基本功能(国际中转、国际配送、国际采购)业务运作见图 11-12。

## 三、综合保税区

综合保税区是设立在内陆地区的具有保税港区功能的海关特殊监管区域,执行保税港区的税收和外汇政策,集保税区、出口加工区、保税物流区、港口的功能于一身,可以发展国际中转、配送、采购、转口贸易和出口加工等业务。

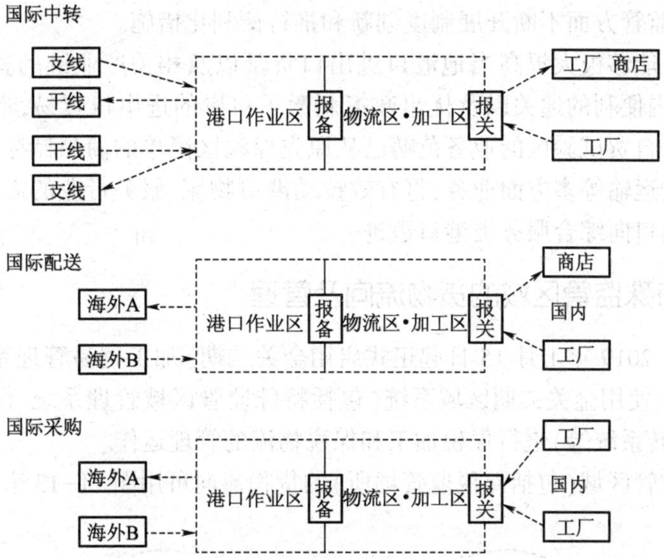


**图 11-12　保税港区基本功能业务运作**

《国务院关于促进综合保税区高水平开放高质量发展的若干意见》提出将综合保税区建设成为新时代全面深化改革开放的新高地，推动综合保税区发展成为具有全球影响力和竞争力的加工制造中心、研发设计中心、物流分拨中心、检测维修中心、销售服务中心。

## 四、自由贸易试验区

广义的自由贸易区(free trade zone)，是指两个或两个以上的国家或地区或单独关税区组成的区内取消关税和其他非关税限制、区外实行保护贸易的特殊经济区域，如北美自由贸易区(包括美国、加拿大、墨西哥)、东盟自由贸易区等。狭义的自由贸易区，是指一个国家或单独关税区内设立的置于海关管辖之外的特殊经济区域，通常设在港口的港区或邻近港口的地区。区内运入的任何货物就进口关税及其他各税而言，被认为在关境以外，并免于实施惯常的海关监管制度，如巴拿马科隆自由贸易区、德国汉堡自由贸易区和美国纽约 1 号对外贸易区等。

我国于 2013 年设立中国(上海)自由贸易试验区。2015 年，中国(广东)自由贸易试验区、中国(天津)自由贸易试验区、中国(福建)自由贸易试验区相继成立。2016 年 9 月，中共中央、国务院决定，在辽宁省、浙江省、河南省、湖北省、重庆市、四川省、陕西省设立七个自贸试验区，这七家自贸试验区大多布局在中西部地区，对接“一带一路”特别是丝绸之路经济带。2018 年，国务院批复同意设立中国(海南)自由贸易试验区。2019 年，国务院同意设立中国(山东)自由贸易试验区、中国(江苏)自由贸易试验区、中国(广西)自由贸易试验区、中国(河北)自由贸易试验区、中国(云南)自由贸易试验区、中国(黑龙江)自由贸易试验区。

我国的自贸试验区实施促进投资和贸易的特殊税收政策，推行海关执法清单式管理制度，在进出境监管方面不断开展制度创新和推行便利化措施。

自贸试验区能够极大提高当地港口进出口货量以及相关产业链的整体升级。一方面，自贸试验区内便利的通关以及优惠政策刺激了口岸的进出口贸易，带来本港中转货增量；另一方面，自贸试验区的业务范畴已从原先保税区简单的商品储存和转运，扩展到包括工业、贸易、运输等多方面业务，将有效拉动港口物流、服务行业的需求，加快本地港从传统复合型港口向综合服务类港口迈进。

## 五、海关特殊监管区域的货物流向及管理

海关总署自 2019 年 1 月 15 日起正式启用金关二期[①]加工贸易管理系统，自 2019 年 5 月 1 日起，统一使用金关二期区域系统（包括特殊监管区域管理系统、保税物流管理系统、保税货物流转系统等）进行保税加工和保税物流的管理运作。

海关特殊监管区域（包括保税监管场所）的货物流向可用图 11-13 来简单表示。

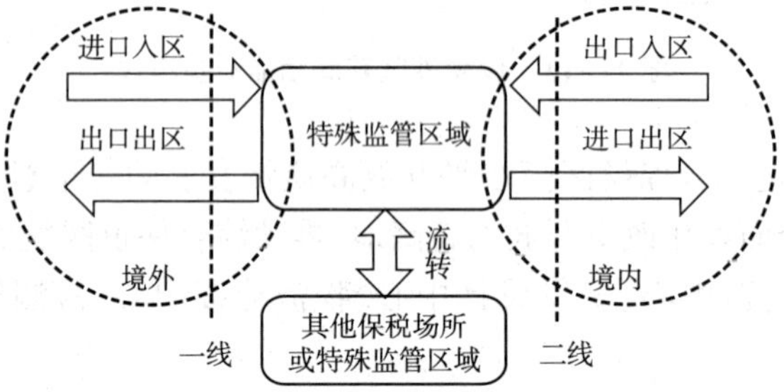


**图 11-13　海关特殊监管区域的货物流向**

海关特殊监管区域的货物监管都具有一线二线的通关特征。报关中所谓的一线二线，是将从境外到监管区之间的进出设定为“一线”管理；从监管区到境内监管区外其他地区之间的进出设定为“二线”管理。

各项业务涉及的核心单证如表 11-3 所示。

（一）一线货物进出区

企业需先申报保税核注清单，再申报进出境备案清单。备案清单采用一体化报关模式，由核注清单关联向主管海关申报（同底账）。一线入区涉及属地查验的，海关验核查验标识或分流至查验场实施；一线出区的，海关不判断是否报关或查验。

---

① 金关二期项目是经国务院批准立项的国家重大电子政务工程项目。其建设目标是通过顶层设计和科技创新，采用物联网、云计算等新技术，重点建设全国海关监控指挥系统、进出口企业诚信管理系统、加工和保税监管系统、海关物流监控系统等应用系统；实现进出口货物全过程可视化监控，对监控信息实时分析、风险研判、快速反应和应急处置，全面发挥海关在国家建设发展中的关境保护作用；形成进出口企业进出口信用评价体系及口岸通关差别化管理机制，推动口岸各部门信息共享，准确核查企业进出口申报的真实性，有效改善进出口贸易秩序；进一步优化保税货物的备案、通关、核销流程，实现先进的、与国际接轨的无纸化通关模式，有效促进加工贸易转型升级，大幅提升口岸通关效率，降低贸易成本，进一步优化海关监管与服务。

**表 11-3　各项业务涉及的核心单证**

| | 核注清单（进口） | 核注清单（出口） | 进出口报关单 | 进出境备案清单 | 核放单 |
|---|---|---|---|---|---|
| 二线出口入区 | √ | | √ | | √ |
| 二线进口出区 | | √ | √ | | √ |
| 一线进口入区 | √ | | | √ | √ |
| 一线出口出区 | | √ | | √ | √ |

1. 一线进口入区。操作流程如图 11-14 所示。

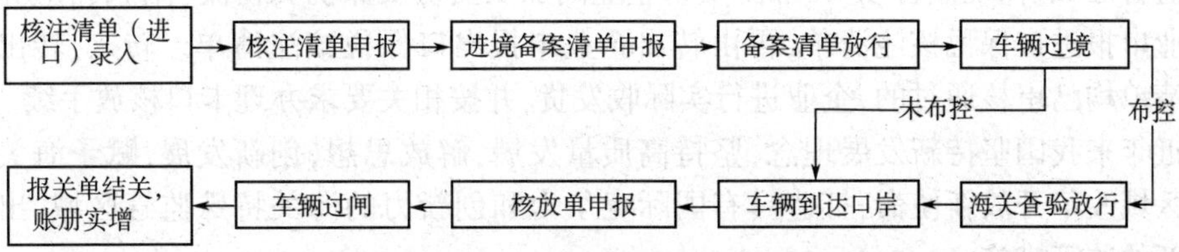


**图 11-14　一线进口入区操作流程**

2.一线出境出区。操作流程如图 11-15 所示。

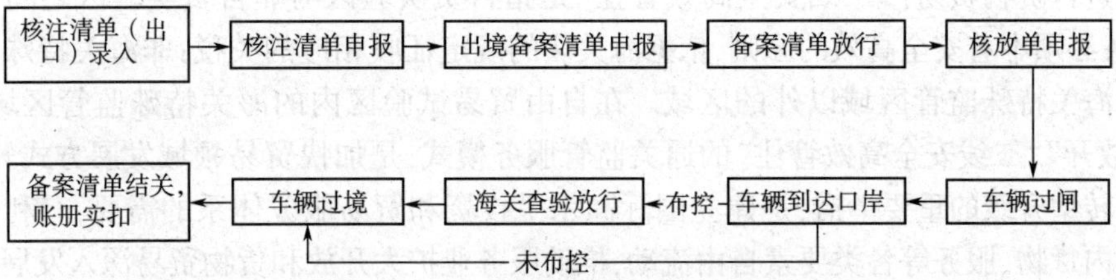


**图 11-15　一线出境出区操作流程**

（二）二线进出区

企业需先申报保税核注清单，采用一体化报关模式，由核注清单关联向主管海关申报报关单。管理系统无需运抵报告且无论是否查验，均可做单证放行；单证放行状态正常反馈给企业端，告知货物可出入区；车辆过卡口（闸门）时提示放行或需查验；货物完全过卡口后，报关单自动结关。

1. 二线出口入区。操作流程如图 11-16 所示。

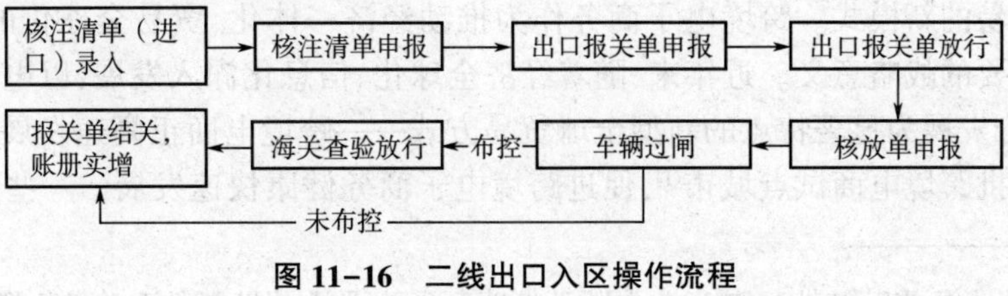


**图 11-16　二线出口入区操作流程**

2.二线进口出区。操作流程如图 11-17 所示。

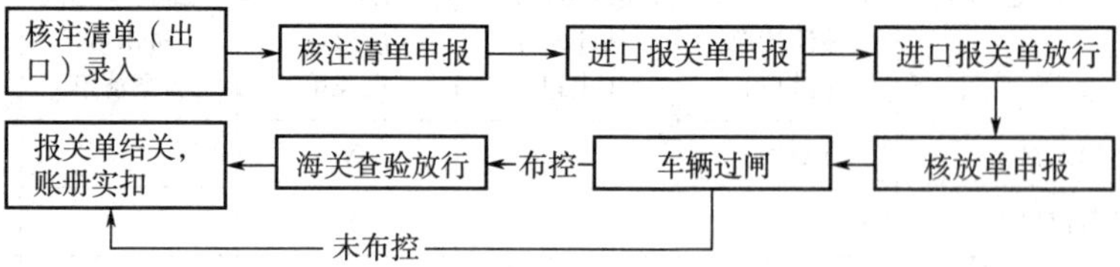


**图 11-17　二线进口出区操作流程**

（三）海关特殊监管区域和保税物流中心的货物流转

海关启用保税核注清单用于海关特殊监管区域和保税物流中心的货物流转。海关特殊监管区域、保税监管场所、加工贸易企业间加工贸易及保税货物流（结）转，应先由转入企业申报进口保税核注清单，再由转出企业申报出口保税核注清单。转入、转出保税核注清单均已审核通过的，企业进行实际收发货，并按相关要求办理卡口核放手续。

近年来我国坚持新发展理念，坚持高质量发展，解放思想，创新发展，赋予海关特殊监管区域改革开放新使命，打造具有国际竞争力和创新力的海关特殊监管区域，出台了许多新的监管措施。

例如，在自由贸易试验区内的海关特殊监管区域，实施“一线放开”“二线安全高效管住”的通关监管服务模式。“一线放开”是指自贸实验区与境外之间可以自由地、不受海关监管地进行货物贸易；“二线安全高效管住”是指自贸实验区与非自贸实验区之间货物贸易，海关必须本着安全高效的原则，依据海关法的规定征收相应的关税；非海关特殊监管区域是指海关特殊监管区域以外的区域。在自由贸易试验区内的海关特殊监管区域，实施“一线放开”“二线安全高效管住”的通关监管服务模式，是加快贸易领域发展方式转变，推动贸易转型升级的重要举措，是建立国际高水平投资和贸易服务体系的需要，有利于促进试验区内货物、服务等各类要素自由流动，推动服务业扩大开放和货物贸易深入发展。

《关于“先出区、后报关”有关事项的公告》（海关总署公告 2018 年第 198 号）规定，在海关特殊监管区域及保税物流中心（B 型）（以下简称“中心”）实施“先出区、后报关”监管改革。特殊区域及中心内企业对出境货物，可通过信息化系统凭核放单先行办理出特殊区域及中心手续，再向海关报关。

## 第四节　跨境电商物流

电子商务作为近些年新型的互联网商务模式，具有便利性、准确性、高效性等优点，成为国际贸易的新模式。跨境电子商务作为推动经济一体化、贸易全球化的技术基础，具有非常重要的战略意义。近年来，随着经济全球化、信息化深入发展，以电子商务与物流、金融融合发展为显著特点的新型全球贸易方式——跨境电商正高速发展。我国近年来也推出一批跨境电商试点城市①，促进跨境电子商务健康快速发展。一些电商平台和

① 如郑州、上海、重庆、杭州、宁波、广州、深圳、苏州、青岛、长沙、平潭、银川、牡丹江、哈尔滨、烟台、西安、长春、舟山、东莞等城市。

出口企业通过建设海外仓,布局境外物流体系。

## 一、跨境电子商务概述

跨境电子商务,简称“跨境电商”(cross-boarder electronic commerce),是指分属不同关境的交易主体,通过电子商务平台达成交易、进行支付结算,并通过跨境物流送达商品、完成交易的一种国际商业活动。跨境电商产业链涉及的主体和基本的运作流程如图11-18所示。

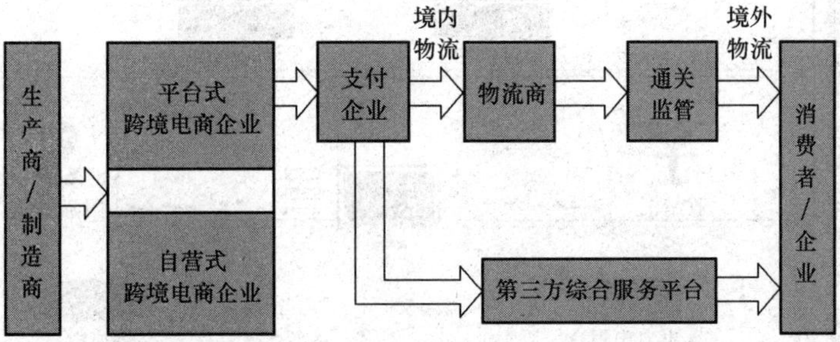


**图 11-18　跨境电商产业链的主体和基本的运作流程**

当前,跨境电子商务一般包括 B2B(企业对企业)、B2C(企业对消费者)、保税区 B2B2C(企业对企业对消费者)等贸易方式,其业务模式主要有海外直邮、保税区发货。

海外直邮由符合条件的跨境电商平台与海关联网,境内消费者网购后,电子订单、支付凭证、电子运单等由跨境电商实时传输给海关,按个人邮递物品征税。货物由出口商发到国外指定仓库(海外仓),消费者购买后直接由海外仓发货。

保税区发货由跨境进口电商提前批量采购,将商品运至保税区内保税仓库免税备货,客户订单发出后,商品直接从保税仓库发出,在海关等部门监管下通关。该模式借助了保税区的政策优势,针对特定的热销日常消费品开展整批商品入区、消费者下单后分批以个人物品出区,征缴增值税和消费税。跨境电商保税区发货模式的业务流程如图11-19所示。

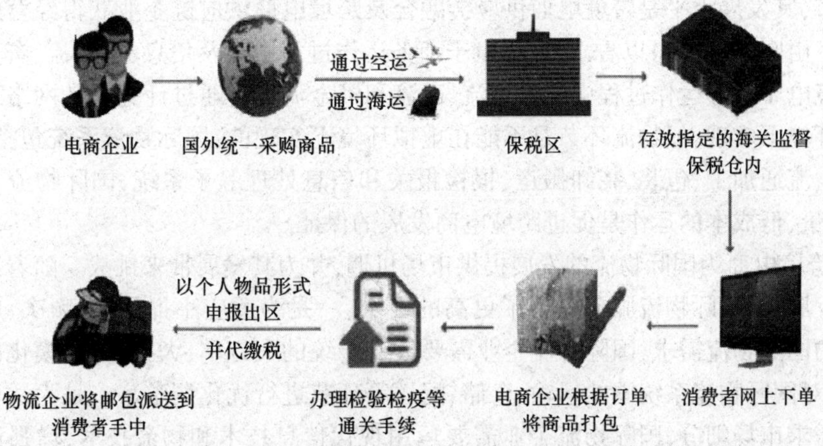


**图 11-19　跨境电商保税区发货模式的业务流程**

## 二、跨境电商物流

跨境电商交易的业务流程贯穿了贸易流、资金流、信息流和物流，如图 11-20 所示。

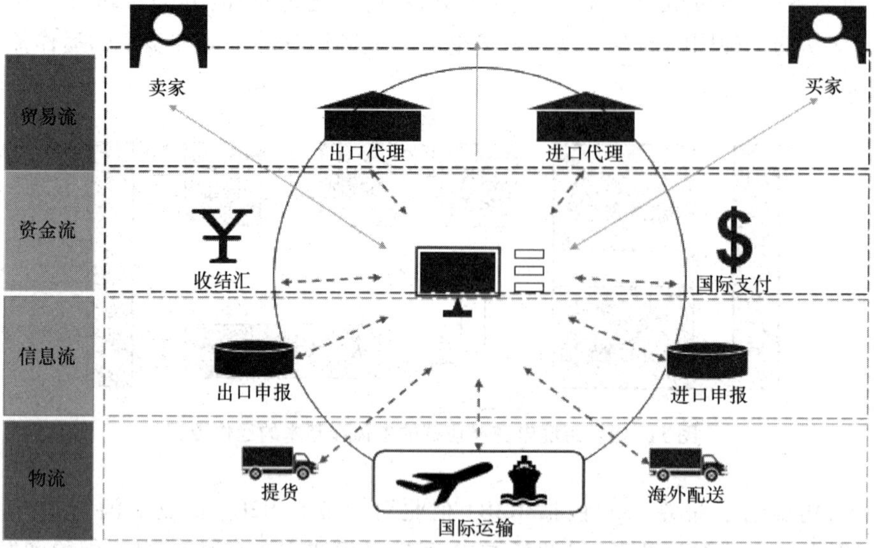


**图 11-20 跨境电商交易的业务流程框架**

(一)国际物流与跨境电商的关系

跨境电商与电商物流相伴共生，二者之间相互影响、相互制约。只有不断完善跨境电商环境下的国际物流模式，关注国际物流服务成本、质量、效率和服务响应能力，才能更好地促进跨境电商的发展。

1. 国际物流服务水平是跨境电商发展的保证。国际物流是构建跨境电商供应链的必备环节，其发展水平是跨境电商供应链融合及跨境电商供应链企业获得经营效益的关键因素。由图 11-20 可以看出，跨境电子商务运作过程中涉及信息流、商流、资金流和物流。跨境电子商务运作过程中的信息流、商流和资金流均可通过计算机和网络通信设备在虚拟环境下实现，但物流环节是不能在虚拟环境下实现的；国际物流系统包括仓储、运输、配送、流通加工、包装、装卸搬运、报检报关和信息处理等子系统，国际物流系统高效率、高质量、低成本的运作是促进跨境电商发展的保证。

2. 跨境电商为国际物流的发展提供市场机遇，并为其发展带来挑战。随着跨境电子商务的发展，对国际物流服务提出了更高的要求：一是为适应小批量、多频次、周转快等新特点的国际物流需求，国际物流企业需要改变传统的大订单、大批量、规模化的运营管理模式，对国际物流系统中的运输、仓储、配送等环节进行优化调整。二是为适应跨境电商物流需求市场细分，国际物流企业需要运用现代信息技术和物流技术，增强国际物流服务响应能力，降低国际物流成本，提升国际物流智能监控与协调管理水平，提升客户服务水平。

(二)跨境电商的物流模式

跨境电商国际物流运作流程一般包括揽收货物、出口国境内物流、出口国清关、国际物流、进口国清关、进口国物流等。跨境电商国际物流作业环节包括接单、收货、仓储、分类、编码、理货、分拣、转运、包装、贴标、装卸以及商检、国际结算、报关、纳税、售后服务、退换货物流等。整个流程及其作业涉及多个国家与地区、多家国际物流企业。有鉴于此,应加强跨境电商国际供应链上不同国家和地区的各物流节点企业间的协同,强化协同意识,推动跨境电商物流网络的协同。

跨境电商的物流模式主要有以下几种:

1. 邮政包裹模式。邮政网络基本覆盖全球,比其他物流渠道都要广。当前,跨境电商物流主要以邮政的发货渠道为主。我国出口跨境电商的大多数包裹是通过邮政系统投递的。国际邮政包裹具有成本低、通关容易等优势,但在实际运营过程中,国际邮政包裹的丢包率高、安全性低、时效性不强等劣势较为突出;同时使用国际邮政包裹进行物流运输,还受制于包裹形状、体积、重量等因素,国际邮政包裹在一定程度上影响物流效率及物流体验。

为提高邮政物流水平,万国邮政联盟①通过一些公约或法规来改善国际邮政业务,发展邮政方面的国际合作。卡哈拉邮政组织要求所有成员方的投递时限要达到98%的质量标准,如果货物没能在指定日期投递给收件人,那么负责投递的运营商要按货物价格的100%赔付客户。这些严格的要求有利于促使成员方之间深化合作,努力提升服务水平。

2. 快递模式。国际快递是用于跨境电子商务物流服务的一种传统模式,它主要是通过快递公司来解决跨境电子商务中商品配送及物流的问题。这种传统的物流模式在快递时效性及服务质量上占据着优势,可以满足世界各地客户的需求,但是其也存在着价格高、特色专线快递未开通等劣势,进而影响客户物流体验。

快递模式分国际快递模式和国内快递模式。

国际快递模式,指的是利用国际著名的邮递和国际快递商如 UPS 快递(美国联合包裹运送服务公司)、联邦快递公司(FedEX)、德国邮政世界网(Deutsche Post World Net)、TNT 快递公司(TNT Post Group)等寄送跨境物流包裹。这些国际快递商通过自建的全球网络,利用强大的 IT 系统和遍布世界各地的本地化服务,为网购中国产品的海外用户带来极好的物流体验。从中国通过中国邮政速递物流(EMS)发往美国的包裹,一般需要 15 天才可以到达,但通过 UPS 寄送到美国的包裹,最快可在 48 小时内到达。当然,优质的服务往往伴随着昂贵的价格。一般中国商户只有在客户时效性要求很强的情况下,才使用国际商业快递来派送商品。

国内快递模式,主要指利用国内快递商如 EMS、顺丰速运、申通快递、圆通速递、中通快递、百世汇通、韵达快递等寄送跨境物流包裹。我国较大的快递企业大多已开展跨境

① 主要成员有中国、美国、日本、澳大利亚、韩国、西班牙和英国以及中国香港地区。

物流业务。例如,依托邮政渠道,EMS 可以直达全球 60 多个国家;顺丰速运目前已经开通到美国、澳大利亚、韩国、日本、新加坡、马来西亚、泰国、越南等国家的快递服务。

3. 专线物流模式。跨境专线物流一般是通过航空包舱方式运输到国外,再通过合作公司进行在目的国的派送。专线物流的优势在于其能够集中大批量到某一特定国家或地区的货物,通过规模效应降低成本。因此,其价格一般比商业快递低。

在时效上,专线物流稍慢于商业快递,但比邮政包裹快很多。目前较普遍的专线物流产品有美国专线、欧洲专线、澳洲专线、俄罗斯专线等,也有不少物流公司推出了中东专线、南美专线、南非专线等。

4. 自贸区或保税区物流模式。自贸区或保税区物流模式,是通过将货物运输至自贸区或保税区仓库,再由跨境电商企业负责商品销售,同时由自贸区或保税区仓库负责货物分拣、检疫、包装等环节,最后通过自贸区或保税区实现商品集中物流配送的模式。这种模式的最大优势就是可以在最大程度上利用自贸区及保税区自身优势,为跨境电子商务国际物流的快速运行提供保障。

5. 海外仓储模式。海外仓储简称海外仓,海外仓是从事出口跨境电子商务的企业在国外自建或租用仓库,将货物批量发送至国外仓库,采用海陆空等运输方式将货物运输至境外目的地,通过跨境电商的方式进行线上销售,消费者成功下订单之后,企业再利用境外目的地仓库或境外第三方物流机构直接进行商品配送及运输。其目的是将跨境贸易本地化,提升消费者购物体验,从而提高跨境卖家在出口目的地市场的本地竞争力。

海外仓以海外现代仓储为核心形成综合物流配套体系,是一个进行全球供应链服务的一体化现代仓储体系,包括大宗货物运输、海内外贸易清关、精细化仓储管理、个性化订单管理、现代分拣、合理配送及综合信息管理等。海外仓由跨境电商、跨境电子交易平台、物流服务商独立或共同①在销售目标地提供货品仓储、分拣、包装、派送的一站式控制与管理服务,包括头程运输、仓储管理和本地配送三个部分。

头程运输,即出口跨境电商通过海运、空运、陆运或者联运将商品运送至海外仓库。

仓储管理,即出口跨境电商通过物流信息系统,远程操作海外仓储货物,实时管理库存。

本地配送,即海外仓储中心根据订单信息,通过当地邮政或快递将商品配送给客户。

海外仓对货物进行聚集后再进行运输,可利用规模化降低企业的运输成本,提升运输速度,但初始建设成本较高,且企业需支付海外仓储费。

① 根据运营主体的不同,海外仓分为自营海外仓和第三方公共服务海外仓,其中自营海外仓由出口跨境电商企业建设并运营,第三方公共服务海外仓由第三方物流企业建设并运营。

☞ 链 接

海外仓的物流优势

第一，海外仓的头程物流将零散的国际小包转化成大宗运输，会大大降低物流成本。

第二，海外仓能将传统的国际派送转化为当地派送，确保商品更快速、更安全、更准确地到达消费者手中，完善消费者跨境贸易购物体验。

第三，海外仓的退货处理流程高效便捷，适应当地买家的购物习惯，让买家在购物时更加放心，能够解决传统的国际退换货问题。

第四，海外仓与传统仓储物流相结合可以规避外贸风险，避免因节假日等特殊原因造成的物流短板，从而提高电商的海外竞争力，真正帮助电商提供本土服务，适应当地买家的消费习惯。

## 复习题

1.名词解释：保税、保税制度、保税货物、保税储存、保税加工、保税物流、保税仓库和出口监管仓库、转口贸易、保税物流中心、国际配送、区港联动—保税物流园区、保税港区、自由贸易区、海外仓。

2. 简述保税制度的作用。

3. 简述保税的主要形式。

4. 简述保税货物的基本报关程序。

5. 简述保税物流的特点。

6. 保税物流的主要业务功能有哪些？

7. 我国保税物流基本形成了哪些海关特殊监管区域和保税物流场所？

8. 简述我国保税物流的结构体系。

9. 简述保税物流的监管手段。

10. 分别简述保税仓库和出口监管仓库、保税物流中心、区港联动—保税物流园区和保税港区各自的功能、政策优势。

11. 如何理解区港联动的“政策叠加、优势互补、资源整合、功能集成”？

12. 简述海关特殊监管区域货物的流向。

13. 简述跨境电商主要的物流模式。

## 案例分析

1.福田保税区东起皇岗口岸，北邻广深珠高速公路，南沿深圳河，西至红树林自然保护区，毗邻深圳地铁与香港西北铁路接驳的皇岗地铁总站。某跨国公司在中国境内有遍布各地的数十个原材料供应商，它选择了福田保税区作为东南亚地区的配送中心。每天用国内车辆将各地供应商的货物或转关(国外运到广州、上海或其他海关，其他海关再运到福田保税区的货物称为转关)或直接出口，货至保税区存；海外供应商的货物则由香港拖车经一号通道入境交至保税区。所有的货物在这里根据全球各地工厂的需要整理、重新包装后，装入集装箱交深圳或香港码头上船送达世界各地。

问题：(1)结合本案例简述保税区(保税仓库区)的国际配送功能。(2)结合本案例简述保税区(保税仓库区)的主要业务运作。

2. 深圳盐田港保税物流园区实行"区港联动"政策后，因其实行保税区政策及出口加工区的政策，同时还拥有港口功能，使很多加工企业改"香港一日游"为"国内一日游"，降低了运输成本。过去，加工企业因生产需要向国内购买部分料件，但来料加工企业没有资格进行国内购买，进料加工企业涉及税务问题，故采用先将国内购买料件出口至香港再用手册申报进口。现在，盐田港保税物流园区的成立使加工企业将"香港一日游"改为"国内一日游"，获得了"香港一日游"的效果，也解决了保税区不能退税的问题，料件进入物流园区视同出口，办理报关手续，实行退税。

加工企业往往有相应的驻外机构进行国际采购与国际销售，现在，加工企业大多利用盐田港保税物流园区的便利，对其驻外机构国际采购的货物先行进口到国内，并放入园区保税仓储，并根据企业的要求进行配送分拨，同时也可以对需出口的货物先行出口至物流园区，完成相关的海关申报及退税手续，再进行拼柜或拆柜处理，完成符合要求的国际配送。

深圳盐田港保税物流园区设有两个卡口：1 号卡口与港区直接相连，为区港直通卡口；2 号卡口为物流园区与国内非物流园区通行卡口，实现区域管理、卡口管理、港区管理"三位一体"的监管模式和一次申报、多次使用、信息共享的通关模式。

深圳盐田港保税物流园区对进出园区的货物通过电子设备与监控设备等监管设施联动，自动采集核对有关数据，实行严密完善的人工监控措施和规范严格的业务操作流程，确保严格监控。对园区企业实行通关、账册电子化管理等先进手段，货物可在园区内自由转让、在区港间 24 小时直通、到港后船边提货直接入区和分批进入园区集中报关。

问题：(1)结合本案例简述"境外一日游"业务。(2)结合本案例简述保税物流园区的政策优势。(3)结合本案例简述海关对保税物流园区的监管。

3. 杭州跨境贸易电子商务产业园被认定为浙江省级跨境电子商务园区、国家重点物流园区。杭州跨境贸易电子商务产业园下城园区以建设"跨贸小镇"为目标，推进"产城融合"，启动核心区块建设，形成区域性产业集聚业态。下沙园区定位于打造"跨境电商创业新城"，加快仓储规划与建设，优化配套服务。杭州跨境贸易电子商务产业园空港园区充分发挥区位优势，整合航空、高速公路资源，建设跨境电商现代物流中心。目前，空港园区已在全球布局了数十个海外仓，如美国洛杉矶仓、日本京东仓、德国法兰克福仓、英国曼城仓、德国科隆仓、澳大利亚悉尼仓等。空港跨境电商园已经构建了国内快递配送、国内保税仓、国际航空干线物流、公共海外仓等在内的“四位一体”的跨境电商国际供应链体系。

问题：何谓海外仓？跨境电商为什么热衷于海外仓建设？

案例分析参考答案

# 第十二章

# 国际物流服务

## 学习目标

- 了解国际物流服务兴起的原因及国际物流服务的内容与发展趋势
- 了解船舶代理关系的表现形式，熟悉船舶代理业务
- 理解国际货运代理的性质，熟悉国际货运代理业务的内容
- 能够分析国际货运代理的责任
- 了解第三方、第四方物流的特点及经营模式
- 能够分析物流服务与物流成本、销售收入的关系
- 能够制定合适的客户服务水平，并能进行改进分析

国际物流属于服务性行业,定位于服务国际贸易和跨国经营,即以最佳方式与路径、最低费用和风险,保质、保量、按时将货物从一国的供方运至另一国的需方。目前国际物流服务主要表现为由单一功能的物流服务向多功能的综合性物流服务转变。在国际物流服务中,客户服务水平是衡量物流系统为客户创造时间和空间效应能力的尺度。国际物流企业要确定适当的客户服务水平。

本章主要阐述国际物流服务的内容、国际船舶代理、国际货运代理和第三方、第四方国际物流服务,以及物流服务水平的确定与改进。

## 第一节 国际物流服务的内容与发展趋势

我国《物流业发展中长期规划(2014—2020年)》指出:"物流业是融合运输、仓储、货运代理、信息等产业的复合型服务业,是支撑国民经济发展的基础性、战略性产业。"国际物流业是一个兼有知识密集和技术密集、资本密集和劳动密集特点的外向型和增值型的服务行业,是商物分离、社会分工的必然。目前国际物流服务主要表现为由单一功能的物流服务(如船舶代理、国际货运代理等)向多功能的综合性物流服务(如第三方、第四方物流服务)转变。

### 一、国际物流服务兴起的原因

国际物流服务兴起的原因主要可概括为以下三方面。

其一,企业竞争环境的变化引起企业对核心竞争力的关注。

过去,大多数厂商都是既经营生产、销售业务,又拥有自己的车队、仓库。但是,运送与储存物料以及产品分销需占用大量空间、设备和人员,并愈加要求计算机软硬件的支持。在严峻的资源约束环境下,提高资源利用率已成为企业生存的前提。随着现代企业生产经营方式的变革和市场外部条件的变化,工业型社会逐步向信息型社会过渡,企业也从"纵向一体化"的直接控制资源转向了"横向一体化"。这就要求企业要借助其他企业的资源来达到快速响应市场需求的目的,为此,企业应将主要精力放在企业的关键业务上,而将非核心业务交给其他的专业企业。于是,随着市场竞争的激化和社会分工的细化,商家们开始思考究竟是自营物流业务,还是将物流业务外包出去。有些商家已经意识到自己并不是运输经营和库存管理的行家,为了把更多的精力集中于自己的主营业务上,以便同自己的对手展开竞争,他们开始把一些自己不十分在行的,诸如运输、仓储、报关、检验、租船、结汇等业务外包给"第三方"经营。

有需求就会有供给,这是市场经济的基本规律。为了满足工商企业日益增加的物流外包需求,专门从事国际物流服务的"第三方物流"企业应运而生,并迅速发展壮大。

其二,国际电子商务对国际物流服务的需求激增。

电子商务导致了一场比工业革命更深刻的革命,这场革命逐步导致了产业大重组,从而也就从根本上改变了公司内部运作及外部合作与交流的机制,前所未有地提高了整个社会资源的运行效率。产业重组实际上使得社会上的产业只剩下两类行业:一类是实业,包括制造业和物流业;另一类是信息业,包括广告、订货、销售、购买、服务、金融、支付和信息处理业等。在实业中,制造业和物流业二者相比,制造企业会逐渐弱化,而物流企业则会逐渐得到强化。

在国际电子商务环境下,随着绝大多数厂商、银行虚拟化、商务事务处理信息化和多数生产企业柔性化的实现,整个市场剩下的就只有实物物流处理工作了。物流企业成了代表所有生产企业及供应商,面对用户唯一的最集中、最广泛的实物供应者,也成了进行局域市场实物供应的重要主体。可见,国际电子商务把物流业提升到了前所未有的高度,为国际物流服务提供了空前的发展机遇,使国际生产企业与国际物流企业以合作双赢为宗旨,有机结合、协同运作。

随着网络技术的发展和进步,电子商务在国际贸易中的应用越发突出。在国际电子商务下的国际物流实现了运作方式、物流设施、物流设备、物流技术、物流管理等方面的变革,国际物流实现了网络的实时控制,力求最大限度地减少要素间的重要劳动,从而最大限度地缩短了原材料供应者、产品生产者、商品消费者之间的物流距离和物流时间,提高了物流效率。

其三,"全球业务外包"和地区性贸易模式的转换刺激了国际物流市场的发展。

随着国际分工和经济全球化的发展,世界经济出现了"全球业务外包"的趋势,跨国公司迅猛发展。业务外包(business process outsourcing,BPO)是指企业将一些重复性的非核心或核心业务流程外包给供应商,以降低成本,同时提高服务质量。通常,跨国公司的物流成本约占其销售成本的5%—8%,而当物流边际成本每降低1%时,跨国企业的利润率就能迅速提高5%—20%。因此,跨国公司对国际物流服务商有着强烈的需求。另一个导致企业采用国际物流服务的因素是地区性贸易模式的转换。研究发现,目前有许多外国工业和零售企业在中国许多地方分销它们的产品,其中,有超过50%的销售是在中国50多个大城市进行的。这种模式要求物流服务商更多地关注总体分销解决方案,而不仅仅是提供运输服务。

## 二、国际物流服务的内容与类型

国际物流服务的内容广泛,但由于国际物流服务企业规模、专业优势的不同,其服务的内容与层次是有所区别的。目前的国际物流服务主要表现为功能性物流服务和综合性物流服务。

### (一)国际物流服务的内容

《物流企业分类与评估指标》(GB/T19680—2005)对物流服务的定义是:物流服务(logistics service)是指物流供应方通过对运输、储存、装卸、搬运、包装、流通加工、配送和信息管理等基本功能的组织与管理,来满足客户物流需求的行为。它是企业为了满足客户的物流需求,进行一系列物流活动的结果。

物流服务本身并不创造商品的实质效用,而是产生空间效用和时间效用。物流服务主要围绕客户期望的物品、期望的传递时间和期望的质量来开展服务。国际物流属于服务性行业,定位于服务国际贸易和跨国经营,即以最佳方式与路径、最低费用和风险,保质、保量、按时将货物从一国的供方运至另一国的需方。

国际物流企业从与货主建立业务关系开始,其间应能提供采购原料、提供商品生产或加工地点、原料或产成品的储存保管、装卸、包装、租船、订舱、配载、制单、报检、报关、集港、疏港、运输、结汇、跟踪物流位置,直至货物到达指定目的地的最终用户手中等一系列服务。

国际物流服务的内容可用图 12-1 来表示。

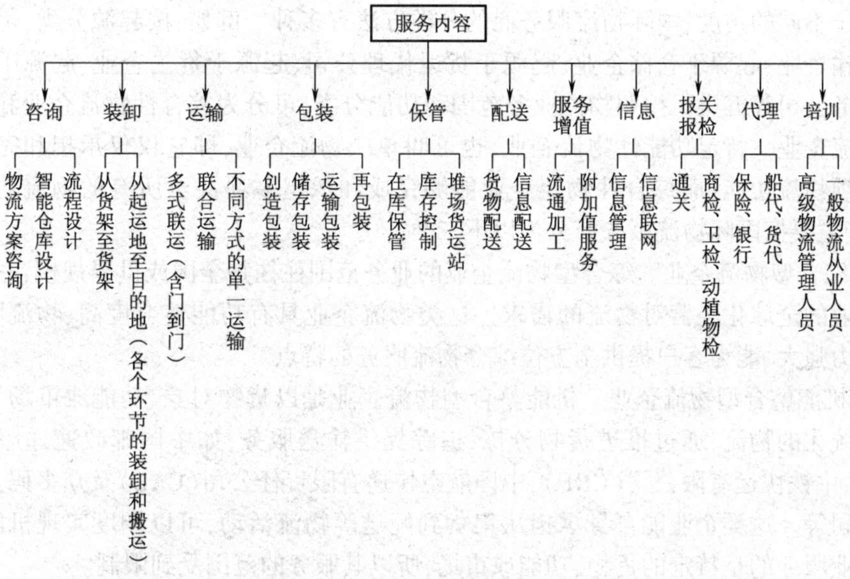


**图 12-1　国际物流服务的内容**

(二)国际物流服务的类型

国际物流服务内容广泛,但就具体物流企业而言,其服务业务内容与企业资产实力、资金实力、资源整合能力、信息技术能力及企业定位、市场、客户需求有关。

根据服务的功能与手段及与客户的合作程度,物流服务可分为以下四种类型。

1. 基本功能的物流服务:主要提供运输、仓储等单一或少数物流功能的组合服务项目。这一服务层次以一次性服务为特点,不一定建立在长期物流合同的基础上,一般不要求提供很多的协调服务。

2. 实物运作的物流服务:与客户建立在长期物流合同的基础上,客户只要求提供实物运输、配送、分销、流通加工、采购、收款、咨询、信息以及其他增值作业等服务。其主要业务特点是基于从供应方到需求方物品流动的全程或主要流程的运作与管理。

3. 管理活动的物流服务:是建立在物流管理合同的基础上,除了物流业务,还包括运输管理、库存控制、货物跟踪、需求预测、网络管理、供应链 IT 支持、物流行政管理,包括将某些仓库及车队交给物流企业管理。这种模式需要一定的信息系统集成、业务流程重组和经营组织变革,是物流服务中需要管理咨询、系统集成、虚拟经营等技术支持的一种典型形式。

4. 基于集成方案的物流服务：是客户与物流企业建立在长期物流合同的基础上，形成一体化供应链物流方案，根据集成方案将所有的物流运作以及管理业务全部外包给物流企业。这是物流企业整合内外部资源，提供商流、物流、信息流和资金流一体化运作的集成供应链管理形式。

（三）国际物流服务商的分类

国际物流服务商也称国际物流服务供应商，即国际物流企业①，是指从事国际物流活动的经济组织。

基于不同的角度，国际物流服务商的分类方法有多种。例如，按起源分类，可分为起源于运输企业、起源于仓储企业、起源于货运代理公司、起源于货主企业、起源于财务或信息服务公司等五类。按照物流业务范围和功能分类，可分为综合性物流企业和特定功能性物流企业。特定功能性物流企业，也可叫单一物流企业，即它仅仅承担和完成某一项或几项物流功能；而综合性物流企业能够完成和承担多项甚至所有的物流功能。这里，我们主要把国际物流服务商分为以下三类。

1. 综合型物流企业。综合型物流企业的业务范围往往是全国或世界规模，它能应对货主企业的全球化经营对物流的需求。这类物流企业具有功能整合度高、物流服务广、综合实力强大、能为客户提供全方位综合物流服务的特点。

2. 机能整合型物流企业。机能整合型物流企业是以货物对象、功能或市场为核心，导入系统化的物流，通过推进货物分拣，追踪提供输送服务，如中国邮政速递服务公司（EMS）、中铁快运有限公司（CRE）、中国航空快递有限责任公司（CAE）及众多码头堆场、机场公司等。这类企业能自身承担从集货到配送等物流活动，可以调度实现机能整合。由于企业服务的是特定的货物、功能或市场，所以其服务的范围受到限制。

3. 代理型物流企业。这类企业机能整合度低，但服务范围广，通常自身不拥有运送手段，而是以综合运用铁路、航空、船舶、汽车等各种手段运输，靠经营网络的优势，开展货物混载代理业务。它们具有把不同的物流服务项目组合，以满足客户需求的能力。目前，运输代理企业正在向第三方物流企业发展，即迈向提供物流交易双方的部分或全部物流功能的外部提供者。

## 三、国际物流服务的表现形式及发展趋势

从图 12-1 可知，国际物流服务的内容是十分广泛的，但由于物流服务供应商的层次及水平不同，提供的物流管理服务内容也不尽相同。有一些物流服务供应商可以为物流需求企业提供综合性物流服务，服务内容广泛，可以涵盖整个商务活动过程；而有一些物流服务供应商则只能提供功能性服务。

国际物流服务的表现形式主要可分为功能性国际物流服务和综合性国际物流服务。从功能性国际物流服务转向综合性国际物流服务是国际物流服务的主要发展趋势。

---

① 《物流企业分类与评估指标》（GB/T19680—2005）对物流企业的定义是：物流企业是至少从事运输（含运输代理、货物快递）或仓储一种经营业务，并能够按照客户物流需求对运输、储存、装卸、包装、流通加工、配送等基本功能进行组织和管理，具有与自身业务相适应的信息管理系统，实行独立核算、独立承担民事责任的经济组织。

### (一)功能性国际物流服务

功能性国际物流服务通常只是为客户企业解决功能性问题,提供国际物流服务内容中的单项和少数几项服务内容。从事功能性国际物流服务的企业为专门物流服务供应商。典型代表如国际货运代理企业、国际船舶代理企业、报关行、仓储企业。

### (二)综合性国际物流服务

20世纪70—80年代,发达国家的不少先进企业认识到把物流管理与实体分配结合起来管理可以大大提高企业的整体效益,于是提出了综合物流的概念。到了80—90年代,企业又将综合物流的内涵和外延进一步扩大,包括了原材料的供应商和制成品的分销商,形成了供应链的概念。由于综合物流服务将货物空间位移中的各种便利寓于为客户提供的全方位服务之中,通过全面介入客户的经营,保证企业供应链正确地运行,有效地降低了物流总成本,因此,其一出现就受到了广大货主的青睐和欢迎。同时,综合物流服务的提供者通过对物流解决方案、运输、仓储和检验报关等各物流环节的控制和管理,能实现远高于单纯从事运输或仓储服务的整体效益,将给企业带来更高的利润率。

综合性国际物流服务主要表现为第三方、第四方国际物流。

# 第二节　功能性服务:国际船舶代理

船舶代理是指船舶代理机构或代理人接受船舶所有人(船公司)、船舶经营人、承租人或货主的委托,在授权范围内代表委托人(被代理人)办理与在港船舶有关的业务、提供有关的服务或完成与在港船舶有关的其他经济、法律行为的代理行为。船舶代理企业是指接受船舶所有人的委托,代办与船舶有关的一切业务的企业。船舶代理业务范围很广,主要包括船舶进出港业务、货运业务、船舶供应和船舶服务业务以及其他服务性业务等。根据我国的有关规定,船舶代理企业必须经交通运输部批准方可经营。船舶代理企业主要分为班轮运输代理企业和不定期船运输代理企业两类。

## 一、船舶代理关系及其形式

在船舶到达国外港口之前,船公司首先应为船舶在将要到达的港口选定船代机构,代办船舶在港期间一切业务,并与船代建立代理关系。国际船舶代理关系的形式按代理时间的长短划分,可以分为长期代理关系和航次代理关系。船公司通常根据自己所属船舶到达某一港口的频繁程度决定与港口当地的代理人建立长期代理关系或航次代理关系。当然,在同一港口、同一船舶的不同利益方就不同的委办事项仍然可以委托同一代理人,所以按照代理关系中委托的主次地位划分,在我国还存在着所谓的第二委托方代理和监护代理关系等形式。

### (一)长期代理

船公司根据船舶营运的需要,在经常有船前往靠泊的港口为自己选择适当的代理人,通过一次委托长期有效的委托方法,负责照管到港的属于船公司所有的全部船舶的代理关系形式,称为长期代理。

长期代理关系一经建立,只要没有发生所规定的可成为终止长期代理关系的事项,代理关系就可以一直继续保持下去。通常可成为终止长期代理关系的事项主要有:由于政治原因不宜继续保持长期代理关系;由于委托人企业倒闭等财务方面的原因而不能继续保持长期代理关系;委托人长期无船来港而要求终止长期代理关系。

建立长期代理关系可以简化委托和财务往来结算手续。就班轮运输而言,在固定航线上,船舶经常往返于航线的固定挂靠港之间,当然以建立长期代理关系更为合理。这种代理关系的建立,既可以通过签订正式的专门委托代理合同而建立,也可采用委托人以书面形式向代理公司或代理人提出委托,经代理公司或代理人接受的方式来建立,而且以后者为最常用的方式。

(二)航次代理

航次代理是指对不经常来港的船舶,在每次来港前由船公司向代理人逐船逐航次办理委托,并由代理人逐船逐航次接受这种委托所建立的代理关系。凡与代理人无长期代理关系的船公司派船来港装卸货物,或因船员急病就医、船舶避难、添加燃料、临时修理等原因专程来港的外国籍船舶,均须逐航次办理委托,建立航次代理关系。船舶在港作业或所办事务结束离港,代理关系即告终止。

船公司按航次向代理人委托航次代理时,须在船舶抵港前,以书面形式向船舶到达港的代理人提出委托,并在船舶抵港前的一定时间内,将船舶规范、有关的运输合同和货运单证寄交所委托的代理人。代理人接到书面委托,查明船舶国籍,明确船舶来港任务,审核船舶规范、运输合同和贸易合同、货运单证等是否齐全,明确费用的分担和费用的结算对象,如认为没有什么问题,经索取备用金,航次代理关系即告建立。

(三)第二委托方代理

委托方一般是指提出委托,并负责结算船舶港口费用的一方。除此之外,对于同一艘船舶要求代办有关业务的其他委托人均称为第二委托方。

在一般情况下,船舶代理的委托方是船方,而第二委托方既可能是船方,也可能是承租人、货主或其他有关方。一艘船舶的代理只有一个委托方,但同时可以有一个或几个第二委托方。委托方和第二委托方的确定,不仅要看由谁委托代理,港口费用由谁负担,而且还要看由谁负责结算。比如,有的航次租船合同规定,船舶代理人由承租人委托,费用也由承租人结算,在这种情况下,承租人就是委托方。如果同时船舶所有人也要求代理人为他办理业务,则船舶所有人就是第二委托方。又如租船合同规定船舶代理由承租人委托,而费用则向船舶所有人结算,在这种情况下,船舶所有人是委托方,如果承租人也明确代理人为其办理有关业务,则承租人是第二委托方。

(四)监护代理关系

委托方除委托一方为代理外,为维护委托方利益,另委托一方对被委托方所进行的业务进行监护,这种关系称为监护代理关系。

## 二、船舶代理的主要业务

船舶代理公司的设立,在不同的国家要依照各国的公司法进行。我国国际船舶代理业务只能由经交通运输部批准成立的船舶代理公司经营,船舶代理公司必须是企业法人。

我国船舶代理公司在交通部核定的经营范围内,受船公司委托,可经营下列部分或全部代理业务:联系安排船舶进出港口、靠泊和装卸;办理船舶、货物、集装箱的报关;办理货物、集装箱的托运、转运和多式联运;受船东或船长的委托代签提单、运输合同,代签船舶速遣、滞期协议;办理国际水上旅客运输;组织货载,为货主洽订舱位;联系水上救助、洽办海商海事处理;代收代付款项,代办结算;办理其他与船舶代理有关的服务事项。

国际船舶代理业务是一项范围相当广泛的综合性业务,它包括所有原应由船公司自行办理的业务和一些原应由货主自行办理的与货运有关的业务。下面只就其主要代理业务进行阐述。

(一)船舶进出港手续

不论是航行于国际航线的国轮或是外籍船舶,进出港口都需要接受边防(移民机构)、检疫、海关的检查,向边防、检疫、海关和港口当局办理进出港的各项手续,并取得各种必要的单证。

船舶进、出港口前,接受委托的船舶代理人,须事先联系边防、检疫、海关及有关港口当局办理必要的手续。

1. 船舶进港手续。进港手续可分为以下三类。

其一,有关检疫的手续。①检疫。船舶到港前,入港船舶的船长应向检疫机关申报船上有无霍乱、鼠疫、伤寒、斑疹伤寒、黄热病及回归热等检疫传染病的患者或死者,并且悬挂检疫信号,在检疫锚地待泊接受检疫。②灭鼠。在港船舶的灭鼠工作,包括定期灭鼠和强制性灭鼠消毒。③预防接种。④进出口动、植物的检疫。为了防止因动植物的进出口而使病菌或害虫传入国内或向国外传播,各国都规定必须经过检疫才能办理进出口货物报关手续。

其二,海关法规规定的船舶进港须办理的手续。①填报、交验和提交有关的单证。②不在港装卸货物的进港船舶须办理的手续。③缴纳船舶吨税手续。④申请准予装卸货物的手续。⑤在海关办公时间以外的时间进行装卸货物时须办理的手续。

其三,边防机关或海上保安机关或移民局和港口当局对进港船舶要求办理的手续。①入港申请。②指定锚地。③使用系船设备的申请。④缴纳港务费。

2. 船舶出港手续。船舶出港手续较之船舶进港手续更为简便,除向海关、海上保安部门和港口主管当局提出出港申请,并向海关交验缴纳吨税的收据或免缴吨税的证明外,货物装船完毕后,还需编制出口货物舱单,经船长签字,据以向海关办理船舶出口报关,经海关同意,即可起航出港。

总之,船舶进出各国港口,常因各国具体情况和主管机关要求的不同,而使所需办理的手续和办理船舶进出港口手续时所使用的各种单证有所不同。

(二)出口货运业务

出口货运业务主要包括货物承运、联运货物的中转换装、编制积载计划、缮制各种货运单证以及运费计算等项工作。在班轮运输或不定期船运输中,承运人或租船人都可能通过授权,将这些业务工作委托代理人代办完成。

1. 货物承运。船舶代理既可以接受船公司的委托,在装货港代表船公司代办货物承运工作;也可以接受货主的委托,代办货物订舱和托运工作;还可同时接受船公司和货主的委托,既代表船公司代办货物承运工作,也代表货主代办货物订舱和托运工作。

在代理人代办货物承运工作的情况下,其工作内容与船公司自行办理的承运工作的内容没有什么不同。而代表货主代办货物订舱和托运工作时的工作内容,也与货主自行办理没有什么不同。但在既代表船公司代办货物承运工作,又代表货主代办货物订舱和托运工作时,则因出口货物所采用的价格条件不同,而使其工作内容有所不同。

在以 CIF 或 CFR 价格条件出口的货运中,代理人既代表船公司办理货物承运工作,又代表货主代办货物的订舱和托运工作的情况下,如果代理人同时代理几家船公司的船舶,就会出现代理人将他所掌握的货载应该按照什么样的配载原则分配给某一船公司的船舶的问题。在以 FOB 价格条件出口的货运中,买方可能委托在装货港的代理人洽订舱位载运货物,也可能由买方自行安排船舶来港装运。

2. 国际海上联运货物的中转。从国外港口运抵本港又转往其他国家港口,并由承运人签发了联运提单的货物,称为国际海上联运货物。国际海上联运货物在中转换装港需要办理一系列手续,完成一系列作业。而在中转港接受委托,代办这些手续和作业,则是船舶代理人经常受托代办的业务之一。不过,从货物的安全运输和承运人的责任考虑,对于危险货物、重大件、鲜活、冷冻及散装货物等,以及承运人已签发直达提单,因承运人或收货人的决定而改变目的港的货物,不能代办中转手续。委托方没有在载运联运货物的船舶抵港前的一定时间前提出委托并明确费用的负担或分摊时,代理人也不能接受委托。

3. 绘制出口货物积载计划。绘制船舶积载计划是船方的职责,而代理人的义务则是向船方提供装船货物的资料,督促并协助到港船舶及时作出积载计划,由代理人分送港口有关部门安排装船作业,以避免因绘制不及时而延误货物进栈、落驳和装船。关于协助到港船舶作出积载计划,代理人的任务是根据货单留底编制装货清单,向来港装货船舶提供装货的种类及货物的积载因数和舱系数,重大件货物、成套设备和畸形包装货物的外形尺寸和重量,危险货物说明书,特殊货物的装载要求和冷冻货物的温度要求以及下一港口货载情况等资料。

4. 缮制各种货运单证。缮制各种货运单证是接受船公司委托代办出口货运业务的代理人经常要办的主要业务工作。缮制这些单证要做到整洁、正确和及时。所谓整洁,是指签发的各种单证应该字迹清晰,未加涂改,计量或计费单位明确,按照规定分别以大写或小写书写数码。所谓正确,是指单证内容的完整无误和运输安排的正确合理。所谓及时,则是指在港进行各项作业的进度,应适时地缮制、分送各种货运单证,避免因单证不及时而发生作业中断和待时。对于随船单证,应做到随船带走。对于邮寄单,应区别远近,在船舶离港后的一定时间内寄出。邮寄单证必须详列清单,并要求对方退回收讫回执,以分清责任。

5. 运费计算工作。代计代收运费也是船舶代理人的一项重要业务工作。船舶代理人接受各个船公司的委托,根据各个船公司制定的费率本,为各船公司代计代收运费。

由于各船公司的运费率常会发生局部的修订、调整,附加费的计收或撤销也常有变动,所以代理人对于各船公司的费率本加强管理是非常必要的。代理人要指定专人进行运费计算、审核和计收工作,随时注意费率本的撤换、货物运费率及等级的更正或补充、附加费及货名的增减,并且确切地理解费率本的各项条款及规定,及时做好修改和记录。

(三)进口货运业务

进口货运业务主要包括收受载货运费清单、收受积载计划、催提、签发提货单和进口货物理赔等。在班轮运输或不定期船运输中,承运人或租船人都可能通过授权,将这些业务工作委托代理人代办完成。

1. 收受载货运费清单。载货运费清单的作用之一是卸货港的船舶代理人在船舶到港前据以编制进口载货清单,为到港船舶和货物先行安排泊位、卸货、驳运、仓库,并通知收货人准备提货。卸货港的船舶代理人在收到这些单证后,须参照进口货物积载计划,按货物装货港逐港、逐票核对,核查是否有漏寄情况。如发现漏寄,应及时向船舶或漏寄港的船舶代理人索取。与此同时,卸货港的船舶代理人还应按提单副本逐票核对载货运费清单所列货名、件数、标志、收货人等项内容。如果发现错误,应向船方或装货港的船舶代理人查询。

2. 收受积载计划。进口货物的积载计划必须在船舶到港前寄达在卸货港的船舶代理人,以便安排卸货和供理货人员理货时参考。一般来说,航线较长的进口货物积载计划应由船公司或装货港的船舶代理人寄来,而航线较短的进口货物积载计划则可由船长或装货港船舶代理人用电报通知。

3. 催提货物。通常都规定,船舶到达卸货港将货物卸下后,在一个合理的时间内如无人认领,承运人可以处置该货物而不承担任何责任,全部风险和费用由货方承担。虽然如此,但从承运人的信誉以及货物的安全考虑,为收货人尽快提取货物创造条件,仍是承运人不容推卸的责任。因此,作为承运人的代理人,在船舶抵达卸货港之前,应事先通知收货人做好准备,以避免货物抵达目的港后在码头仓库积压,影响港口的正常作业。催提可用函件、电话进行。如用电话催提,必须做好记录备查。对于冷藏货、鲜活货物等,因港口无保管条件或不便存放,应随时用电话通知收货人船边提货。

4. 签发提货单。正常提货程序是,收货人在一份正本提单背书后,付清运费(到付运费)和其他应付的费用,换取由卸货港的船舶代理人签发的提货单,向海关办理货物进口手续后,即可凭提货单在码头仓库提取货物。卸货港的船舶代理人在签发提货单时,首先要将提单与载货清单核对,经核对无误,在载货清单中所列该提单的项目后做出记号,表示该票货物已办理提货手续,然后收回提单,签发提货单。

5. 进口货物理赔。收货人提取货物时,如发现货物灭失或损坏,既可直接向船公司索赔,也可通过卸货港的船舶代理人向船公司索赔。通常,对于索赔金额较大的索赔案件,都由船公司自行理赔。而对于索赔金额较小的案件,船公司也常委托卸货港的船舶代理人代办理赔。船公司委托代理人代办理赔工作,一般都只是在一定限额内授权代理人代办。如果代理人得到这种授权,即可在规定的限度内理赔结案,事后再将处理结果转告船公司。

(四)船舶供应服务工作

船舶供应服务工作主要包括以下几项。

1. 安排供应船用燃油、淡水。

2. 安排供应船舶物料、垫料、备件。

3. 安排船长借支。

4. 安排供应船员伙食。

5. 应船长要求联系安排清舱、洗舱等工作。

6. 其他服务工作。主要包括:安排船员遣返;办理船员登陆或出入境手续;安排船员就医、住院;联系安排船员其他事宜。

## 第三节　功能性服务:国际货运代理

国际货运代理(通常简称为货代)是从国际商务和国际运输这两个关系密切的行业里分离出来而独立存在的行业。国际货物买卖大都远隔重洋,买卖双方必须借助海、陆、空等不同的运输方式和不同的交通工具才能实现货物的流动。货主为了货物安全、运输便捷、节省费用、降低成本,便要广泛收集交通运输方面的信息,方能选择到最佳的运输方式、最新的运输工具、最好的承运人和支付最便宜的费用。但事实上,限于人力、物力,绝大多数单纯经营国际贸易的货主很难做到,而且往往由于对某一环节的疏漏或对有关的手续不熟悉而事倍功半,甚至造成某种经济损失。另外,运输承运人也需要货运代理的揽货服务,而不可能亲自处理每一项具体运输业务,不少工作需要委托代理人代为办理。于是,国际货运代理行业应运而生。国际货运代理接受委托人的委托,代办各种运输业务并按提供的劳务收取一定的报酬,即代理费、佣金或运费。

### 一、国际货运代理的概念与性质

早在数百年前,国际货运代理行业就逐渐成为货主与承运人之间不可缺少的中介。国际货运代理在国际上被人们誉为“国际贸易的桥梁”“国际贸易运输的设计师和执行人”。

(一)国际货运代理的概念

关于国际货运代理(international freight forwarder 或 international freight agent),国际货运代理协会联合会(FIATA)的定义是:国际货运代理是根据客户的指示,并为客户的利益而揽取货物运输的人,其本身并不是承运人。国际货运代理也可以依据这些条件从事与运输合同有关的活动,如储货(也含寄存)、报关、验收、收款等。《中华人民共和国国家标准——物流术语》对国际货运代理的定义是:接受进出口货物收货人、发货人的委托,以委托人或自己的名义,为委托人办理国际货物运输及相关业务,并收取劳务报酬的经济组织。

随着传统的国际货运代理不断拓展业务范围,国际货运代理从代理人业务逐渐发展到无船承运业务、多式联运业务、物流业务等,有人认为国际货运代理的叫法已不符合其业务现实,并将国际货运代理命名为“国际货运服务经营者”①。本书所阐述的国际货运代理仍用人们习惯的传统叫法,但其业务有时也包括无船承运业务、多式联运业务、物流业务等。

我们给国际货运代理所下的定义是:国际货运代理是接受货主委托,办理有关货物报关、交接、仓储、调拨、检验、包装、转运、租船和订舱及其他物流服务业务的人或组织。

(二)国际货运代理的性质

当前,国际货运代理具有双重身份,即国际货运服务代理人与当事人并存。

1. 国际货运代理的基本性质:作为中间人行事的代理人。从传统业务的表面上看,国际货运代理以货主的代理人身份按代理业务项目和提供的劳务向货主收取劳务费。但从整个对外贸易运输环节和法律上看,国际货运代理与民法上的代理不同。

货运代理根据货主的要求,代办货物运输业务,他们在托运人与承运人之间起到桥梁作用。现在,我们按一票货物的托运流程来阐述货主、货运代理和承运人三者的关系(如图12-2所示)。

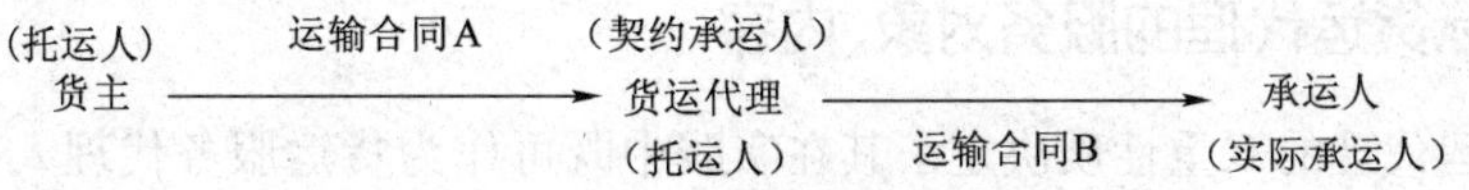


**图12-2　货主、货运代理和承运人三者的关系**

进出口商签订了贸易合同之后,为了履行合同,就得与货运代理签订一份运输合同(运输合同A),在该合同中,货主是托运人,货运代理是契约承运人。由于货运代理不掌握运载工具,他必须与拥有运载工具的承运人再签订一份运输合同(运输合同B),在此合同中,货运代理是托运人。

运输合同A与运输合同B是两个在法律上完全独立的合同。由此可见,货运代理是以事主的身份出现在两个合同之中,既非货主,亦非承运人之代理。为了加以区别,人们将运输合同A称为“纸运输合同”,将货运代理称为“契约承运人”②,即不是真正的承运人。人们将运输合同B称为“实际运输合同”,将拥有运载工具的承运人称为“实际承运人”③。货运代理在这个“实际运输合同”中则像一个货主或商人一样是一个地地道道的托运人。因此,国际货运代理的基本性质是,它属于货物运输关系人的代理人,是联系发货人、收货人和承运人的货物运输中介人。也就是说,它是接受委托人的委托,就有关货物运输、转运、仓储、保险,以及与货物运输有关的各种业务提供服务的一种“货物运输中间人”。它既代表货主,保护货主的利益,又协调承运人进行承运工作,在以发货人或收货人为一方、承运人为另一方的两者之间行事。

2. 国际货运代理的扩展性质:作为当事人行事的承运人和物流商。国际货运代理的

① 王学锋,陕丙贵.国际货运代理概论[M].上海:同济大学出版社,2006.

② 1990年国际海事委员会第34届大会成果《巴黎规则》中首次提出这一概念,现被广泛使用。

③ 该提法见《1978年联合国海上货物运输公约》(《汉堡规则》)第1条a款。

上述中间人性质在过去尤为突出。然而，随着国际物流和多种运输形式的发展，国际货运代理的服务范围不断扩大，其在国际贸易和国际运输中的地位也越来越重要。在实践中，国际货运代理对其所从事的业务，正在越来越高的程度上承担着承运人的责任，这说明国际货运代理的角色已发生了很大的变化。许多国际货运代理企业都拥有自己的运输工具，用来从事国际货运代理业务，包括签发多式联运提单，有的甚至还开展了物流业务，这实际上已具有承运人的特点。将来会有越来越多的国际货运代理通过建立自己的运输组织并以承运人身份承担责任的方式来谋求更广阔的业务发展。国际货运代理的双重身份，即代理人与当事人并存的局面仍会继续存在下去。

总之，国际货运代理已不是传统的纯粹代理人，这不仅是因为其业务范围的拓宽，而且因为其服务内容也发生了很大变化，所以，角色的扮演已不再是单一的。国际货运代理有时作为代理人行事，有时作为当事人行事，有时二者兼而有之。目前，国际货运代理更注意在“产品”开发上集中财力、物力，如改善服务、开辟新航线、提供新的联运方式、开拓国际物流和增值服务市场等，以增加效益。

## 二、国际货运代理的服务对象、内容

国际货运代理的双重性质决定了其在实践中既可作为货运服务代理人提供服务，又可作为货运服务当事人（独立经营人）开展服务活动。国际货运代理在促进本国和世界经济发展、满足货物运输关系人服务需求的过程中起着重要的作用。

（一）国际货运代理的服务对象

国际货运代理的服务对象包括：发货人（出口商）、收货人（进口商）、海关、承运人、班轮公司、航空公司，在物流服务中还包括工商企业等。国际货运代理与相关部门（包括政府当局和某些公共机构）建立、发展和保持联系也必不可少。国际货运代理与服务对象的联系如图 12-3 所示。

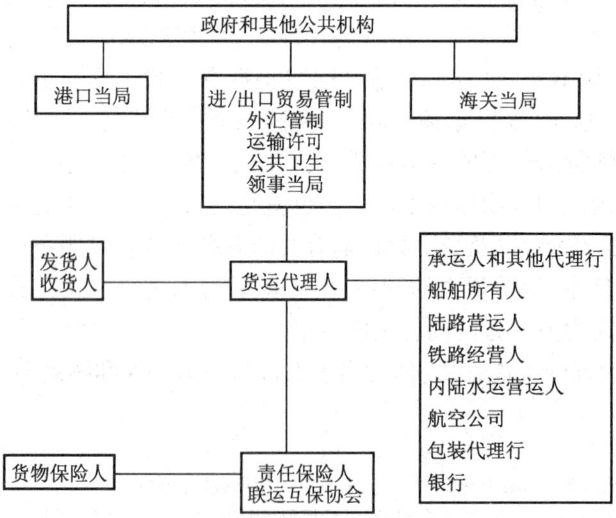


**图 12-3　国际货运代理与服务对象的联系示意**

(二)国际货运代理的业务内容

国际货运代理的业务服务范围很广泛,其既可作为货运服务代理人提供服务,又可作为货运服务当事人(独立经营人)开展服务活动。根据《中华人民共和国国际货物运输代理业管理规定》和《中华人民共和国国际货物运输代理业管理规定实施细则》,我国国际货运代理企业可作为货主的代理人提供货运代理服务,作为承运人的代理人提供货运代理服务,作为独立经营人提供有关服务(例如,国际货运代理企业以缔约承运人、无船承运人、多式联运经营人的身份提供货物运输服务)。我国还规定,国际货运代理企业可从事不含私人信函的国际快递服务。

1. 国际货运代理作为货运服务代理人提供服务。国际货运代理作为货运服务代理人提供服务,主要是接受客户的委托,完成货物运输的某一个环节或与此有关的各个环节的任务,除非客户(发货人或收货人)想亲自参与各种运输过程和办理单证手续,否则,国际货运代理可以直接或通过其分支机构及其雇用的某个机构为客户提供各种服务,也可以利用其在海外的代理提供服务。从货主(发货人、出口商)到买方(收货方)之间的货物运输的某一个环节或与此有关的各个环节的任务,都可以成为国际货运代理的业务内容。

国际货运代理为委托人服务,并从委托人那里获得劳动报酬,其工作内容完全属于商业或贸易行为。

2. 国际货运代理作为当事人开展服务。作为当事人,国际货运代理开展的业务有如下两类。

(1)国际货运代理作为经营人提供多式联运服务。例如,集装箱化使国际货运代理介入了多式联运。这时,国际货运代理充当了总承运人,并且负责组织在一个单一合同下,通过多种运输方式,进行门到门的货物运输,其可以当事人的身份与其他承运人或其他服务的提供者分别谈判并签约。国际货运代理作为多式联运经营人时,通常需要提供包括所有运输和分拨过程的全面的一揽子服务,并对其客户承担一种更高水平的责任。

(2)国际货运代理从运输服务延伸到提供物流服务。提供物流服务是国际货运代理为满足客户的更高要求,提高其市场竞争能力,顺应国际发展的一种新趋势。物流服务是一项从生产到消费的高层次、全方位、全过程的综合性服务。与多式联运相比,国际货运代理提供物流服务,不仅提供一条龙的运输服务,而且延伸到了运输前、运输中、运输后的各项服务。凡与运输相关的、客户需要的服务,均为国际货运代理服务的内容,而且要做到高速度、高效率、低成本、少环节、及时、准确。这就需要国际货运代理熟悉客户的业务,了解客户生产乃至销售的各环节,主动为客户设计、提供其所需,从而使自己在运输的延伸服务中获得收益。

## 三、国际货运代理的行业管理

国际货运代理业现在已发展为一个完全独立的行业。在我国,已形成了一个具有一定规模的国际货运代理行业。目前,我国国际货运代理行业实行的是以国务院商务主管部门为主，其他相关部门依职权参与管理[①]，政府主管部门实行行政管理与行业协会自律并重的管理体制。

国际货运代理行业成立了国际性的行业组织，如国际货运代理协会联合会、国际航空运输协会（International Air Transport Association，IATA）等。我国也成立了中国国际货运代理协会。

（一）国际货运代理协会联合会

国际货运代理协会联合会（International Federation of Freight Forwarders Association）简称"菲亚塔"（FIATA），是世界国际货运代理的行业组织。该联合会于1926年5月31日在奥地利维也纳成立，其目的是保障和提高国际货运代理在全球的利益。该联合会是一个在世界范围内运输领域最大的非政府和非营利性组织，具有广泛的国际影响，其成员包括世界各国的国际货运代理行业。该联合会是联合国经济与社会组织及联合国贸易发展大会的咨询者，并被确认为国际货运代理业的代表。目前，中国国际货运代理协会是国际货运代理协会联合会的会员。

FIATA的总部设在瑞士的苏黎世，由两年一届的全会选出的常委会主持日常工作。常委会下设：公共关系、运输和研究中心、法律单据和保险、铁路运输、公路运输、航空运输、海运和多种运输、海关、职业训练、统计10个技术委员会，负责研究、指导、协调和解决国际货运代理业务中所发生的问题。

FIATA自成立以来先后制定了八种货运代理单证格式。它们是：FIATA FCR货代收据凭证（forwarders certificate of receipt）；FIATA FCT货代运输凭证（forwarders certificate of transport）；FIATA FWR仓库收据（FIATA warehouse receipt）；FIATA FBL可转让联运提单（negotiable FIATA multimodal transport bill of lading）；FIATA FWB不可转让联运提单（non-negotiable FIATA multimodal transport way bill）；FIATA SDT托运人危险品运输证明（shippers declaration for the transport of dangerous goods）；FIATA SIC发货人联运重量证明（shippers interposal weight certificate）；FIATA FFI货代通知证书（FIATA forwarding instructions）。

FIATA国际货运服务示范规则（FIATA Model Rules for Freight Forwarding Services）是国际货运代理协会（FIATA）1996年10月通过的用以指导国际货运服务的标准交易条款。FIATA国际货运服务示范规则共20条，包括四个部分：第一部分，一般规则；第二部分，货运代理的责任；第三部分，客户的责任与义务；第四部分，争议与强制性法律。FIATA国际货运服务示范规则的作用表现在两个方面：不仅可成为合同条款[②]，而且具有指导各国国际货运服务经营者协会制定标准交易条款的作用。

（二）中国国际货运代理协会

中国国际货运代理协会的英文名称为China International Freight Forwarders

---

① 国务院公路、水路、铁路、航空、邮政运输主管部门和联合运输主管部门根据与本行业有关的法律、法规和规章对国际货运代理企业的设立及其业务活动进行着不同程度的管理。

② 如果当事人将示范规则纳入合同，示范规则就成为合同的一部分。示范规则被纳入合同，但与合同原有条款冲突时，示范规则的相应条款的效力高于合同原有条款的效力。

Association，简称 CIFA。它成立于 2000 年 9 月 6 日。它是由中国境内的国际货运代理企业自愿组成的、非营利性的、以民间形式代表中国货运代理业参与国际经贸运输事务并开展国际商务往来的全国性行业组织，接受商务部的业务指导和民政部的监督管理。根据《中华人民共和国行政许可法》和有关规章的规定，国务院和地方商务主管部门赋予了中国国际货运代理协会和各地方行业协会部分行业的管理职能，例如企业的备案、年审、业务培训和行业自律等。

2001 年初，中国国际货运代理协会代表中国国际货运代理行业加入了国际货运代理协会联合会（FIATA）。

中国国际货运代理协会的宗旨是维护我国国际货运代理行业的利益，保护会员企业的正当权益，促进货运代理行业健康发展，更好地为我国的对外经济贸易事业服务。其主要任务有：协助政府主管部门依法规范国际货运代理企业的经营行为，整顿行业秩序；开展市场调研，编制行业统计；组织行业培训及行业发展研究；承担政府主管部门委托的部分职能；为会员企业提供信息咨询服务，代表全行业加入国际货运代理协会联合会，开展同业国际交流。

中国国际货运代理协会也制定了《中国货运代理标准交易条件》。《中国货运代理标准交易条件》主要内容有 14 条，充分借鉴了 FIATA 和各主要国家的货运代理标准交易条件的精华。它不同于法律法规，它是本协会向会员推荐的“行规”，是行业自律的重要手段之一，对货运代理业务的实践具有指导意义。当货运代理合同各当事人通过合同约定选择或部分选择适用该交易条件时，该交易条件或其部分条款就对合同各当事方有相应的约束力。

## 四、国际货运代理的法律关系

国际货运代理的法律关系与责任通常体现在有关的法律法规、国际公约、标准交易条件（由各国货运代理协会制定）或合同条款之中。

《中华人民共和国国际货物运输代理业实施细则（试行）》第 2 条规定：国际货运代理企业既可以作为进出口货物收货人、发货人的代理人，也可以作为独立经营人从事国际货运代理业务。由此可见，我国法律规定的国际货运代理人的法律地位可以分为两类：第一类是指作为代理人的法律地位；第二类是指作为当事人的法律地位。

国际货运代理在国际货运过程中作为代理人或当事人出现，这两种情况的法律关系是不同的。研究国际货运代理的法律地位离不开对国际货运代理具体业务的分析。在法律层面上，人们通常把国际货运代理的业务分为两大类：一是货运代理人以委托人的名义开展业务；二是货运代理人以自己的名义开展业务。

### （一）以委托人的名义开展业务

以委托人的名义开展业务是指国际货运代理以委托人的名义，为委托人办理国际货物运输及相关业务。各方之间所产生的法律关系如图 12-4 所示。

以委托人的名义开展业务是国际货运代理主要的经营方式之一。他们接受货主的委托，在委托人规定的权限内为其安排运输，发送、接受货物。他们以货主的名义与承运

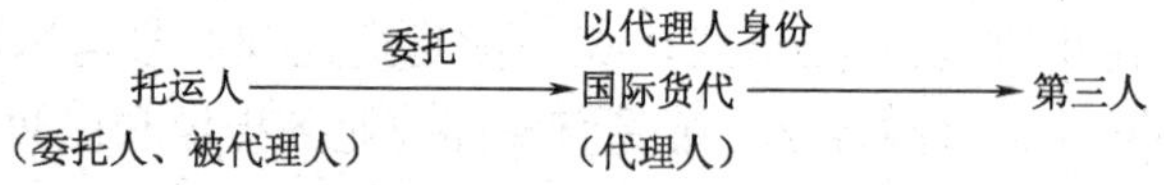


**图 12-4　国际货运代理以委托人的名义开展业务的法律关系**

人签订运输合同，合同一旦完成，直接约束货主和承运人，而国际货运代理并不牵涉其中。这符合我国民法体系中代理的概念。

以他人名义为他人实施法律行为的人，叫作代理人。其名义被他人使用、被他人代为实施法律行为的人，叫作被代理人，也称本人。与代理人共同实施法律行为的人，叫作第三人或相对人。

按照我国《民法通则》第 63 条的规定，公民、法人都可以通过代理人实施民事法律行为。代理是指代理人按照本人（被代理人）的授权，在代理权范围内代表本人同第三人订立合同或从事其他活动的法律行为，由此而产生的权利与义务直接对本人发挥效力。

按照我国《民法通则》和《合同法》对代理行为和有关委托合同的规定，货运代理作为代理人时，所产生的代理法律关系的法律事实只有一个，那就是接受被代理人的委托。国际货运代理在以委托人的名义进行业务时，其法律地位为货主的代理人，其权利义务应适用我国《民法通则》中有关民事代理的相关规定。

我国《民法通则》规定："代理人在代理权限内，以被代理人的名义实施民事法律行为。被代理人对代理人的代理行为，承担民事责任。依照法律规定或者按照双方当事人约定，应当由本人实施的民事法律行为，不得代理。"具体而言，国际货运代理应注意以下几方面。

第一，货运代理人严格依照委托人的指示从事交易活动，必须严格在委托人的授权范围内进行有关的代理事项。没有代理权、超越代理权或者代理权终止后的行为，只有经过被代理人的追认，被代理人才承担民事责任。如果未经委托人事后追认，对委托人不发生效力，应由国际货运代理自己承担责任。如果第三人知道国际货运代理无权代理，仍然与其实施民事行为，并给委托人造成损害的，第三人还要与国际货运代理承担连带责任。

第二，货运代理人在进行代理事项的过程中，应尽到合理谨慎的义务。一般来说，如果货运代理人已经尽到了合理谨慎的义务，在代理过程中出现了委托人财产的损害和灭失，或是出现了针对第三人的损害，货运代理人不承担责任，而是由委托人负责。

第三，货运代理人只能代理一个当事人，不能为"双方代理"或"自我代理"。货运代理人不能一方面作为货主的代理人，另一方面又作为承运方的代理人，即在一个合同中充当合同双方的代理人。货运代理也不能作为货主的代理人与自己签订买卖合同或运输合同。

第四，货运代理人的转代理应当事先取得被代理人的同意。一般来说，货运代理人与被代理人约定代理后，应该自己从事代理事务。但有时，货运代理人由于各方面的原因，会把这些事务委托给其他人处理。这便是转代理问题。根据我国《民法通则》第 68

条的规定,货运代理人转托他人代理的,应当事先取得被代理人的同意。事先没有取得被代理人同意的,应当在事后及时告诉被代理人,如果被代理人不同意,由货运代理人对自己所转托的人的行为负民事责任。但在紧急情况下,为了保护被代理人的利益而转托他人代理的除外。

国际货运代理以委托人的名义开展业务,在法律关系上也可称为“直接代理”。如果代理人在代理权限内以代表的身份,即以本人(委托人)的名义同第三人订立合同,其效力直接及于本人的,称为直接代理。其特点是:代理人必须以被代理人的名义行事,被代理人对其代理人的代理行为承担民事责任。这就是说,只要代理人是在代理权限内,以被代理人的名义同第三人签订合同,该合同的权利和义务均由被代理人承担。如事后合同出了问题,代理人不承担责任。

在直接代理下,货运代理关系是由委托人(货主)和货运代理人两方组成的。代理关系必须由一方提出委托,经另一方接受后才算正式成立。这种关系一经确定,委托人与货运代理人之间的关系则成为委托与被委托的关系,有关双方的责任、义务则应根据双方订立的代理协议或代理合同来履行。

代理人不履行职责给被代理人造成损害的,应由代理人承担民事责任。代理人与第三人串通,损害被代理人利益的,应由代理人和第三人负连带责任。

《民法通则》第 67 条规定,代理人知道被委托代理的事项违法而仍然进行代理活动的,或者被代理人知道代理人的代理行为违法而不表示反对的,由被代理人和代理人负连带责任。

**【案例】货代公司应按货主的指示完成委托事宜**

某货主委托某货代公司出运一批货物,自上海到香港。该货代公司代表货主向船公司订舱后取得提单,船公司要求该货代公司暂扣提单,直到该货主把过去拖欠该船公司的运费付清以后再放单。后该货主向某海事法院起诉该货代公司违反代理义务擅自扣留提单造成货主无法结汇产生巨额损失。

根据上述案例,分析该货代公司对货主的损失是否承担责任?为什么?

案例分析:

该货代公司应对货主的损失承担责任。因为此案中货代公司是接受货主委托,他是货主的代理人,应按货主的指示完成委托事宜,不应听从船公司的要求扣留提单,从而损害货主利益,其行为违反了代理的职责,因此他应当对货主的损失承担责任。

(二)以自己的名义开展业务

国际货运代理以自己的名义开展业务时,根据其业务性质的不同,其法律关系也不尽相同,主要有以下两种情况:一是作为委托人的代理人;二是作为契约承运人。

1. 作为委托人的代理人。在实践中,货运代理人常常作为委托人的代理人,先与货主签订委托合同,合同中对货运代理人的权限、义务、报酬等事项进行规定,主要目的是货主把运输事宜委托给货代办理。然后货运代理人再以自己的名义与其他的承运人签订运输合同,完成运输事宜,如图 12-5 所示。

托运人 —委托合同→ 国际货代 —运输合同→ 第三人

**图 12-5　国际货运代理以委托人的代理人身份开展业务**

这种做法在英美法系中被称为“间接代理”①。但是我国沿袭大陆法系的传统，法律上并无“间接代理”制度，对此类做法主要适用合同法中关于委托合同的规定。

国际货运代理以委托人的代理人身份开展业务在实践中又分两种情况：一是国际货运代理以自己的名义办理货运，但表明自己的代理人身份；二是国际货运代理以自己的名义办理货运，但不表明自己的代理人身份。

第一种情况下，国际货运代理以自己的名义办理货运，但表明其代理人身份。我国《合同法》第 402 条规定：“受托人以自己的名义，在委托人的授权范围内与第三人订立的合同，第三人在订立合同时知道受托人与委托人之间的代理关系的，该合同直接约束委托人和第三人，但有确切证据证明该合同只约束受托人和第三人的除外。”从以上规定可以看出，如果国际货运代理在订立合同时已经表明自己的代理身份或者有证据证明承运人订立合同时已经知道国际货运代理是某一货主的代理人，则合同直接约束货主和承运人。这时的法律适用与直接代理类似。

第二种情况下，国际货运代理以自己的名义办理货运，但不表明自己的代理人身份。我国《合同法》第 403 条规定：“受托人以自己的名义与第三人订立合同时，第三人不知道受托人与委托人之间的代理关系的，受托人因第三人的原因对委托人不履行义务，受托人应当向委托人披露第三人，委托人因此可以行使受托人对第三人的权利，但第三人与受托人订立合同时如果知道该委托人就不会订立合同的除外。”“受托人因委托人的原因对第三人不履行义务，受托人应当向第三人披露委托人，第三人因此可以选择受托人或者委托人作为相对人主张其权利，但第三人不得变更选定的相对人。”一般情况下，国际货运代理与承运人签订运输合同时并不表明自己的代理身份，而是以自己的名义与承运人签订运输合同，这样做可以避免承运人与货主直接接触，保护自己的业务空间。在这种情况下，运输合同只约束国际货运代理和承运人，并不直接约束货主。由于国际货运代理最终还是为货主服务，完全把货主排除在外并不能充分保护货主的利益，所以，《合同法》规定了被委托人的披露义务和委托人的选择介入权②。如果承运人不能履行运输合同项下的义务，国际货运代理应该向货主及时披露，货主可以选择是否直接介入运输合同或直接向承运人主张权利。

---

① 如果代理人以其自己的名义，但是为了本人（委托人）的利益而与第三人订立合同，日后再将其权利、义务通过另一个合同转移于本人的，则称为间接代理。在间接代理情况下，如发生问题，被代理人（货主）与第三者没有直接法律关系，也就是说，代理人以自己的名义实施的行为所产生的后果由代理人自己承担。

② 但是，我们应当注意，委托人的介入权的行使应以第三人的承认为条件。例如，在货运代理实践中，当实际承运人不能按时派船装货，货主可以取代货运代理直接要求实际承运人履行原由货运代理与实际承运人之间签订的合同，但应当取得实际承运人的承认。对于第三人的选择权，实际上对于委托人和受托人二者只能选其一。例如，当货主不能如约支付运费，则实际承运人可以选择货主或者货运代理要求支付运费。当第三人选择货主时，则货运代理处于代理人的法律地位。

2. 国际货运代理作为契约承运人。国际货运代理作为契约承运人时,其法律关系如图 12-6 所示。

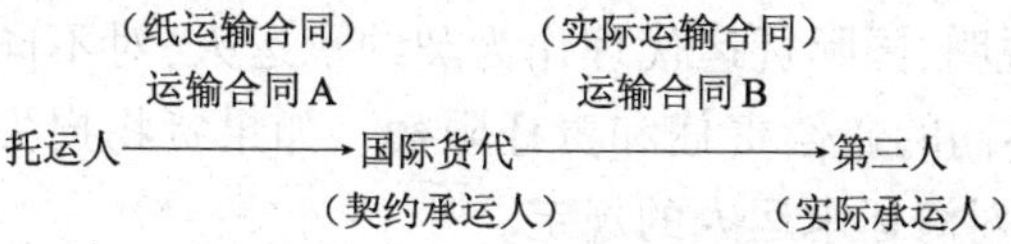


**图 12-6 国际货运代理作为契约承运人的法律关系**

此时,国际货运代理是两个“背对背”合同中的当事人,如果发生纠纷首先要确定争议存在于哪一个合同中,再确定国际货运代理的角色与责任。

实践中,国际货运代理作为契约承运人主要有两种体现:一是作为无船承运人的身份;二是作为多式联运人的身份。

(1)以无船承运人的身份。国际货运代理人以无船承运人(non vessel operating carrier,NVOC)的身份从事业务(如图 12-7 所示)时,其法律地位是契约承运人,其法律权利和义务适用我国《海商法》中有关承运人和托运人的法律规定。

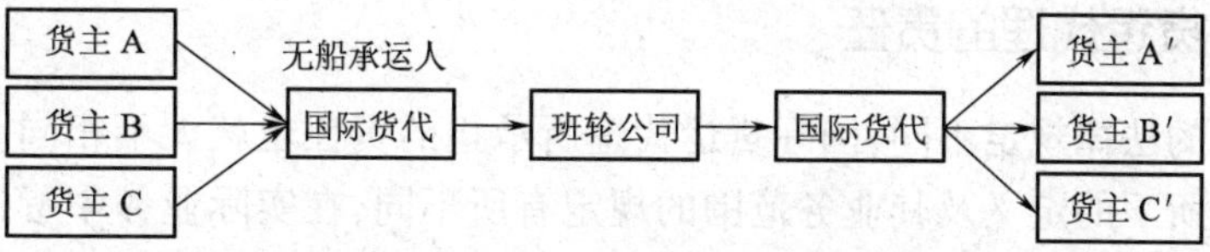


**图 12-7 国际货运代理以无船承运人的身份经营业务示意**

一方面,国际货运代理针对货主是承运人,应承担承运人的责任。但是,他又是受限制的承运人,因为他并不直接经营远洋运输,所以,我国《海商法》中关于承运人的规定不能完全照搬。例如,《海商法》规定:“承运人在船舶开航前和开航当时,应当谨慎处理,使船舶处于适航状态,妥善配备船员、装备船舶和配备供应品,并使货舱、冷藏舱、冷气舱和其他载货处所适于并能安全收受、载运和保管货物。”这款规定是针对传统的承运人而言,但国际货运代理因为并不控制船只,所以此义务条款对其就无现实意义。

另一方面,国际货运代理针对实际承运人来说又是托运人,他的权利义务也要参照《海商法》中有关托运人的规定进行分析。值得注意的是,国际货运代理此时的托运人地位也是有缺陷的,因为在实际业务流程中,国际货运代理并不能像实际托运人一样享有货物的控制权。

(2)以多式联运经营人的身份。当货运代理人以多式联运经营人的身份从事业务时,其法律地位也是契约承运人。我国《海商法》对其有专门规定。例如:“多式联运经营人负责履行或者组织履行多式联运合同,并对全程运输负责。多式联运经营人与参加多式联运的各区段承运人,可以就多式联运合同的各区段运输,另以合同约定相互之间的责任。但是,此项合同不得影响多式联运经营人对全程运输所承担的责任。”这表明,国际货运代理如果向货主签发了全程提单,那么他应该对全程运输负责。又如:“货物的灭失或者损坏发生于多式联运的某一运输区段的,多式联运经营人的赔偿责任和责任限额,适用调整该区段运输方式的有关法律规定。”“货物的灭失或者损坏发生的运输区段不能确定的,多式联运经营人应当依照本章关于承运人赔偿责任和责任限额的规定负赔偿责任。”这两个条款说明,国际货运代理作为契约承运人,对不同阶段的货物损失根据不同的法律规定承担不同的赔偿责任和责任限额。如果货物损失发生的运输区段不明确,则适用《海商法》中对海运承运人的规定。

从理论上而言,国际货运代理的法律地位十分清晰,但是在实践中,要判断国际货运代理究竟属于哪一种情况却并不容易。这种识别困难主要来源于货运代理实践的复杂性和不规范性。一方面,国际货运代理业务十分复杂,其业务范围广泛,所对应的法律关系也多种多样;另一方面,国际货运代理在进行代理业务时,其行为方式有着很大的随意性。

目前,在我国尚未制定专门的货运代理法律的情况下,涉及货运代理的纠纷通常适用《中华人民共和国民法通则》(以下简称《民法通则》)中有关代理的规定;涉及货运代理为承运人或多式联运经营人或仓储保管人时,则适用《中华人民共和国合同法》《中华人民共和国海商法》《中华人民共和国海事诉讼特别程序法》等有关法律的规定。

## 五、国际货运代理的责任

由于各国的法律规定不同,国际货运代理所承担的责任也就大不相同。由于各国法律对货运代理所下的定义及其业务范围的规定有所不同,在实际业务中货运代理责任范围的大小,原则上可分为两种情况。

第一种情况,作为代理人,国际货运代理仅对自己的错误和疏忽负责。

第二种情况,作为当事人,承担承运人的责任和造成第三人损失的责任,即国际货运代理不仅对自己的错误和疏忽负责,还应使货物完好地抵达目的地。

国际货运代理协会(FIATA)规定:国际货运代理仅对属于其本身或其雇员所造成的过失负责。如其在选择第三人时已恪尽职责,则对于该第三人的行为或疏忽不负责任。如能证明国际货运代理未能恪尽职责,其责任应不超过与其订立合同的任何第三人的责任。

### (一)以代理人的身份出现时货运代理的责任

如前所述,国际货运代理作为被代理人的代理时,在其授权范围内,以被代理人的名义从事代理行为,所产生的法律后果由被代理人承担。在内部关系上,被代理人和国际货运代理之间是代理合同关系,国际货运代理享有代理人的权利,承担代理人的义务。在外部关系上,国际货运代理不是与他人所签合同的主体,不享有该合同的权利,也不承担该合同的义务。当货物发生灭失或残损时,国际货运代理不承担责任,除非其本人有过失。被代理人可直接向负有责任的承运人或其他第三人索赔。当国际货运代理在货物文件或数据上出现过错、造成损失时,则要承担相应的法律责任,受害人有权诉诸法律向国际货运代理请求赔偿。所以,一旦发现文件或数据有错误,国际货运代理应立即通知有关方,并尽可能挽回由此造成的损失。

国际货运代理作为纯粹的代理人,通常应对其本人及其雇员的过错承担责任。其错误和疏忽可能包括:未按指示交付货物;尽管得到指示,办理保险仍然出现疏忽;报关有误;运往错误的目的地;未能按必要的程序取得再出口(进口)货物退税;未取得收货人的货款而交付货物。国际货运代理还应对其经营过程中造成的第三人财产灭失或损坏或人身伤亡承担责任。如果国际货运代理能够证明他对第三人的选择做到了合理的谨慎,那么,他一般不承担因第三人的行为或不行为引起的责任。

**【案例】**

A货运代理作为B进口商的代理人,负责从C港接受一批工艺作品,在150海里外的D港交货。该批作品用于国际展览,要求货运代理在规定的日期之前于D港交付全部货物。货运代理在C港接收货物后,通过定期货运卡车将大部分货物陆运到D港。由于定期货运卡车出现季节性短缺,一小部分货物无法及时运抵。于是货运代理在卡车市场雇用了一辆货运车,要求其于指定日期之前抵达D港。而后,该承载货物的货车连同货物一起下落不明。货运车造成的损失,货运代理是否也要负责?

案例分析:

对于货运车造成的损失货运代理是否也要负责的问题,有人提出货运代理仅为代理人,对处于承运人掌管期间的货物灭失不必负责。这一主张似乎有道理,然而,根据FIATA关于货运代理的谨慎责任之规定,货运代理应恪尽职责采取合理措施,否则需承担相应责任。本案中造成货物灭失的原因与货运代理所选择的承运人有直接的关系。由于其未尽合理谨慎职责,在把货物交给承运人掌管之前,甚至没有尽到最低限度的谨慎,即检验承运人的证书,考察承运人的背景,致使货物灭失。因而他应对选择承运人的过失负责,承担由此给货主造成的货物灭失的责任。

(二)国际货运代理作为当事人的责任

国际货运代理以自己拥有的运输工具进行运输,或以自己的名义与承运人签订运输合同,或租用他人的运输工具进行运输,在此情况下,货运代理均为运输合同的一方,处于承运人的地位,无论是实际承运人,还是契约承运人,都承担承运人的责任和义务。

国际货运代理在作为承运人运输货物时,其责任从接收货物时开始至目的地将货物交给收货人时止,或其将货物置于收货人指定的地点业已作为完成并已履行合同中规定的交货义务。但货运代理人在货物运往或运抵目的地前或后有义务向收货人发出到货通知,如在发出到货通知一定时间后,收货人仍未前来提取货物,也可视为货运代理人履行了合同中规定的交货义务。我国《海商法》第46条规定,在集装箱运输合同下,承运人的责任期间是指从装货港接收货物时起至卸货港交付货物时止,货物处于承运人掌管之下的全部期间。而在非集装箱运输或杂货运输合同下,承运人的责任期间是指从货物装上船时起至卸下船止,货物处于承运人掌管的全部期间。《海商法》第46条以"货物处于承运人掌管之下"限制承运人的责任范围。也就是说在第46条规定的责任期间内,货物不处于承运人掌管之下时,承运人对货物的安全不负责任。

国际货运代理往往还经营国际多式联运业务。在此情况下,只要其签发了多式联运提单,不管是否实际参与了运输,均不影响其作为多式联运经营人的地位。根据有关国际多式联运的法律规定,多式联运经营人对全程运输负责。如在运输过程中发生货物的灭失、损坏或延误,多式联运经营人均应承担赔偿责任,除非能证明其为避免货物的灭失、损坏或延误已采取一切适当的措施。因此,在多式联运过程中,一旦发生货物灭失或损坏,作为多式联运经营人的货运代理,理应向委托人承担货损货差的赔偿责任,然后,再向发生货损货差区段的实际承运人(责任人)追偿。

作为当事人,国际货运代理不仅对其本身和雇员的过失负责,而且应对在履行与客户所签合同过程中提供的其他服务的过失负责。

其中对客户的责任主要表现在以下三个方面。

第一,对货物的灭失或残损的责任。

第二,因职业过失,尽管既非出于故意也非由于粗心,但给客户造成了经济损失。例如:不按要求运输;不按要求对货物投保;报关有误造成延误;运货至错误的目的地;未能代表客户履行对运输公司、仓储公司及其他代理人的义务;未收回提单而放货;未履行必要的退税手续再出口;未通知收货人;未收取现金费用而交货;向错误的收货人交货。

第三,迟延交货。尽管按惯例货运代理一般不确保货物的到达日期,也不对迟延交货负责,但目前的趋势是其对过分的延误要承担适当的责任,此责任限于被延误货物的运费或两倍运费。

国际货运代理对第三人的责任多是指对装卸公司、港口当局等参与货运的第三人提出的索赔所承担的责任。这类索赔可分为两大类:一是第三人财产的灭失或损坏及由此产生的损失;二是第三人的人身伤亡及由此产生的损失。

(三)国际货运代理的责任限制

国际货运代理在对其过失或疏忽承担责任的同时亦享有责任限制。责任限制是一项特有的法律制度,即依据法律的有关规定,责任人将其赔偿责任限制在一定范围内的法律制度。

在国际货物运输中,往往会由于责任人(如船长、船员或货运代理)的过失造成货物的损害,或造成第三人的重大财产损失。这种损害或损失常常是严重的,涉及的索赔金额往往也是巨大的,有时甚至会超过货物本身的价值或船舶的价值。为了保护本国的航运业,各国通常将这种赔偿责任用法律加以限制。国际货运代理与承运人一样,均有权将其责任限制在合理的限额内。当国际货运代理为承运人时,则享受有关承运人的责任限制。

国际货运代理通常在标准交易条件中规定其最高的责任限额,其赔偿限额无论在何种情况下,都不得超过国际货运代理在接受货物时货物的市价。各国有关国际货运代理的责任和责任限制是不一致的,有些国家采取的是严格责任制,有些国家采取的是对过失或疏忽负责,而且赔偿限额也不相同,这完全取决于每宗案件所涉及的法律和合同的规定。但是,许多国家有关货物运输的法律,尤其是有关货运代理行为的法律是很不完备的,多数国家只有一些原则性的规定。

国际货运代理协会(FIATA)推荐的标准交易条件范本成为各国制定本国标准交易

条件的总原则。根据该原则，英国货运代理协会的标准交易条件规定：赔偿限额为2SDR/kg(毛重)，每宗案件最高赔偿限额不超过75 000SDR；新加坡货运代理协会标准交易条件规定：赔偿限额5新加坡元/千克，每宗案件最高赔偿限额不超过10万新加坡元；马来西亚货运代理协会标准交易条件规定：赔偿限额为5马来西亚林吉特/千克，每宗案件最高赔偿限额不超过10万马来西亚林吉特；印度货运代理协会标准交易条件规定：赔偿限额为15印度卢比/千克，每宗案件最高限额不超过15 000印度卢比。

(四)国际货运代理的除外责任

除外责任，又称免责，系指根据国家法律、国际公约、运输合同的有关规定，责任人免于承担责任的事由。国际货运代理与承运人一样享有除外责任。对于承运人，我国《海商法》规定了12项免责事由，《海牙规则》和《维斯比规则》规定了17项免责事由。对于国际货运代理的除外责任，通常规定在国际货运代理标准交易条件或与客户签订的合同中，归纳起来包括以下七个方面。

其一，委托人的疏忽或过失所致。委托人有义务履行其在各方面应尽的职责。委托人在国际货运代理征询有关业务或处理意见时，必须予以答复，对要求国际货运代理所做的工作亦应及时给予各种明确的指示。如因指示不及时或不当而造成损失，国际货运代理不承担任何责任。委托人不得让其货运代理对由于下列事实产生的后果负责：①有关货物的说明不正确、不清楚或不全面；②货物包装、刷唛和申报不当等；③货物在卡车、车厢、平板车或集装箱的装载不当；④货运代理不能合理预见到的货物内在的危险。

其二，委托人或其代理人在搬运、装卸、仓储和其他处理中所致。

其三，货物的自然特性或潜在缺陷所致，如由于破损、泄漏、自燃、腐烂、生锈、发酵、蒸发或由于对冷、热、潮湿的特别敏感性。

其四，货物的包装不牢固、缺乏或不当包装所致。

其五，货物的标志或地址错误或不清楚、不完整所致。

其六，货物的内容申报不清楚或不完整所致。

其七，不可抗力所致。

尽管有上述免责条款的规定，国际货运代理仍须对因其自己的过失或疏忽而造成的货物灭失、短少或损坏负责。如果另有特殊约定，货运代理还对货币、证券或贵重物品负有责任。

## 第四节　综合性服务：第三方、第四方国际物流服务

以上介绍了船舶代理、国际货运代理，它们只能提供一些功能性物流服务，难以适应当前国际物流综合化的要求。从功能性物流服务走向综合性物流服务是国际物流发展的必然要求。第三方、第四方国际物流服务是国际综合性物流服务的主流形式。

### 一、第三方国际物流

第一方物流实际上就是供方物流，或者叫作销售物流，是由供应厂商到其各个用户

的物流。

第二方物流的原理与第一方物流基本是完全相同的,唯一不同的只是其概念。第二方物流实际上是需求方物流,或者是购进物流,是用户企业从供应商市场购进各种物资而形成的物流。

第一方物流模式和第二方物流模式均属于自营物流模式,是在社会物流还没有能力整合企业供应链各物流环节和行使管理职能之前,由物资提供者或物资需求者自己利用原有的物流资源或在整合社会物流资源的基础上构建自营物流体系,从而解决所需物资的空间位移问题。自营物流可使跨国企业对整个供应链进行有效的控制及有效地减少各种交易成本,使企业各环节之间的配合与衔接良好,从而保证企业的稳步发展。但在自营物流模式下,仓储、运输设施、物流信息传递系统以及相应的人力资源等都会占用企业大量的资金,这不但增加了企业的成本,也无法保证信息传递的高效和准确及时。

第三方物流,英文表达为 third party logistics,简称 3PL 或 TPL。从字面上看,第三方物流是指由与货物有关的发货人和收货人之外的专业企业,即第三方来承担企业物流活动的一种物流模式。它是指由物流劳务的供方、需方之外的第三方即专业物流企业在整合了各种资源后,为客户提供包括设计规划、解决方案以及具体物流业务运作等全部物流服务的物流活动。第三方物流中的第三方是相对“第一方”(发货人)和“第二方”(收货人)而言的,它既不属于第一方,也不属于第二方,它不拥有商品,不参与商品的买卖,而是为客户提供以合同为约束、以结盟为基础的系列化、个性化、信息化的物流代理服务的组织。也就是说,第三方就是指提供物流交易双方的部分或全部物流功能的外部服务提供者。

第三方国际物流已成为国际综合性物流服务的主流形式。从第一方物流、第二方物流过渡到第三方物流是一次革命性的飞跃,是一个从量变到质变的跨越。原来的第一方物流、第二方物流都是小而全的运作模式,企业既搞生产,又要搞分销,还要搞物流,“十个手指按十个跳蚤——个个吃紧”,疲于一般水平应付,无法形成竞争实力,在市场竞争中必然吃败仗。而第三方物流企业,实际上起一个组织优化生产流通系统的作用。多个生产企业和第三方物流企业形成了一个各自能发挥自己的核心竞争力,互相之间优势互补、资源优化配置,各自集约化、规模化运作的生产和流通系统,系统中的各个企业都能实现资源配置优化和效益最大化。从某种意义上讲,第三方国际物流是国际物流专业化的一种重要形式,是国际物流业发展到一定阶段的必然结果。它具有第一方物流和第二方物流不可替代的作用。

(一)第三方国际物流的服务形态

国际上的第三方物流服务公司大多是以传统的“类物流”业(或称准物流业)为起点而发展起来的,如仓储业、运输业、空运、海运、货运代理和企业内的物流部等。它们根据客户的不同需要,通过提供各具特色的物流服务取得了成功。

第三方国际物流所提供的服务形态可以分为与运营相关的服务、与管理相关的服务以及两者兼而有之的服务三种类型。当然,现实中的第三方国际物流形态是多种多样的。人们对第三方物流含义理解的差异正是现实中第三方物流形态多样性的反映。标榜自己是第三方物流企业的也有各种各样的经营方式，而包含上述三种服务内容，能够站在货主角度提供从系统设计、计划、管理到实施全面个性物流服务的第三方物流企业目前还不多。最常见的3PL服务包括设计物流系统、EDI处理、报表管理、货物集运、选择承运人或货代、海关代理、信息管理、仓储、咨询、运费支付、运费谈判等。

(二)第三方国际物流的特点

全世界的第三方物流市场具有潜力大、渐进性和高增长率的特征，这种状况将使第三方物流企业拥有大量的服务客户。当前，第三方国际物流具有以下几个方面的特点。

1. 建立在现代信息技术的基础上。信息技术的发展是第三方物流出现的必要条件，信息技术实现了数据的快速、准确传递，提高了库存管理、装卸、运输、采购、订货、订单处理的自动化水平，使订货、包装、保管、运输、流通加工实现了一体化；企业可以更方便地使用信息技术与物流企业进行交流和协作，企业间的协调和合作有可能在短时间内迅速完成；同时，计算机软件的飞速发展，使混杂在其他业务中的物流活动的成本能被精确地计算出来，还能有效管理物流渠道中的商流，这就使企业有可能把原来在内部完成的物流作业交由物流公司运作。常用于支撑第三方物流的信息技术有：实现信息快速交换的EDI技术、实现资金快速支付的EPT技术、实现信息快速输入的条形码技术和实现网上交易的电子商务技术。

2. 提供合同导向的一系列服务。第三方物流有别于传统的外包，外包只限于一项或一系列分散的物流功能，如运输公司提供运输服务，仓储公司提供仓储服务。第三方物流则不是满足临时需求，而是根据合同条款规定的要求，提供多功能甚至全方位的物流服务。

3.提供个性化物流服务。由于需求方的业务流程各不相同，物流、信息流是随价值流而不断流动的，因而，第三方物流服务往往按照客户的业务流程来制定。

4. 企业之间是联盟关系。依靠现代信息技术的支撑，第三方物流企业与委托方之间充分共享信息，这就要求双方相互信任合作，以达到单独从事物流活动所无法取得的双赢效果。而且，从物流服务提供者的收费源来看，第三方物流企业与委托方之间是共担风险、共享收益的关系。再者，企业之间所发生的关联并非限于一两次的市场交易，在交易维持一定时期之后，可以相互更换交易对象。在行为上，各自既非单纯追求自身利益最大化，也非完全追求共同利益最大化，而是通过契约结成优势互补、风险共担、要素双向或多向流动的伙伴关系，因此，第三方物流企业与委托方企业之间是物流联盟关系。

5. 形成一体化的物流服务链。作为第三方物流服务需求的主体，跨国公司为满足其全球范围内物流一体化运作的需求，必然要求第三方物流服务提供商具备与之相适应的全球网络，提供一体化的物流服务。随着国际物流一体化的发展，构建完善的国际物流服务链是提高国际第三方物流企业整体竞争力的重要体现。例如，大韩航空最早开拓了首尔—东京—洛杉矶的货运航线，成为第一家提供跨太平洋航空货运的全货运公司；通过欧洲、北美及日本等地的空运枢纽建立了完善的地面运输系统，与法国航空公司、墨西哥航空公司和达美航空公司等共同组建了天合联盟，从而形成了较为完善的航空货运服务网络。20世纪80年代以后，美国联邦快递、德国敦豪公司、荷兰天地物流、美国联合包裹、丹麦马士基等跨国企业相继在中国建立合资企业,不仅在航空快递、航运物流、汽车物流等高端市场占据了主导,而且逐渐向传统物流领域渗透和扩张。①

## 二、第四方国际物流

经济增长方式的转变要求物流业向专业化方向发展,因此产生了第三方物流。第三方物流解决了企业物流某些方面的问题,如节约了物流的成本,提高了物流效率。但第三方物流受自身能力的限制,在物流信息、技术上不可能满足整个社会系统的物流需要,更不能充分利用社会资源。物流作为一个社会化系统产业来说,为了使整个地区、国家乃至全球范围内的物流高效率运作,第三方物流的力量显然不足以整合社会所有的物流资源,解决物流瓶颈,达到最大效率。第三方物流虽然在某个和几个企业看来,物流运作是高效率的,但从整个地区、国家来说,第三方物流企业各自为政,这种加合的结果不一定为高效率,甚至可能是低效率的。在实际的运作中,第三方物流公司缺乏对整个供应链进行运作的战略性专长和真正整合供应链流程的相关技术。

于是,有人提出,必须有人来管理与第三方物流供应商的关系。但是,管理的角色应由谁来担当呢?是顾客、第三方还是其他?于是有人提出了第四方物流(4PL)的概念。

### (一)第四方物流的含义

第四方物流(the fourth party logistics,4PL)的概念是由美国埃森哲公司的鲍奈特(Dow Bauknight)率先提出的,他甚至注册了该术语的商标,并认为,第四方物流供应商是一个供应链的集成商,它对公司内部和具有互补性的服务供应商所拥有的不同资源、能力和技术进行整合和管理,提供一整套供应链解决方案。

第四方物流是指物流客户将整个供应链的物流管理外包给具有集成管理、信息技术、第三方物流运作等知识能力的第四方,由其制定一套供应链总体解决方案,并负责对解决方案的实施过程进行监控与评价,以便提高供应链的整体运作绩效。其运作模式如图 12-8 所示②。

第三方物流缺乏对整个供应链流程的战略性把握及整合的相关技术,无法满足跨国公司整个物流过程外包的需求。第四方物流集合了第三方物流、咨询公司、信息技术(IT)公司和其他物流相关企业,可以提供一套包括服务内容、市场策略及客户服务等在内的物流服务方案,从而使整个物流服务过程得到优化。且第四方物流在以其为中心、客户需求为动力源的前提下,实现了供应链的再造。

从概念上来看,第四方物流是有领导力量的物流提供商,它通过对整个供应链的影响力,提供综合的供应链解决方案,也为其顾客带来更大的价值。显然,第四方物流是在解决企业物流的基础上,整合社会资源,解决物流信息充分共享、社会物流资源充分利用的问题。

---

① 袁伯友.中国国际物流服务链的整合及策略分析[J].对外经贸实务,2010(6).

② 许欣,张彦敏. 跨国公司物流运营模式选择及其影响因素研究[J]. 商业研究,2014(3).

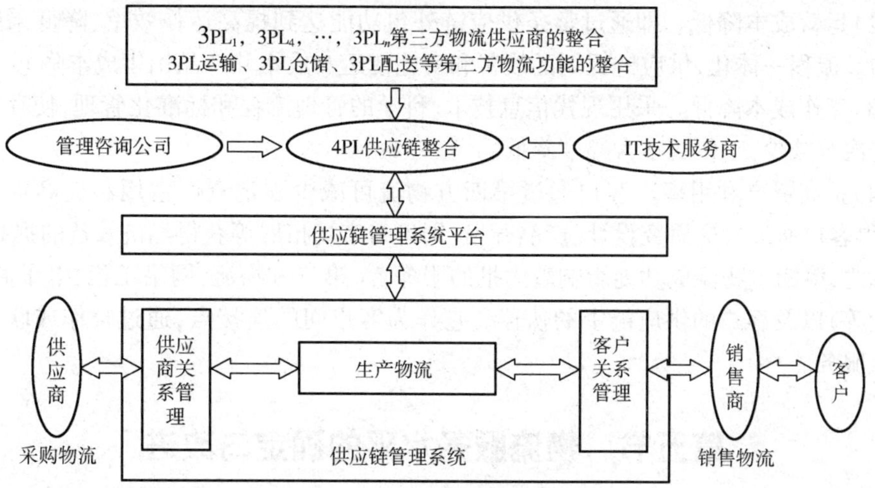


**图 12-8　第四方物流运作模式**

(二)第四方物流的特点

第四方物流实际上是一种虚拟物流，是依靠业内最优秀的第三方物流供应商、技术供应商、管理咨询顾问和其他增值服务商，整合社会资源，为用户提供独特的和广泛的供应链解决方案。第四方物流具有如下特点。

1. 能够提供一整套完善的综合性的供应链解决方案。第四方物流能够提供一整套完善的综合性的供应链解决方案，以有效地适应需方多样化的需求，集中所有资源为客户解决问题。这个综合供应链的解决方案包括以下四项内容。

(1)供应链再造。即通过供应链的参与者将供应链规划与实施同步进行，或利用独立的供应链参与者之间的合作提高规模和总量。供应链再造改变了供应链管理的传统模式，将商贸战略与供应链战略连成一体，创造性地重新设计了参与者之间的供应链，使之达到一体化标准。

(2)功能转化。主要是将销售和操作规划、配送管理、物资采购、客户响应以及供应链技术等，通过战略调整、流程再造、整体性改变管理和技术，使客户间的供应链运作一体化。

(3)业务流程再造。将客户与供应商信息和技术系统一体化，把人的因素和业务规范有机结合起来，使整个供应链规划和业务流程能够有效地贯彻实施。

(4)实施第四方物流，开展多功能、多流程的供应链管理。其范围远远超出传统外包运输管理和仓储运作的物流服务。企业可以把整条供应链全权交给第四方物流运作，第四方物流为供应链功能或流程的全部提供完整的服务。

2. 能够通过影响整个供应链来获得价值。即第四方物流能够为整条供应链的客户带来利益。第四方物流充分利用一批服务提供商的能力，包括第三方物流、信息技术供应商、合同物流供应商、呼叫中心、电信增值服务商等，再加上客户的能力和第四方物流自身的能力，为客户带来利益。例如：

(1)利润增长。第四方物流关注的是整条供应链，而非仓储或运输单方面的效益，通过服务质量的提高、实用性的增加和物流成本的降低使客户及自身带来惊人的综合效益。

(2)运营成本降低。即通过整条供应链外包功能达到提高运作效率、降低采购成本的目的。流程一体化、供应链规划的改善和实施使运营成本和产品销售成本降低。

(3)工作成本降低。采用现代信息技术、科学的管理流程和标准化管理,使存货和现金流转次数减少,工作成本大幅度降低。

(4)提高资产利用率。客户通过第四方物流可减少固定资产占用和提高资产利用率,使得客户通过投资研究设计、产品开发、销售与市场拓展等获得经济效益的提高。

总之,第四方物流成功地影响着大批的服务者(第三方物流、网络工程、电子商务、运输企业等)以及客户的供应链中的伙伴。它作为客户间的连接点,通过合作或联盟提供多样化服务。

## 第五节　物流服务水平的确定与改进

在国际物流服务中,客户服务水平是衡量物流系统为客户创造时间和空间效应能力的尺度。客户服务为企业在客户心目中树立了良好的形象,对创造需求和保持客户对企业的忠诚有极大的影响。客户服务水平决定了企业能否留住现有客户及吸引新客户,直接影响企业所占的市场份额和物流总成本,并最终影响企业的赢利能力。客户服务管理是开展国际物流服务的重要内容。

### 一、物流服务与物流成本、销售收入的关系

物流的客户服务是通过节省成本费用为供应链提供重要的附加价值的过程。客户满意是指客户对产品和服务可感知的效果,它是对产品和服务全方位的评价。企业客户服务的质量直接影响着客户的满意程度。

#### (一)物流服务与成本的关系

客户服务管理的目的是以适当的成本实现高质量的客户服务。一般来讲,服务质量与成本是一种此消彼长的关系,客户服务质量提高,物流成本就会上升,两者间的关系适用于"边际收益递减法则"。在物流服务处于低水平阶段,如果追加成本 $X$,物流服务水平可上升 $dY$,当物流服务位于高水平阶段时,同样追加成本 $X$,则物流服务水平只能上升 $dY'$。根据边际收益递减法则,$dY'<dY$。无限度地一味提高服务水平,反而会因为成本上升速度的加快,使得服务效率没有多大变化,甚至下降。

物流服务与成本的关系可用图 12-9 来表示。

图 12-9 中的横坐标是企业提供的物流服务水平,纵坐标是物流服务的成本。可以看出,随着物流服务水平的不断提高,物流服务成本在以逐渐增长的速度提高,也就是说物流服务成本的增长率在不断增加,即图中曲线的斜率是不断增加的。

在这里,我们需要注意两个概念,一是物流服务成本的移动,另一个是物流服务成本曲线的移动。所谓物流服务成本的移动,就是指随着物流服务水平的提高,物流服务成本沿着曲线逐渐升高的过程。而物流服务成本曲线的移动,是指整个曲线的移动。例

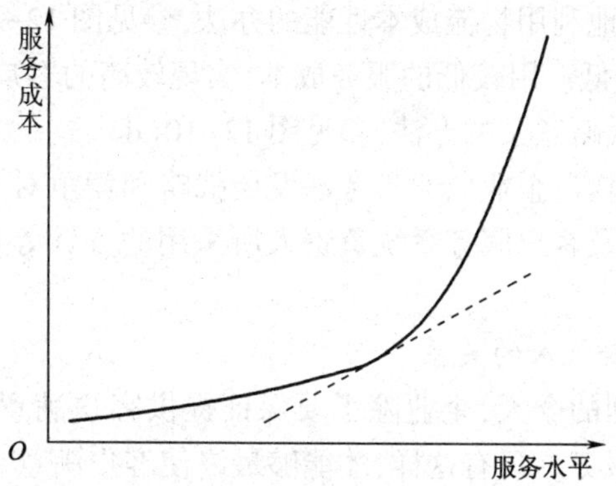


**图 12-9 物流服务—成本曲线**

如,企业可以通过把物流业务外包的方式利用专业物流公司的设施与服务,从而达到物流服务成本曲线整体下移的目的。另外,如果企业的经营管理出现了问题,物流服务成本曲线也会整体向上移动。

总结物流服务成本曲线的移动(如图 12-10 所示),概括起来,物流服务与成本的关系有四种类型。

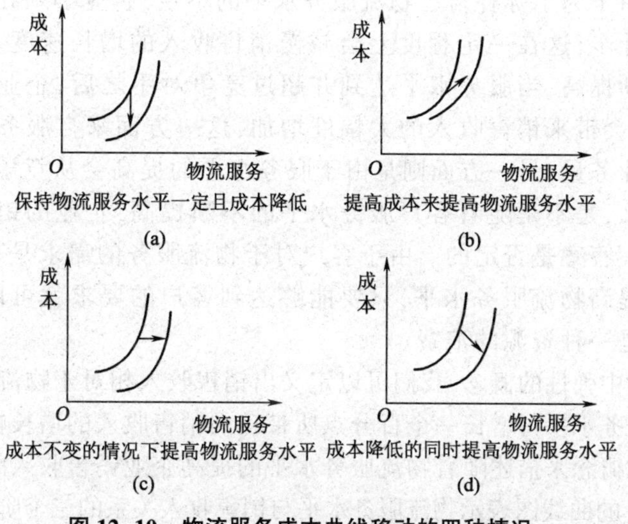


**图 12-10 物流服务成本曲线移动的四种情况**

1.服务不变,成本下降。在客户服务不变的前提下考虑降低成本,即不改变客户服务水平,通过改变客户系统来降低客户成本,这是一种尽量降低成本并维持一定服务水平的办法,参见图 12-10(a)。

2. 服务提高,成本增加。为了提高客户服务水平,不惜增加服务成本,这是许多物流企业提高客户服务水平时采取的做法,是物流企业在特定客户或其特定服务项目面临竞争时,所采取的具有战略意义的方针,参见图 12-10(b)。

3. 服务提高,成本不变。在成本不变的前提下提高客户服务水平,这是一种追求效益的办法,也是一种有效地利用物流成本性能的办法,参见图 12-10(c)。

4. 服务提高,成本降低。用较低的服务成本,实现较高的客户服务水平,从而增加销售,提高效率,这是具有战略意义的办法,参见图 12-10(d)。

对于上述四种类型,物流企业应通盘考虑发展战略和竞争对手、客户服务成本、客户服务系统所处的环境,以及客户服务系统负责人所采用的方针等具体情况,再作出决定,选择所适合的类型。

(二)物流服务与销售收入的关系

在市场竞争日趋激烈的今天,企业除了要保证提供客户满意的产品外,还要提供满足客户特定需求的物流服务。只有这样,才能够最终使客户满意。

企业的销售收入与其所提供的物流服务水平之间存在一定的正相关关系。随着企业物流服务水平的提高,客户的满意度会随之提高,从而会带动企业销售收入的增加。但是我们需要注意一点,在不同阶段,销售收入随物流服务水平提高而增长的速度是不同的。在企业物流服务水平很低的情况下,客户的满意度也很低,客户与企业之间的业务量不会很多,因为大部分业务被其他能够提供更好服务的公司获取。随着企业物流服务质量的改善,企业的业务量会有所增加,但是在服务水平达到竞争对手的水平之前,这种销售收入增加的程度是非常有限的,而且速度也很慢。这主要是由于为了弥补自己物流服务水平的不足,企业必须在价格或者支付条款等方面作出让步,这在一定程度上会减慢销售收入的增长速度。那么,随着物流服务水平的不断提高,当服务水平达到并超过竞争对手之后,企业每提高一定的物流服务水平,就会带来销售收入的大幅度增加,这一方面来自服务水平的提高会增加原有客户的业务量,另一方面则是由于服务水平的提高会从竞争对手那里夺取一部分客户。那么,是不是随着客户服务水平的不断提高,企业的销售收入会一直快速增长下去呢?答案是否定的。由于客户对于物流服务的需求是有限的,企业不需要无限度地去提高物流服务水平,只要能够达到客户的要求就可以了,过高的服务水平可以说就是一种资源的浪费。

借用经济学中弹性的概念,我们可以定义出销售收入相对于物流服务水平的弹性,即企业的物流服务水平每增长一个百分点所带动的销售收入的增长幅度。那么我们可以运用这个弹性概念来描述随着物流服务水平的提高企业销售收入的增长情况。我们可以用图 12-11 的曲线图表示物流服务水平与销售收入关系的三个阶段。

从企业不提供物流服务水平,也即服务水平为零,到服务水平增长到竞争企业的水平之前,这是第一阶段。这一阶段,销售收入相对于物流服务水平是缺乏弹性的。销售收入虽然会随着物流服务水平的提高而有所增加,但是增长的幅度是非常小的。

从竞争对手的服务水平到客户所需要的服务水平这是第二个阶段。这一阶段,销售收入相对于物流服务水平是充满弹性的。服务水平的小幅度提高就会带动企业销售收入的大幅度增长。

从客户需求的物流服务水平之后就是第三阶段了。这一阶段销售收入的服务水平

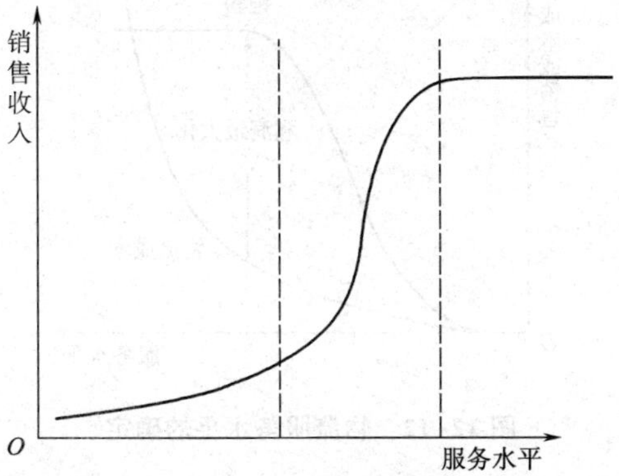


图 12-11　物流服务—销售收入曲线

弹性变得非常小，甚至为零。也就是说，企业物流服务水平的提高只能带动销售收入的少量增加，甚至不增加。

## 二、物流服务水平的确定与改进

确定物流服务水平是构建物流系统的前提条件。在一般情况下，物流服务水平与经营成本成正向关系，更多、更完善的客户服务，如更快捷的运输服务、更短的订货周期、更准确的单证等都涉及更多的人员培训，更严格的管理制度，有的还需要额外的设备投入和网络设施的建设。因此，提高物流服务水平往往首先引起成本的提高，其次才是得到市场的认可，增加销售。有效的物流作业表现为物流服务水平与物流成本之间的均衡关系。

### （一）最优服务水平的确定

根据前面的分析，我们得出了物流服务—成本曲线以及物流服务—销售收入曲线。也就是说，我们可以得知在各个不同的物流服务水平下，企业的销售收入和物流成本。由此我们可以通过数学方法求出使企业利润最大化的最优服务水平。如果企业的物流部门是独立核算的，根据经济学中最基本的利润最大化的原理，企业的物流部门应该合理地确定物流服务水平从而使与物流相关的收入与物流成本之差最大（如图 12-12 所示）。

一个企业应该为客户提供怎样的服务水平呢？尽管一些企业，尤其是日本的一些企业，认为应不惜一切代价以达到 100%的客户服务水平，但是更多的学者和专家认为，利润最大化是确定客户服务水平的决定因素。图 12-12 表明：如果企业的物流部门是一个利润中心，确定最优服务水平，首先要确定不同水平的客户服务对销售收入的影响，然后计算给定客户服务水平下的成本，最后从销售收入中减去成本，盈余最大的就是最优的客户服务水平。

如果企业的物流部门不是一个利润中心，那么就不应该把物流部门利润最大化作为

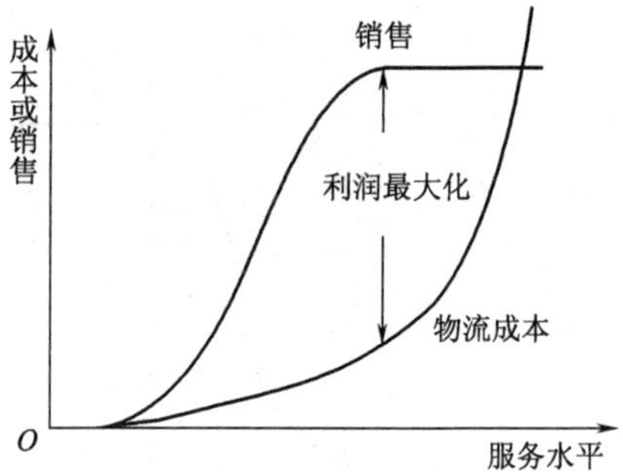


**图 12-12　物流服务水平的确定**

企业确定最优服务水平的标准。因为,使物流部门利润最大化的服务水平并不一定就是使企业整个利润最大化的服务水平。在这种情况下,应该从企业整体的角度来确定最优的服务水平,使企业的销售收入与企业总成本之差最大化。但是,我们无法确切地描述出企业的物流成本与总成本之间的关系,而且在不同的行业中,物流成本在企业总成本中的比重也是不一样的。所以,在大多数情况下,企业应首先确定一个客户服务水平,这个客户服务水平应该是满足客户基本要求的物流水平。然后,在保证这个服务水平的基础上,合理配置物流资源,使物流成本最小化。

(二)如何确定与改进物流服务水平

有效的客户服务立足于深刻理解客户对服务的需求。客户服务审计和调查研究必不可少,一旦明确了客户对服务的需求,管理层就必须制定合适的客户服务战略,以实现企业长期赢利和收回投资的目标。有效的客户服务水平能以最低的服务成本为企业留住最有价值的客户。客户的需求并不是一成不变的,当客户的需求发生改变时,企业所提供的客户服务也应该随之改变。因此,一个成功的企业应该在激烈的市场竞争中,不断改进客户服务水平,使物流服务满足客户的具体需求。

一般来讲,确定与改进物流服务水平需要经过以下几个步骤。

1. 了解客户的需求。物流服务的内容很多,从规章的制定、货物的交付到售后服务,牵扯到多个环节,可能的衡量指标有平均订货周期、订货周期偏差、发货准确率、订单信息的提供能力、投诉情况、产品回收政策和紧急订单的处理能力等许多种。不同的客户,对这些内容的要求有很大的差异。20 世纪 90 年代美国对其他行业的类似调查也同样显示,现货供应比率,交货频率,关于库存、运输时间、交货时间的信息服务以及交货期是客户最为关注的物流服务内容,成本的提高反而容易被客户忽略。实践中,我国生产企业首先关心物流代理商的作业质量,其次是物流满足能力,最后是经济性。而商业企业却首先关心经济性,其次是物流满足能力,最后才是作业质量。以上的分析结果从一个侧面反映出国内物流服务需求与美国的差异。这一方面源于企业经营思路的不同,另一方面也与企业经营产品的特点,如附加值水平、产品换代周期的长短等有直接关系,且与市场的整体环境密不可分。

因此,确定与改进物流服务水平的努力应该首先从了解客户需求开始,要得到客户需求的具体、准确的信息，针对本行业，乃至自己主要客户的市场调查是必不可少的。只有经过充分的市场调查，才能针对客户的具体要求因地制宜地确定合适的物流服务战略。

2. 做好客户服务审查分析。确定或改进服务水平，首先要做好客户服务审查分析。客户服务审查分析是评价企业客户服务水平的一种方法，也是企业客户服务策略调整效果的评价标尺。审查分析的目标是：识别关键的客户服务要素；识别这些要素的控制机制；评价内部信息系统的质量和能力。

(1)外部客户服务审查分析。其内容如下。

第一，确定客户真正重视的客户服务要素。这时的主要工作是对客户进行调查与访谈，必须邀请市场部门的职员参与这项工作。

第二，对有代表性的客户群体进行问卷调查。这里主要评价客户对本企业及主要竞争对手各方面服务绩效的满意程度以及客户的购买倾向。依据调查的结果，企业加强受客户重视的要素。另外，问卷还应反映出客户对关键服务要素的服务水平的期望值。

企业在把握各客户服务要素重要性的同时，还要利用调查结果分析潜在问题和市场机会，关注客户对本企业及竞争对手提供的各项服务的横向比较。

(2)内部客户服务审查分析。内部客户服务审查分析的主要目的是检查企业的客户服务现状与客户服务需求之间的差距。审查分析的主要内容是了解企业客户服务的实际状况，考察客户与企业和企业内部之间的沟通渠道，包括客户服务绩效评价体系。

对管理层做访谈调查是主要的信息来源，访谈调查对象涉及与物流活动有关的部门经理，范围包括：订货处理、存货管理、仓库、运输、客户服务、财务/会计、物料管理、生产、市场销售等。管理层还需对客户服务的考核与报告体系作出评价，以便明确客户服务的绩效考核方法、业务标准、报告格式等。此外还应该确定向客户提供的信息类型，并确保负责处理客户询问的工作人员能获取充分的信息答复客户。

外部客户服务的审查分析找出了企业在客户服务和市场营销中的问题，结合内部审查分析，可以帮助企业管理层针对客户服务要素和市场细分调整客户服务战略，提高企业的盈利能力。当管理层在借助内、外部客户服务审查分析提供的信息制定新的客户服务和市场营销战略时，需针对竞争对手做详细的对比分析。

客户服务审查分析的最后一步就是制定客户服务绩效标准和考核方法。管理层必须为各个细分领域(如不同的客户类型、地理区域、分销渠道以及产品等)详细制定目标服务水平，并将其传达到所有的相关部门及职员，同时辅之以必要的激励政策以促使职员努力实现企业的客户服务目标。

管理层必须定期进行客户服务审查分析，以确保企业的客户服务政策与运作满足客户需求。

3. 拟订服务内容或提出改进物流服务的方案。不同客户对物流服务的要求是不同的，有些客户对物流服务的要求很高，例如，日本丰田公司 Just-in-time 的管理模式就要求其供应商的送货时间精确到分钟。又如，一些客户可能更关注产品的质量和价格，而对物流的要求不是很高。这样就又出现了一个问题，对于不同的客户如何采取相应的物流服务水平。是对所有的客户一视同仁,还是针对客户的不同需求分别对待？如果是一视同仁,应该把这个统一的服务标准确定在一个什么样的水平？如果是区别对待,企业能够在多大程度上区别对待,企业是否有能力这样做？现在,一般的做法是按照客户的重要性进行分类,对于那些非常重要的客户,企业会按照客户的具体要求有针对性地提供相应的物流服务。而对于一些不太重要的客户,或者说是对于企业的经营收入影响不大的客户,就可以采取一个统一的服务标准。这样既可以满足重要客户的特殊需求,又可以避免因过度多样化而产生大量相关费用。

通过前两个步骤,就可制定相应的服务内容或物流改进方案了。最好的客户服务水平应能以最低的服务成本为企业留住及争取最有价值的客户群。

制定有效的客户服务方案,提高客户服务绩效应满足以下要求:①能够及时反映客户的需要及观点;②能够为客户服务绩效提供可操作性和有针对性的评估方法;③为管理层提供调整业务活动的线索和思路。

需要特别强调的是,在激烈的市场竞争中,物流企业应把物流服务作为竞争手段,因此,企业所确定的物流服务水平必须超出同行业的其他公司,即不应是防御型的物流服务,不能只是与别的公司保持在同一水平线上,而应是进攻型的物流服务,即要提供超过其他公司水平的物流服务,并力求以低成本连续提供这样的服务。

4. 执行方案并对方案的执行情况进行考核。确定与改进物流服务水平的最后一步是执行物流服务方案并对方案的执行情况进行考核。制定客户服务战略并不是一劳永逸的事情,市场总是在不断地发展、变化,企业也就应当时刻准备进行一次、再次的调整。所以上述过程就要不断地重复,以保证企业客户服务方针总能跟上市场的变化(尤其是行业内竞争情况的变化),与客户需要相一致。总之,要周而复始地进行了解物流服务现状、对物流服务进行评估、确定新的物流服务形式、重新构筑物流系统、定期征求客户意见等项工作。

## 复习题

1.名词解释:核心竞争力、功能性物流服务、综合性物流服务、船舶代理、国际货运代理、FIATA、除外责任、第一方物流、第二方物流、第三方物流、第四方物流。

2. 国际物流服务兴起的原因是什么？

3. 国际物流服务的内容主要包括哪些？

4. 可以把物流服务供应商分为哪几种主要类型？

5. 为什么要从功能性国际物流服务转向综合性国际物流服务？

6. 船舶代理关系的形式有哪些？

7. 简述船代的进出口货运业务。

8. 简述国际货运代理的责任。

9. 通常在哪些方面,国际货运代理可免责？

10. 第三方物流具有哪些特点？

11. 第四方物流有哪些特点？

12. 阐述物流服务与成本的关系。

13. 用物流服务—销售收入曲线阐述物流服务与销售收入的关系。

14. 如何改进客户服务水平？

## 案例分析

1.上海国际快达有限公司想设立一家货运代理公司，基本情况如下。

企业名称：上海国际快达有限公司

企业类型：合资

已具备的条件：(1)注册资本400万元人民币；(2)具有4名从事国际货运代理业务3年以上的业务人员；(3)中方中有一家是从事国际货运代理业务1年以上的国际货运代理企业，但该中方合营者在中方中不是第一大股东；(4)外国合营者有一家是经营国际货运代理业务3年以上的企业，该外方合营者在外方中是第一大股东；(5)中外合营者在申请之日前3年内没有违反行业规定的行为。

拟经营范围：(1)订舱(租船、包机、包舱)、托运、仓储、包装；(2)货物的监装、监卸、集装箱拼装拆箱、分拨、中转及相关的短途运输服务；(3)代理报关、报检、保险；(4)缮制有关单证、交付运费、结算及交付杂费；(5)国际展品、私人物品及过境货物运输代理；(6)国际多式联运、集运(含集装箱拼箱)；(7)国际快递(含私人信函和县级以上党政军机关公文的寄递业务)；(8)咨询及其他国际货运代理业务。

问题：通过上网查询我国对外资国际货运代理企业设立的相关规定，分析本案例中上海国际快达有限公司是否符合设立的要求，如果不符合，有哪些主要需要改正的问题？

2. 某货主委托某货代公司出运一批货物，自上海到香港。该货代公司代表货主向船公司订舱后取得提单，船公司要求该货代公司暂扣提单，直到该货主把过去拖欠该船公司的运费付清以后再放单。后该货主向某海事法院起诉该货代公司违反代理义务擅自扣留提单造成货主无法结汇产生巨额损失。

问题：该货代公司对货主的损失是否承担责任？为什么？

3. 韩国MT电子公司的货物具有科技含量高、货值高、产品更新快、运输风险大、货物周转及仓储要求零库存的特点。其对物流企业的服务要求如下。

(1)要提供24小时的全天候准时服务。主要包括：保证MT电子公司与AW物流公司的业务人员、天津机场和北京机场两个办事处及双方有关负责人通信联络24小时通畅；保证运输车辆24小时运转；保证天津与北京机场办事处24小时提货、交货。

(2)要求服务速度快。MT电子公司对提货、操作、航班、派送都有明确的规定，时间以小时计算。

(3)要求服务的安全系数高，要求对运输的全过程负责，要保证航空公司及派送代理处理货物的各个环节都不出问题。一旦某个环节出了问题，将由物流服务商承担责任，赔偿损失，而且当过失到一定程度时，将被取消做业务的资格。

(4)要求信息反馈快。要求物流服务公司的计算机与 MT 电子公司联网,做到对货物的随时跟踪、查询,掌握货物运输全过程。

(5)要求服务项目多。根据 MT 电子公司货物流转的需要,通过发挥物流服务商的网络综合服务优势,提供包括出口运输、进口运输、国内空运、国内陆运、国际快递、国际海运和国内提供的派送等全方位的物流服务。

MT 电子公司对获得货运代理资格的物流企业进行严格的月季度考评。主要考核内容包括运输周期、信息反馈、单证资料、财务结算、货物安全和客户投诉。

AW 物流公司主要从事空运代理,经过客户需求分析,与韩国 MT 电子公司达成了物流服务协议。在物流服务的过程中,其主要做法如下。

(1)制定科学规范的操作流程。为满足 MT 电子公司的服务要求,AW 物流公司设计并不断完善业务操作规范,对所有业务操作都按照服务标准设定的工作和管理程序进行,先后制定了出口、进口、国内空运、陆运、仓储、运输、信息查询、反馈等工作程序,每位员工、每个工作环节都按照设定的工作程序进行,使整个操作过程井然有序,提高了服务质量,减少了差错。

(2)提供 24 小时的全天候服务。针对客户 24 小时服务的要求,实行全年 365 天的全天候工作制度。周六、周日(包括节假日)均视为正常工作日,厂家随时出货,随时有专人、专车提供服务。在通信方面,相关人员从总经理到业务员实行 24 小时的通信通畅,保证了对各种突发性情况的迅速处理。

(3)提供门到门的延伸服务。普通货物运送的标准一般是从机场到机场,由货主自己提货,而快件服务的标准是从门到门、库到库,而且货物运输的全程处在严密的监控之中,因此收费也较高。对 MT 电子公司的普通货物虽然是按普货标准收费的,但提供的却是门到门、库到库的快件的服务,这样既提高 MT 电子公司的货物运输及时性,又保证了安全。

(4)提供创新服务。从货主的角度出发,推出新的、更周到的服务项目,最大限度地减少损货,维护货主信誉。为减少 MT 电子公司的货物在运输中被盗的事情发生,在运输中间增加了打包、加固的环节;为防止货物被雨淋,又增加了一项塑料袋包装;为保证急货按时送到货主手中,还增加了手提货的运输方式,解决了客户的急、难问题,让客户感到在最需要的时候,AW 物流公司都能及时快速地帮助解决。

(5)充分发挥 AW 物流公司的网络优势。AW 物流公司在全国拥有比较齐全的海、陆、空运输与仓储、码头设施,形成了遍布国内外的货运营销网络,这是 AW 物流公司发展物流服务的最大优势。通过 AW 物流公司的网络,在国内为 MT 电子公司提供服务的网点已达 68 个城市,实现了提货、发运、对方派送全过程的定点定人、信息跟踪反馈,满足了客户的要求。

(6)对客户实行全程负责制。作为 MT 电子公司的主要货运代理之一,AW 物流公司对运输的每一个环节负全责。对于出现的问题,积极主动协助客户解决,并承担责任和赔偿损失,确保了货主的利益。

结合本案例,回答以下问题:(1)何为第三方物流? AW 物流公司的物流服务属于第三方物流服务吗？(2)针对 MT 电子公司的物流服务需求，AW 物流公司有怎样的应对服务？(3)AW 物流公司的物流服务能令 MT 电子公司满意的原因是什么？

案例分析参考答案

# 第十三章

# 国际物流管理

## 学习目标

- 了解国际物流管理的内容
- 理解物流成本控制的意义及控制方法
- 能够开展国际物流的评价
- 了解全球供应链管理的特殊性

国际物流管理包括对物流活动诸要素的管理、对国际物流系统诸要素的管理和对国际物流活动中具体职能的管理等。从管理步骤上说,可归纳为计划、实施和评价三阶段的管理。本章阐述国际物流管理的一些基本问题,如:国际物流管理的内容与环节、国际物流成本管理、全球供应链管理。

## 第一节 国际物流管理的内容与环节

国际物流管理的内容十分广泛,从管理环节上说,可归为计划、实施和评价三个阶段的管理。

### 一、国际物流管理的内容

国际物流管理的内容包罗万象,主要包括:①对物流活动诸要素的管理,即采购、包装、流通加工、储存保管、装卸和运输、信息处理等环节的管理;②对国际物流系统诸要素的管理,即对国际物流系统一般要素、物质支撑要素等的管理,主要是对人、财、物、设备等要素的管理;③对国际物流活动中具体职能的管理,主要包括物流经济管理、物流质量管理和物流工程管理等。下面主要阐述对国际物流活动中具体职能的管理。

#### (一)国际物流经济管理

国际物流经济管理是指以物的国际流动过程(含储存)为主体,运用各种管理职能,对物的流动过程进行系统的统一管理,以降低国际物流成本,提高物流的经济效益,也就是用经济方法来研究、管理物的国际流动中的规律问题。

国际物流经济管理的基本内容如下。

1. 国际物流计划管理。国际物流计划管理是指对物的国际化生产、分配、交换、流通整个过程的计划管理,也就是在国际物流大系统计划管理的约束下,对国际物流过程中的每个环节都要进行科学的计划管理,具体体现为国际物流系统内各种计划的编制、执行、修正及监督的全过程。

2. 国际物流统计管理。国际物流统计是对国际物流全过程中经济活动的数量研究。国际物流统计管理就是要对所统计的数字进行分析、研究,从而发现问题,改进国际物流工作,提高物流经营水平。它是国际物流经济管理的基础工作。

3. 国际物流费用成本管理。国际物流总成本和企业的利润、税金合起来,构成国际物流总费用。一般情况下,国际物流总费用中占比重最大的部分是国际物流总成本。国际物流成本可以反映企业活动的经济状态。通过货币形态可以客观地评价国际物流活动中各环节的不同经济效果,利用物流成本这个尺度可以简单明了地对条件差不多的国际物流企业的经营活动进行评价和分析比较。控制合理的物流成本构成,是加强国际物流管理工作的重要内容。

4. 国际物流设施管理。国际物流设施是指在国际物流全过程中为物的流动服务的所有设施(如交通运输设施、仓储设施等),它们是国际物流活动不可缺少的物质基础。

国际物流设施是保证物以最快速度和最小耗费保质保量地从生产领域进入到国际消费领域的重要前提条件。随着社会生产力的不断发展,物流企业要不断加强对各类设施的配套管理,要注意设施的维修、养护,要不断革新技术,补充原有的设施,提高设施的利用效率。加强各类物流设施管理是国际物流经济管理的重要内容。

(二)国际物流质量管理

国际物流企业要树立全面的质量观。国际物流的质量既包含物流对象的质量,又包含物流手段、物流方法的质量。国际物流质量具体包含以下内容。

1. 商品的质量保证及改善。国际物流过程并不单是消极地保护和转移物流对象,还可以采用流通加工等手段改善和提高商品的质量。因此,国际物流过程在一定意义上说也是商品质量的"形成过程"。

2. 物流服务质量。可以说,整个国际物流的质量目标,就是客户对其服务质量的高满意度。服务质量因用户的要求不同而异,因此国际物流一定要掌握和了解客户要求,这样才能提高物流服务的满意度。

3. 物流工作质量。物流工作质量指的是对国际物流各环节(如运输、搬运、装卸、保管等)的质量保证。提高国际物流工作质量应在搬运方法、搬运设备、设施与器具上狠下功夫,如加工件应固定在工位器具内,以免磕碰等。工作质量和物流服务质量是两个有关联但又不大相同的概念,物流服务质量水平取决于各个工作质量的总和。所以,工作质量是物流服务质量的某种保证和基础。重点抓好工作质量,物流服务质量也就有了一定程度的保证。

4. 国际物流工程质量。物流质量不但取决于工作质量,而且取决于工程质量。在国际物流过程中,将对产品质量发生影响的各种因素(人的因素、体制的因素、设备因素、工艺方法因素、计量与测试因素、环境因素等)统称为"工程"。很明显,提高工程质量是进行国际物流质量管理的基础工作,能提高工程质量,就能做好"预防为主"的质量管理。

国际物流是一个系统,在系统中各个环节之间的联系和配合是非常重要的。国际物流质量管理必须强调"预防为主",明确"事前管理"的重要性,即上一道物流过程要为下一道物流过程着想,估计下一道物流过程可能出现的问题,并加以预防。

国际物流质量管理的目的,就是在"向用户提供满足要求的质量的服务"和"以最经济的手段来提供"两者之间找到一条优化的途径,同时满足这两个要求。为此,必须全面了解生产者、消费者、流通者等各方面所提出的要求,从中分析出真正合理的、各方面都能接受的要求,并以其作为管理的具体目标。从这个意义上来讲,国际物流质量管理可以解释为"用经济的办法,向用户提供满足其要求的物流质量的手段体系"。

(三)国际物流工程经济管理

国际物流工程经济管理的对象不是物流的纯技术问题,也不是物流的纯经济问题,而是物流工程的经济效果问题,也可以说是物流技术的可行性和经济合理性问题,实质上就是对物流工程客观经济规律的研究。物流工程经济研究的任务就是为了正确地认识和处理物流技术和经济节约之间的辩证关系,亦即寻找物流技术和经济之间的合理关系。

国际物流工程的经济评价标准为“多、快、好、省”。

“多”:是国际物流的数量要求。

“快”:是国际物流的速度要求,同时也是国际物流最基本的要求。

“好”:是国际物流的质量要求。

“省”:是国际物流的经济要求。

综上所述,可以用“多流、迅速、及时、准确、安全、少损、经济”七条原则来概括国际物流“多、快、好、省”四个方面的要求。

## 二、国际物流管理的环节

从总体上说,国际物流管理按管理进行的顺序可以划分为计划阶段、实施阶段和评价阶段。

### (一)国际物流计划阶段的管理

国际物流活动的任务始于计划,国际物流计划是国际物流活动的一种预测与构想,即预先进行国际物流运营行动安排。其实质是对要达到的目标及途径进行事先规定。

国际物流计划一般分为四个层次。

1. 战略层计划。战略层计划也称国际物流远期计划、国际物流远景规划或发展战略规划,主要包括:未来若干年内国际物流量的预测;未来运输、储存、装卸搬运、物流信息及流通加工等国际物流活动的规模;机械化、自动化、信息化程度;未来的国际物流绩效等。伴随着全球的经济增长,全球化的物流也将得到极大发展。这就要求物流企业的战略制定必须突破地域、行业的藩篱,以全球为着眼点。只有这样,才能最大限度地抓住机遇,规避风险。

2. 策略层计划。策略层计划也称国际物流中期计划,一般是2—3年内的经营策略与决策规划,它包括市场开拓、客户服务、战略伙伴的选择、如何实现物流成本的最小化、物流成本及绩效的分析等。

3. 战术层计划。战术层计划也称年度计划或运营计划,即在1年内所要达到的国际物流目标,如对国际物流量的分析,物流设备与设施的更新、维修,改革的计划及预算,物流成本分析,物流绩效的目标及达到这一目标的措施等。

4. 作业层计划。作业层计划也称国际物流实施计划,属季、月、旬计划,是各物流部门及物流相关部门对物流业务规定的物流数量、物流质量方面的具体实施计划等。

上述不同类别、不同层次的计划间紧密联系、相互配合,构成了国际物流计划体系。

国际物流计划的制订是国际物流管理的中心环节。首先,国际物流计划要确定国际物流所要达到的目标,以及为实现这个目标所进行的各项工作的先后次序。其次,要分析研究在国际物流目标的实现过程中可能发生的任何外界影响,尤其是不利因素,并确定对这些不利因素的对策。最后,要制定出贯彻和指导实现物流目标的人力、物力、财力的具体措施。

（二）国际物流实施阶段的管理

国际物流计划确定以后，为实现物流目标，终将要把国际物流计划付诸实施。国际物流的实施管理就是对正在进行的各项国际物流活动进行管理。它在国际物流各阶段的管理中具有突出的地位。这是因为，在这个阶段中各项计划将通过具体的执行而受到检验。同时，它也把国际物流管理与国际物流的各项具体活动紧密地结合了起来。

（三）国际物流评价阶段的管理

在一定时期内，人们对国际物流实施后的结果与原计划的国际物流目标进行对照、分析，这便是国际物流的评价。通过对国际物流活动的全面剖析，人们可以确定国际物流计划的科学性、合理性程度，确认国际物流实施阶段的成果与不足，从而为今后制订新的计划及组织新的国际物流提供宝贵的经验和资料。国际物流评价是一个物流管理周期的最后环节，也是下一个管理阶段的开始。

按照对国际物流评价的范围不同，国际物流评价可分为专门性评价和综合性评价。专门性评价是指对国际物流活动中的某一方面或某一具体活动作出的分析，如仓储中的物资吞吐量完成情况，运输中的吨千米完成情况，物流中的设备完好情况等。国际物流的综合性评价是对国际物流活动在某一物流管理部门或机构的管理水平的综合性分析，如某仓库的全员劳动生产率、某运输部门的运输成本、某部门对物流各环节的综合性分析等。

按照国际物流各部门之间的关系，国际物流评价又可分为国际物流纵向评价和横向评价。所谓纵向评价，是指上一级物流部门对下一级部门和机构的物流活动进行的分析结果，这种分析通常表现为本期完成情况与上期或历史完成情况的对比。所谓横向评价，是指执行某一相同物流业务的部门之间的各种物流结果的对比，它通常能表示出某物流部门在社会上所处水平的高低。

国际物流评价的实施步骤如图13-1所示。

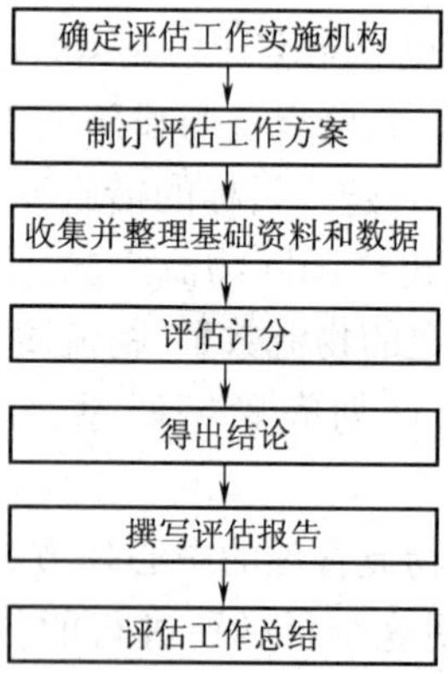


**图13-1　国际物流评价的基本步骤**

## 第二节　国际物流成本管理

前面已述,国际物流管理可简单地归纳为对整个物流活动进行计划、实施和评价的工作。其中,物流实施中最核心、最根本的问题是国际物流成本的控制问题。国际物流活动的成本对于实施国际物流活动的决策起着至关重要的作用,它是国际物流各项活动的基础,能够为国际物流活动提供精确的绩效衡量手段。

### 一、物流成本学说

物流成本(logistics cost)是指产品的空间移动或时间占有中所耗费的各种活劳动和物化劳动的货币表现。关于物流成本的学说或理论很多,这里介绍几种主要的学说。

(一)效益背反理论

效益背反(trade off)又称为二律背反、效益悖反。这一术语表明了两个相互排斥而又被认为是同样正确的命题之间的矛盾。物流效益背反理论认为,效益背反是物流领域中很普遍的现象,是物流领域中内部矛盾的反映和表现,主要包括物流成本与服务水平的效益背反和物流各功能活动之间的效益背反。

1. 物流成本与物流服务水平的效益背反。物流成本与服务质量存在着二律背反的关系,即服务质量的提高会引起物流成本的上升,物流成本的下降会导致服务质量的下降。高水平的物流服务是有高水平的物流成本作保证的。在没有较大的技术进步的情况下,企业物流很难做到既提高了物流服务水平,同时也降低了物流成本。

2. 物流各功能活动的效益背反。物流各功能活动的效益背反,指的是物流的若干功能要素之间存在着损益的矛盾,即某一功能要素的优化和利益发生的同时,必然会存在另一个或几个功能要素的利益损失,反之也如此。现代物流是由运输、包装、仓储、装卸搬运及配送等物流活动组成的集合。这就要求从总成本的角度出发,以系统的角度看问题,追求整个物流系统总成本的最低。

(二)"黑大陆"学说

"黑大陆"学说由著名的管理学家彼得·德鲁克(Peter Drucker)于1962年在《经济的黑色大陆》一文中提出。彼得·德鲁克指出,"流通是经济领域的黑暗大陆",将物流比做"一块未开垦的处女地"。"黑大陆"学说是对人们关于物流成本愚昧认识的一种批驳,是对物流本身的正确评价,即这个领域未知的东西还很多,理论与实践皆不成熟。

在企业的财务会计中,人们常把生产经营费用大致划分为生产成本、管理费用、营业费用、财务费用,然后再把营业费用按各种支付形态进行分类。这样,在利润表中所能看到的物流成本在整个销售额中只占极少的比重。因此物流的重要性当然不会被认识到,这就是物流被称为"黑大陆"的一个原因。

（三）物流冰山说

物流冰山说是日本早稻田大学西泽修教授提出来的，他潜心研究物流成本时发现，现行的财务会计制度和会计核算方法都不可能掌握物流费用的实际情况，因而人们对物流费用的了解一片空白，甚至有很大的虚假性，他把这种情况比作“物流冰山”。西泽修指出，盈亏计算表中的“销售费用和管理费用”栏中记载的“外付运费”和“外付保管费”的现金金额，不过是冰山之一角。冰山的特点是大部分沉在水面以下，是看不到的黑色区域，而看到的不过是它的一部分。物流便是一座冰山，其中沉在水面以下的是看不到的黑色区域，而看到的不过是物流成本的一部分，人们过去之所以轻视物流，正是因为只看见了冰山的一角，而没有看见冰山全貌。

在企业财务会计中，向企业外部支付的物流成本能体现出来，即为显性成本。而企业内消耗的物流成本费一般是不能体现出来的，即为隐性成本。如果把会计报表中记载的物流成本，只认为是企业外部支付的部分，把它误解为“冰山全貌”，企业就会面临险境。只有对物流成本进行全面计算，才能够解释清楚混在有关费用中的物流部分成本。

（四）“第三利润源”说

“第三利润源”的说法也是由日本早稻田大学教授西泽修在1970年提出的。

从历史发展来看，人类历史上曾经有过两个大量提供利润的领域。在生产力相对落后、社会产品处于供不应求的历史阶段，由于市场商品匮乏，制造企业无论生产多少产品都能销售出去，于是就大力进行设备更新改造、扩大生产能力、增加产品数量、降低生产成本，以此来创造企业剩余价值，即第一利润源。当产品充斥市场，转为供大于求，销售产生困难时，也就是第一利润达到一定极限，很难持续发展时，便采取扩大销售的办法寻求新的利润源泉。人力领域最初是廉价劳动，其后则是依靠科技进步提高劳动生产率，降低人力消耗或采用机械化、自动化来降低劳动耗用，从而降低成本、增加利润，称之为“第二利润源”。然而，在这两个利润源潜力越来越小、利润开拓越来越困难的情况下，物流领域的潜力被人们所重视，于是出现了西泽修教授的“第三利润源”说。

除了上述较有影响的物流理论学说之外，还有一些物流成本学说在物流学界广为流传，如成本中心说、利润中心说、系统说、服务中心说、战略说等。

## 二、国际物流成本的构成

国际物流成本是指国际物流活动中的各环节，如采购、包装、装卸搬运、储存、流通加工、商检报关、保险、国际运输、信息处理等所支出的人力、物力、财力的总和。从概念上来讲，国际物流成本主要包括：货物的物理性流通活动发生的费用以及从事这些活动所必需的设备、设施费用；完成物流信息的传送和处理活动所发生的费用以及从事这些活动所必需的设备和设施费用；对上述活动进行综合管理所发生的费用。[1]

---

① 卢成强.国际贸易中的国际物流成本分析[J].中国储运，2007(7).

按成本项目划分，国际物流成本由国际物流功能成本和存货相关成本构成。其中，国际物流功能成本包括物流活动过程中所发生的采购成本、包装成本、仓储成本、装卸搬运成本、流通加工成本、商检和通关成本、运输成本、物流信息成本和物流管理成本；存货相关成本包括企业在物流活动过程中所发生的与存货有关的资金占用成本、物品损耗成本、保险和税收成本。具体内容如表 13-1 所示。

**表 13-1　国际物流成本的构成**

| | | 成本项目 | 内容说明 |
|---|---|---|---|
| 物流功能成本 | 国际物流运作成本 | 采购成本 | 包括购买存货的相关税费、运输费、装卸费、保险费以及其他可归属于存货采购成本的费用 |
| | | 仓储成本 | 企业为完成货物储存、保管业务而发生的全部费用，包括仓储业务人员费用，仓储设施的折旧费、维修保养费、水电费、燃料与动力消耗等 |
| | | 包装成本 | 企业为完成货物包装业务而发生的全部费用，包括包装业务人员费用，包装材料消耗，包装设施折旧费、维修保养费，包装技术设计、实施费用以及包装标记的设计、印刷等辅助费用 |
| | | 装卸搬运成本 | 企业为完成装卸搬运业务而发生的全部费用，包括装卸搬运业务人员费用，装卸搬运设施折旧费、维修保养费、燃料与动力消耗等 |
| | | 流通加工成本 | 企业为完成货物流通加工业务而发生的全部费用，包括流通加工业务人员费用，流通加工材料消耗，加工设施折旧费、维修保养费，燃料与动力消耗费等 |
| | | 运输成本 | 企业为完成货物运输业务而发生的全部费用，包括从事货物运输业务的人员费用、车辆(包括其他运输工具)的燃料费、折旧费、维修保养费、租赁费、养路费、过路费、年检费、事故损失费、相关税金等 |
| | | 商检和通关成本 | 商检费用、报关费用 |
| | 物流信息成本 | | 企业为采集、传输、处理物流信息而发生的全部费用，指与订货处理、储存管理、客户服务有关的费用，具体包括物流信息人员费用，软硬件折旧费、维护保养费、通信费等 |
| | 物流管理成本 | | 企业物流管理部门及物流作业现场所发生的管理费用，具体包括管理人员费用，差旅费、办公费、会议费等 |
| 存货相关成本 | 资金占用成本 | | 企业在物流活动过程中负债融资所发生的利息支出(显性成本)和占用内部资金所发生的机会成本(隐性成本) |
| | 物品损耗成本 | | 企业在物流活动过程中所发生的物品跌价、损耗、毁损、盘亏等损失 |
| | 保险和税收成本 | | 企业支付的与存货相关的财产保险费以及因购进和销售物品应缴纳的税金支出 |

在现实中，很难将国际物流的成本各项目加以明确区分。企业财务数据计算的物流费用只能反映国际物流成本的一部分，有相当数量的物流费用是不可见的。这正符合“物流冰山”的学说，企业向外支付的物流费用只是“冰山”的一角，而大量的物流费用是在企业内部消耗的。

## 三、国际物流成本对国际贸易的影响

在国际贸易中，国际物流成本是指为了实现国际贸易，货物自生产完成到投入销售的整个为国际贸易需要的物流过程所支付的成本总和，包括在出口国国内为出口而付出的物流成本、国际的物流成本、进口国为进口而实施的物流成本。国际物流成本与国际商流成本一起构成了国际贸易的交易成本，是国际贸易成本的主要组成部分。

无论古典还是一些现代国际贸易理论都假设没有物流成本，但是物流成本确实是存在的，并且物流成本还经常是一个变量。国际物流成本对国际贸易的产生与发展、流向和贸易量、贸易国和国际贸易术语的选择有着重要影响，降低国际物流成本还具有贸易乘数效应。

一项研究成果表明①：在古典国际贸易理论中考虑物流成本要素时，因物流成本使得国际贸易量减少，国家间的比较优势减弱，甚至丧失优势。从厂商为了获得更多的利润的基础出发，由于国内销售和国外销售产品的物流成本的不同，当国际物流成本低于国内物流成本时，厂商将会把产品输往国外销售，因而产生了国际贸易，且国际贸易的数量与物流成本负相关。当国际物流成本发生变动时，国际贸易会朝着物流成本降低的方向流动，发生贸易转移。厂商实施降低物流成本的物流管理，会使得国际贸易的方向和数量发生变化，并且产生贸易的乘数效应。实施不同程度的物流管理，将会改变传统的国际贸易流向和流量，对国际贸易产生极大的影响。

**阅读材料**

1.物流成本在古典国际贸易理论中的效应——减小或丧失比较优势。

不考虑交易成本的古典国际贸易理论对于国际贸易发生的阐述归结为：亚当·斯密(Adam Smith)主张的“如果外国能以比我们自己制造还便宜的商品供应我们，我们就应该用我们自己有利的产业生产出来的产品的一部分向他们购买”。而大卫·李嘉图(David Ricardo)的比较利益则主张“各国应集中生产优势较大或者劣势较小的商品”。

现引用比较利益的分析如下。

假如英国生产 1 单位呢绒要 120 个成本，生产 1 单位酒要 100 个成本；葡萄牙生产 1 单位呢绒要 80 个成本，生产 1 单位酒要 90 个成本。两国按照比较优势进行分工，英国用 220 个成本可以生产 2.2 单位的酒，葡萄牙用 170 个成本可以生产 2.125 单位呢绒。两国若按 1∶1 进行交换，英国可以得到 1 单位呢绒并剩余 1.2 单位的酒；而葡萄牙得到 1 单位酒并剩下 1.125 单位呢绒。

当存在交换成本时，情况又会发生怎样的变化呢？假如说 1 单位的酒或者呢绒在英国和葡萄牙之间交换运输需要 5 个成本。那么英国将酒运往葡萄牙就是 105 个成本，葡萄牙将呢绒运往英国就需要 85 个成本。

---

① 本研究结论与下述阅读材料参见：李永生，张丽芳. 国际物流成本对国际贸易的影响[J]. 特区经济，2006(5).

葡萄牙生产呢绒的优势是英国的1.41倍(120/85),生产酒的优势是英国的1.17倍(105/90)。根据比较利益的观点,葡萄牙应集中生产优势较大的呢绒,而英国应集中生产劣势较小的酒。两国若按1∶1进行交换,英国可以得到1单位呢绒并剩余1.15单位的酒;而葡萄牙得到1单位酒并剩下1.062 5单位呢绒。可见,由于交换成本的存在,使得双方交换后的利益减小了。

而在呢绒的运输成本为10个、酒的运输成本为20个时,两产品完全失去互相的比较优势,英国将酒运往葡萄牙就是120个成本,葡萄牙将呢绒运往英国就需要90个成本。

葡萄牙生产呢绒的优势是英国的1.33倍(120/90),等于英国生产酒的优势(120/90),两国失去比较优势。此时葡萄牙的呢绒和酒都有表面的绝对优势。但是如果将呢绒和酒由葡萄牙运往英国,葡萄牙的呢绒还有绝对优势(90个成本/120个成本),而运到英国的酒的成本就比英国生产的还高(110个成本/100个成本)。由于酒的运输成本较高,然后无论是英国生产运往葡萄牙,还是相反,价格都比本地生产的贵,葡萄牙和英国之间也就不能发生酒的贸易了。

在考虑运输成本时的比较优势,不仅仅是生产成本,还包括将有生产优势的产品运往对方市场交换时的运输成本,然后才能确定该产品是否比对方生产的产品有价格优势。套用绝对利益的陈述来表达:如果外国生产的产品运到我国市场时,能比我国生产且投入市场的产品还便宜,我们就应该用我们自己生产的且运往外国更便宜的产品与他们交换。在这种交换中,"运往"的成本是必须计入"便宜"之内的。只有将此成本计入才能判定是否便宜。

2.降低物流成本的贸易乘数效应。

假设某产品销售100万元,需要物流成本为20万元,净利润为3万元。通过加强物流管理,节省了2万元的物流成本。由于节省2万元的物流成本,没有使产品价格下降,也不会出现其他的机会成本,也就是说,节约的2万元物流成本就是增加了2万元的净利润,使净利润为5万元。

如果说在原来的物流成本为20%的状态中,厂商要获得5万元的净利润,需要销售:

$$Q=(5\times100)\div3=166.7(\text{万})$$

即在物流成本为20%时大约166.7万元的销售额才能获得5万元净利润。相当于增加66.7万元的销售额。通过节约2万元物流成本获得5万元利润,厂商实际上并没有为这66.7万元的销售额投入劳动和成本支出,也不会因为增加销售造成供大于求。这也就是降低物流成本的乘数效应。

另一项研究成果①认为:国际物流成本对国际贸易的影响表现在:其一,物流成本影响对贸易国的选择。在国际贸易中,在原来只考虑价格的比较优势之外,需要在价格方面增加对运输成本和库存成本的考虑,注重进口国的地理位置因素。其二,物流成本影响贸易量的选择。在国际贸易物流成本构成中,有一个关键部分是库存费用。因此,进口商品的公司将选择最优的商品进口数量,以使在货物运输和库存费用最低

① 程维.浅析国际物流成本控制对国际贸易的影响[J].经营与管理,2009(12).

的情况下，企业的库存物资能够满足销售需要。其三，物流成本影响国际贸易术语的选择。国际贸易术语对于运输费用、库存费用、装卸费用和其他费用都有相应的规定。因此，买家和卖家除关注商品价格外，也将特别留意随之产生的相关的物流费用和对应的责任。

## 四、国际物流成本的控制方法

为了加强成本管理，必须对国际物流成本进行事前控制。成本控制的目的在于通过降低成本来获取更大的利润，所以，成本控制的第一步是制定成本控制目标，即以企业的目标盈利为基准，层层分解目标成本，将其落实到最基本的活动单位；其次是核算成本控制绩效，监督、检查实际执行状况，分析偏差并制定控制决策；最后是实施控制措施，滚动修正控制目标。

这里举一个简单的实例来说明成本控制方法。

**【案例】国际 A 公司 2018 年的物流成本控制**

假定国际 A 公司 2017 年度的物流成本为 340 万元，其成本构成如表 13-2 所示。预计 2018 年 A 公司的物流量与 2017 年持平，人员数量和劳动生产率也不变，经过目标成本分解，包装费要下降 2%，仓库保管费要下降 5%，搬运费要下降 10%，管理费要下降 7%，但信息流通费要增加 2%。

**表 13-2 国际 A 公司 2017 年按功能计算的物流成本**

| 费用项目 | | 物流费 | 功能 | | | | | |
|---|---|---|---|---|---|---|---|---|
| | | | 包装费 | 配送费 | 保管费 | 搬运费 | 信息流通费 | 物流管理费 |
| 车辆租赁费 | | 200 160 | | 200 160 | | | | |
| 包装材料费 | | 60 368 | 60 368 | | | | | |
| 工资津贴 | | 357 336 | | | 78 971 | 241 202 | | 37 163 |
| 水、电、煤气费 | | 10 800 | | | 5 400 | 5 400 | | |
| 保险费 | | 13 328 | | | 7 330 | 5 998 | | |
| 修缮费 | | 29 632 | | | 16 297 | 13 335 | | |
| 纳税及公用费用 | | 41 954 | | | | | | 41 954 |
| 削价损失费 | | 26 230 | | | 14 426 | 11 804 | | |
| 通信费 | | 17 948 | | | | | 17 948 | |
| 消耗物品 | | 17 253 | | | 5 715 | 5 174 | | 6 364 |
| 软件租赁费 | | 8 548 | | | | | 8 548 | |
| 支付利息 | | 26 045 | | | 26 045 | | | |
| 杂　费 | | 37 874 | | | 11 362 | 11 362 | | 15 150 |
| 合计 | 金额 | 847 476 | 60 368 | 200 160 | 165 546 | 294 275 | 26 496 | 100 631 |
| | 构成比率 | 100% | 7.1% | 23.6% | 19.5% | 34.7% | 3.1% | 11.9% |

根据以上资料，我们可以测算国际 A 公司 2018 年的物流成本降低情况如下。

包装费用下降：7.1%×2%＝0.142%。

仓库保管费用下降：19.5%×5%＝0.975%。

搬运费用下降：34.7%×10%＝3.47%。

管理费用下降：11.9%×7%＝0.833%。

信息流通费用下降：3.1%×(－2%)＝－0.062%。

总的物流成本将会降低：0.142%+0.975%+3.47%+0.833%－0.062%＝5.358%。

减少的物流成本数额为：5.358%×340＝18.217(万元)。

上述测算成本的方法叫作因素测算法，其特点是以基期的实际成本为基础，考虑计划期各项成本因素的变动情况，依次来测算计划期的成本变动情况。对没有可比的历史资料作参考的企业来说，则不能套用此方法。

## 五、降低国际物流成本的途径

增加企业利润有扩大销售和降低成本两个最基本的方法。对国际物流企业来说，降低成本比扩大销售(物流量)更为有效，这是因为，在此过程中不仅降低了成本，而且有助于提高管理水平，改进物流质量，从而进一步扩大物流量。

从国际物流成本对国际贸易的影响分析中，我们可以得出：国际物流作为国际贸易实现的桥梁与工具，必须最大限度地降低运作成本。根据对国际物流的各个成本构成的阐述，我们可以从库存与周转率、运输方式的选择、信息技术的应用等几方面入手降低物流成本。此外，我们还应当注意到，在实际的运作过程中，尚有诸多细节因素对物流成本起着至关重要的作用，例如：物流体系的设计与规划、物流服务功能的完备性、企业整合市场资源的综合能力等。因此，有效降低国际物流成本，是一项错综复杂且需要我们进行长期研究的课题。

由于实际物流情况的复杂性和多变性，降低国际物流成本的方法也是多种多样、变化不定的。针对上述影响物流成本的因素，常用的降低国际物流成本的途径主要有以下几种。

### (一)控制运输成本

运输成本包括在两地之间所支付的运输费用，以及为保持运输状态所涉及的相关存货费用和管理费用等。对运输成本进行控制，一要在贸易双方的运输距离不变的情况下对货物运输量进行最大化。二要在运输商品数量不多的情况下，使运输距离实现最小化。这需要采用网络结构、线性规划等数学模型，完善产品运输的路线，对无谓的重复运输、迂回往返运输最大限度地进行压缩，使运输效率得到提高，使产品在最佳运输距离之内运输到指定地方。三是要选择科学合理的运输方式，利用好企业的各项资源，提高物流管理能力，减少国际物流过程中的运输费用。

### (二)控制库存成本

仓储成本和库存数量呈现正比关系，所以对仓储成本进行控制的关键在于确定一个恰当的储存数量。确定物资恰当的储存数量在于满足以下三方面的条件：一是使一定期间内的市场需求得到满足，保持仓储成本在一定的水平上。即在满足市场需求的条件下，没有导致较高的仓储成本，使市场需求与仓储成本达到平衡状态。二是应该保持一定数量的安全库存水平。企业为了应对种种不能确定的环境因素的干扰,就必须维持一定数量的库存货物,从而使缺货所导致的效益损失得到有效降低。三是使仓库的利用程度得到提高。

（三）采用先进、合理的物流技术和信息技术

采用先进、合理的物流技术是减少物流成本的根本性措施。它不仅可以不断提高物流速度,增加物流量,而且可以大大减少物流损失。例如,先进、合理的装卸、运输机械,集装箱、托盘技术的推广（硬技术）,以及科学、合理的运输路线、库存量（软技术）等都对减少物流成本具有十分重要的影响。

信息技术的应用能够极大地提高企业的经营绩效。一是通过电子数据的形式进行数据交换,能够减少交换成本,极大地降低人工成本,提高企业人工效率;二是电子数据能够快速流通于各个经济实体,极大地降低了企业的重复劳动;三是对数据进行电子交换能够使企业及时发现国际物流环节中存在的问题,减少由于周期长而导致的额外成本。

（四）优化商检和通关费用

优化商检和通关费用的措施比较多,比如聘请专业的检验检疫及报关代理、租用保税区仓储、通过自由港转运、在国外建立本地化分公司、利用金融工具规避汇率风险等。

（五）改善物流管理,加强经济核算

物流管理水平的高低是影响物流成本的最直接因素。虽然管理本身不直接产生效益,但它却能通过具体的物流执行部门对物流成本产生影响。因此,加强国际物流管理、实现国际物流管理的现代化,是降低国际物流成本的最直接有效的方法。在具体实施过程中,建立岗位责任制,加强经济核算,对原材料消耗、资金、人员、物流各个环节的支出等进行层层分解,实行目标管理,是行之有效的好办法。

（六）追求国际物流系统合理化

追求国际物流系统的合理化,可采取以下几项措施。

第一,合理选择和布局国内外的物流网点,扩大国际贸易的范围、规模,以达到费用省、服务好、信誉高、效益佳、创汇多的物流总体目标。

第二,采用先进的运输方式、运输工具和运输设施,加速进出口货物的流转,充分利用海运、多式联运方式,不断扩大集装箱运输和大陆桥运输的规模,增加物流量,扩大进出口贸易额。

第三,缩短进出口商品的在途积压,包括进货在途（如进货、到货的待验和待进等）、销售在途（如销售待运、进出口口岸待运）、结算在途（如托收承付中的拖延等）,以便节省时间,加速商品和资金的周转。

第四,改进运输路线,减少相向、迂回运输。

第五,改进包装,增大技术装载量,多装载货物,减少损耗。

第六,改进港口装卸作业,有条件时要扩建港口设施,合理利用泊位与船舶的停靠时间,尽量减少港口杂费,吸引更多的买卖双方入港。

第七,改进海运配载,避免空舱或船货不相适应的状况。

第八,综合考虑国内物流运输,在出口时,有条件的要尽量采用就地就近收购、就地

加工、就地包装、就地检验、直接出口的物流策略。

## 第三节　国际物流供应链管理

供应链系统是物流系统的延伸和扩展。供应链管理(supply chain management,SCM)是物流管理范畴的扩展与延伸,它除了包含与商品流通相关的各种活动外,还包括组织间的协调和业务流程的调整等活动。本节简要阐述国际物流供应链的管理。

### 一、全球供应链

物流贯穿于整个供应链。供应链包含“供”与“需”两方面,亦可理解为“供需链”。物流连接供应链的各个企业,是企业间合作的纽带,它从供方开始,沿着各个环节向需方移动。每一环节都存在“需方”与“供方”的对应关系,这种对应关系称为供应链。供应链是一条从供应商的供应商到用户的用户的物流链。

(一)供应链结构的演变

供应链结构的演变过程是:企业内部供应链→一体化供应链→全球供应链。

1. 企业内部供应链。在早期人们把供应链视为企业的一个内部过程,把供应链仅局限于企业内部上、下工序间的衔接,注重企业的自身利益目标。在企业内部供应链中,企业内部各部门均被视为内部供应商与客户。物流是企业内部供应链的主要表现形式,不同部门都在物流中参与了增值活动。企业内部供应链管理主要是控制和协调物流中部门之间的业务流程和活动。

2.一体化供应链。一体化物流(integrated logistics)的基本含义是指不同职能部门之间或不同企业之间通过物流上的合作,达到提高物流效率、降低物流成本的效果。一体化物流需要一体化的供应链。随着人们对供应链认识的深化,人们开始注重供应链的外部环境,认为供应链是一个通过链中不同企业的制造、组装、分销、零售等过程,将原材料转换成产品直到最终用户的转换过程。这种认识更强调供应链成员的关系和完整性。

如今人们大都认为,供应链是一个网链结构,由围绕核心企业的供应商、供应商的供应商和用户、用户的用户组成。一个企业是一个结点,结点企业和结点企业之间是一种需求与供应的关系。结点企业可以是这个供应链的成员,同时又是另一个供应链的成员,众多的供应链形成交叉结构(如图 13-2 所示)。

3.全球供应链。全球性跨国企业要想取得竞争优势,获取超额利润,就必须在全球范围内分配和利用资源,通过采购、生产、营销等方面的全球化,实现资源的最佳利用和发挥最大的规模效益。全球供应链是指在全球范围内组合供应链,它要求以全球化的视野,将供应链系统延伸至整个世界范围,根据企业的需要在世界各地选取最有竞争力的合作伙伴。在全球供应链中,产品的进货、生产、销售的整个过程都发生在全球性的不同工厂。

因特网的发展与应用以及电子商务的发展,改变了全球供应链的层次结构。多层的全球供应链结构转变为基于因特网的开放式的全球网络供应链,其结构如图 13-3 所示。

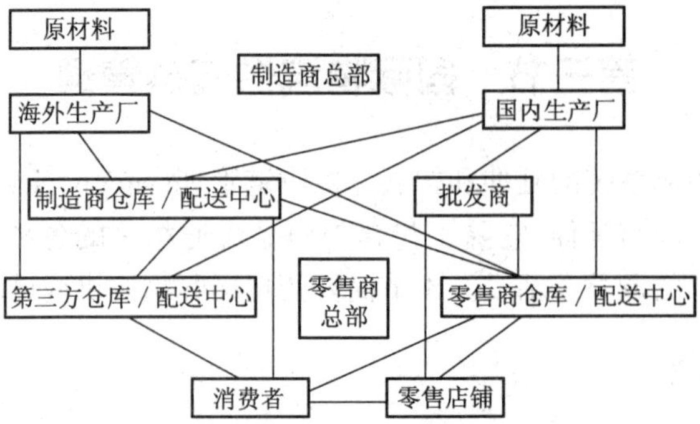


**图 13-2　供应链的交叉结构**

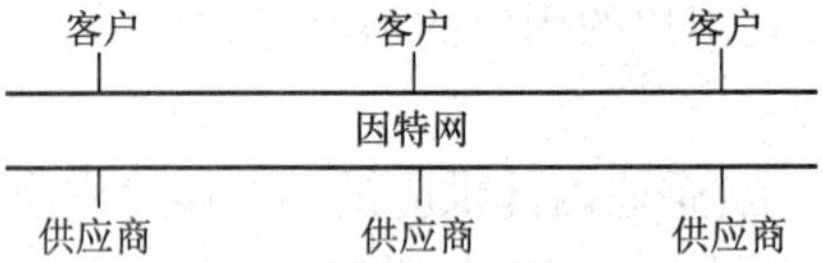


**图 13-3　基于因特网的全球网络供应链**

在全球网络供应链上，大量的信息要快速传递，企业和供应商的运作及业务流程就必须集成，以利于企业降低采购成本，增加效益。另外，在此供应链中，企业都具有双重身份，既是客户又是供应商。因为企业不仅通过网络实现交易，其本身也是构成该供应链的一个元素。这使得所有的企业都面临严峻的挑战。它们必须在提高客户服务水平的同时努力降低营运成本，必须在提高市场响应速度的同时给客户以更多的选择，特别是要满足客户的个性化定制需求，巩固与客户的关系。

在全球网络供应链上，企业的形态与边界发生了根本性的改变，整个供应链的协同运作变成了交互式、透明的协同工作。

（二）全球供应链的类型

全球供应链包括从较为初始的、以国内市场为主的国际供应商，到较为高级的、真正的全球性供应链等不同形式。下面四种类型各有其特点。

1. 国际配送系统。这种系统的生产以国内为主，但配送系统与市场有一些在海外。

2. 国际供应商系统。这种系统中，原材料与零部件由海外供应商提供，但最终的产品装配在国内，一些情况下，产品装配完成后，会再运回到海外市场。

3. 离岸加工系统。这种系统中，产品生产的整个过程一般都在海外的某一地区，成品最终运回到国内仓库进行销售与配送。

4. 全球性供应链系统。这种系统中，产品的进货、生产、销售的整个过程都发生在全球性的不同工厂。真正意义的全球性供应链的流程不考虑国界的限制，当然这是不现实的，其实，全球性供应链价值的实现就在于利用国与国之间的边界。

（三）全球供应链的发展趋势

从当今全球化物流的实践看，全球供应链出现了如下的发展趋势。

1. 作为全球化的生产企业，在世界范围内寻找原材料、零部件来源，并选择一个适应全球分销的物流中心以及供应关键物资的集散仓库，在获得原材料以及分配新产品时使用当地现有的物流网络，并推广其先进的物流技术与方法。

2. 生产企业与专门的第三方物流企业同步全球化，即随着生产企业全球化的进程，将以前所形成的、完善的第三方物流网络也带入全球市场。例如，日资背景的伊藤洋华堂在打入中国市场后，其在日本的物流配送伙伴伊藤忠株式会社也跟随而至，并承担了前者的配送任务。

3. 国际运输企业之间结盟。为了充分应对全球化的经营，国际运输企业之间开始形成一种覆盖多种航线，相互之间以资源、经营的互补为纽带，面向长远利益的战略联盟。这样不仅使全球物流更能便捷地进行，而且使全球范围内的物流设施得到了极大的利用，有效地降低了运输成本。例如，始于1997年的国际航空业的大联盟正是这种顺应全球化经营的一种形式。

4. 第四方物流将第三方物流、网络工程、电子商务、运输企业等加以集成，向上下游的客户提供最优物流方案或供应链管理方案，实现最大范围的资源整合。第四方物流成为上游第三方物流的集群和下游客户集群的纽带。第四方物流通过卓越的运作策略、技术和供应链运作实施来提高整个行业的效率。

## 二、全球供应链管理

供应链管理，就是为了满足顾客的需求，在从原材料到最终产品直到消费者的过程中，为了获取有效的物资运输和储存，高效、低成本的顾客服务，以及相关信息而进行的计划、实施与控制。

（一）供应链管理的目标

供应链是物流、信息流和资金流三个流的统一，物流管理只是供应链管理体系的一个重要组成部分。一般来说，物流涉及原材料、零部件在企业之间的流动，是企业之间的价值流过程，不涉及生产制造过程的活动；供应链管理包括物流活动和制造活动，涉及从原材料到产品交付最终用户的整个物流增值过程。

供应链管理是为获得持续的竞争优势，在供应链关系的基础上对各种活动进行的整合。供应链管理的目标即是通过调和总成本最低化、客户服务最优化、总库存最小化、总周期时间最短化以及物流质量最优化等目标之间的冲突，实现供应链绩效最大化。下面就其中的几个主要方面分述如下。

1. 总成本最低化。众所周知，采购成本、运输成本、库存成本、制造成本以及供应链物流的其他成本费用都是相互联系的。因此，为了实现有效的供应链管理，必须将供应链各成员企业作为一个有机整体来考虑，并使实体供应物流、制造装配物流与实体分销物流之间达到高度均衡。从这一意义出发，总成本最低化目标并不是仅指运输费用或库存成本，或其他任何供应链物流运作与管理活动的成本最小，而是整个供应链运作与管理的所有成本的总和最低化。

2. 总库存最小化。传统的管理思想认为,库存是维系生产与销售的必要措施,因而企业与其上下游企业之间在不同的市场环境下只是实现了库存的转移,整个社会库存总量并未减少。而按照JIT(准时制)管理的思想,库存是不确定性的产物,任何库存都是浪费。因此,在实现供应链管理目标的同时,要使整个供应链的库存控制在最低的程度。“零库存”反映的即是这一目标的理想状态。所以,总库存最小化目标的达成,有赖于实现对整个供应链的库存水平与库存变化的最优控制,而不只是单个成员企业库存水平的最低。

3. 总周期时间最短化。在当今的市场竞争中,时间已成为竞争成功最重要的因素之一。当今的市场竞争不再是单个企业之间的竞争,而是供应链与供应链之间的竞争。从某种意义上说,供应链之间的竞争实质上也是时间竞争,即必须实现快速有效的客户反应,最大限度地缩短从客户发出订单到获取满意交货的整个供应链的总时间周期。

4. 物流质量最优化。企业产品或服务质量的好坏直接关系到企业的成败。同样,供应链企业间服务质量的好坏也直接关系到供应链的存亡。如果在所有业务过程完成以后,发现提供给最终客户的产品或服务存在质量缺陷,就意味着所有成本的付出将不会得到任何价值的补偿,供应链物流的所有业务活动都会变为非增值活动,从而导致整个供应链的价值无法实现。因此,达到与保持服务质量的水平也是供应链管理的重要目标。而这一目标的实现,必须从原材料、零部件供应的零缺陷开始,直至供应链管理全过程、全人员、全方位质量的最优化。

就传统的管理思想而言,上述目标相互之间呈现出互斥性:客户服务水平的提高、总时间周期的缩短、交货品质的改善必然以库存、成本的增加为前提,因而无法同时达到最优。而运用集成化管理思想,从系统的观点出发,改进服务、缩短时间、提高品质与减少库存、降低成本是可以兼得的。因为只要供应链的基本工作流程得到改进,就能够提高工作效率,消除重复与浪费,缩减员工数量,减少客户抱怨,提高客户忠诚度,降低库存总水平,减少总成本支出。

(二)供应链管理的基本要求

供应链管理的基本要求主要包括以下几个方面。

1. 明确自己在供应链中的地位。在供应链中总会有处于从属地位的企业。任何企业都不可能包揽供应链的所有环节。每个企业都必须根据自己的优势来确定自己的位置,制定相关的发展策略,如对自己的业务活动进行调整和取舍、着重培养自己的业务优势等。

2. 建立完善的物流网络。企业的产品能否通过供应链快速地分销到目标市场上,这取决于供应链上物流网络的健全程度及市场开发状况等。健全的物流网络是供应链存在的基础。

3. 实现信息资源共享。在信息化时代,企业拥有的信息资源是其在市场中竞争的重要后盾。供应链管理者要充分地意识到这一点。供应链管理者要大量采用现代科技方法，以最优流通渠道使信息迅速、准确地传递，使供应链上的各企业间充分实现资源共享。

4. 提高服务质量，扩大客户需求。在供应链管理中，一切均围绕着“以客户为中心”的理念运作。现在的消费者大多要求提供产品和服务的前置时间越短越好，为此，供应链管理要通过生产企业内部、外部及流通企业的整体协作，大大缩短产品的流通周期，加快物流配送的速度，从而使客户个性化的需求在最短的时间内得到满足。这种快速、高质量的服务将塑造企业的良好形象，提高企业的信誉，提高消费者的满意程度，使产品的市场占有率提高，扩大客户需求。

5. 实现多赢。供应链管理条件下，企业走出了自身的范围来看待供应网链上本是竞争对手的其他企业。单个企业在面对整体利益时的联合，将产生巨大的竞争力。供应链管理把供应商、制造商、分销商、零售商等联系在一条链上，并对之优化，使各相关企业形成了一个融会贯通的网络整体。在这个网络中，各企业虽保持着个体特性，但同时它们还为整体利益的最大化而相互合作，实现多赢。

### （三）全球供应链管理

全球供应链管理强调在全面、迅速地了解世界各地消费者需求的同时，对其进行计划、协调、操作、控制和优化，在供应链中的核心企业与其供应商以及供应商的供应商、核心企业与其销售商乃至最终消费者之间，依靠现代网络信息技术，实现供应链的一体化和快速反应，达到商流、物流、资金流和信息流的协调通畅，以满足全球消费者需求。

全球供应链管理与国内的供应链管理基本一致，只是全球供应链覆盖的地区更广，情况更为复杂。企业必须对全球供应链管理作业的复杂性作出评估，并把注意力集中于国内作业与国际作业的区别上。与国内供应链管理相比，全球供应链管理应尤其注意两点：一是全球市场的异质性或多样性，决定了企业“从外到内”的思维方式，即在充分了解不同国家市场需求差异性的基础上，通过差别化的产品和服务来满足不同群体的顾客需求，而成本的控制也必须建立在这种前提下，或者说企业不仅要考虑通过规模经济的实现来降低成本，而且更要考虑积极发挥范围经济的作用，既要满足多样化的要求，又能有效地降低费用；二是当一个企业服务全球市场时，物流系统会变得更昂贵、更复杂，结果导致前置时间延长和库存水平上升。综合上述两个问题，企业在实施国际物流时必须处理好集中化与分散化物流的关系，否则，将无以确立全球化的竞争优势。

## 复习题

1. 名词解释：国际物流成本、供应链管理。
2. 国际物流管理的内容主要包括哪些方面？
3. 简述国际物流经济管理的基本内容。
4. 简述国际物流质量管理的基本内容。
5. 国际物流计划体系由哪些层次的计划组成？
6. 在国际物流的实施阶段为什么要控制国际物流成本？

7. 简述国际物流成本的构成。

8. 以实例说明因素测算法在国际物流成本事先控制中的应用。

9. 如何降低国际物流成本?

10. 供应链管理的基本要求是什么?

11. 简述全球供应链管理与国内供应链管理在作业上的差异性。

## 案例分析

1.拉丁美洲中部某国的科托帕希农场运出的新鲜收割的玫瑰花完成包装后,必须在晚上8时之前运到基多飞机场,然后飞机必须连夜起飞,直达美国的迈阿密。可是在这过程中往往遇到飞机晚点,而且机舱容量不够,装不下全部鲜花集装箱。好不容易运到迈阿密国际机场,可是在机场仓库耽搁了不少时间,再加上冷藏集装箱的温控设备失灵,箱内温度升到华氏60度,严重影响玫瑰花的保鲜质量。等到迈阿密国际机场的美国海关官员打开集装箱检查的时候,玫瑰花几乎全部腐烂了。经过1年多的市场调查,该国的花卉物流公司发现,无论是花卉种植者还是进口商,大部分只重视运输成本是否低廉,而很少愿意多考虑花卉的保鲜和保值问题。正是因为运输成本高,导致花卉的市场价格一直居高不下,从而严重妨碍花卉市场的迅速发展。

问题:从国际物流角度分析,你认为科托帕希农场应该采取哪些措施改善自己目前的状况?

2. 美国M机械公司是一家以机械制造为主的企业,该企业长期以来一直以满足顾客需求为宗旨。为了保证加拿大的供货,该公司在加拿大建立了500多个仓库,但是仓库管理成本一直居高不下,每年大约有2 000万美元。所以该公司聘请加拿大T物流公司进行物流服务调查。T物流公司做了一项细致调查,结果为:以目前情况,如果减少202个仓库,则会使总仓库管理成本下降200万—300万美元,但是由于可能会造成断货,销售收入会下降18%。

问题:(1)如果你是M机械公司的总裁,你是否会依据T物流公司的调查结果减少仓库,为什么?(2)如果不这样做,你又如何决策?

3.戴尔(Dell),是一家总部位于美国德克萨斯州朗德罗克的世界五百强企业,以生产、设计、销售家用以及办公室电脑而闻名,不过它同时也涉足高端电脑市场,生产与销售服务器、数据储存设备、网络设备等。其骄傲的业绩或特点有:(1)1984年由麦克尔·戴尔利用1 000美元成立戴尔公司,主营电脑销售,五年内营业额即突破5亿美元,成为全球销售电脑成长最快的公司。(2)运用低价策略掀起电脑界的价格战。(3)直接销售是其经营理念,并为顾客量身定做电脑产品,让顾客获得低价、高品质的享受。(4)在计算机市场饱和及经济不景气中,持续获利,继续扩大市场占有率。

戴尔一直致力于建立与供应商之间长期的双赢战略合作,建立与供应商之间长期互利的关系。在不断完善供应链系统的过程中,戴尔敏锐捕捉到互联网给供应链和物流带来的巨大变革,不失时机地建立了包括信息搜集、原材料采购、生产和客户支持及客户关系管理,以及市场营销等环节在内的网上电子商务平台。戴尔对供应链的管理还包括了对供应链的另一端——顾客的管理,通过预测顾客需求,并在必要时采取相应措施调节需求,最大限度地消除了供需之间的不一致现象。直销模式赋予了戴尔在客户管理方面无可比拟的优势,所有客户的信息和他们的购买行为都记录在数据库中。对于企业客户,戴尔会追踪他们的购买周期和预算周期;对于重复购买的个人客户,戴尔会预测他们的升级时间。直销模式让戴尔公司与客户之间直接建立关系,去除了中间商或零售商,减少了时间及成本浪费,而现今互联网的发展更让直销模式发挥到极致。接单生产体现了顾客导向,如同一对一的销售,能对市场需要快速反应,减少库存,降低成本。综上所述,戴尔成功的关键因素包括:直销模式、顾客导向、快速回应、存货管理、虚拟整合、供应链管理、电子商务等。

问题:(1)戴尔供应链管理获得成功的关键因素有哪些?(2)从戴尔的案例中,供应链管理对增强企业的竞争优势的作用主要表现在哪些方面?

**案例分析参考答案**

# 参考文献

[1] BOWERSOX D.Logistics management[M].London:Prentice Hall,1974.

[2] BERNARD J, LA LONDE. Integrated distribution management: a management perspective[J].International Journal of Physical Distribution,1970(10):44.

[3] ROBESON J F, COPACINO W C.The logistics handbook[M].New York:The Free Press,1995.

[4] 白世贞.国际物流[M].北京:高等教育出版社,2011.

[5] 庞燕.国际物流运作模式:理论研究与实证分析[M].北京:中国物资出版社,2009.

[6] 戴正翔.国际物流单证实训教程[M].北京:北京交通大学出版社,2009.

[7] 杨占林.国际物流空运操作实务[M].北京:中国商务出版社,2004.

[8] 解云芝.集装箱运输与多式联运[M].北京:中国物资出版社,2006.

[9] 高明波.集装箱物流运输[M].北京:对外经济贸易大学出版社,2008.

[10] 姚新超.国际贸易实务[M].2 版.北京:对外经济贸易大学出版社,2011.

[11] 吕军伟.国际物流业务管理模板与岗位操作流程[M].北京:中国经济出版社,2005.

[12] 李雅萍.采购物流[M].北京:对外经济贸易大学出版社,2004.

[13] 王晓东.现代物流管理[M].北京:对外经济贸易大学出版社,2001.

[14] 宋华.现代物流与供应链管理[M].北京:经济管理出版社,2000.

[15] 丁立言,张铎.国际物流学[M].北京:清华大学出版社,2000.

[16] 姚新超.国际贸易运输[M].3 版.北京:对外经济贸易大学出版社,2010.

[17] 鲍新中.物流成本管理与控制[M].2 版.北京:电子工业出版社,2009.

[18] 刘小卉.国际物流学[M].上海:上海财经大学出版社,2008.

[19] 黄丹,姚丹. 报关理论与实务[M]. 重庆:重庆大学出版社,2017.